Ce livre appartient à son maître
Qui n'est ni curé ni prêtre.
Si vous voulez savoir son nom
Regardez dans ce petit rond

THE CLASSIC

FRENCH READER,

FOR ADVANCED STUDENTS:

OR,

BEAUTIES OF THE FRENCH WRITERS,

ANCIENT AND MODERN.

BY ALAIN DE FIVAS,

AUTHOR OF "AN INTRODUCTION TO THE FRENCH LANGUAGE."

WITH

A VOCABULARY,

French and English,

OF ALL THE WORDS AND IDIOMS CONTAINED IN THE WORK.

BY J. L. JEWETT,

EDITOR OF "OLLENDORFF'S NEW METHOD OF LEARNING FRENCH."

NEW YORK:
D. APPLETON AND COMPANY,
549 & 551 BROADWAY.
1873.

PREFACE

TO THE AMERICAN EDITION.

"THE CLASSIC FRENCH READER" was compiled for the use of students who are sufficiently advanced to enable them to be made acquainted with the writings which constitute the standard literature of France. To adapt it to the wants of young persons of either sex, it has not been thought sufficient merely to exclude from it every thing of an exceptionable character; pains have also been taken to select pieces which, while they reward the efforts of the student, by imparting valuable instruction or innocent amusement, are at the same time intended to inculcate, in an agreeable manner, those moral lessons so indispensable for the formation of the youthful mind.

The broad field of classic French literature is rich in materials for such a work; and the peculiar clearness, vivacity, and gracefulness of its writers cannot fail to commend it to the particular attention of students. Each piece in the book presents a subject complete in itself. By selections from the writings of all the literary periods, the reader is enabled to form his judgment and taste by a comparison of the various styles of writing, and the work is thus rendered a faithful mirror of the best French literature, ancient as well as modern.

The unrivalled excellence of Molière's dramas and the perfect models of familiar conversational language which they afford, have secured a place in this volume for some of the best scenes of his prose productions.

La Fontaine's fables are too well known to need commendation. Their uniform excellence has rendered the task of selecting from them a matter of no small difficulty to the compiler.

The names of Fénélon, Bossuet, Racine, Montesquieu, Florian, Marmontel, and of Chateaubriand, La Mennais, Thierry, Béranger, De Jouy, Scribe, and many others of scarcely inferior note, whose writings have contributed to form the present work, will be at once a justification of its claim to rank as a classical production, and a guarantee for the superior merit and excellency of its contents.

The particular arrangement of "The Classic French Reader," with a view to its adoption as a school-book, merits a passing notice.

The publication in this country of "Ollendorff's New Method of Learning French," very soon created a demand for a French reading-book differing in its arrangement from any one previously in use. A very marked feature of Ollendorff's Method — and one which has contributed not a little to commend it to public favor — is, that it wholly dispenses with the use of a dictionary, thereby shortening the process of instruction by a great economy of time, and freeing the student from what had generally proved the most discouraging part of his task. As a result of the adoption of this new method, it was soon obvious, not that a language can be learned without effort, but that a very considerable portion of the effort hitherto bestowed for this object had been misapplied. It was therefore requisite that a reading-book to accompany Ollendorff's Grammar should, as far as the nature of the case would admit, preserve in its arrangement something of the adaptation to its object which had rendered the latter work so acceptable to students.

As an elementary Reading-book for beginners, the Publishers accordingly made choice of the "Introduction to the French Language," by M. de Fivas, the compiler of the present work. The "Introduction," like the "New Method," is progressive in the order of its lessons; and not only is the necessity of resorting to a dictionary obviated, by a vocabulary of all the words and phrases contained in the work, but, in addition, every mood and tense of a verb the student will meet with is explained at length, thus affording him the means of perfecting his familiarity with an important feature of the grammar.

The utility of the "Introduction," and its adaptation to the wants of learners, have now been tested by experience. The principles which should govern in the compilation of a book for advanced students are therefore sufficiently demonstrated. In adapting the "Classic French Reader" to the stage of instruction it is intended to occupy, it is thought the student may profitably dispense with any aid above what is usually found in a copious dictionary. The "Vocabulary," therefore, while it embraces and defines every word used in the book, not only in its particular acceptation, but in its primary significance, contains only the infinitive mood and the participles of the verbs. Great pains have been taken to define the idiomatic phrases, and every collocation of words that would be likely to perplex the learner. The occasional notes running through the work, designed to illustrate historical, geographical, and grammatical points, will be found of essential service in elucidating the text.

The short biographical sketches of the most distinguished French writers will be read with interest, and be found to contribute not a little to the interesting outline of the language and literature of France, which it is one of the objects of "The Classic French Reader" to supply.

The learner cannot be too earnestly urged to aim at a full and thorough mastery of all the pieces contained in this work, even at the cost of repeated reading and prolonged study. A little resolute application to attain familiarity with the great variety of style and diversity of expression it affords, will contribute more to an available knowledge of the French language than years spent in careless and desultory reading, and will leave few obstacles to be overcome by the student in his subsequent course.

As a convenient and compendious manual for students, combining, in some measure, the advantages of a reading-book, lexicon, and grammar, — and thus containing within itself the means for its own interpretation, — the work is kindly commended to the favor of all who are interested in the language and literature of France.

J. L. JEWETT

NEW-YORK, June, 1849.

TABLE DES MATIERES.

Prose.

Poesie.

BEAUTÉS

DES

ECRIVAINS FRANÇAIS,

ANCIENS ET MODERNES.

DON QUICHOTTE.

Au Lecteur.

On raconte que Philippe III, roi d'Espagne, étant un jour à un balcon de son palais de Madrid, vit sur le bord du Mançanarès un étudiant qui, tenant un livre à la main, interrompait de temps en temps sa lecture pour se donner de grands coups sur le front avec des démonstrations extraordinaires de joie. *Ce jeune homme*, dit le roi, *a perdu la tête, ou il lit don Quichotte.* Le monarque avait deviné juste; c'était *don Quichotte* que lisait l'étudiant, et il n'était fou que de plaisir.*

Il n'est personne qui ait lu cette admirable production de Cervantès, à qui il ne soit arrivé de faire ainsi que l'étudiant; et comme tous ceux qui savent lire veulent connaître *don Quichotte*, afin de rire aussi avec lui, nous allons donner le portrait du fameux chevalier de la Manche, avec un abrégé de ses principales aventures.

---

* "De tous les livres que j'ai lus, don Quichotte est celui que j'aimerais mieux avoir fait."—*St.-Evremond,* lettre au maréchal de Créquy.

CHAPITRE PREMIER.

Du caractère et des occupations de don Quichotte de la Manche.

Dans un village de la Manche, vivait, il n'y a pas longtemps, un de ces gentilshommes qui ont une vieille lance, une rondache rouillée, un cheval maigre, et un lévrier. Un bouilli, plus souvent de vache que de mouton, une vinaigrette le soir, des œufs frits le samedi, le vendredi des lentilles, et quelques pigeonneaux de surplus le dimanche, emportaient les trois quarts de son revenu. Le reste payait sa casaque de drap fin pour les jours de fête, et l'habit de gros drap pour les jours ouvriers. Sa maison était composée d'une gouvernante de plus de quarante ans, d'une nièce qui n'en avait pas vingt, et d'un valet qui faisait le service de la maison, de l'écurie, travaillait aux champs et taillait la vigne. L'âge de notre gentilhomme approchait de cinquante ans. Il était vigoureux, robuste, d'un corps sec, d'un visage maigre, très matineux, et grand chasseur. On prétend qu'il avait le surnom de Quixada ou Quésada. Les auteurs varient sur ce point. Ce qui paraît le plus vraisemblable, c'est qu'il s'appelait Quixana. Peu importe, pourvu que nous soyons certains des faits.

Lorsque notre gentilhomme était oisif, c'est-à-dire, les trois quarts de la journée, il s'appliquait à la lecture des livres de chevalerie avec tant de goût, de plaisir, qu'il en oublia la chasse et l'administration de son bien. Cette passion devint si forte, qu'il vendit plusieurs morceaux de terre pour se former une bibliothèque de ces livres. Bientôt il lui vint dans l'esprit l'idée la plus étrange que jamais on ait conçue. Il s'imagina que rien ne serait plus beau, plus honorable pour lui, plus utile à sa patrie, que de ressusciter la chevalerie errante, en allant lui-même à cheval, bien armé, cherchant les aventures, redressant les torts, réparant les injustices. Le pauvre homme se voyait déjà conquérant par sa valeur l'empire de Trébisonde. Enivré de ces espérances, il résolut aussitôt de mettre la main à l'œuvre. La première chose qu'il fit, fut d'aller chercher de vieilles armes couvertes de rouille, qui depuis son bisaïeul étaient restées dans un coin. Il les nettoya, les rajusta le mieux qu'il put ; mais il vit avec chagrin qu'il lui manquait la moitié du casque. Son adresse y suppléa ; il fit cette moitié de carton, et parvint à se fabriquer quelque chose qui ressemblait à un casque. A la vérité, voulant éprouver s'il était de bonne trempe, il tire son épée, et, le frappant de toute sa force, il brisa du premier coup tout son ouvrage de la semaine. Il recommença son travail, et, cette fois, ajouta par dessus de petites bandes de fer qui le rendirent un peu plus solide. Satisfait de son invention, et ne se souciant plus d'en faire une nouvelle épreuve, il se tint pour très bien armé. Alors il fut* voir son cheval, et, quoique la pauvre bête ne fût qu'un squelette vivant, il lui parut plus vigoureux que le Bucéphale d'Alexandre. Il rêva pendant quatre jours au nom qu'il lui donnerait, ce qui l'embarrassait beaucoup. Après en avoir adopté, rejeté, changé plusieurs, il se détermina pour *Rossinante,* nom sonore selon lui, beau, grand, significatif. Il fut si content d'avoir trouvé ce nom superbe pour son cheval, qu'il résolut d'en chercher un pour lui-même ; et cela lui coûta huit autres jours. Enfin il se nomma don Quichotte. Mais, se rappelant qu'Amadis ne s'était pas contenté de s'appeler seulement Amadis, et qu'il y avait joint le nom de la Gaule sa patrie, il voulut aussi s'appeler *don Quichotte de la Manche,* pour faire participer son pays à la gloire qu'il acquerrait.

C'était quelque chose que d'avoir des armes, un demi-casque de carton, un coursier déjà nommé, un nom imposant pour lui-même ; mais le principal lui manquait encore ; c'était une dame à aimer ; car un chevalier sans amour est un arbre sans fruit, sans feuilles, une espèce de corps sans âme. Si, pour mes péchés, disait-il, ou plutôt pour mon bonheur, je me rencontre avec un géant, ce qui arrive tous les jours, et que du premier coup je le renverse, le partage par le milieu du corps, ou enfin l'oblige à se rendre, ne me sera-t-il pas agréable d'avoir une dame à qui l'envoyer, afin que, se présentant devant elle, il vienne se mettre à genoux, et lui dise d'un voix soumise : Madame, vous voyez ici le géant Caraliambro, souverain de l'île de Malindranie. L'illustre chevalier que la renommée ne peut jamais assez louer, don Quichotte de la Manche, après m'avoir vaincu en combat singulier, m'a prescrit de me rendre aux pieds de votre grandeur pour qu'elle dispose de moi.

O que notre héros fut content de lui lorsqu'il eut fait ce discours ! et qu'il le fut davantage quand il eut trouvé le nom de sa dame ! On prétend qu'il avait été jadis amoureux d'une assez jolie paysanne des environs, qui jamais n'en

* On dit quelquefois *il fut,* pour *il alla.*—Acad.

avait rien su, ou ne s'en était guère souciée. Ce fut elle qu'il établit la souveraine de son cœur. Elle se nommait Aldonza Lorenzo; mais, voulant lui donner un nom plus convenable à une princesse, il l'appela *Dulcinée du Toboso*. C'était dans ce village qu'elle demeurait. Ce nom, qui lui coûta du travail, lui parut aussi harmonieux, aussi agréable, aussi expressif que tous ceux qu'il avait choisis.

CHAPITRE II.

Sortie de don Quichotte.

Depuis quelques jours don Quichotte sollicitait en secret de le suivre, en qualité d'écuyer, un laboureur de ses voisins, homme de bien, si le pauvre peut se nommer ainsi, mais dont la tête n'avait pas beaucoup de cervelle. Parmi beaucoup de promesses que notre héros fit à ce bon homme, il lui répétait toujours que, dans ce beau métier d'écuyer errant, rien n'était plus ordinaire que de gagner en un tour de main le gouvernement d'une île. Le crédule laboureur, qui s'appelait Sancho Panza, fut surtout séduit par cette espérance, et résolut de quitter et ses enfants et sa femme, pour courir après ce gouvernement. Don Quichotte, sûr d'un écuyer, s'occupa de ramasser un peu d'argent, vendit une pièce de terre, engagea l'autre, perdit sur toutes, et parvint à se faire une somme assez raisonnable. Il emprunta d'un de ses amis une rondache meilleure que la sienne, se pourvut de linge, et convint avec Sancho du jour et de l'heure où ils partiraient. Il lui recommanda surtout de se munir d'un bissac. Sancho promit de ne pas l'oublier, et ajouta que, n'étant pas accoutumé à faire beaucoup de chemin à pied, il avait envie d'emmener son âne, qui était une excellente bête. Le nom d'âne fit quelque peine à don Quichotte; il ne se rappelait point qu'aucun écuyer célèbre eût suivi son maître de cette manière. Mais, faisant réflexion qu'il donnerait à Sancho le cheval du premier chevalier vaincu, il ne vit point d'inconvénient à le laisser venir sur son âne.

Tous leurs arrangements faits, une belle nuit don Quichotte et son écuyer, sans prendre congé de personne, partirent et marchèrent si bien, qu'au point du jour ils ne craignaient plus de pouvoir être rattrapés. Le bon Sancho, sur son âne, entre son bissac et sa grosse gourde, allait comme un patriarche, impatient déjà de voir arriver cette île dont il devait être gouverneur. Don Quichotte, rempli d'espoir, l'air fier et la tête haute, s'avançait sur le maigre Rossinante. Sancho, pressé de parler, commença la conversation.

Monsieur mon maître, dit-il, je supplie votre chevalerie errante de ne pas perdre de vue cette île qu'elle m'a promise. Je puis vous répondre que celle-là, quelque grande qu'elle soit, ne sera point mal gouvernée. Ami Sancho, répondit don Quichotte, de tous temps les chevaliers ont eu pour coutume de donner à leurs écuyers les îles ou les royaumes dont leur valeur les rend maîtres: tu sens bien que je ne voudrais pas déroger à ce noble usage. Je ferai mieux: la plupart des chevaliers dont je te parle attendaient que leurs écuyers fussent vieux pour récompenser leurs services, en leur donnant soit un comté, soit un marquisat, qui n'était souvent qu'une méchante province; mais moi, si Dieu nous laisse vivre, je pourrais bien, avant six jours, conquérir un si grand empire, qu'un des royaumes qui en dépendront, sera justement ton affaire. Ne regarde pas cet événement comme difficile ou extraordinaire; dans le métier que nous faisons rien n'est plus simple et plus commun. Cela étant, reprit Sancho, une fois que je serais roi, Thérèse, ma femme, serait donc reine, et mes petits drôles infants?—Qui en doute?—Moi, j'en doute, parce que je connais ma femme, je vous assure qu'il pleuvrait des couronnes, qu'aucune ne pourrait bien aller à sa tête. Je vous en préviens d'avance, elle ne vaut pas deux maravédis pour être reine: comtesse, je ne dis pas non; encore nous y aurions du mal.—Ne t'en inquiète pas, mon ami; Dieu saura lui donner ce qu'il lui faut. Quant à toi, ne va pas être si modeste que de te contenter à moins d'un bon gouvernement.—Oh! que votre seigneurie soit tranquille; je m'en rapporterai là-dessus à vous seul. Un maître aussi puissant et aussi bon saura bien ce qui me convient.

CHAPITRE III.

Comment don Quichotte mit fin à l'épouvantable aventure des moulins à vent.

Dans ce moment, don Quichotte aperçut trente ou quarante moulins à vent; et regardant son écuyer: Ami, dit-il, la fortune vient au-devant de nos souhaits. Vois-tu là-bas ces géants terribles? Ils sont plus de trente: n'importe, je vais attaquer ces fiers ennemis de Dieu et des hommes. Leurs dépouilles commenceront à nous enrichir. Quels géants, répondit Sancho ? Ceux que tu vois avec ces grands bras qui ont peut-être deux lieues de long.—Mais, monsieur, prenez-y garde ; ce sont des moulins à vent ; et ce qui vous semble des bras n'est autre chose que leurs ailes.—Ah ! mon pauvre ami, l'on voit bien que tu n'es pas encore expert en aventures. Ce sont des géants ; je m'y connais. Si tu as peur, éloigne-toi, va quelque part te mettre en prière, tandis que j'entreprendrai cet inégal et dangereux combat.

En disant ces paroles, il pique des deux, sans écouter le pauvre Sancho, qui se tuait de lui crier que ce n'était point des géants, mais des moulins, sans se désabuser davantage à mesure qu'il en approchait. Attendez-moi, disait-il, attendez-moi, lâches brigands ; un seul chevalier vous attaque. A l'instant même un peu de vent s'éleva, et les ailes se mirent à tourner. Oh ! vous avez beau faire, ajouta don Quichotte ; quand vous remueriez plus de bras que le géant Briarée, vous n'en serez pas moins punis. Il dit, embrasse son écu ; et, se recommandant à Dulcinée, tombe, la lance en arrêt, sur l'aile du premier moulin, qui l'enlève lui et son cheval, et les jette à vingt pas l'un de l'autre. Sancho se pressait d'accourir au plus grand trot de son âne. Il eut de la peine à relever son maître, tant la chute avait été lourde. Eh ! monsieur, dit-il, je vous crie depuis une heure que ce sont des moulins à vent. Il faut en avoir d'autres dans la tête pour ne pas le voir tout de suite. Paix ! paix ! répondit le héros, c'est dans le métier de la guerre que l'on se voit le plus dépendant des caprices de la fortune, surtout lorsqu'on a pour ennemi ce redoutable enchanteur Freston. Je vois bien ce qu'il vient de faire : il a changé les géants en moulins pour me dérober la gloire de les vaincre. Patience ! il faudra bien à la fin que mon épée triomphe de sa malice. Dieu le veuille ! répondit Sancho en le remettant debout, et courant en faire autant à Rossinante, dont l'épaule était à demi déboîtée.

Notre héros, remonté sur sa bête, suivit le chemin du port Lapice, ne doutant pas qu'un lieu aussi passager ne fût fer ile en aventures.

CHAPITRE IV.

Aventure de Don Quichotte avec deux moines.

Après trois heures de marche nos aventuriers découvrirent le port Lapice. Pour le coup, s'écria don Quichotte, nous pouvons ici, mon frère Sancho, enfoncer nos bras jusqu' au coude dans ce qu'on appelle *aventures*. Mais souviens-toi, sur toutes choses, de l'important avis que je vais te donner : Quand bien même tu me verrais dans le danger le plus terrible, garde-toi de mettre l'épée à la main, et de t'y précipiter : il ne t'est permis de combattre que dans le cas où ceux qui m'attaqueraient seraient de la populace. Lorsque ce sont des chevaliers, il t'est défendu par nos lois de t'en mêler en aucune manière. Soyez tranquille, répondit Sancho, jamais aucun de vos ordres ne sera mieux exécuté que celui-là. Naturellement je suis pacifique, ennemi du bruit, des querelles. Cependant, si l'on en veut à ma personne, je me défendrai de mon mieux, sans me soucier d'aucunes lois.—Tu feras bien ; ce que je t'en dis n'est que pour retenir le premier mouvement et l'impétuosité de ta valeur naturelle. Oh ! monsieur, je la retiendrai. Vous pouvez être bien certain que je garderai ce précepte aussi religieusement que celui de ne rien faire le dimanche.

Comme il parlait, don Quichotte aperçut deux religieux bénédictins, montés sur deux grandes mules, qui lui parurent des dromadaires. Chacun avait son parasol et ses lunettes de voyage. Derrière eux venaient leurs valets à pied ; plus loin un carrosse entouré de quatre ou cinq hommes à cheval. Dans ce carrosse était une dame de Biscaye qui s'en allait à Séville rejoindre son mari prêt à passer aux Indes. Les deux religieux ne voyageaient pas avec cette dame ; mais ils suivaient la même route. Dès que don Quichotte les découvrit : Ou je me trompe, dit-il à son écuyer, ou je t'annonce une aventure telle qu'on n'en a point encore vue. Ces figures noires que tu vois venir à nous ne peuvent être que deux enchanteurs qui ont sûrement enlevé quelque princesse, et l'emmènent dans ce carrosse. Tu sens, mon ami, que je ne puis passer cela. Monsieur, répondit Sancho, regardez-y bien, je vous prie ; prenez garde de vous tromper. Ceci serait plus sérieux que l'histoire des moulins à vent. J'ai beau regarder, je ne vois que deux moines et une dame qui voyagent. Je t'ai déjà dit, reprit don Quichotte, que tu ne t'entends point du tout en aventures ; et je vais te prouver tout à l'heure que ce que je soupçonne est vrai.

A ces mots, il pousse Rossinante, arrive auprès des bénédictins : Satellites du diable, leur crie-t-il, rendez sur-le-champ la liberté, à ces hautes princesses que vous avez enlevées, ou préparez-vous à recevoir le châtiment de votre audace. Les moines surpris arrêtent leurs mules. Seigneur chevalier, répond l'un d'eux, bien loin d'être ce que vous dites, nous sommes deux religieux de saint Benoît, qui voyageons pour nos affaires. Vous pouvez compter que nous ignorons si les personnes qui viennent dans ce carrosse sont des princesses enlevées . . . On ne m'abuse point, interrompt don Quichotte, avec de douces paroles : je vous connais trop, canaille maudite. Il court aussitôt, la lance baissée, contre un des pauvres religieux, qui n'eut que le temps de se jeter en bas de sa mule. Son compagnon, effrayé, pique la sienne le mieux qu'il peut, et s'échappe dans la campagne. Sancho, voyant le moine par terre, descend promptement de son âne, saisit le bénédictin, et commence à le dépouiller. Mais les deux valets arrivèrent, et demandèrent à Sancho pour quelle raison il déshabillait le père. Pardi ! répondit l'écuyer, je ne prends que ce qui m'appartient. Monseigneur don Quichotte a gagné la bataille ; il est clair que les dépouilles des vaincus sont à moi. Les valets, qui n'entendaient pas bien les lois de la chevalerie, tombent sur Sancho, le jettent par terre, et ne lui laissent pas un poil de la barbe. Ensuite ils vont relever le moine, le remettent sur sa mule ; et celui-ci tremblant de peur, se hâte de rejoindre son compagnon, qui, arrêté au milieu des champs, regardait ce qui se passait. Tous deux alors, sans se soucier d'attendre la fin de cette aventure, poursuivent bien vite leur route, en faisant des signes de croix.

Don Quichotte, pendant ce temps, s'était pressé de joindre le carrosse ; et s'approchant de la portière : Madame, dit-il, votre beauté peut aller où bon lui semble : ce bras vient de vous délivrer, et de punir vos ennemis. Vous désirez sans doute connaître le nom de votre libérateur ; apprenez donc que je suis don Quichotte de la Manche, chevalier errant, et l'esclave de la belle Dulcinée du Toboso. Je ne vous demande, pour prix de ce que je viens de faire, que de vous donner la peine d'aller jusqu'au Toboso, de vous présenter devant cette illustre dame, et de lui dire comment je vous ai rendu la liberté.

CHAPITRE V.

Seconde sortie de don Quichotte.

Dispute de Sancho avec sa femme.

Sancho était si gai, si satisfait, que sa femme lui demanda d'où lui venait tant de joie. Ah ! ah ! répondit-il, Thérèse, je serais encore plus content si je n'étais pas si joyeux.—Je ne vous entends point, mon homme.—Et moi, je m'entends, ma femme, je suis joyeux de m'en retourner avec monseigneur don Quichotte, et d'avoir l'espoir d'obtenir bientôt le gouvernement d'une île ; mais je serais encore plus content si Dieu nous avait donné assez de bien pour nous passer de cette recherche, et m'épargner la douleur de quitter une épouse aussi aimable que vous. J'ai donc grande raison de dire que je serais encore plus content si je n'étais pas si joyeux. Au surplus, ma chère femme, redoublez de soin pour notre âne, augmentez-lui ses rations, visitez et rajustez son bât ; en un mot, que mon équipage se trouve prêt dans trois jours. Ce n'est pas à des noces que je compte aller ; c'est à la bataille, madame, à la rencontre des géants, des monstres, qui sifflent, crient, rugissent d'une manière épouvantable. Comprenez-vous ce que je dis ?—A merveille, mon homme, et je tremble déjà des périls que vous allez courir.—Madame, ce n'est que par des périls qu'on peut arriver à la gloire et à des gouvernements.—Nous avons besoin, mon ami, que vous y arriviez avant peu ; car votre petit Sancho a quinze ans : il est temps qu'il aille à l'école, surtout d'après les projets de son oncle l'ecclésiastique, qui veut le faire d'église. Votre petite Sanchette est en âge d'être établie.—Patience ! patience ! Sanchette sera mariée, mais il faut pour cela que je trouve un gendre digne de moi.—Oh ! mon ami, je vous en prie, que ce soit avec son égal ; c'est le plus sûr et le meilleur. Si vous allez rendre votre fille une grande dame, vous verrez qu'elle fera ou dira quelque sottise qui vous donnera du chagrin. C'est vous qui êtes une sotte, ma femme ; vous ne connaissez point le monde : apprenez que lorsqu'on est riche on ne fait ni on ne dit de sottise. Deux ou trois ans vous suffisent pour prendre l'air et le ton de la grandeur, et puis, quand ma fille ne les prendrait pas, pourvu qu'elle soit madame, je m'en moque, entendez-vous ?—Moi, je ne m'en moque point ; je ne veux pas qu'un grand dindon de comte ou de marquis à qui vous donnerez Sanchette puisse l'appeler paysanne, et lui reprocher son cotillon de serge. Non, mon mari, ce n'est pas pour cela que j'élevai ma fille : chargez-vous de la dot, je me charge de l'établir. J'ai déjà un mari dans ma manche : Lope Tocho, le fils de notre voisin Jean Tocho, fait les yeux doux à la petite. C'est un bon garçon ; c'est lui qui l'aura. L'un vaut l'autre ; ils s'aimeront ; nous vivrons ensemble, pères, mères, fille, et gendre. Dieu nous bénira : nous travaillerons, nous rirons ; et tout cela vaut mieux que vos titres et vos grandeurs.

Ici Sancho frappa du pied. O femme de Barrabas, s'écria-t-il, imbécile, qui ne sais pas ce que c'est d'avoir un peu d'élévation dans l'esprit! pourquoi ne veux-tu pas donner Sanchette à quelqu'un dont les enfants seront appelés votre seigneurie? Te sera-t-il donc si dur de t'entendre nommer dona Thérèse Pança; de te voir assise à l'église sur de bons coussins de velours, en regardant dessous toi les filles des gentilshommes? Allons, madame, plus de réflexions, ma fille sera comtesse.—Non, monsieur, elle ne le sera point, et c'est moi qui te le dis, moi que mon parrain baptisa Thérèse, dont le père s'appelait Cascayo, qui ai vécu Thérèse Cascayo, et qui mourrai Thérèse Cascayo, sans souffrir que l'on allonge mon nom. Il serait alors trop lourd à porter. Va, va, je connais le proverbe: les yeux passent sur le pauvre, et s'arrêtent sur le riche jusqu'à ce qu'il soit malheureux. Crois-tu que je me soucie d'entendre dire derrière moi: Tiens, vois-tu cette belle dame? hier elle était dans la crotte, aujourd'hui elle nous éclabousse. Non, cela ne sera pas tant que j'aurai mes cinq ou six sens. Vous êtes le maître d'aller vous faire prince, duc, seigneur, ce qu'il vous plaira; moi je reste à la maison avec ma fille Sanchette. Une honnête femme a toujours de l'occupation; les jours de travail sont ses jours de fête: elle se promène en filant. Allez, allez, mon mari, avec votre monsieur don Quichotte. Quand vous aurez un gouvernement, je vous enverrai votre fils pour que vous lui appreniez à gouverner; mais d'ici là ne me rompez plus la tête, et laissez-nous en repos Sanchette et moi, à la garde de Dieu, qui aura bien soin de nous.

A la bonne heure! répondit Sancho, voilà un arrangement raisonnable. Tu m'enverras mon fils pour que je l'élève selon son rang; et moi je t'enverrai de l'argent pour que tu établisses Sanchette. Vois si cela te convient. C'est parler, reprit Thérèse; et je ne m'oppose point à ce que tu m'envoies beaucoup d'argent. La paix fut alors rétablie dans le ménage.

CHAPITRE VI

Entretien particulier de don Quichotte et de son ecuyer.

Sancho ne tarda pas à retourner chez don Quichotte, et lui demanda un entretien secret, afin de prendre avec lui certaines précautions prudentes. Vous saurez, monsieur commença l'écuyer, que j'ai déjà fait part à ma femme de mon projet de suivre encore votre seigneurie.—Eh bien! ami, qu'en dit Thérèse?—Ah! ah! Thérèse dit bien des choses; elle prétend qu'il faut regarder où on met le doigt, que les crits parlent quand l'homme se tait, que promettre et tenir sont deux, qu'un tiens vaut mieux que deux tu l'auras. Elle est bavarde, Thérèse, mais moi, je soutiens qu'il faut pourtant l'écouter.—Sans doute je suis de cet avis; mais parle plus clairement, n'entortille pas ce que tu veux dire.—Moi, je ne dis rien; c'est ma femme qui m'assourdit les oreilles, en me criant que nous sommes tous mortels, qu'aujourd'hui l'on est debout, demain enterré; que l'agneau y passe comme le mouton; que cette camarde si laide, qu'on appelle la mort, arrive sans être attendue; qu'elle ne respecte rien, ni les sceptres, ni les mitres: que sais-je, moi? Thérèse répète ce qu'elle a entendu prêcher en chaire.—Tout cela est d'une grande vérité; mais je ne vois pas à quoi cela revient.—J'étais comme vous, monsieur, je ne le voyais pas non plus; à la fin je crois l'avoir trouvé. Thérèse voudrait qu'au lieu des récompenses que votre seigneurie me promet, et qui viendront ou ne viendront pas, vous me donnassiez, pendant le temps que je serai à votre service, ce qu'elle appelle une espèce de gage, comme qui dirait *tant par mois;* que ce soit peu, que ce soit beaucoup, c'est égal, parce que la poule pond sur un œuf, plusieurs *peu* font un *beaucoup;* et puis suffit de gagner quelque chose, pour être sûr de ne pas perdre. Cela n'empêchera point que, si vous trouvez l'occasion de me glisser une île dans la main, je ne l'accepte, comme de raison, et je la rabattrai de mes gages; nous serons toujours à même de faire ce petit compte, et Thérèse sera contente.

Je commence, reprit don Quichotte, à vous comprendre, ami Sancho; et je ne demanderais pas mieux que de remplir les intentions de votre femme, si j'avais trouvé dans une seule histoire de chevalier errant un exemple d'un écuyer à *tant* par mois. Je les ai toutes lues avec grand soin; je n'y ai vu que des écuyers servant leurs maîtres pour le plaisir de les servir, et attendant sans se plaindre que leur bonté les récompensât: pour rien au monde je ne voudrais déroger à cette antique coutume. Si cet espoir vous suffit, partons ensemble, j'en serai charmé; s'il ne vous suffit pas, Sancho, restez dans votre maison; nous n'en serons pas moins bons amis: et ne craignez pas pour cela que je manque d'écuyers; le colombier fourni de grains attire bientôt les pigeons;

bonne espérance vaut mieux que médiocre possession ; et l'on laisse aller le fretin pour courir après les carpes. Je ne vous dis ceci, mon enfant, que pour vous prouver que, dans un besoin, je saurais aussi dire des proverbes.

Sancho, tout triste et tout pensif, écoutait en se grattant l'oreille. Il avait cru d'abord que son maître frémirait à la seule idée de le perdre ; la tranquillité de don Quichotte dérangeait tous ses calculs. Ami Sancho, reprit notre héros, restez chez vous ; quand vous m'aurez quitté, je serai content du premier écuyer qui voudra me suivre. Jamais je ne vous quitterai, reprit Sancho en fondant en larmes ; si vous avez la bonté de vouloir toujours de moi, je ne demande pas mieux que d'aller avec vous. Je ne suis pas de ceux dont on dit : Quand le pain est mangé, bonsoir la compagnie. Tout le monde sait dans notre village que les Pança ne sont point des ingrats. Quand je vous ai parlé de gages, c'était pour plaire à ma femme, qui, lorsqu'elle a quelque chose dans la tête, fait du tapage dans la maison. Mais voilà qui est fini, je serai le maître une fois. Elle aura beau crier, je serai le plus fort, et je lui montrerai qu'elle est ma femme. Tout est dit, monsieur, je ne demande rien, je me contente de ce testament dont vous m'avez déjà parlé : arrangez seulement la chose de manière qu'on ne puisse revenir là-dessus, et mettons-nous en chemin.

Notre chevalier tendit la main à Sancho, qui la baisa. La réconciliation étant faite, il fut décidé que don Quichotte partirait avant trois jours.

CHAPITRE VII.

Entretien de Sancho Pança avec un écuyer inconnu.

Il faut convenir, monsieur, dit l'inconnu, que la vie que nous menons à la suite des chevaliers errants est une terrible vie, mais heureusement on est soutenu par la certitude des récompenses : il est si rare qu'un chevalier ne trouve pas l'occasion de donner à son écuyer quelque duché, quelque marquisat un peu raisonnable !—Puisque nous en sommes là-dessus, monsieur, répondit Sancho, je ne vous cacherai point que j'ai déjà dit à mon maître que je me contenterais d'une petite île. Mon maître me l'a promise, et je l'attends tous les jours.—Moi, j'ai demandé au mien un petit canonicat, qui va m'arriver un de ces matins.—Ah ! ah ! j'en-

tenez, votre maître est sans doute un chevalier errant d'église ; le mien n'est qu'un séculier. Quelques personnes voulaient lui persuader de se faire archevêque ; ça m'aurait causé, je vous l'avoue, le plus grand des embarras ; car, je n'en fais pas le fin, je ne vaux rien pour être ecclésiastique ; un bénéfice me gênerait. Grâce au ciel, mon maître ne s'en est pas soucié. Il a fort peu d'ambition, ses désirs sont très modérés : et, sans aller chercher midi à quatorze heures, il persiste à devenir tout bonnement empereur.—Mais écoutez donc, mon confrère ; je ne sais guère si le gouvernement de cette île dont vous me parlez ne sera pas aussi gênant que pourrait l'être un bénéfice. Je connais ces charges-là, elles ne sont rien moins que légères ; et le métier de gouverner les autres n'est pas toujours un joyeux métier. Je vous assure que nous ferions mieux de nous retirer chacun dans notre petite gentilhommière, où nous occuperions nos loisirs dans des exercices doux et agréables, comme la chasse, la promenade, la pêche. Au bout du compte, qu'allons-nous chercher ? Il n'y a pas un de nous autres qui n'ait son petit château, un bon cheval, une paire de lévriers, et une ligne pour se divertir.—Sans doute, monsieur, sans doute ; et j'ai bien tout ce que vous dites là, excepté qu'au lieu du cheval j'ai un âne, mais un âne excellent, superbe, tout gris, que je ne troquerais pas contre le cheval de mon maître. Quant aux lévriers, je n'en ai pas non plus ; mais il y en a de reste dans notre village, et j'aime beaucoup à chasser avec les chiens d'autrui.—Eh bien ! croyez-moi ; faisons une fin : laissons-là toutes les chevaleries, et retirons-nous dans nos terres pour nous occuper en paix de l'éducation de nos enfants. Moi qui vous parle, j'en ai trois qui sont trois petits bijoux.—J'en ai deux, monsieur, qui, sans vanité, pourraient être présentés au pape, surtout mon aîné, qui est un joli brin de fille. Je l'élève pour être comtesse, quoique sa mère ne le veuille pas.—Quel âge a-t-elle, monsieur, cette future comtesse ?—Mais elle approche de quinze ans : déj cela vous est grand d'une toise, gentil, frais comme une ma tinée d'avril, leste, gaillard, et surtout fort comme un Turc. —Vraiment ! voilà de bonnes dispositions pour être comtesse. —Oh ! sa mère a beau dire, elle le sera.

Parlons de nos maîtres, reprit l'écuyer : êtes-vous content du vôtre ? Assez, répondit Sancho : il est un peu fou ; mais il est bon homme, incapable de faire du mal à qui que ce soit, désirant du bien à tout le monde, et si simple, qu'un enfant lui ferait croire qu'il est nuit en plein jour ; aussi je l'aime comme la prunelle de mes yeux, et je donnerais ma vie pour lui.—Le mien n'est pas plus sage qu'il ne faut. Quant à sa force, à sa valeur, elles sont extraordinaires.

Pendant cette conversation, Sancho toussait fréquemment comme quelqu'un qui a besoin de boire. Vous avez la langue sèche, dit l'écuyer inconnu ; je vais vous chercher un excellent remède, que je porte toujours avec moi. Il se lève alors, et revient avec une grosse bouteille de cuir pleine de vin, et un pâté long d'une demi-aune.—Ah ! monsieur ! s'écria Sancho, qu'est-ce que cela ?—C'est un méchant pâté de levraut.—Quoi ! monsieur, vous portez avec vous des pâtés pareils ?—Je n'y manque jamais ; et vous ne voyez que le reste de nos provisions.—Vraiment ! répétait Sancho en se hâtant d'ouvrir le pâté, dont il saisit une part énorme, vous êtes, je le confesse, un écuyer admirable, magnifique, grand, libéral, digne d'être à jamais aimé de ceux à qui vous faites l'honneur de les admettre à votre table. Ces mots étaient prononcés avec de longs intervalles, à chaque morceau qu'il avalait. Je ne puis, ajoutait-il, vous exprimer assez ma reconnaissance pour votre aimable politesse : ce pâté a l'air d'être venu là par enchantement. Hélas ! malheureux que je suis ! mon pauvre bissac ne contient qu'un peu de fromage, si dur qu'il casserait la tête d'un géant, quelques carottes, quelques avelines ; voilà tout : mon maître prétend que les chevaliers ne doivent manger que des fruits secs. Fi donc, mon confrère, répond l'inconnu ; ah ! je voudrais voir que mon maître s'avisât de m'imposer ce régime ! Ces messieurs n'ont qu'à vivre selon leurs lois ; mais j'ai toujours à mon arçon, d'un côté, une bonne cantine de viandes froides, de l'autre, cette bouteille que j'aime, et que je chéris. L'inconnu remit alors la bouteille dans les mains de notre écuyer. Sancho la porte à sa bouche. Ah ! monsieur, dit-il, ah ! monsieur, c'est lui, je le connais ; il est de Ciudad-réal.—Vous avez raison ; c'est de là qu'il est : de plus, il a quelques années.—A qui le dites-vous ? Il n'y a pas de vin dont je ne devine, à la seule odeur, le pays et la qualité ; c'est une vertu, un don de famille. Imaginez-vous que j'ai eu deux parents, du côté paternel, qui furent les meilleurs buveurs, les buveurs les plus renommés de la Manche. Un jour on vint les prier de juger d'un certain vin : l'un approcha son nez du gobelet, l'autre en mit une seule goutte sur sa langue. Le premier dit : Ce vin-là est bon, mais il sent le fer ; l'autre dit : Ce vin-là est bon, mais il sent le cuir. Le maître du tonneau soutint que cela n'était pas possible, que jamais ni fer ni cuir n'avaient approché de son vin. Au bout d'un certain temps, le tonneau vidé, l'on retrouva dans la lie une très petite clef attachée à un très petit cordon de cuir. Jugez, monsieur, si le descendant de ces deux grands hommes doit sentir le prix du bon vin que vous avez la bonté de lui offrir.

Ce discours fut suivi d'une nouvelle visite à la bouteille Enfin, quand nos écuyers furent las de boire et de babiller ils s'endormirent l'un près de l'autre.

CHAPITRE VIII.

Noces de Gamache.

La belle aurore avait à peine répandu dans les campagnes les perles liquides qui tombent de sa chevelure d'or, lorsque le héros de la Manche, ennemi de la paresse, se lève et appelle son écuyer. En ouvrant les yeux, Sancho tourna deux ou trois fois la tête, et sembla recueillir avec attention toute la finesse de son odorat : Monsieur, dit-il, si je ne me trompe, il vient de là-bas, une odeur bien plus agréable que celle des roses et du jasmin ; je crois, je suis sûr de sentir des grillades et des fritures. Ah ! monsieur, les heureux mariages que ceux qui commencent par cette odeur-là ? Lève-toi, gourmand, reprit don Quichotte ; hâtons-nous d'aller voir ces noces.

Le premier objet qui attira les yeux de Sancho fut un jeune bœuf, embroché dans un grand orme, et que l'on faisait rôtir auprès d'un bûcher enflammé. Autour de cet immense feu étaient six marmites, ou plutôt six cuves, dans lesquelles cuisaient à leur aise plusieurs moutons tout entiers : les faons, les lièvres, les lapins, déjà dépouillés ; les oies, les poules, les pigeons sans plumes : toutes les espèces de volaille et de gibier étaient pêle-mêle pendues à des arbres, et ne pouvaient se compter. Plus de soixante dame-jeannes du meilleur vin de la Manche étaient rangées à droite et à gauche : des piles énormes de pains blancs s'élevaient comme les monceaux de blé dans une aire. Les fromages, posés les uns sur les autres ainsi que des tuiles, formaient une haute muraille ; et deux immenses chaudières, semblables à celles des teinturiers, remplies d'une huile excellente, servaient à frire les beignets, que l'on retirait avec de larges pelles, pour les jeter dans une autre cuve pleine du miel le plus doux. Plus de cinquante cuisiniers ou cuisinières, tous propres, habiles, alertes, travaillaient, chantaient et riaient. Dans le ventre du bœuf rôti, l'on avait eu soin d'enfermer douze petits cochons de lait, qui cuisaient là sans être vus, et devaient surprendre les nombreux convives. Les épiceries étaient prodiguées dans de grands coffres ouverts. Enfin une armée entière aurait trouvé de quoi se nourrir dans cette abondance rustique.

Sancho regardait, contemplait, admirait tout ; le doux sourire était sur ses lèvres ; une pure joie dilatait son cœur. Tantôt, séduit par la bonne odeur qui s'exhalait des marmites, il s'arrêtait autour d'elles ; tantôt il les abandonnait pour aller soupirer près des dame-jeannes, et bientôt quittait ces dernières pour se rapprocher des beignets. Enfin, ne pouvant plus supporter tant d'émotions différentes, il aborde un des cuisiniers ; et, les yeux baissés, l'air modeste, d'une voix soumise et flatteuse, lui demande la permission de tremper un petit morceau de pain dans une de ces grandes marmites. Pardi ! frère, lui répondit le cuisinier, l'intention du riche Gamache n'est pas que ce jour soit un jour de jeûne. Cherchez, prenez une cuiller, écumez une poule ou deux, et grand bien vous fasse ! Monsieur, vous êtes fort poli, reprit Sancho de la même voix ; mais je ne vois point de cuiller.—Attendez, mon pauvre ami, vous m'avez l'air bien timide, je vais à votre secours. Aussitôt l'obligeant cuisinier prend un poêlon qu'il enfonce dans la marmite, et retire trois poules avec deux oisons ; et les présentant à Sancho : Tenez, dit-il, mon bon frère, déjeunez avec ceci, en attendant le dîner. Je vous remercie, monsieur ; mais je n'ai rien pour mettre cela. —Eh ! emportez le poêlon : n'avez-vous pas peur de ruiner Gamache ? Sancho ne se le fit pas redire : il salua le cuisinier tendrement, et courut se mettre dans un petit coin.

CHAPITRE IX.

Entretien de don Quichotte et de Sancho.

Que dit-on de moi dans le village ? Que pensent le chevaliers, les gentilshommes, le peuple, de ma vaillance, de ma courtoisie, de mes exploits ? Approuve-t-on les efforts que j'ai faits pour ressusciter la chevalerie ? Instruis-moi de tout, Sancho, avec la franchise d'un bon serviteur, et ne me traite point comme ces princes à qui, pour le malheur des peuples, on déguise la vérité.

Monsieur, répondit l'écuyer, puisque vous voulez tout savoir, je vous dirai tout sans dorer la pilule ; mais il faut que vous me promettiez de ne vous fâcher de rien.—Je te le promets; parle librement.—Vous saurez d'abord que presque tout le monde s'accorde à vous regarder comme un fou, et l'on ajoute que je ne le suis guère moins : les gentilshommes se moquent de ce que vous vous êtes fait chevalier avec vos deux arpents de terre. Quant à votre valeur et à vos exploits, les uns disent: C'est un fou assez agréable; d'autres: Il est courageux, mais souvent battu; enfin, monsieur, en totalité on nous accommode assez mal.—Tu ne m'étonnes point, Sancho; l'envie attaqua César et Alexandre; je ne puis me plaindre, si c'est là tout.—Oui; mais c'est que ce n'est pas tout.—Que dit-on encore? Voyons.—Ah! monsieur, jusqu'à présent je ne vous ai donné que les roses; mais si vous voulez savoir le reste, j'irai vous chercher, pour vous mettre au fait, un jeune étudiant de Salamanque, le fils de Barthélemi Carrasco, qui n'est arrivé que d'hier, et qui m'a dit une chose bien singulière; c'est qu'on a imprimé votre histoire avec votre nom de don Quichotte de la Manche. J'y suis aussi, moi, avec mon propre nom de Sancho Pança: l'on a eu soin d'y fourrer encore madame Dulcinée de Toboso. On y raconte des aventures, des conversations, qui ne se sont passées qu'entre nous deux, et qui me font creuser le cerveau pour deviner comment l'historien a pu les savoir.—Je vois d'ici, mon ami, que cet historien est quelque sage enchanteur: tu sais que ces gens-là n'ignorent rien. Non, ce n'est pas un enchanteur; bachelier Samson Carrasco prétend que c'est un Maure, dont je ne me rappelle pas bien le nom. Mais je vais vous chercher le bachelier.—Tu me feras plaisir, Sancho, je meurs d'impatience d'être instruit de ces détails.

Sancho sortit aussitôt pour ramener avec lui le bachelier.

CHAPITRE X

Entretien de don Quichotte, de Sancho, et du bachelier.

Don Quichotte, en attendant Samson Carrasco, se promenait seul dans sa chambre, en se disant: Comment se peut-il que mes actions soient déjà écrites et imprimées, tandis que mon épée fume encore du sang de ceux que j'ai vaincus? Est-ce un ami, est-ce un ennemi, qui s'est hâté si fort de publier mes exploits?

L'arrivée de Carrasco interrompit ces réflexions. Ce bachelier était un petit homme de vingt-quatre ans à peu près, pâle, maigre, avec des yeux vifs, le nez épaté, la bouche grande, gai, malin, rempli d'esprit, et persifleur de son métier. En entrant chez don Quichotte, il se mit à genoux devant lui : Permettez, seigneur, dit-il, que je baise vos vaillantes mains, que j'honore, en votre personne, le plus brave, le plus renommé des chevaliers errants passés et futurs Grâces soient à jamais rendues au savant Cid Hamet Benengeli, qui s'est chargé du glorieux travail d'écrire l'histoire de votre vie, et, par bonheur pour l'Espagne, a trouvé un traducteur digne de l'ouvrage et du héros ! Il est donc vrai, répondit don Quichotte en faisant relever Carrasco, que mes aventures sont imprimées ? S'il est vrai, seigneur ! Demandez-le au Portugal, à Valence, à Barcelonne, où plus de douze mille exemplaires sont déjà sortis de la presse : il s'en fait dans ce moment une édition à Anvers ; et j'ose vous présager que cet ouvrage sera traduit dans toutes les langues de l'Europe. Oui, je soutiens qu'avant peu l'on connaîtra partout le grand don Quichotte ; on citera comme des modèles son courage dans les dangers, sa constance dans les malheurs, et sa patience extrême dans les disgrâces.—Dites-moi, s'il vous plaît, monsieur le bachelier, quelle est celle de mes actions qu'on paraît priser davantage ?—L'on n'est pas d'accord sur ce point ; les uns préfèrent l'aventure des moulins à vent, que votre seigneurie prit pour des géants ; les autres, celle des bénédictins.

Eh ! parle-t-on des valets de ces religieux, interrompit alors Sancho ?—Oui, oui, sans doute ; l'auteur n'a pas oublié un seul des coups que vous avez reçus dans cette circonstance.—Voilà une faute de votre auteur, il n'était pas nécessaire d'aller parler de cela. Non, cela n'était point nécessaire, ajouta don Quichotte ; il est de petits accessoires peu importants, et qui ne tiennent point au fond de l'action. Ah ! ceux-là, reprit Sancho, ne laissaient pas de me tenir de près ; mais c'est égal. Je suis donc, monsieur Carrasco, un des principaux personnages de cette histoire-là ?—Vous êtes le second, monsieur Sancho ; et beaucoup de gens préfèrent de vous entendre parler aux récits les plus intéressants de l'ouvrage.—Je le crois ; ces gens ont bon goût ; et l'auteur n'a pas été sot de prendre garde à la manière dont il me fait parler ; car, s'il m'eût prêté quelque sottise, je vous réponds que cela ne se serait pas passé sans bruit. Je suis un vieux chrétien, moi, et je ne badine pas avec les auteurs maures : je leur conseille de marcher droit.

D'après ce que vous dites, ajouta don Quichotte, je n'ai pas une grande idée de mon historien : je gagerais que c'est quelque babillard, sans talent, sans aucun esprit, qui aura farci son livre de platitudes et de niaiseries. Vous parlez, répondit le bachelier, comme les ennemis de l'auteur ; mais une réponse sans réplique, c'est le succès qu'il obtient. Les enfants, les jeunes gens, les hommes faits, les vieillards, ont tous un égal plaisir à lire l'histoire de don Quichotte : on se la prête, on se la vole, on se l'arrache ; elle est sur toutes les toilettes, dans toutes les antichambres. Enfin elle est si bien connue de toutes les classes de la société, qu'on ne peut voir passer un cheval maigre, sans dire aussitôt : Voilà Rossinante !

NOTICE SUR MOLIÈRE.

MOLIÈRE naquit à Paris, en 1620, et mourut en 1673.

" Quel est le premier des grands hommes qui ont illustré mon règne ?" demanda un jour Louis XIV à Racine. " Sire, c'est Molière," répondit l'Euripide français.

" Molière, le plus noble cœur, le plus noble esprit, le plus grand écrivain, le plus grand philosophe de la France au dix-septième siècle et du monde entier dans tous les temps ; Molière, d'une vie si belle, d'une intelligence si grande, d'une bienveillance si profonde ; Molière, le premier homme de lettres de la France, qui ait senti sa dignité, qui ait vécu et qui ait été riche avec son génie. Il est mort depuis cent soixante ans, et il est resté le plus jeune, le plus vivace et le plus vrai des grands écrivains de la France."—JULES JANIN.

" Molière était d'un caractère doux et de mœurs pures : on raconte de lui beaucoup de traits de bonté. Il encourageait les talents naissants. Il n'était point envieux : quelques grands hommes l'ont été. Plus on connaît Molière, plus on l'aime ; plus on étudie Molière, plus on l'admire." LAHARPE.

LE BOURGEOIS GENTILHOMME.

COMÉDIE DE MOLIÈRE.

PERSONNAGES.

MONSIEUR JOURDAIN, bourgeois.
MADAME JOURDAIN.
LUCILE, fille de Monsieur Jourdain.
CLÉONTE, amant de Lucile.
DORANTE, comte.
NICOLE, servante de Monsieur Jourdain.
COVIELLE, valet de Cléonte.
UN MAÎTRE DE MUSIQUE.
Un élève du MAÎTRE DE MUSIQUE.
UN MAÎTRE DE DANSE.
UN MAÎTRE D'ARMES.
UN MAÎTRE DE PHILOSOPHIE.
DEUX LAQUAIS.

(La scène est à Paris, dans la maison de M. Jourdain.)

ACTE PREMIER.

SCÈNE PREMIÈRE.

M. JOURDAIN, *en robe de chambre ;* LE MAÎTRE DE MUSIQUE, LE MAÎTRE DE DANSE, L'ÉLÈVE du Maître de musique, DEUX LAQUAIS.

M. Jour. Hé bien, messieurs, qu'est-ce ? Me ferez-vous voir votre petite drôlerie ?

Le maî. de danse. Comment ! quelle petite drôlerie ?

M. Jour. Hé! là... comment appelez-vous cela? votre prologue ou dialogue de chansons et de danse?

Le maî. de danse. Ah! ah!

Le maî. de mus. Vous nous y voyez préparés.

M. Jour. Je vous ai fait un peu attendre; mais c'est que je me fais habiller aujourd'hui comme les gens de qualité, et mon tailleur m'a envoyé des bas de soie que j'ai pensé ne mettre jamais.

Le maî. de mus. Nous ne sommes ici que pour attendre votre loisir.

M. Jour. Je vous prie tous deux de ne vous point en aller qu'on ne m'ait apporté mon habit, afin que vous me puissiez voir.

Le maî. de danse. Tout ce qu'il vous plaira.

M. Jour. Vous me verrez équipé comme il faut, depuis les pieds jusqu'à la tête.

Le maî. de mus. Nous n'en doutons point.

M. Jour. Je me suis fait faire cette robe-ci.

Le maî. de danse. Elle est fort belle.

M. Jour. Mon tailleur m'a dit que les gens de qualité étaient comme cela le matin.

Le maî. de mus. Cela vous sied à merveille.

M. Jour. Laquais! holà, mes deux laquais!

Premier laquais. Que voulez-vous, monsieur?

M. Jour. Rien. C'est pour voir si vous m'entendez bien. (*au maître de musique et au maître de danse.*) Que dites-vous de mes livrées?

Le maî. de danse. Elles sont magnifiques.

M. Jour. Laquais!

Premier laquais. Monsieur.

M. Jour. L'autre laquais!

Second laquais. Monsieur.

M. Jour. (*ôtant sa robe de chambre.*) Tenez ma robe. (*au maître de musique et au maître de danse.*) Me trouvez-vous bien comme cela?

Le maî. de danse. Fort bien. On ne peut pas mieux.

M. Jour. Voyons un peu votre affaire.

Le maî. de mus. Je voudrais bien auparavant vous faire entendre un air (*montrant son élève*) qu'il vient de composer pour la sérénade que vous m'avez demandée. C'est un de mes écoliers qui a pour ces sortes de choses un talent admirable.

M. Jour. Oui: mais il ne fallait pas faire faire cela par un écolier; et vous n'étiez pas trop bon vous-même pour cette besogne-là.

Le maî. de mus. Monsieur, ces sortes d'écoliers en savent autant que les plus grands maîtres, et l'air est aussi beau qu'il s'en puisse faire. Écoutez seulement. (*Il chante.*)

M. Jour. Cette chanson me semble un peu lugubre ; elle endort.

Le maî de mus. Il faut, monsieur, que l'air soit accommodé aux paroles.

M. Jour. On m'en apprit un tout-à-fait joli il y a quelque temps. Attendez. . .là. . .Comment est-ce qu'il dit ?

Le maî. de danse. Je ne sais.

M. Jour. Il y a du mouton dedans.

Le maî. de danse. Du mouton ?

M. Jour. Oui. Ah ! (*Il chante.*)

Je croyais Jeanneton
Aussi douce que belle ;
Je croyais Jeanneton
Plus douce qu'un mouton.
Hélas ! hélas ! elle est cent fois,
Mille fois plus cruelle
Que n'est le tigre aux bois.

N'est-il pas joli ?

Le maî. de mus. Le plus joli du monde.

Le maî. de danse. Et vous le chantez bien.

M. Jour. C'est sans avoir appris la musique.

Le maî. de mus. Vous devriez l'apprendre, monsieur, comme vous faites la danse ; ce sont deux arts qui ont une étroite liaison ensemble.

Le maî. de danse. Et qui ouvrent l'esprit d'un homme aux belles choses.

M. Jour. Est-ce que les gens de qualité apprennent aussi la musique ?

Le maî. de mus. Oui, monsieur.

M. Jour. Je l'apprendrai donc. Mais je ne sais quel temps je pourrai prendre ; car, outre le maître d'armes qui me montre, j'ai arrêté encore un maître de philosophie qui doit commencer ce matin.

Le maî. de mus. La philosophie est quelque chose ; mais la musique, monsieur, la musique. . .

Le maî. de danse. La musique et la danse. . .La musique et la danse, c'est là tout ce qu'il faut.

Le maî. de mus. Il n'y a rien qui soit si utile dans un état que la musique.

Le maî. de danse. Il n'y a rien qui soit si nécessaire aux hommes que la danse.

Le maî. de mus. Sans la musique un état ne peut subsister.

Le maî. de danse. Sans la danse un homme ne saurait rien faire.

Le maî. de mus. Tous les désordres, toutes les guerres qu'on voit dans le monde, n'arrivent que pour n'apprendre pas la musique.

Le maî. de danse. Tous les malheurs des hommes, tous les revers funestes dont les histoires sont remplies, les bévues des politiques, les fautes des grands capitaines, tout cela n'est venu que pour ne savoir pas danser.

M. Jour. Comment cela ?

Le maî. de mus. La guerre ne vient-elle pas d'un manque d'union entre les hommes ?

M. Jour. Cela est vrai.

Le maî. de mus. Et si tous les hommes apprenaient la musique, ne serait-ce pas le moyen de s'accorder ensemble, et de voir dans le monde la paix universelle ?

M. Jour. Vous avez raison.

Le maî. de danse. Lorsqu'un homme a commis une faute dans sa conduite, soit aux affaires de sa famille, ou au gouvernement d'un état, ou au commandement d'une armée, ne dit-on pas toujours, Un tel a fait un mauvais pas dans une telle affaire ?

M. Jour. Oui, on dit cela.

Le maî. de danse. Et faire un mauvais pas, peut-il procéder d'autre chose que de ne savoir pas danser ?

M. Jour. Cela est vrai, et vous avez raison tous deux.

Le maî. de danse. C'est pour vous faire voir l'excellence et l'utilité de la danse et de la musique.

M. Jour. Je comprends cela à cette heure.

ACTE SECOND.

SCÈNE PREMIÈRE.

M. JOURDAIN, LE MAÎTRE DE MUSIQUE, LE MAÎTRE DE DANSE, UN LAQUAIS.

Le lac. Monsieur, voilà votre maître d'armes qui est là.

M. Jour. Dites-lui qu'il entre ici pour me donner leçon.

SCÈNE II.

Les mêmes ; UN MAÎTRE D'ARMES.

Le maî. d'ar. (*après avoir pris deux fleurets de la main du laquais, et en avoir présenté un à M. Jourdain.*) Allons, monsieur, la révérence. Votre corps droit. Vos pieds sur une même ligne. Avancez. Une, deux. Un saut en arrière. En garde, monsieur, en garde. (*Le maître d'armes lui pousse deux ou trois bottes, en lui disant,* En garde.)

M. Jour. Hé !

Le maî. de mus. Vous faites des merveilles.

Le maî. d'ar. Je vous l'ai déjà dit ; tout le secret des armes ne consiste qu'en deux choses ; à donner, et à ne point recevoir : et, comme je vous fis voir l'autre jour par raison démonstrative, il est impossible que vous receviez, si vous savez détourner l'épée de votre ennemi de la ligne de votre corps ; ce qui ne dépend seulement que d'un petit mouvement du poignet, ou en dedans, ou en dehors.

M. Jour. De cette façon donc un homme, sans avoir du cœur, est sûr de tuer son homme, et de n'être point tué ?

Le maî. d'ar. Sans doute. N'en vîtes-vous pas la démonstration ?

M. Jour. Oui.

Le maî. d'ar. Et c'est en quoi l'on voit de quelle considération nous autres* nous devons être dans un état, et combien la science des armes l'emporte† hautement sur toutes les autres sciences inutiles, comme la danse, la musique, la. . .

Le maî. de danse. Tout beau ! monsieur le tireur d'armes ne parlez de la danse qu'avec respect.

Le maî. de mus. Apprenez, je vous prie, à mieux traiter l'excellence de la musique.

Le maî. d'ar. Vous êtes de plaisantes gens de vouloir comparer vos sciences à la mienne !

Le maî. de mus. Voyez un peu l'homme d'importance !

Le maî. de danse. Voilà un plaisant animal !

Le maî. d'ar. Mon petit maître à danser, je vous ferai danser comme il faut. Et vous, mon petit musicien, je vous ferai chanter de la belle manière.

Le maî. de danse. Monsieur le batteur de fer, je vous apprendrai votre métier.

M. Jour. (*au maître de danse.*) Etes-vous fou de l'aller quereller, lui qui sait tuer un homme par raison démonstrative.

---

* Le mot *autre* perd sa signification étant joint à *nous* ou à *vous*, *nous autres, vous autres,* ce sont des gallicismes. *We, the like of us you, the like of you.*

† *L'emporter,* to carry it (the prize), that is to say : *to surpass, to be superior.*

Le maî. de danse. Je me moque de sa raison démonstrative.

Le maî. d'ar. (*au maître de danse.*) Comment, petit impertinent !

M. Jour. Hé ! mon maître d'armes !

Le maî. de mus. Laissez-nous un peu lui apprendre à parler.

M. Jour. (*au maître de musique.*) De grâce ! arrêtez vous.

SCÈNE III.

Les mêmes ; UN MAÎTRE DE PHILOSOPHIE.

M. Jour. Holà, monsieur le philosophe, vous arrivez tout à propos avec votre philosophie. Venez un peu mettre la paix entre ces personnes-ci.

Le maî. de phil. Qu'est-ce donc ? Qu'y a-t-il, messieurs ?

M. Jour. Ils se sont mis en colère pour la préférence de leurs professions, jusqu'à se dire des injures et vouloir en venir aux mains.

Le maî. de phil. Hé quoi ! messieurs, faut-il s'emporter de la sorte ? Et n'avez-vous point lu le docte traité que Sénèque a composé de la colère ? Y a-t-il rien de plus bas et de plus honteux que cette passion, qui fait d'un homme une bête féroce ? et la raison ne doit-elle pas être maîtresse de tous nos mouvements ?

Le maî. de danse. Comment, monsieur ! il vient nous dire des injures à tous deux, en méprisant la danse, que j'exerce, et la musique, dont il fait profession !

Le maî. de phil. Un homme sage est au-dessus de toutes les injures qu'on lui peut dire ; et la grande réponse qu'on doit faire aux outrages, c'est la modération et la patience.

Le maî. d'arm. Ils ont tous deux l'audace de vouloir comparer leurs professions à la mienne !

Le maî. de danse. Je lui soutiens que la danse est une science à laquelle on ne peut faire assez d'honneur.

Le maî. de mus. Et moi, que la musique en est une que tous les siècles ont révérée.

Le maî. d'arm. Et moi, je leur soutiens à tous deux que la science de tirer des armes est la plus belle et la plus nécessaire de toutes les sciences.

Le maî. de phil. Et que sera donc la philosophie ? Je vous trouve tous trois bien impertinents de parler devant moi avec cette arrogance, et de donner impudemment le nom de science à des choses que l'on ne doit pas même honorer du nom d'art, et qui ne peuvent être comprises que sous le nom de métier misérable de gladiateur, de chanteur, et de baladin.

PRÉCIS DU RESTE DE LA SCÈNE III.

Le maître d'armes, le maître de musique, et le maître de danse disent des injures au maître de philosophie ; celui-ci, plus patient et plus modéré en théorie qu'en pratique, se jette sur eux, et tous trois le chargent de coups. M. Jourdain s'évertue en vain pour les apaiser, et ils sortent en se battant.

SCÈNE IV.

LE MAÎTRE DE PHILOSOPHIE, M. JOURDAIN.

Le maî. de phil. (raccommodant son collet.) Venons à notre leçon.

M. Jour. Ah ! monsieur, je suis fâché des coups qu'ils vous ont donnés.

Le maî. de phil. Cela n'est rien. Un philosophe sait recevoir comme il faut les choses ; et je vais composer contre eux une satire du style de Juvénal, qui les déchirera de la belle façon. Laissons cela. Que voulez-vous apprendre ?

M. Jour. Tout ce que je pourrai ; car j'ai toutes les envies du monde d'être savant ; et j'enrage que mon père et ma mère ne m'aient pas fait bien étudier dans toutes les sciences quand j'étais jeune.

Le maî. de phil. Ce sentiment est raisonnable : *nam, sine doctrina, vita est quasi mortis imago.* Vous entendez cela, et vous savez le latin, sans doute ?

M. Jour. Oui ; mais faites comme si je ne le savais pas : expliquez-moi ce que cela veut dire.

Le maî. de phil. Cela veut dire que, *sans la science, la ie est presque une image de la mort.*

M. Jour. Ce latin-là a raison.

Le maî. de phil. N'avez-vous point quelques principes, quelques commencements des sciences ?

M. Jour. Oh ! oui. Je sais lire et écrire.

Le maî. de phil. Par où vous plaît-il que nous commencions ? Voulez-vous que je vous apprenne la logique ?

M. Jour. Qu'est-ce que c'est que cette logique ?

Le maî. de phil. C'est elle qui enseigne les trois opérations de l'esprit.

M. Jour. Quelles sont-elles ces trois opérations de l'esprit ?

Le maî. de phil. La première, la seconde, et la troisième.

M. Jour. Apprenons autre chose qui soit plus joli.

Le maî de phil. Voulez-vous apprendre la morale ?

M. Jour. La morale ?

Le maî. de phil. Oui.

M. Jour. Qu'est-ce qu'elle dit, cette morale ?

Le maî. de phil. Elle traite de la félicité, enseigne aux hommes à modérer leurs passions, et...

M. Jour. Non, laissons cela : je suis extrêmement bilieux, et il n'y a morale qui tienne ; je veux me mettre en colère quand il m'en prend envie.

Le maî. de phil. Est-ce la physique que vous voulez apprendre ?

M. Jour. Qu'est-ce qu'elle chante, cette physique ?

Le maî. de phil. La physique est celle qui explique les principes des choses naturelles, et les propriétés du corps ; qui discourt de la nature des éléments, des métaux, des minéraux, des pierres, des plantes, et des animaux ; et nous enseigne les causes de tous les météores, l'arc-en-ciel, les comètes, les éclairs, le tonnerre, la foudre, la pluie, la neige, la grêle, les vents, et les tourbillons.

M. Jour. Il y a trop de tintamarre là-dedans, trop de brouillamini.

Le maî. de phil. Que voulez-vous donc que je vous apprenne ?

M. Jour. Apprenez-moi l'orthographe.

Le maî. de phil. Très volontiers.

M. Jour. Après, vous m'apprendrez l'almanach, pour savoir quand il y a de la lune, et quand il n'y en a point.

Le maî de phil. Soit. Pour bien suivre votre pensée et traiter cette matière en philosophe, il faut commencer, selon l'ordre des choses, par une exacte connaissance de la nature des lettres, et de la différente manière de les prononcer toutes. Et là-dessus j'ai à vous dire que les lettres sont divisées en voyelles, ainsi dites voyelles parce qu'elles expriment la voix, et en consonnes, ainsi appelées consonnes, parce qu'elles sonnent avec les voyelles, et ne font que marquer les diverses articulations des voix. Il y a cinq voyelles, ou voix, A, E, I, O, U.

M. Jour. J'entends tout cela.

Le maî. de phil. La voix A se forme en ouvrant fort la bouche, A.

M. Jour. A, A. Oui.

Le maî. de phil. La voix U se forme en allongeant les deux lèvres en dehors, comme si vous faisiez la moue, U.

M. Jour. U, U. Il n'y a rien de plus véritable. U. Ah! les belles choses! les belles choses! Que n'ai-je étudié plus tôt pour savoir tout cela! Ah! mon père et ma mère, que je vous veux de mal!

Le maî. de phil. Demain, nous verrons les autres lettres qui sont les consonnes.

M. Jour. Est-ce qu'il y a des choses aussi curieuses que celles-ci?

Le maî. de phil. Sans doute, et je vous expliquerai à fond toutes ces curiosités.

M. Jour. Je vous en prie. Je souhaiterais aussi que vous m'aidassiez à écrire quelque chose dans un petit billet que je veux laisser tomber aux pieds d'une personne de grande qualité.

Le maî. de phil. Fort bien.

M. Jour. Cela sera galant, oui?

Le maî. de phil. Sans doute. Sont-ce des vers que vous lui voulez écrire?

M. Jour. Non, non, point de vers.

Le maî. de phil. Vous ne voulez que de la prose.

M. Jour. Non, je ne veux ni prose ni vers.

Le maî. de phil. Il faut bien que ce soit l'un ou l'autre.

M. Jour. Pourquoi?

Le maî. de phil. Par la raison, monsieur, qu'il n'y a pour s'exprimer que la prose ou les vers.

M. Jour. Il n'y a que la prose ou les vers?

Le maî. de phil. Non, monsieur. Tout ce qui n'est point prose est vers; et tout ce qui n'est point vers est prose.

M. Jour. Et comme l'on parle, qu'est-ce que c'est donc que cela?

Le maî. de phil. De la prose.

M. Jour. Quoi! quand je dis, Nicole, apportez-moi mes pantoufles, et me donnez mon bonnet de nuit, c'est de la prose?

Le maî. de phil. Oui, monsieur

M. Jour. Par ma foi, il y a plus de quarante ans que je dis de la prose sans que j'en susse rien; et je vous suis le plus obligé du monde de m'avoir appris cela. Je vous remercie de tout mon cœur, et je vous prie de venir demain de bonne heure.

Le maî. de phil. Je n'y manquerai pas.

ACTE III.

SCÈNE PREMIÈRE.

M. JOURDAIN, *en habit de cour ;* MADAME JOURDAIN, NICOLE.

Mad. Jour. Ah ! ah ! voici une nouvelle histoire ! Qu'est-ce que c'est donc, mon mari, que cet équipage-là ? Vous moquez-vous du monde, de vous être fait habiller de la sorte ? et avez-vous envie qu'on se raille partout de vous ?

M. Jour. Il n'y a que des sots et des sottes, ma femme, qui se railleront de moi.

Mad. Jour. Vraiment, on n'a pas attendu jusqu'à cette heure ; et il y a longtemps que vos façons de faire donnent à rire à tout le monde.

M. Jour. Qui est donc tout ce monde-là, s'il vous plait ?

Mad. Jour. Tout ce monde-là est un monde qui a raison, et qui est plus sage que vous. Pour moi, je suis scandalisée de la vie que vous menez. Je ne sais plus ce que c'est que notre maison : on y entend toute la journée des vacarmes de violons et de chanteurs dont tout le voisinage se trouve incommodé.

Nic. Madame parle bien. Je ne saurais plus* voir mon ménage propre† avec cet attirail de gens‡ que vous faites venir chez vous. Ils ont des pieds qui vont chercher de la boue dans tous les quartiers de la ville pour l'apporter ici ; et la pauvre Françoise est presque sur les dents§ à frotter les planchers que vos beaux maîtres viennent crotter régulièrement tous les jours.

M. Jour. Ouais ! notre servante Nicole, vous avez le caquet bien affilé !

Mad. Jour. Nicole a raison, et son sens est meilleur que le vôtre. Je voudrais bien savoir ce que vous pensez faire d'un maître de danse à l'âge que vous avez.

Nic. Et d'un grand maître tireur d'armes qui vient, avec ses battements de pieds, ébranler toute la maison.

M. Jour. Taisez-vous, ma servante, et ma femme.

Mad. Jour. Est-ce que vous voulez apprendre à danser pour quand vous n'aurez plus de jambes ?

Nic. Est-ce que vous avez envie de tuer quelqu'un ?

---

* Ne saurais plus, *can no longer.*
† Mon ménage propre, *the house clean.*
‡ Attirail de gens, *gang.* § Sur les dents, *exhausted.*

M. Jour. Taisez-vous, vous dis-je ; vous êtes des ignorantes l'une et l'autre, et vous ne savez pas les prérogatives de tout cela.

Nic. J'ai encore ouï dire, madame, qu'il a pris aujourd'hui un maître de philosophie.

M. Jour. Fort bien. Je veux avoir de l'esprit, et savoir raisonner des choses parmi les honnêtes gens.

Mad. Jour. Tout cela est fort nécessaire pour conduire votre maison !

M. Jour. Assurément. Vous parlez toutes deux comme des bêtes, et j'ai honte de votre ignorance. Par exemple (*à Madame Jourdain*), savez-vous, vous, ce que c'est que vous dites à cette heure ?

Mad. Jour. Oui ; je sais que ce que je dis est fort bien dit, et que vous devriez songer à vivre d'autre sorte.

M. Jour. Je ne parle pas de cela. Je vous demande ce que c'est que les paroles que vous dites ici.

Mad. Jour. Ce sont des paroles bien sensées, et votre conduite ne l'est guère.

M. Jour. Je ne parle pas de cela, vous dis-je ; je vous demande, ce que je parle avec vous, ce que je vous dis à cette heure, qu'est-ce que c'est ?

Mad. Jour. Des chansons.

M. Jour. Hé ! non, ce n'est pas cela. Ce que nous disons tous deux ? le langage que nous parlons à cette heure ?

Mad. Jour. Hé bien ?

M. Jour. Comment est-ce que cela s'appelle ?

Mad. Jour. Cela s'appelle comme on veut l'appeler.

M. Jour. C'est de la prose, ignorante.

Mad. Jour. De la prose ?

M. Jour. Oui, de la prose. Tout ce qui est prose n'est point vers ; et tout ce qui n'est point vers est prose. Heu, voilà ce que c'est que d'étudier ! (*à Nicole.*) Et toi, sais-tu bien comme il faut faire pour dire un U ?

Nic. Comment ?

M. Jour. Oui, qu'est-ce que tu fais quand tu dis un U ?

Nic. Quoi ?

M. Jour. Dis U, pour voir.

Nic. Hé bien, U.

M. Jour. Qu'est-ce que tu fais ?

Nic. Je dis U.

M. Jour. Oui ; mais quand tu dis U, qu'est-ce que tu fais ?

Nic. Je fais ce que vous me dites.

M. Jour. Oh! l'étrange chose que d'avoir affaire à des bêtes! Tu allonges les lèvres en dehors. U, vois-tu? U; je fais la moue, U.

Nic. Oui, cela est beau!

Mad. Jour. Qu'est-ce que c'est donc que tout ce galimatias-là?

Nic. De quoi est-ce que tout cela guérit?*

M. Jour. J'enrage, quand je vois des femmes ignorantes.

Mad. Jour. Allez, vous devriez envoyer promener† tous ces gens-là avec leurs fariboles. En vérité vous êtes fou, mon mari, avec toutes vos fantaisies; et cela vous est venu depuis que vous vous mêlez de hanter la noblesse.

M. Jour. Lorsque je hante la noblesse, je fais paraître mon jugement; et cela est plus beau que de hanter votre bourgeoisie.

Mad. Jour. Vraiment! il y a fort à gagner à fréquenter vos nobles! et vous avez bien opéré avec ce beau monsieur le comte dont vous vous êtes embéguiné.

M. Jour. Paix, songez à ce que vous dites. Savez-vous bien, ma femme, que vous ne savez pas de qui vous parlez, quand vous parlez de lui? C'est une personne d'importance plus que vous ne pensez, un seigneur que l'on considère à la cour, et qui parle au roi tout comme je vous parle. N'est-ce pas une chose qui m'est tout-à-fait honorable, que l'on voie venir chez moi si souvent une personne de cette qualité, qui m'appelle son cher ami, et me traite comme si j'étais son égal? Il a pour moi des bontés qu'on ne devinerait jamais, et devant tout le monde il me fait des caresses dont je suis moi-même confus.

Mad. Jour. Oui, il a des bontés pour vous et vous fait des caresses; mais il vous emprunte votre argent.

M. Jour. Hé bien! ne m'est-ce pas de l'honneur de prêter de l'argent à un homme de cette condition-là? et puis-je faire moins pour un seigneur qui m'appelle son cher ami?

Mad. Jour. Et ce seigneur, que fait-il pour vous?

M. Jour. Des choses dont on serait étonné si on les savait.

Mad. Jour. Et quoi?

M. Jour. Baste, je ne puis pas m'expliquer. Il suffit que si je lui ai prêté de l'argent, il me le rendra bien, et avant qu'il soit peu.

---

* De quoi est-ce que tout cela guérit? *of what service is all that?*
† Envoyer promener, *to send a packing.*

Mad. Jour. Oui, attendez-vous à cela.

M. Jour. Assurément. Ne me l'a-t-il pas dit ?

Mad. Jour. Oui, oui ; il ne manquera pas d'y faillir.

M. Jour. Il m'a juré sa foi de gentilhomme.

Mad. Jour. Chansons.

M. Jour. Ouais ! vous êtes bien obstinée, ma femme. Je vous dis qu'il me tiendra sa parole, j'en suis sûr.

Mad. Jour. Et moi, je suis sûre que non, et que toutes es caresses qu'il vous fait ne sont que pour vous enjôler.

M. Jour. Taisez-vous. Le voici.

Mad. Jour. Il vient peut-être encore vous faire quelque emprunt.

M. Jour. Taisez-vous, vous dis-je.

SCÈNE II.

DORANTE, M. JOURDAIN, MADAME JOURDAIN, NICOLE.

Dor. Mon cher ami monsieur Jourdain, comment vous portez-vous ?

M. Jour. Fort bien, monsieur, pour vous rendre mes petits services.

Dor. Et madame Jourdain que voilà, comment se porte-t-elle ?

Mad. Jour. Madame Jourdain se porte comme elle peut.

Dor. Comment, monsieur Jourdain, vous voilà le plus propre du monde.

M. Jour. Vous voyez.

Dor. Vous avez tout-à-fait bon air avec cet habit ; nous n'avons point de jeunes gens à la cour qui soient mieux faits que vous.

M. Jour. Hai, hai.

Dor. Tournez-vous. Cela est tout-à-fait galant.

Mad. Jour. (*à part.*) Oui, aussi sot par derrière que par devant.

Dor. Ma foi, monsieur Jourdain, j'avais une impatience étrange de vous voir. Vous êtes l'homme du monde que j'estime le plus, et je parlais de vous encore ce matin dans la chambre du roi.

M. Jour. Vous me faites beaucoup d'honneur, monsieur. (*à madame Jourdain.*) Dans la chambre du roi !

Dor. Allons, mettez.

M. Jour. Monsieur, je sais le respect que je vous dois.

Dor. Mettez. Point de cérémonie entre nous, je vous prie

M. Jour. Monsieur...

Dor. Mettez, vous dis-je, monsieur Jourdain ; vous êtes mon ami.

M. Jour. Monsieur, je suis votre serviteur.

Dor. Je ne me couvrirai point, si vous ne vous couvrez.

M. Jour. (*se couvrant.*) J'aime mieux être incivil qu'importun.

Dor. Je suis votre débiteur, comme vous le savez.

Mad. Jour. (*à part.*) Oui, nous ne le savons que trop.

Dor. Vous m'avez généreusement prêté de l'argent en plusieurs occasions ; et vous m'avez obligé de la meilleure grâce du monde, assurément.

M. Jour. Monsieur, vous vous moquez.

Dor. Mais je sais rendre ce qu'on me prête, et reconnaître les plaisirs qu'on me fait.

M. Jour. Je n'en doute point, monsieur.

Dor. Je veux sortir d'affaires avec vous ; et je viens ici pour faire nos comptes ensemble.

M. Jour. (*bas, à madame Jourdain.*) Hé bien ! vous voyez votre impertinence, ma femme.

Dor. Je suis homme qui aime à m'acquitter le plus tôt que je puis.

M. Jour. (*bas, à madame Jourdain.*) Je vous le disais bien.

Dor. Voyons un peu ce que je vous dois.

M. Jour. (*bas, à madame Jourdain.*) Vous voilà avec vos soupçons ridicules !

Dor. Vous souvenez-vous bien de tout l'argent que vous m'avez prêté ?

M. Jour. Je crois que oui. J'en ai fait un petit mémoire. Le voici. Donné à vous une fois deux cents louis.

Dor. Cela est vrai.

M. Jour. Une autre fois, cent vingt.

Dor. Oui.

M. Jour. Une autre fois, cent quarante.

Dor. Vous avez raison.

M. Jour. Ces trois articles font quatre cent soixante louis, qui valent cinq mille soixante livres.

Dor. Le compte est fort bon. Cinq mille soixante livres.

M. Jour. Mille huit cent trente-deux livres à votre plumassier.

Dor. Justement.

M. Jour. Deux mille sept cent quatre-vingts livres à votre tailleur.

Dor. Il est vrai.

M. Jour. Quatre mille trois cent soixante-dix-neuf livres douze sous huit deniers à votre marchand.

Dor. Fort bien. Douze sous huit deniers, le compte est juste.

M. Jour. Et mille sept cent quarante-huit livres sept sous quatre deniers à votre sellier.

Dor. Tout cela est vrai. Qu'est-ce que cela fait ?

M. Jour. Somme totale, quinze mille huit cents livres.

Dor. Somme totale est juste. Quinze mille huit cents livres. Mettez encore deux cents louis que vous m'allez donner, cela fera justement dix-huit mille francs, que je vous paierai au premier jour.

Mad. Jour. (*bas, à M. Jourdain.*) Hé bien ! ne l'avais-je pas bien deviné ?

M. Jour. (*bas, à madame Jourdain.*) Paix !

Dor. Cela vous incommodera-t-il, de me donner ce que je vous dis ?

M. Jour. Hé ! non.

Dor. Si cela vous incommode, j'en irai chercher ailleurs

M. Jour. Non, monsieur.

Mad. Jour. (*bas, à M. Jourdain.*) Il ne sera pas content qu'il ne vous ait ruiné.

M. Jour. (*bas, à madame Jourdain.*) Taisez-vous, vous dis-je.

Dor. Vous n'avez qu'à me dire si cela vous embarrasse.

M. Jour. Point, monsieur.

Mad. Jour. (*bas, à M. Jourdain.*) Il vous sucera jusqu'au dernier sou.

M. Jour. (*bas, à madame Jourdain.*) Vous tairez-vous ?

Dor. J'ai force gens qui m'en prêteraient avec joie ; mais, comme vous êtes mon meilleur ami, j'ai cru que je vous ferais tort si j'en demandais à quelque autre.

M. Jour. C'est trop d'honneur, monsieur, que vous me faites. Je vais querir votre affaire.

Mad. Jour. (*bas, à M. Jourdain.*) Quoi ! vous allez encore lui donner cela ?

M. Jour. (*bas, à madame Jourdain.*) Que faire ? voulez-vous que je refuse un homme de cette condition-là, qui a parlé de moi ce matin dans la chambre du roi ?

Mad. Jour. (*bas, à M. Jourdain.*) Allez, vous êtes une vraie dupe.

SCÈNE III.

DORANTE, MADAME JOURDAIN, NICOLE.

Dor. Vous me semblez toute mélancolique: qu'avez-vous, madame Jourdain ?

Mad. Jour. J'ai mal à la tete.

Dor. Mademoiselle votre fille, où est-elle, que je ne la vois point ?

Mad. Jour. Mademoiselle ma fille est bien où elle est.

Dor. Comment se porte-t-elle ?

Mad. Jour. Elle se porte sur ses deux jambes.

Dor. Ne voulez-vous point, un de ces jours, venir voir avec elle le ballet et la comédie que l'on donne chez le roi ?

Mad. Jour. Oui, vraiment, nous avons fort envie de rire.

Dor. Je pense, madame Jourdain, que vous avez eu bien des amants dans votre jeune âge, belle et d'agréable humeur comme vous étiez.

Mad. Jour. Comment, monsieur! est-ce que madame Jourdain est décrépite ? et la tête lui branle-t-elle déjà ?

Dor. Ah! madame Jourdain, je vous demande pardon: je ne songeais pas que vous êtes jeune ; et je rêve le plus souvent. Je vous prie d'excuser mon impertinence.

SCÈNE IV.

CLÉONTE, COVIELLE.

(*Cléonte est piqué contre Lucile qu'il vient de rencontrer et qui, au lieu de s'arrêter pour lui parler, a détourné ses regards, et passé brusquement, parce qu'elle était vue par une vieille tante dont elle redoute la sévérité. Covielle a la même cause de mécontentement contre Nicole.*)

Clé. Quoi! traiter un amant de la sorte! et un amant le plus fidèle de tous les amants!

Cov. C'est une chose épouvantable que ce qu'on nous fait à tous deux.

Clé. Peut-on rien voir d'égal, Covielle, à cette perfidie de l'ingrate Lucile ?

Cov. Et à celle, monsieur, de sa suivante, Nicole ?

Clé. Après tant de sacrifices ardents, de soupirs, et de vœux que j'ai faits à ses charmes!

Cov. Après tant d'assidus hommages, de soins, et de services que je lui ai rendus dans sa cuisine !

Clé. Tant de larmes que j'ai versées à ses genoux !

Cov. Tant de seaux d'eau que j'ai tirés au puits pour elle !

Clé. Tant d'ardeur que j'ai fait paraître à la chérir plus que moi-même !

Cov. Tant de chaleur que j'ai soufferte à tourner la broche à sa place !

Clé. Elle me fuit avec mépris !

Cov. Elle me tourne le dos avec effronterie !

Clé. C'est une perfidie digne des plus grands châtiments.

Cov. C'est une trahison à mériter mille soufflets.

Clé. Ne t'avise point, je te prie, de me jamais parler pour elle.

Cov. Moi, monsieur ? Dieu m'en garde !

Clé. Ne viens point m'excuser l'action de cette infidèle.

Cov. N'ayez pas peur.

Clé. Non, vois-tu, tous tes discours pour la défendre ne serviront de rien.

Cov. Qui songe à cela ?

Clé. Dis-m'en, je t'en conjure, tout le mal que tu pourras ; fais-moi de sa personne une peinture qui me la rende méprisable ; et marque-moi bien, pour m'en dégoûter, tous les défauts que tu peux voir en elle.

Cov. Elle, monsieur ? je ne lui vois rien que de très médiocre ; et vous trouverez cent personnes qui seront plus dignes de vous. Premièrement elle a les yeux petits.

Clé. Cela est vrai, elle a les yeux petits ; mais elle les a pleins de feu, les plus brillants, les plus perçants du monde, les plus touchants qu'on puisse voir.

Cov. Elle a la bouche grande.

Clé. Oui : mais on y voit des grâces qu'on ne voit point aux autres bouches : et cette bouche est la plus attrayante, la plus amoureuse du monde.

Cov. Pour sa taille, elle n'est pas grande.

Clé. Non : mais elle est aisée et bien prise.

Cov. Elle affecte une nonchalance dans son parler et dans ses actions...

Clé. Il est vrai, mais elle a grâce à tout cela ; et ses manières sont engageantes, ont je ne sais quel charme à s'insinuer dans les cœurs.

Cov. Pour de l'esprit...

Clé. Ah ! elle en a, Covielle, du plus fin, du plus délicat.

Cov. Sa conversation...

Clé. Sa conversation est charmante.

Cov. Elle est toujours sérieuse.

Clé. Veux-tu de ces enjouements épanouis, de ces joies toujours ouvertes ?

Cov. Mais enfin, elle est capricieuse autant que personne du monde.

Clé. Oui, elle est capricieuse, j'en demeure d'accord ; mais tout sied bien aux belles, on souffre tout des belles.

Cov. Puisque cela va comme cela, je vois bien que vous avez envie de l'aimer toujours.

Clé. Moi ? j'aimerais mieux mourir ; et je vais la haïr autant que je l'ai aimée.

Cov. Le moyen, si vous la trouvez si parfaite ?

Clé. C'est en quoi ma vengeance sera plus éclatante, en quoi je veux faire mieux voir la force de mon cœur, à la haïr, à la quitter, tout belle, tout pleine d'attraits, tout aimable que je la trouve.

SCÈNE V.

(*Les amants se sont reconciliés, et Cléonte vient demander Lucile en mariage à M. Jourdain.*)

CLÉONTE, M. JOURDAIN, MADAME JOURDAIN, LUCILE, COVIELLE, NICOLE.

Clé. Monsieur, je n'ai voulu prendre personne pour vous faire une demande que je médite il y a longtemps. Elle me touche assez pour m'en charger moi-meme ; et, sans autre détour, je vous dirai que l'honneur d'être votre gendre est une faveur glorieuse que je vous prie de m'accorder.

M. Jour. Avant de vous rendre réponse, monsieur, je vous prie de me dire si vous êtes gentilhomme.

Clé. Monsieur, la plupart des gens sur cette question n'hésitent pas beaucoup. Ce nom ne fait aucun scrupule à prendre : et l'usage aujourd'hui semble en autoriser le vol. Pour moi, je vous l'avoue, j'ai les sentiments sur cette matière un peu plus délicats. Je trouve que toute imposture est indigne d'un honnête homme, et qu'il y a de la lâcheté à déguiser ce que le ciel nous a fait naître, à se parer aux yeux du monde d'un titre dérobé, à se vouloir donner pour ce qu'on n'est pas. Je suis né de parents, sans doute, qui ont tenu des charges honorables ; je me suis acquis dans les armes l'honneur de six ans de service, et je me trouve assez de bien pour tenir dans le monde un rang assez passable : mais, avec tout cela, je ne veux pas me donner un nom où d'autres en ma place croiraient pouvoir prétendre ; et, je vous dirai franchement que je ne suis point gentilhomme.

M. Jour. Touchez là,* monsieur ; ma fille n'est pas pour vous.

Clé. Comment ?

M. Jour. Vous n'êtes point gentilhomme, vous n'aurez point ma fille.

Mad. Jour. Que voulez-vous donc dire avec votre gentilhomme ? Est-ce que nous sommes, nous autres, de la côte de Saint Louis ?

M. Jour. Taisez-vous, ma femme.

Mad. Jour. Descendons-nous tous deux que de bonne bourgeoisie ?

M. Jour. Voilà pas le coup de langue ! †

Mad. Jour. Et votre père n'était-il pas marchand aussi bien que le mien ?

M. Jour. Peste soit de la femme ! Si votre père a été marchand, tant pis pour lui ; mais, pour le mien, ce sont des malavisés qui disent cela. Tout ce que j'ai à vous dire, moi, c'est que je veux avoir un gendre gentilhomme.

Mad. Jour. Il faut à votre fille un mari qui lui soit propre ; et il vaut mieux pour elle un honnête homme riche et bien fait qu'un gentilhomme gueux et mal bâti.

Nic. Cela est vrai. Nous avons le fils du gentilhomme de notre village qui est le plus sot animal que j'aie jamais vu.

M. Jour. (*à Nicole.*) Taisez-vous, impertinente : vous vous fourrez toujours dans la conversation. J'ai du bien assez pour ma fille, je n'ai besoin que d'honneurs ; et je la veux faire marquise.

Mad. Jour. Marquise ?

M. Jour. Oui, marquise.

Mad. Jour. Hélas ! Dieu m'en garde !

M. Jour. C'est une chose que j'ai résolue.

Mad. Jour. C'est une chose, moi, où je ne consentirai point. Les alliances avec plus grand que soi sont sujettes toujours à de fâcheux inconvénients. Je ne veux point qu'un gendre puisse à ma fille reprocher ses parents, et qu'elle ait des enfants qui aient honte de m'appeler leur grand'maman. S'il fallait qu'elle vînt me visiter en équipage de grande dame,

* Touchez là, *shake hands.* † *Now for slander.*

et qu'elle manquât par mégarde à saluer quelqu'un du quartier, on ne manquerait pas aussitôt de dire cent sottises. " Voyez-vous, dirait-on, cette madame la marquise, qui fait " tant la glorieuse ? c'est la fille de monsieur Jourdain, qui " était trop heureuse, étant petite, de jouer à la madame avec " nous. Elle n'a pas toujours été si relevée que la voilà, et " ses deux grands-pères vendaient du drap auprès de la porte " Saint-Innocent. Ils ont amassé du bien à leurs enfants, " qu'ils paient maintenant peut-être bien cher en l'autre " monde ; et l'on ne devient guère si riche à être honnêtes " gens." Je ne veux point tous ces caquets ; et je veux un homme, en un mot, qui m'ait obligation de ma fille, et à qui je puisse dire : Mettez-vous là, mon gendre, et dînez avec moi.

M. Jour. Voilà bien les sentiments d'un petit esprit, de vouloir demeurer toujours dans la bassesse. Ne me répliquez pas davantage ; ma fille sera marquise en dépit de tout le monde ; et, si vous me mettez en colère, je la ferai duchesse.

SCÈNE VI.

CLÉONTE, COVIELLE.

Cov. Vous avez fait de belles affaires avec vos beaux sentiments !

Clé. Que veux-tu ? j'ai un scrupule là-dessus que l'exemple ne saurait vaincre.

Cov. Vous moquez-vous de le prendre sérieusement avec un homme comme cela ? Ne voyez-vous pas qu'il est fou ? Et vous coûtait-il quelque chose de vous accommoder à ses chimères ?

Clé. Tu as raison ; mais je ne croyais pas qu'il fallût faire ses preuves de noblesse pour être gendre de monsieur Jourdain.

Cov. (*riant.*) Ah ! ah ! ah !

Clé. De quoi ris-tu ?

Cov. D'une pensée qui me vient pour jouer notre homme, et vous faire obtenir ce que vous souhaitez.

Clé. Comment ?

Cov. L'idée est tout-à-fait plaisante.

Clé. Quoi donc ?

Cov. Je vais vous instruire de tout. Retirons-nous ; le voilà qui revient.

SCÈNE VII.

M. JOURDAIN.

Ils n'ont rien que les grands seigneurs à me reprocher; et moi, je ne vois rien de si beau que de hanter les grands seigneurs; il n'y a qu'honneur et civilité avec eux; et je voudrais qu'il m'en eût coûté deux doigts de la main, et être né comte ou marquis.

ACTE IV.

SCÈNE PREMIÈRE.

M. JOURDAIN; COVIELLE, *déguisé.*

Cov. Monsieur, je ne sais pas si j'ai l'honneur d'être connu de vous.

M. Jour. Non, monsieur.

Cov. (*étendant la main à un pied de terre.*) Je vous ai vu que vous n'étiez pas plus grand que cela.

M. Jour. Moi?

Cov. Oui. Vous étiez le plus bel enfant du monde, et toutes les dames vous prenaient dans leurs bras pour vous baiser.

M. Jour. Pour me baiser?

Cov. Oui. J'étais grand ami de feu monsieur votre père.

M. Jour. De feu monsieur mon père?

Cov. Oui. C'était un fort honnête gentilhomme.

M. Jour. Comment dites-vous?

Cov. Je dis que c'était un fort honnête gentilhomme.

M. Jour. Mon père?

Cov. Oui.

M. Jour. Vous l'avez fort connu?

Cov. Assurément.

M. Jour. Et vous l'avez connu pour gentilhomme?

Cov. Sans doute.

M. Jour. Je ne sais donc pas comment le monde est fait

Cov. Comment?

M. Jour. Il y a de sottes gens qui me veulent dire qu'il a été marchand.

Cov. Lui, marchand? c'est pure médisance, il ne l'a jamais été. Tout ce qu'il faisait, c'est qu'il était fort obligeant, fort officieux; et comme il se connaissait fort bien en étoffes, il en allait choisir de tous les côtés, les faisait apporter chez lui, et en donnait à ses amis pour de l'argent.

M. Jour. Je suis ravi de vous connaître, afin que vous rendiez ce témoignage-là que mon père était gentilhomme.

Cov. Je le soutiendrai devant tout le monde.

M. Jour. Vous m'obligerez. Quel sujet vous amène ?

Cov. Depuis avoir connu feu monsieur votre père, honnête gentilhomme, comme je vous ai dit, j'ai voyagé par tout le monde.

M. Jour. Par tout le monde ?

Cov. Oui. Je ne suis revenu de tous mes longs voyages que depuis quatre jours ; et, par l'intérêt que je prends à tout ce qui vous touche, je viens vous annoncer la meilleure nouvelle du monde.

M. Jour. Quelle ?

Cov. Vous savez que le fils du grand Turc est ici ?

M. Jour. Moi ? non.

Cov. Comment ! il a un train tout-à-fait magnifique ; tout le monde le va voir, et il a été reçu en ce pays comme un seigneur d'importance.

M. Jour. Par ma foi, je ne savais pas cela.

Cov. Ce qu'il y a d'avantageux pour vous, c'est qu'il est amoureux de votre fille.

M. Jour. Le fils du grand Turc ?

Cov. Oui ; et il veut être votre gendre.

M. Jour. Mon gendre, le fils du grand Turc ?

Cov. Le fils du grand Turc votre gendre. Comme je le fus voir, et que j'entends parfaitement sa langue, il s'entretint avec moi ; et après quelques autres discours, il me dit : N'as-tu point vu une jeune belle personne, qui est la fille de M. Jourdain, gentilhomme parisien ?

M. Jour. Le fils du grand Turc dit cela de moi ?

Cov. Oui. Comme je lui eus répondu que je vous connaissais particulièrement, et que j'avais vu votre fille : Ah ! me dit-il, Ah ! que je suis amoureux d'elle !

M. Jour. Vous faites bien de me dire cela.

Cov. Enfin, pour achever mon ambassade, il vient vous demander votre fille en mariage ; et pour avoir un beau-père qui soit digne de lui, il veut vous faire *mamamouchi*, ce qui est une certaine grande dignité de son pays.

M. Jour. *Mamamouchi ?*

Cov. Oui, *mamamouchi :* c'est-à-dire, en notre langue, paladin. Paladin, ce sont de ces anciens. . .Paladin enfin

Il n'y a rien de plus noble que cela dans le monde ; et vous irez de pair avec les plus grands seigneurs de la terre.

M. Jour. Le fils du grand Turc m'honore beaucoup ; et je vous prie de me mener chez lui pour lui en faire mes remercîments.

Cov. Comment ! le voilà qui va venir ici.

M. Jour. Il va venir ici ?

Cov. Oui ; et il amène toutes choses pour la cérémonie de votre dignité.

M. Jour. Voilà qui est bien prompt.

Cov. Son amour ne peut souffrir aucun retardement.

M. Jour. Tout ce qui m'embarrasse ici, c'est que ma fille est une opiniâtre, qui s'est allée mettre dans la tête un certain Cléonte ; et elle jure de n'épouser personne que celui-là.

Cov. Elle changera de sentiment, quand elle verra le fils du grand Turc ; et puis il se rencontre ici une aventure merveilleuse, c'est que le fils du grand Turc ressemble à ce Cléonte, à peu de chose près. Je viens de le voir, on me l'a montré ; et l'amour qu'elle a pour l'un pourra passer aisément à l'autre, et. . .Je l'entends venir ; le voilà.

SCÈNE II.

CLÉONTE, *habillé en Turc ;* LUCILE, M. JOURDAIN, DORANTE, COVIELLE.

M. Jour. Venez, ma fille, approchez-vous, et venez donner la main à monsieur, qui vous fait l'honneur de vous demander en mariage.

Luc. Comment, mon père ! comme vous voilà fait ! Est-ce une comédie que vous jouez ?

M. Jour. Non, non, ce n'est pas une comédie ; c'est une affaire fort sérieuse, et la plus pleine d'honneur pour vous qui se puisse souhaiter. (*montrant Cléonte.*) Voilà le mari que je vous donne.

Luc. A moi, mon père ?

M. Jour. Oui, à vous. Allons, touchez-lui dans la main, et rendez grâce au ciel de votre bonheur.

Luc. Je ne veux point me marier.

M. Jour. Je le veux, moi, qui suis votre père.

Luc. Je n'en ferai rien.

M. Jour. Ah ! que de bruit ! Allons, vous dis-je ; ça, votre main.

Luc. Non, mon père, je vous l'ai dit : il n'est point de pouvoir qui me puisse obliger à prendre un autre mari que Cléonte ; et je me résoudrai plutôt à toutes les extrémités que de. . .(*reconnaissant Cléonte.*) Il est vrai que vous êtes mon père, je vous dois entière obéissance ; et c'est à vous à disposer de moi selon vos volontés.

M. Jour. Ah ! je suis ravi de vous voir si promptement revenue dans votre devoir ; et voilà qui me plaît d'avoir une fille obéissante

SCÈNE III.

MADAME JOURDAIN, CLÉONTE, M. JOURDAIN, LUCILE, DORANTE, COVIELLE.

Mad. Jour. Comment donc ! qu'est-ce que c'est que ceci ? On dit que vous voulez donner votre fille en mariage à un Turc.

M. Jour. Voulez-vous vous taire, impertinente ? Vous venez toujours mêler vos extravagances à toutes choses, et il n'y a pas moyen de vous apprendre à être raisonnable.

Mad. Jour. C'est vous qu'il n'y a pas moyen de rendre sage, et vous allez de folie en folie. Quel est votre dessein ? et que voulez-vous faire avec cet assemblage ?

M. Jour. Je veux marier notre fille avec le fils du grand Turc.

Mad. Jour. Avec le fils du grand Turc ?

M. Jour. Oui. (*montrant Covielle.*) Faites-lui faire vos compliments par le truchement que voilà.

Mad. Jour. Je n'ai que faire du truchement ; et je lui dirai bien moi-même, à son nez, qu'il n'aura point ma fille.

M. Jour. Voulez-vous vous taire, encore une fois ?

Dor. Comment ! madame Jourdain, vous vous opposez à un bonheur comme celui-là ? Vous refusez son altesse turque pour gendre ?

Mad. Jour. Monsieur, mêlez-vous de vos affaires.

Dor. C'est l'amitié que j'ai pour vous qui me fait intéresser dans vos avantages.

Mad. Jour. Je me passerai bien de votre amitié.

Dor. Voilà votre fille qui consent aux volontés de son père.

Mad. Jour. Ma fille consent à épouser un Turc ?

Dor. Sans doute.

Mad. Jour. Elle peut oublier Cléonte ?

Dor. Que ne fait-on pas pour être grande dame ?

Mad. Jour. Je l'étranglerais de mes mains, si elle avait fait un coup comme celui-là.

M. Jour. Voilà bien du caquet. Je vous dis que ce mariage-là se fera.

Mad. Jour. Je vous dis, moi, qu'il ne se fera point.

M. Jour. Ah ! que de bruit !

Luc. Ma mère...

Mad. Jour. Allez, vous êtes une coquine.

M. Jour. (*à madame Jourdain.*) Quoi ! vous la querellez de ce qu'elle m'obéit ?

Mad. Jour. Oui. Elle est à moi aussi bien qu'à vous.

Cov. (*à madame Jourdain.*) Madame...

Mad. Jour. Que me voulez-vous conter, vous ?

Cov. Un mot.

Mad. Jour. Je n'ai que faire de votre mot.

Cov. (*à M. Jourdain.*) Monsieur, si elle veut écouter une parole en particulier, je vous promets de la faire consentir à ce que vous voulez.

Mad. Jour. Je n'y consentirai point.

Cov. Écoutez-moi, seulement.

Mad. Jour. Non.

M. Jour. (*à madame Jourdain.*) Écoutez-le.

Mad. Jour. Non, je ne veux pas l'écouter.

M. Jour. Il vous dira...

Mad. Jour. Je ne veux point qu'il me dise rien.

M. Jour. Voilà une grande obstination de femme ! Cela vous ferait-il mal de l'entendre ?

Cov. Ne faites que m'écouter, vous ferez après ce qu'il vous plaira.

Mad. Jour. Hé bien, quoi ?

Cov. (*bas, à madame Jourdain.*) Il y a une heure, madame, que nous vous faisons signe. Ne voyez-vous pas bien que tout ceci n'est fait que pour nous ajuster aux visions de votre mari, que nous l'abusons sous ce déguisement, et que c'est Cléonte lui-même qui est le fils du grand Turc ?

Mad. Jour. (*bas, à Covielle.*) Ah ! ah !

Cov. (*bas, à madame Jourdain.*) Et moi, Covielle, qui suis le truchement ?

Mad. Jour. (*bas, à Covielle.*) Ah ! comme cela, je me rends.

Cov. (*bas, à madame Jourdain.*) Ne faites pas semblant de rien.*

* Do not appear to know anything about it

Mad. Jour. (*haut.*) Oui, voilà qui est fait ; je consens au mariage.

M. Jour. Ah ! voilà tout le monde raisonnable. (*à madame Jourdain.*) Vous ne vouliez pas l'écouter. Je savais bien qu'il vous expliquerait ce que c'est que le fils du grand Turc.

Mad. Jour. Il me l'a expliqué comme il faut ; et j'en suis satisfaite. Envoyons querir un notaire.

M. Jour. Bon, bon. Qu'on aille querir le notaire.

Dor. Tandis qu'il viendra, et qu'il dressera le contrat, voyons notre ballet, et donnons-en le divertissement à son altesse turque.

M. Jour. C'est fort bien avisé. Allons prendre nos places.

Mad. Jour. Et Nicole ?

M. Jour. Je la donne au truchement ; et ma femme, à qui la voudra.

Cov. Monsieur, je vous remercie. (*à part.*) Si l'on en peut voir un plus fou, je l'irai dire à Rome.

ABRÉGÉ

DES

AVENTURES DE GIL-BLAS.

Lesage (né dans la Basse-Bretagne en 1677, mort à Boulogne-sur-mer en 1747), auteur d'un grand nombre de romans et de pièces de théâtre, est surtout célèbre par les *Aventures de Gil-Blas.* En peignant la société du 18e siècle, Lesage a peint l'homme de tous les temps. Dans Gil-Blas, c'est le génie de Molière qui semble inspirer Lesage. C'est, avec moins de profondeur et de hardiesse, la même vérité naïve, presque la même gaîté, jointes à une élégance de style, à une légèreté de touche, à une réserve d'expression, que la nature des sujets pouvait rendre difficiles.

CHAPITRE PREMIER.

De la naissance de Gil-Blas, et de son éducation.

Blas de Santillane, mon père, après avoir longtemps porté les armes pour le service de la monarchie espagnole, se retira dans la ville où il avait pris naissance. Il y épousa une petite bourgeoise qui n'était plus dans sa première jeunesse, et je vins au monde onze mois après leur mariage. Ils allèrent ensuite demeurer à Oviédo, où ma mère se fit femme de chambre et mon père écuyer. Comme ils n'avaient pour tout bien que leurs gages, j'aurais couru risque d'être assez mal élevé, si je n'eusse pas eu dans la ville un oncle chanoine. Il se nommait Gil Pérez. Il était frère aîné de ma mère, et mon parrain. Représentez-vous un petit homme haut de trois pieds et demi, avec une tête enfoncée entre les deux épaules: voilà mon oncle. Au reste, c'était un ecclésiastique qui ne songeait qu'à faire bonne chère ; et sa prébende, qui n'était pas mauvaise, lui en fournissait les moyens.

Il me prit chez lui dès mon enfance, et se chargea de mon éducation. Il m'acheta un alphabet, et entreprit de m'apprendre lui-même à lire ; ce qui ne lui fut pas moins utile qu'à moi ; car, en me faisant connaître mes lettres, il se remit à la lecture, qu'il avait toujours fort négligée ; et, à force de s'y appliquer, il parvint à lire couramment son bréviaire, ce qu'il n'avait jamais fait auparavant. Il aurait encore bien voulu m'enseigner la langue latine, mais, hélas ! le pauvre Gil Pérez ! il n'en avait de sa vie su les premiers principes.

Il fut donc obligé de me mettre sous la férule d'un maître ; il m'envoya chez le docteur Godinez, qui passait pour le plus habile précepteur d'Oviédo. Je profitai si bien des instructions qu'on me donna, qu'au bout de cinq à six années j'entendais un peu les auteurs grecs, et assez bien les poètes latins. Je m'appliquai aussi à la logique, qui m'apprit à raisonner beaucoup. J'aimais tant la dispute, que j'arrêtais les passants, connus ou inconnus, pour leur proposer des arguments.

Je m'acquis par-là dans la ville la réputation de savant. Mon oncle en fut ravi, parce qu'il fit réflexion que je cesserais bientôt de lui être à charge. " Ho çà, Gil-Blas," me dit-il un jour, " le temps de ton enfance est passé. Tu as déjà dix-sept ans, et te voilà devenu habile garçon. Il faut songer à te pousser. Je suis d'avis de t'envoyer à l'université de Salamanque ; avec l'esprit que je te vois, tu ne manqueras pas de trouver un bon poste. Je te donnerai quelques ducats pour faire ton voyage, avec ma mule qui vaut bien dix à douze pistoles ; tu la vendras à Salamanque, et tu en emploieras l'argent à t'entretenir jusqu'à ce que tu sois placé."

Il ne pouvait rien me proposer qui me fût plus agréable.

Cependant j'eus assez de force sur moi pour cacher ma joie; et lorsqu'il fallut partir, ne paraissant sensible qu'à la douleur de quitter un oncle à qui j'avais tant d'obligation, j'attendris le bon homme, qui me donna plus d'argent qu'il ne m'en aurait donné s'il eût pu lire au fond de mon âme. Avant mon départ, j'allai embrasser mon père et ma mère, qui ne m'épargnèrent pas les remontrances. Ils m'exhortèrent à prier Dieu pour mon oncle, à vivre en honnête homme, à ne me point engager dans de mauvaises affaires, et sur toute chose à ne pas prendre le bien d'autrui. Après qu'ils m'eurent longtemps harangué, ils me firent présent de leur bénédiction. Aussitôt je montai sur ma mule, et sortis de la ville.

CHAPITRE II.

Arrivée de Gil-Blas à Pennaflor, et avec quel homme il soupa.

J'ARRIVAI heureusement à Pennaflor. Je m'arrêtai à la porte d'une hôtellerie d'assez bonne apparence. Je n'eus pas mis pied à terre, que l'hôte vint me recevoir fort civilement. Il détacha lui-même ma valise, la chargea sur ses épaules, et me conduisit à une chambre, pendant qu'un de ses valets menait ma mule à l'écurie. Dès que je fus dans l'hôtellerie, je demandai à souper. On m'accommoda des œufs. Pendant qu'on me les apprêtait, je liai conversation avec l'hôtesse, que je n'avais point encore vue. Lorsque l'omelette fut en état de m'être servie, je m'assis tout seul à une table. Je n'avais pas encore mangé le premier morceau, que l'hôte entra, suivi d'un homme qui portait une longue rapière, et qui pouvait avoir trente ans. Ce cavalier s'approcha de moi d'un air empressé: "Seigneur écolier," me dit-il, "je viens d'apprendre que vous êtes le seigneur Gil-Blas de Santillane, l'ornement d'Oviédo, et le flambeau de la philosophie. Est-il bien possible que vous soyez ce savantissime, ce bel-esprit, dont la réputation est si grande en ce pays-ci? Vous ne savez pas," continua-t-il, en s'adressant à l'hôte et à l'hôtesse, "vous ne savez pas ce que vous possédez. Vous avez un trésor dans votre maison. Vous voyez dans ce jeune gentilhomme la huitième merveille du monde." Puis se tournant de mon côté, et me jetant les bras au cou: "Excusez mes transports," ajouta-t-il, "je ne suis point maître de la joie que votre présence me cause."

Je ne pus lui répondre sur-le-champ, parce qu'il me tenait si serré que je n'avais pas la respiration libre, et ce ne fut qu'après que j'eus la tête dégagée de l'embrassade, que je lui dis : " Seigneur cavalier, je ne croyais pas mon nom connu à Pennaflor." " Comment connu !" reprit-il sur le même ton : " nous tenons registre de tous les grands personnages qui sont à vingt lieues à la ronde. Vous passez pour un prodige, et je ne doute pas que l'Espagne ne se trouve un jour aussi vaine de vous avoir produit, que la Grèce d'avoir vu naître ses sages." Mon admirateur me parut un fort honnête homme, et je l'invitai à souper avec moi. " Ah ! très volontiers," s'écria-t-il, " je sais trop bon gré à mon étoile de m'avoir fait rencontrer l'illustre Gil-Blas de Santillane, pour ne pas jouir de ma bonne fortune le plus longtemps que je pourrai. Je n'ai pas grand appétit," poursuivit-il ; " je vais me mettre à table pour vous tenir compagnie seulement, et je mangerai quelques morceaux par complaisance."

En parlant ainsi, mon panégyriste s'assit vis-à-vis de moi. On lui apporta un couvert. Il se jeta d'abord sur l'omelette avec tant d'avidité, qu'il semblait n'avoir mangé de trois jours. A l'air complaisant dont il s'y prenait, je vis bien qu'elle serait bientôt expédiée. J'en ordonnai une seconde, qui fut faite si promptement, qu'on la servit comme nous achevions, ou plutôt comme il achevait de manger la première. Il y allait pourtant d'une vitesse toujours égale, et trouvait moyen, sans perdre un coup de dent, de me donner louanges sur louanges, ce qui me rendait fort content de ma petite personne. Il buvait aussi fort souvent ; tantôt c'était à ma santé, et tantôt à celle de mon père et de ma mère, dont il ne pouvait assez vanter le bonheur d'avoir un fils tel que moi. En même temps il versait du vin dans mon verre, et m'excitait à lui faire raison. Je ne répondais point mal aux santés qu'il me portait ; ce qui, avec ses flatteries, me mit insensiblement de si belle humeur, que, voyant notre seconde omelette à moitié mangée, je demandai à l'hôte s'il n'avait point de poisson à nous donner. Le seigneur Corcuélo, qui, selon toutes les apparences, s'entendait avec le parasite, me répondit : " J'ai une truite excellente, mais elle coûtera cher à ceux qui la mangeront ; c'est un morceau trop friand pour vous." " Qu'appelez-vous, trop friand ?" dit alors mon flatteur, d'un ton de voix élevé : " vous n'y pensez pas, mon ami. Apprenez que vous n'avez rien de trop bon pour le seigneur Gil-Blas de Santillane, qui mérite d'être traité comme un prince."

Je fus bien aise qu'il eût relevé les dernières paroles de l'hôte, et il ne fit en cela que me prévenir. Je m'en sentis offensé, et je dis fièrement à Corcuélo : "Apportez-nous votre truite, et ne vous embarrassez pas du reste." L'hôte, qui ne demandait pas mieux, se mit à l'apprêter, et ne tarda guère à nous la servir. A la vue de ce nouveau plat, je vis briller une grande joie dans les yeux du parasite, qui fit paraître une nouvelle complaisance, c'est-à-dire, qu'il donna sur le poisson comme il avait fait sur les œufs. Il fut pourtant obligé de se rendre, de peur d'accident, car il en avait jusqu'à la gorge. Enfin, après avoir bien bu et bien mangé, il voulut finir la comédie. "Seigneur Gil-Blas," me dit-il, en se levant de table, "je suis trop content de la bonne chère que vous m'avez faite, pour vous quitter sans vous donner un avis important, dont vous me paraissez avoir besoin. Soyez désormais en garde contre les louanges. Défiez-vous des gens que vous ne connaîtrez point. Vous en pourrez rencontrer d'autres, qui voudront comme moi se divertir de votre crédulité, et peut-être pousser les choses encore plus loin. N'en soyez point la dupe, et ne vous croyez point, sur leur parole, la huitième merveille du monde." En achevant ces mots, il me rit au nez, et s'en alla.

CHAPITRE III.

Gil-Blas arrive à Valladolid, et s'engage au service du docteur Sangrado.

De Pennaflor j'allai à Valladolid où je rencontrai le docteur Sangrado que j'avais vu chez mon oncle Gil Pérez, et je pris la liberté de le saluer. Il me remit dans le moment. "Eh! te voilà, mon enfant," me dit-il, "je pensais à toi tout à l'heure. J'ai besoin d'un bon garçon pour me servir, et je songeais que tu serais bien mon fait, si tu savais lire et écrire." "Monsieur," lui répondis-je, "sur ce pied-là je suis donc votre affaire, car je sais l'un et l'autre." "Cela étant," reprit-il, "tu es l'homme qu'il me faut. Viens chez moi, je te traiterai avec distinction. Je ne te donnerai point de gages, mais rien ne te manquera. J'aurai soin de t'entretenir proprement, et je t'enseignerai le grand art de guérir toutes les maladies. En un mot, tu seras plutôt mon élève que mon valet."

J'acceptai la proposition du docteur, dans l'espérance que je pourrais, sous un si savant maître, me rendre illustre dans la médecine. Il me mena chez lui sur-le-champ, pour m'installer dans l'emploi qu'il me destinait ; et cet emploi consistait à écrire le nom et la demeure des malades qui l'envoyaient chercher pendant qu'il était en ville. J'avais souvent la plume à la main, parce qu'il n'y avait point en ce temps-là de médecin à Valladolid plus accrédité que le docteur Sangrado. Il s'était mis en réputation dans le public par un verbiage spécieux soutenu d'un air imposant, et par quelques cures heureuses, qui lui avaient fait plus d'honneur qu'il n'en méritait.

Il ne manquait pas de pratique, ni par conséquent de bien. Il n'en faisait pas toutefois meilleure chère. On vivait chez lui très frugalement. Nous ne mangions d'ordinaire que des pois, des fèves, des pommes cuites, ou du fromage. Il disait que ces aliments étaient les plus convenables à l'estomac. Il nous défendait, à la servante et à moi, de manger beaucoup, mais en récompense il nous permettait de boire de l'eau à discrétion. Bien loin de nous prescrire des bornes là-dessus, il nous disait quelquefois : " Buvez, mes enfants. Buvez de l'eau abondamment. C'est un dissolvant universel. L'eau fond tous les sels. Le cours du sang est-il ralenti, elle le précipite ; est-il trop rapide, elle en arrête l'impétuosité." Notre docteur était de si bonne foi sur cela, qu'il ne buvait jamais lui-même que de l'eau, quoiqu'il fût dans un âge avancé.

Il avait beau vanter l'eau, et m'enseigner le secret d'en composer des breuvages exquis, j'en buvais avec tant de modération, que, s'en étant aperçu, il me dit : " Eh ! vraiment, Gil-Blas, je ne m'étonne point si tu ne jouis pas d'une parfaite santé. Tu ne bois pas assez, mon ami. Ne crains pas que l'abondance de l'eau affaiblisse ou refroidisse ton estomac. Loin de toi cette terreur panique, que tu te fais peut-être de la boisson fréquente."

Malgré ces beaux raisonnements, je commençai à sentir de grands maux d'estomac, que j'eus la témérité d'attribuer au dissolvant universel, et à la mauvaise nourriture que je prenais. Cela me fit prendre la résolution de sortir de chez le docteur Sangrado. Mais il me chargea d'un nouvel emploi, ce qui me fit changer de sentiment. " Écoute," me dit-il un jour, " je ne suis point de ces maîtres durs et ingrats, qui laissent vieillir leurs domestiques dans la servitude, avant que de les récompenser. Je suis content de toi ; je t'aime, et sans attendre que tu m'aies servi plus longtemps, j'ai pris la résolution de faire ta fortune dès aujourd'hui. Je veux tout à l'heure te découvrir le fin de l'art salutaire que je professe depuis tant d'années. Les autres médecins en font consister la connaissance dans mille sciences pénibles, et moi, je prétends t'abréger un chemin si long, et t'épargner la peine d'étudier la pharmacie, la botanique, et l'anatomie. Sache, mon ami, qu'il ne faut que saigner, et faire boire de l'eau chaude. Voilà le secret de guérir toutes les maladies du monde. Je n'ai plus rien à t'apprendre. Tu sais la médecine à fond, et, profitant du fruit de ma longue expérience, tu deviens tout d'un coup aussi habile que moi. Tu peux," continua-t-il, " me soulager maintenant. Tu tiendras le matin notre registre, et l'après-midi tu sortiras pour aller voir une partie de mes malades."

CHAPITRE IV.

Gil-Blas devient un célèbre médecin.

Je remerciai le docteur de m'avoir si promptement rendu capable de lui servir de substitut ; et, pour reconnaître les bontés qu'il avait pour moi, je l'assurai que je suivrais toute ma vie ses opinions, quand même elles seraient contraires à celles d'Hippocrate.

Je mis un habit de mon maître, pour me donner l'air d'un médecin ; après quoi je me disposai à exercer la médecine aux dépens de qui il appartiendrait. Je débutai par un alguazil, qui avait une pleurésie. J'ordonnai qu'on le saignât sans miséricorde, et qu'on ne lui plaignît point l'eau. J'entrai ensuite chez un pâtissier à qui la goutte faisait pousser de grands cris. Je ne ménageai pas plus son sang que celui de l'alguazil, et j'ordonnai qu'on lui fît boire de l'eau de moment en moment. Je reçus douze réaux pour mes ordonnances ; ce qui me fit prendre tant de goût à la profession, que je ne demandai plus que plaie et bosse.

Je visitai plusieurs malades, et je les traitai tous de la même manière, quoiqu'ils eussent des maux différents. Jusque-là les choses s'étaient passées sans bruit, et personne ne s'était encore révolté contre mes ordonnances. Mais, quelque excellente que soit la pratique d'un médecin, elle ne saurait manquer de censeurs. J'entrai chez un épicier qui avait un fils hydropique. J'y trouvai un petit médecin, qu'on nommait le docteur Cuchillo, et qu'un parent du maître de la maison venait d'amener. Je fis de profondes révérences à tout le monde, et particulièrement au personnage que je jugeai qu'on avait appelé pour le consulter sur la maladie dont il s'agissait. "Messieurs," dit l'épicier, "examinez, s'il vous plaît, mon fils, et ordonnez ce que vous jugerez à propos qu'on fasse pour le guérir."

Là-dessus le petit médecin se mit à observer le malade ; et, après m'avoir fait remarquer tous les symptômes qui découvraient la nature de la maladie, il me demanda de quelle manière je pensais qu'on dût le traiter. "Je suis d'avis,' répondis-je, "qu'on le saigne tous les jours, et qu'on lui fasse boire de l'eau chaude abondamment." A ces paroles, le petit médecin me dit, en souriant d'un air plein de malice Et vous croyez que ces remèdes lui sauveront la vie ? N'en doutez pas, m'écriai-je d'un ton ferme ; ils doivent produire cet effet, puisque ce sont des spécifiques contre toutes sortes de maladies. Demandez au seigneur Sangrado. Je reconnais à vos discours, me dit Cuchillo, la pratique sûre et satisfaisante dont le docteur Sangrado veut insinuer la méthode aux jeunes praticiens. La saignée et la boisson sont sa médecine universelle. Je ne suis pas surpris si tant d'honnêtes gens périssent entre ses mains. N'en venons point aux invectives, interrompis-je assez brusquement. Si vous en voulez au seigneur Sangrado, écrivez contre lui, il vous répondra, et nous verrons de quel côté seront les rieurs. Par saint Jacques et par saint André, interrompit-il à son tour avec emportement, vous ne connaissez guère le docteur Cuchillo. Sachez, mon ami, que je ne crains nullement Sangrado, qui, malgré sa présomption et sa vanité, n'est qu'un original. La figure du petit médecin me fit mépriser sa colère. Je lui répliquai avec aigreur ; il me repartit de même ; et bientôt nous en vînmes aux gourmades. Nous eûmes le temps de nous donner quelques coups de poing, et de nous arracher l'un à l'autre une poignée de cheveux, avant que l'épicier et son parent pussent nous séparer. Lorsqu'ils en furent venus à bout, ils me payèrent ma visite, et retinrent mon antagoniste, qui leur parut apparemment plus habile que moi.

Après cette aventure, peu s'en fallut qu'il ne m'en arrivâ une autre. J'allai voir un gros chantre qui avait la fièvre. Sitôt qu'il m'entendit parler d'eau chaude, il me dit un million d'injures, et me menaça même de me jeter par les fenêtres. Je sortis de chez lui plus vite que je n'y étais entré.

CHAPITRE V.

Gil-Blas continue d'exercer la médecine.

Le désagrément que j'avais eu chez l'épicier ne m'empêcha pas de continuer d'exercer ma profession, et d'ordonner, dès le lendemain, des saignées et de l'eau chaude. Il ne se passait point de jour que nous ne vissions mon maître et moi chacun huit ou dix malades ; ce qui suppose bien de l'eau bue et du sang répandu. Mais je ne sais comment cela se faisait : ils mouraient tous, soit que nous les traitassions fort mal, soit que leurs maladies fussent incurables. Nous faisions rarement trois visites à un même malade : dès la seconde, ou nous apprenions qu'il venait d'être enterré, ou nous le trouvions à l'agonie. Comme je n'étais qu'un jeune médecin, qui n'avait pas encore eu le temps de s'endurcir au meurtre, je m'affligeais des événements funestes qu'on pouvait m'imputer. Monsieur, dis-je un soir au docteur Sangrado, je suis exactement votre méthode ; cependant tous mes malades vont en l'autre monde. J'en ai rencontré aujourd'hui deux qu'on portait en terre. Mon enfant, me répondit-il, je pourrais te dire à peu près la même chose. Je n'ai pas souvent la satisfaction de guérir les personnes qui tombent entre mes mains ; et si je n'étais pas aussi sûr de mes principes que je le suis, je croirais mes remèdes contraires à presque toutes les maladies que je traite. Si vous m'en voulez croire, monsieur, repris-je, nous changerons de pratique. Donnons par curiosité des préparations chimiques à nos malades. Le pis qu'il en puisse arriver, c'est qu'elles produisent le même effet que notre eau chaude et nos saignées. Je ferais volontiers cet essai, répliqua-t-il, mais j'ai publié un livre où je vante la fréquente saignée et l'usage de la boisson : veux-tu que j'aille décrier mon ouvrage ? Oh ! vous avez raison, lui repartis-je, il ne faut point accorder ce triomphe à vos ennemis.

Nous continuâmes à travailler et nous y procédâmes de manière qu'en moins de six semaines nous fîmes autant de veuves et d'orphelins que le siége de Troie. Il semblait que la peste fût dans Valladolid, tant on y faisait de funérailles. Cependant le ciel, pour ôter sans doute aux malades de Valladolid un de leurs fléaux, fit naître une occasion de me dégoûter de la médecine, que je pratiquais avec si peu de succès.

CHAPITRE VI.

Gil-Blas abandonne la médecine, et le séjour de Valladolid.

Il y avait dans notre voisinage un jeu de paume, où les fainéants de la ville s'assemblaient tous les jours. On y voyait un de ces braves de profession qui s'érigent en maîtres, et décident les différents dans les tripots. Il était de Biscaye, et se faisait appeler don Rodrigue de Mondragon. Il paraissait avoir trente ans. C'était un homme d'une taille ordinaire, mais sec et nerveux. Outre deux petits yeux étincelants qui lui roulaient dans la tête, et semblaient menacer tous ceux qu'il regardait, un nez fort épaté lui tombait sur une moustache rousse. Il avait la parole si rude et si brusque, qu'il n'avait qu'à parler pour inspirer de l'effroi. Tel que je viens de représenter le seigneur don Rodrigue, il fit une tendre impression sur la maîtresse du tripot. C'était une femme de quarante ans, riche, assez agréable, et veuve depuis quinze mois. J'ignore comment il put lui plaire. Ce ne fut pas sans doute pour sa beauté. Ce fut apparemment par ce je ne sais quoi qu'on ne saurait dire. Quoi qu'il en soit, elle eut du goût pour lui, et forma le dessein de l'épouser ; mais dans le temps qu'elle se préparait à consommer cette affaire, elle tomba malade ; et, malheureusement pour elle, je devins son médecin. Quand sa maladie n'aurait pas été une fièvre maligne, mes remèdes suffisaient pour la rendre dangereuse. Au bout de quatre jours, je remplis de deuil le tripot. La paumière alla où j'envoyais tous mes malades, et ses parents s'emparèrent de son bien.

Don Rodrigue, au désespoir d'avoir perdu sa maîtresse, ou plutôt l'espérance d'un mariage très avantageux pour lui, ne se contenta pas de jeter feu et flammes contre moi, il jura qu'il me passerait son épée au travers du corps, et m'exterminerait à la première vue. Un voisin charitable m'avertit de ce serment ; et la connaissance que j'avais de Mondragon, bien loin de me faire mépriser cet avis, me remplit de trouble et de frayeur. Je n'osais sortir du logis, de peur de rencontrer cet homme, et je m'imaginais sans cesse le voir entrer dans notre maison d'un air furieux. Je ne pouvais goûter un moment de repos. Cela me détacha de la médecine, et je ne songeai plus qu'à m'affranchir de mon inquiétude. Je repris mon habit ; et, après avoir dit adieu à mon maître, qui ne put me retenir, je sortis de la ville à la pointe du jour, non sans craindre de rencontrer don Rodrigue.

CHAPITRE VII.

Gil-Blas chez l'archevêque de Grenade.

Je pris le chemin d'Almanza, d'où, poursuivant ma route, j'allai de ville en ville jusqu'à celle de Grenade, sans qu'il m'arrivât aucune mauvaise aventure. Une des premières personnes que je rencontrai dans les rues de Grenade, fut le seigneur don Fernand de Leyva que j'avais connu à Valladolid. Seigneur, lui dis-je, si quelqu'un de vos amis a besoin d'un secrétaire ou d'un intendant, je vous conjure de lui parler en ma faveur : j'ose vous assurer qu'il ne vous reprochera pas de lui avoir donné un mauvais sujet. Très volontiers, répondit-il, je ferai ce que vous souhaitez.

Effectivement, dès la première fois que nous nous revîmes, il me dit : Monsieur l'archevêque de Grenade, mon parent et mon ami, voudrait avoir un jeune homme qui eût de la littérature, et une bonne main, pour mettre au net ses écrits ; car c'est un grand auteur. Il a composé je ne sais combien d'homélies, et il en fait encore tous les jours, qu'il prononce avec applaudissement. Comme je vous crois son fait, je vous ai proposé, et il m'a promis de vous prendre. Allez vous présenter à lui de ma part. Vous jugerez, par la réception qu'il vous fera, si je lui ai parlé de vous avantageusement.

La condition me sembla telle que je pouvais la désirer. Ainsi, m'étant préparé de mon mieux à paraître devant le prélat, je me rendis un matin à l'archevêché. Je trouvai dans les appartements un peuple d'ecclésiastiques et de gens d'épée, dont la plupart étaient des officiers de monseigneur, ses aumôniers, ses écuyers, ou ses valets de chambre. Je m'adressai à un grave et gros personnage, qui se tenait à la porte du cabinet de l'archevêque, pour l'ouvrir et la fermer quand il le fallait. Je lui demandai civilement, s'il n'y avait pas moyen de parler à monseigneur. Attendez, me dit-il, d'un air sec : sa grandeur va sortir pour aller entendre la messe ; elle vous donnera en passant un moment d'audience. L'archevêque parut bientôt. Ce prélat était dans sa soixante-neuvième année, fait à peu près comme mon oncle le chanoine Gil Pérez, c'est-à-dire, gros et court ; et il avait par-dessus le marché les jambes fort tournées en dedans. Malgré cela, je lui trouvais l'air d'un homme de qualité, sans doute parce que je savais qu'il en était un.

L'archevêque s'avança d'abord vers moi, et me demanda d'un ton de voix plein de douceur, ce que je souhaitais. Je lui dis que j'étais le jeune homme dont le seigneur don Fernand de Leyva lui avait parlé. Il ne me donna pas le temps de lui en dire davantage. Ah! c'est vous, s'écria-t-il, c'est vous dont il m'a fait un si bel éloge: je vous retiens à mon service. Vous êtes une bonne acquisition pour moi: vous n'avez qu'à demeurer ici. A ces mots, il s'appuya sur deux écuyers, et sortit après avoir écouté des ecclésiastiques qui avaient quelque chose à lui communiquer.

Monseigneur ne tarda guère à revenir. Il me fit entrer dans son cabinet pour m'entretenir en particulier. Je jugeai bien qu'il avait dessein de tâter mon esprit. Je me tins sur mes gardes, et me préparai à mesurer tous mes mots. Il m'interrogea d'abord sur les humanités. Je ne répondis point mal à ses questions. Il vit que je connaissais assez les auteurs grecs et latins. Il me mit ensuite sur la dialectique; c'est où je l'attendais: il me trouva là-dessus ferré à glace. Votre éducation, me dit-il avec quelque sorte de surprise, n'a point été négligée. Voyons maintenant votre écriture. J'en tirai de ma poche une feuille que j'avais apportée exprès. Mon prélat n'en fut pas mal satisfait. Je suis content de votre main, s'écria-t-il, et plus encore de votre esprit. Je remercierai mon neveu don Fernand de m'avoir donné un si joli garçon: c'est un vrai présent qu'il m'a fait.

CHAPITRE VIII.

Gil-Blas devient le favori de l'archevêque de Grenade.

Le jour suivant, monseigneur me fit appeler de bon matin. C'était pour me donner une homélie à transcrire. Mais il me recommanda de la copier avec toute l'exactitude possible. Je n'y manquai pas. Je n'oubliai ni accent, ni point, ni virgule. Aussi la joie qu'il en témoigna, fut mêlée de surprise. Bonté divine! s'écria-t-il avec transport, lorsqu'il eut parcouru des yeux tous les feuillets de ma copie, vit-on jamais rien de si correct? Vous êtes trop bon copiste, pour n'être pas grammairien. Parlez-moi confidemment, mon ami. N'avez-vous rien trouvé, en écrivant, qui vous ait choqué? Quelque négligence dans le style, ou quelque terme impropre? Oh! monseigneur, lui répondis-je d'un air modeste, je ne suis point assez éclairé pour faire des observations critiques; et quand je le serais, je suis persuadé que les ouvrages de votre grandeur échapperaient à ma censure. Le prélat sourit de ma réponse, mais il ne répliqua point.

J'achevai de gagner ses bonnes grâces par cette flatterie. Je lui devins plus cher de jour en jour : et j'appris enfin de don Fernand, qui venait le voir très souvent, que j'en étais aimé de manière que je pouvais compter ma fortune faite. Cela me fut confirmé peu de temps après par mon maître même, et voici à quelle occasion. Un soir il répéta devant moi avec enthousiasme, dans son cabinet, une homélie qu'il devait prononcer le lendemain dans la cathédrale. Il ne se contenta pas de me demander ce que j'en pensais en général, il m'obligea de lui dire quels endroits m'avaient le plus frappé. J'eus le bonheur de lui citer ceux qu'il estimait le plus, ses morceaux favoris. Par là je passai dans son esprit pour un homme qui avait une connaissance délicate des vraies beautés d'un ouvrage. Voilà, s'écria-t-il, ce qu'on appelle avoir du goût et du sentiment. Va, mon ami, tu n'as pas, je t'assure, l'oreille béotienne. En un mot, il fut si content de moi, qu'il me dit avec vivacité : Sois, Gil-Blas, sois désormais sans inquiétude sur ton sort ; je me charge de t'en faire un des plus agréables. Je t'aime, et pour te le prouver, je te fais mon confident.

Je n'eus pas sitôt entendu ces paroles, que je tombai aux pieds de sa grandeur, tout pénétré de reconnaissance. J'embrassai de bon cœur ses jambes cagneuses, et je me regardai comme un homme qui était en train de s'enrichir. Oui, mon enfant, reprit l'archevêque, dont mon action avait interrompu le discours, je veux te rendre dépositaire de mes plus secrètes pensées. Écoute avec attention ce que je vais te dire. Je me plais à prêcher. Le Seigneur bénit mes homélies. Elles touchent les pécheurs, les font rentrer en eux-mêmes, et recourir à la pénitence. Ces conversions devraient toutes seules m'exciter au travail. Néanmoins, je t'avouerai ma faiblesse, je me propose encore un autre prix, un prix que la délicatesse de ma vertu me reproche inutilement ; c'est l'estime que le monde a pour les écrits fins et limés. L'honneur de passer pour un parfait orateur a des charmes pour moi. On trouve mes ouvrages également forts et délicats, mais je voudrais bien éviter le défaut des bons auteurs, qui écrivent trop longtemps, et me sauver avec toute ma réputation.

Ainsi, mon cher Gil-Blas, continua le prélat, j'exige une chose de ton zèle. Quand tu t'apercevras que ma plume sentira la vieillesse, lorsque tu me verras baisser, ne manque pas de m'en avertir. Je ne me fie point à moi là-dessus ; mon amour-propre pourrait me séduire. Cette remarque demande un esprit désintéressé : je fais choix du tien, que je connais bon. Je m'en rapporterai à ton jugement. Grâces au Ciel, lui dis-je, monseigneur, vous êtes encore fort éloigné de ce temps-là. De plus, un esprit de la trempe de celui de votre grandeur se conservera beaucoup mieux qu'un autre, ou, pour parler plus juste, vous serez toujours le même. Je vous regarde comme un autre cardinal Ximénès, dont le génie supérieur, au lieu de s'affaiblir par les années, semblait en recevoir de nouvelles forces. Point de flatterie, interrompit-il, mon ami. Je sais que je puis tomber tout d'un coup. A mon âge, on commence à sentir les infirmités, et les infirmités du corps altèrent l'esprit. Je te le répète, Gil-Blas; dès que tu jugeras que ma tête s'affaiblira, donne m'en aussitôt avis. Ne crains pas d'être franc et sincère. Je recevrai cet avertissement, comme une marque d'affection pour moi. D'ailleurs, il y va de ton intérêt. Si, par malheur pour toi, il me revenait qu'on dit dans la ville que mes discours n'ont plus leur force ordinaire, et que je devrais me reposer, je te le déclare tout net, tu perdrais avec mon amitié la fortune que je t'ai promise. Tel serait le fruit de ta sotte discrétion.

Le patron cessa de parler en cet endroit pour entendre ma réponse, qui fut une promesse de faire ce qu'il souhaitait. Depuis ce moment-là il n'eut plus rien de caché pour moi; je devins son favori.

CHAPITRE IX.

L'archevêque tombe en apoplexie. De l'embarras où se trouve Gil-Blas, et de quelle manière il en sort.

Dans le temps de ma plus grande faveur, nous eûmes une chaude alarme au palais épiscopal: l'archevêque tomba en apoplexie. On le secourut si promptement, et on lui donna de si bons remèdes, que quelques jours après il n'y paraissait plus. Mais son esprit en reçut une rude atteinte. Je le remarquai bien dès le premier discours qu'il composa. Je ne trouvai pas toutefois la différence qu'il y avait de celui-là aux autres assez sensible, pour conclure que l'orateur commençait à baisser. J'attendis encore une homélie, pour mieux savoir à quoi m'en tenir. Oh! pour celle-là, elle fut décisive. Tantôt le bon prélat se rebattait; tantôt il s'élevait trop haut, ou descendait trop bas. C'était un discours diffus, une capucinade.

Je ne fus pas le seul qui y prit garde. La plupart des auditeurs, quand il la prononça, comme s'ils eussent été aussi gagés pour l'examiner, se disaient tout bas les uns aux autres, Voilà un sermon qui sent l'apoplexie. Allons, monsieur l'arbitre des homélies, me dis-je alors à moi-même, préparez-vous à faire votre office. Vous voyez que monseigneur tombe ; vous devez l'en avertir, non-seulement comme dépositaire de ses pensées, mais encore de peur que quelqu'un de ses amis ne soit assez franc pour vous prévenir. En ce cas-là, vous savez ce qu'il en arriverait : vous seriez biffé de son testament.

Après ces réflexions, j'en faisais d'autres toutes contraires. L'avertissement dont il s'agissait, me paraissait délicat à donner. Je jugeais qu'un auteur entêté de ses ouvrages pourrait le recevoir mal ; mais rejetant cette pensée, je me représentais qu'il était impossible qu'il le prît en mauvaise part, après l'avoir exigé de moi d'une manière si pressante. Ajoutons à cela, que je comptais bien lui parler avec adresse, et lui faire avaler la pilule tout doucement. Enfin, trouvant que je risquais davantage à garder le silence qu'à le rompre, je me déterminai à parler.

Je n'étais plus embarrassé que d'une chose ; je ne savais de quelle manière entamer la parole. Heureusement l'orateur lui-même me tira de cet embarras, en me demandant ce qu'on disait de lui dans le monde, et si l'on était satisfait de son dernier discours. Je répondis qu'on admirait toujours ses homélies, mais qu'il me semblait que la dernière n'avait pas si bien que les autres affecté l'auditoire. Comment donc ! mon ami, répliqua-t-il avec étonnement, aurait-elle trouvé quelque Aristarque ?* Non, monseigneur, lui repartis-je, non : ce ne sont pas des ouvrages tels que les vôtres que l'on ose critiquer. Il n'y a personne qui n'en soit charmé. Néanmoins, puisque vous m'avez recommandé d'être franc et sincere, je prendrai la liberté de vous dire que votre dernier discours ne me paraît pas tout-à-fait de la force des précédents. Ne pensez-vous pas cela comme moi ?

Ces paroles firent pâlir mon maître, qui me dit avec un souris forcé : Monsieur Gil-Blas, cette pièce n'est donc pas de vôtre goût ? Je ne dis pas cela, monseigneur, interrompis-je tout déconcerté. Je la trouve excellente, quoiqu'un peu au-dessous de vos autres ouvrages. Je vous entends, répliqua-t-il ; je vous parais baisser, n'est-ce pas ? Tranchez

---

* Grand critique qui florissait vers l'an 150 avant J. C. Il a mérité que son nom désignât dans tous les siècles un censeur sévère mais juste et éclairé.

le mot. Vous croyez qu'il est temps que je songe à la retraite. Je n'aurais pas été assez hardi, lui dis-je, pour vous parler si librement, si votre grandeur ne me l'eût ordonné. Je ne fais donc que lui obéir, et je la supplie très humblement de ne me point savoir mauvais gré de ma hardiesse. A Dieu ne plaise, interrompit-il avec précipitation, à Dieu ne plaise que je vous la reproche ! Il faudrait que je fusse bien injuste. Je ne trouve point du tout mauvais que vous me disiez votre sentiment ; c'est votre sentiment seul que je trouve mauvais. J'ai été furieusement la dupe de votre intelligence bornée.

Quoique démonté, je voulus chercher quelque modification pour rajuster les choses ; mais le moyen d'apaiser un auteur irrité, et de plus un auteur accoutumé à s'entendre louer ? N'en parlons plus, dit-il, mon enfant. Vous êtes encore trop jeune pour démêler le vrai du faux. Apprenez que je n'ai jamais composé de meilleure homélie que celle qui n'a pas votre approbation. Mon esprit, grâces au ciel, n'a encore rien perdu de sa vigueur. Désormais je choisirai mieux mes confidents ; j'en veux de plus capables que vous de décider. Allez, poursuivit-il, en me poussant par les épaules hors de son cabinet, allez dire à mon trésorier qu'il vous compte cent ducats ; et que le ciel vous conduise avec cette somme. Adieu, monsieur Gil-Blas ; je vous souhaite toutes sortes de prospérités, avec un peu plus de goût.

CHAPITRE X.

Gil-Blas chez le Duc de Lerme.

(*Gil-Blas fait une bonne connaissance, et trouve un poste qui le console d'avoir été trop sincère avec son Archevêque. Il est présenté au duc de Lerme, premier ministre de la couronne d'Espagne, qui le reçoit au nombre de ses secrétaires, le fait travailler, et est content de son travail.*)

En me mettant de jour en jour plus avant dans les bonnes grâces du premier ministre, avec les plus belles espérances du monde, que j'eusse été heureux si l'ambition m'eût préservé de la faim ! Il y avait plus de deux mois que j'occupais une petite chambre garnie des plus modestes. Quoique cela me fît de la peine, comme j'en sortais de bon matin, et que je n'y rentrais que la nuit pour y coucher, je prenais patience. J'étais toute la journée sur mon théâtre, c'est-à-dire chez le duc ; j'y jouais un rôle de seigneur. Mais quand j'étais retiré dans mon taudis, le seigneur s'évanouissait, et il ne restait que le pauvre Gil-Blas, sans argent, et, qui pis est, sans avoir de quoi en faire. Outre que j'étais trop fier pour découvrir mes besoins à quelqu'un, je ne connaissais personne qui pût m'aider que le docteur Sangrado, que j'avais trop négligé depuis que j'étais à la cour, pour oser m'adresser à lui. J'avais été obligé de vendre mes hardes pièce à pièce. Je n'avais plus que celles dont je ne pouvais absolument me passer. Je n'allais plus à l'auberge, faute d'avoir de quoi payer mon ordinaire. Que faisais-je donc pour subsister ? Tous les matins, dans nos bureaux, on nous apportait, pour déjeuner, un petit pain et un doigt de vin. C'était tout ce que le ministre nous faisait donner. Je ne mangeais que cela dans la journée, et le plus souvent je me couchais le soir sans souper.

Telle était la situation d'un homme qui brillait à la cour, et qui devait y faire plus de pitié que d'envie. Je ne pus néanmoins résister à ma misère, et je me déterminai enfin à la découvrir finement au duc de Lerme, si j'en trouvais l'occasion. Par bonheur, elle s'offrit à l'Escurial, où le roi et le prince d'Espagne allèrent quelques jours après.

Lorsque le roi était à l'Escurial, il y défrayait tout le monde ; de manière que je ne sentais point où le bât me blessait.* Je couchais dans une garderobe auprès de la chambre du duc. Ce ministre, un matin, s'étant levé à son ordinaire au point du jour, me fit prendre quelques papiers avec une écritoire, et me dit de le suivre dans les jardins du palais. Nous allâmes nous asseoir sous des arbres, où je me mis par son ordre dans l'attitude d'un homme qui écrit sur la forme de son chapeau, et lui, il tenait à la main un papier qu'il faisait semblant de lire. Nous paraissions de loin occupés d'affaires fort sérieuses, et nous ne parlions cependant que de bagatelles.

Il y avait plus d'une heure que je réjouissais son excellence par toutes les saillies que mon humeur enjouée me fournissait, quand deux pies vinrent se poser sur les arbres qui nous couvraient de leur ombrage. Elles commencèrent à caqueter d'une façon si bruyante, qu'elles attirèrent notre attention. Voilà des oiseaux, dit le duc, qui semblent se quereller. Je serais assez curieux de savoir le sujet de leur querelle. Monseigneur, lui dis-je, votre curiosité me fait

* Je ne sentais point l'inconvénient de ma position.

souvenir d'une fable indienne que j'ai .ue dans Pilpay ou dans un autre auteur fabuliste. Le ministre me demanda quelle était cette fable, et je la lui racontai dans ces termes :—

Il régnait autrefois dans la Perse un bon monarque, qui, n'ayant pas assez d'étendue d'esprit pour gouverner lui-même ses états, en laissait le soin à son grand-visir. Ce ministre, nommé Atalmuc, avait un génie supérieur. Il soutenait le poids de cette vaste monarchie sans en être accablé. Il la maintenait dans une paix profonde. Il avait même l'art de rendre aimable l'autorité royale, en la faisant respecter, et les sujets avaient un père affectionné dans un visir fidèle au prince. Atalmuc avait parmi ses secrétaires un jeune Cachemirien, appelé Zéangir, qu'il aimait plus que les autres. Il prenait plaisir à son entretien, le menait avec lui à la chasse, et lui découvrait jusqu'à ses plus secrètes pensées. Un jour qu'ils chassaient ensemble dans un bois, le visir, voyant deux corbeaux qui croassaient sur un arbre, dit à son secrétaire : Je voudrais bien savoir ce que ces oiseaux se disent en leur langage. Seigneur, lui répondit le Cachemirien, vos souhaits peuvent s'accomplir. Et comment cela ? reprit Atalmuc. C'est, repartit Zéangir, qu'un derviche cabaliste m'a enseigné la langue des oiseaux. Si vous le souhaitez, j'écouterai ceux-ci, et je vous répèterai, mot pour mot, tout ce que je leur aurai entendu dire.

Le visir y consentit. Le Cachemirien s'approcha des corbeaux, et parut leur prêter une oreille attentive. Après quoi, revenant à son maître : Seigneur, lui dit-il, le croirez-vous ? nous faisons le sujet de leur conversation. Cela n'est pas possible, s'écria le ministre persan. Et que disent-ils de nous ? Un des deux, reprit le secrétaire, a dit : Le voilà lui-même, ce grand-visir Atalmuc, cet aigle tutélaire qui couvre de ses ailes la Perse comme son nid, et qui veille sans cesse à sa conservation. Pour se délasser de ses pénibles travaux, il chasse dans ce bois, avec son fidèle Zéangir. Que ce secrétaire est heureux de servir un maître qui a mille bontés pour lui ! Doucement, a interrompu l'autre corbeau, doucement. Ne vante pas tant le bonheur de ce Cachemirien. Atalmuc, il est vrai, s'entretient avec lui familièrement, l'honore de sa confiance, et je ne doute pas même qu'il n'ait dessein de lui donner un emploi considérable ; mais avant ce temps-là, Zéangir mourra de faim. Ce pauvre jeune homme est logé dans une petite chambre garnie, où il manque des choses les plus nécessaires En un mot, il mène une vie misérable, sans que personne s'en aperçoive à la cour. Le grand-visir ne s'avise pas de s'informer s'il est bien ou mal dans ses affaires, et, content d'avoir pour lui de bons sentiments, il le laisse en proie à la pauvreté.

Je cessai de parler en cet endroit, pour voir venir* le duc de Lerme, qui me demanda en souriant, quelle impression cet apologue avait fait sur l'esprit d'Atalmuc, et si ce grand-visir ne s'était point offensé de la hardiesse de son secrétaire. Non, monseigneur, lui répondis-je, un peu troublé de sa question ; la fable dit, au contraire, qu'il le combla de bienfaits. Cela est heureux, reprit le Duc d'un air sérieux. Il y a des ministres qui ne trouveraient pas bon qu'on leur fît des leçons. Mais, ajouta-t-il, en rompant l'entretien et en se levant, je crois que le roi ne tardera guère à se réveiller. Mon devoir m'appelle auprès de lui. A ces mots, il marcha vers le palais à grands pas, sans me parler davantage, et très mal affecté, à ce qu'il me semblait, de ma fable indienne.

Je le suivis jusqu'à la porte de la chambre de sa majesté, après quoi j'allai remettre les papiers dont j'étais chargé à l'endroit où je les avais pris. J'entrai dans un cabinet où nos deux secrétaires copistes travaillaient, car ils étaient aussi du voyage. Qu'avez-vous, seigneur de Santillane ? dirent-ils en me voyant. Vous êtes bien ému. Vous serait-il arrivé quelque accident désagréable ?

J'étais trop plein du mauvais succès de mon apologue pour leur cacher ma douleur. Je leur fis le récit des choses que j'avais dites au duc, et ils se montrèrent sensibles à la vive affliction dont je leur parus saisi. Vous avez sujet d'être chagrin, me dit l'un des deux. Puissiez-vous être mieux traité que ne le fut un secrétaire du cardinal Spinosa ! Ce secrétaire, las de ne rien recevoir depuis quinze mois qu'il était occupé par son éminence, prit un jour la liberté de lui représenter ses besoins, et de demander quelque argent pour vivre. Il est juste, lui dit le ministre, que vous soyez payé. Tenez, poursuivit-il, en lui mettant entre les mains une ordonnance de mille ducats, allez toucher cette somme au trésor royal ; mais souvenez-vous en même temps que je vous remercie de vos services. Le secrétaire se serait consolé d'être congédié, s'il eût reçu ses mille ducats, et qu'on l'eût laissé chercher de l'emploi ailleurs ; mais, en sortant de chez le cardinal, il fut arrêté par un alguazil, et conduit à la tour de Ségovie, où il a été longtemps prisonnier.

---

* *Gallicisme.* Voir ce qu'allait faire ou dire.

Ce trait historique redoubla ma frayeur ; je me crus perdu, et ne pouvant m'en consoler, je commençai à me reprocher mon impatience, comme si je n'eusse pas été assez patient. Hélas ! disais-je, pourquoi faut-il que j'aie hasardé cette malheureuse fable, qui a déplu au ministre ? Il était peut-être sur le point de me tirer de mon état misérable, peut-être même allais-je faire une de ces fortunes subites qui étonnent tout le monde. Que de richesses, que d'honneurs m'échappent par mon étourderie ! Je devais bien faire réflexion qu'il y a des grands qui n'aiment pas qu'on les prévienne, et qui veulent qu'on reçoive d'eux comme des grâces jusqu'aux moindres choses qu'ils sont obligés de donner. Il eût mieux valu continuer ma diète sans en rien témoigner au duc, et me laisser mourir de faim, pour mettre tout le tort de son côté.

Quand j'aurais encore conservé quelque espérance, mon maître, que je vis dans l'après-dîner, me l'eût fait perdre entièrement. Il fut fort sérieux avec moi, contre son ordinaire, et il ne me parla point du tout, ce qui me causa le reste du jour une inquiétude mortelle. Je ne passai pas la nuit plus tranquillement. Le regret de voir évanouir mes agréables illusions, et la crainte d'augmenter le nombre des prisonniers d'état, ne me permirent que de soupirer et de faire des lamentations.

Le jour suivant fut le jour de crise. Le duc me fit appeler le matin. J'entrai dans sa chambre, plus tremblant qu'un criminel qu'on va juger. Santillane, me dit-il, en me montrant un papier qu'il avait à la main, prends cette ordonnance. . . Je frémis à ce mot d'ordonnance, et dis en moi-même : O ciel ! voici le cardinal Spinosa ! la voiture est prête pour Ségovie ! La frayeur qui me saisit dans ce moment-là fut telle, que j'interrompis le ministre, et, me jetant à ses pieds : Monseigneur, lui dis-je, tout en pleurs, je supplie très humblement votre excellence de me pardonner ma hardiesse. C'est la nécessité qui m'a forcé de vous apprendre ma misère.

Le duc ne put s'empêcher de rire du désordre où il me voyait. Console-toi, Gil-Blas, me répondit-il, et m'écoute.* Quoique en me découvrant tes besoins, ce soit me reprocher de ne les avoir pas prévenus, je ne t'en sais point mauvais gré, mon ami. Je me veux plutôt du mal à moi-même de ne l'avoir pas demandé comment tu vivais. Mais pour com-

* Le second impératif prend volontiers le pronom devant lui.

mencer à réparer cette faute d'attention, je te donne une ordonnance de quinze cents ducats, qui te seront comptés à vue au trésor royal. Ce n'est pas tout, je t'en promets autant chaque année ; et de plus, quand des personnes riches et généreuses te prieront de leur rendre service, je ne te défends pas de me parler en leur faveur.

Dans le ravissement où me jetèrent ces paroles, je baisai les pieds du ministre, qui, m'ayant commandé de me relever, continua de s'entretenir familièrement avec moi. Je voulus, de mon côté, rappeler ma belle humeur ; mais je ne pus passer sitôt de la douleur à la joie. Je demeurai aussi troublé qu'un malheureux qui entend crier grâce au moment qu'il croit aller recevoir le coup de la mort. Mon maître attribua toute mon agitation à la seule crainte de lui avoir déplu, quoique la peur d'une prison perpétuelle n'y eût pas moins de part. Il m'avoua qu'il avait affecté de me paraître refroidi pour voir si je serais bien sensible à ce changement ; qu'il jugeait par-là de la vivacité de mon attachement à sa personne, et qu'il m'en aimait davantage.

MONSIEUR DE POURCEAUGNAC.

COMÉDIE DE MOLIÈRE.

SUJET.

M. de Pourceaugnac, avocat à Limoges, vient à Paris, pour épouser Julie qu'il n'a jamais vue. Eraste, amant de Julie, secondé de l'adroit Sbrigani, cherche à le faire renoncer à son mariage en lui jouant plusieurs tours. Les gens qui suivent M. de Pourceaugnac dans la scène suivante ont été apostés pour l'insulter, et Eraste l'aborde ensuite et lui persuade qu'il a passé deux ans à Limoges, et qu'il l'a connu, ainsi que sa famille.

M. DE POURCEAUGNAC ; SBRIGANI, *Napolitain, homme d'intrigue.*

M. de Pourc. (*parlant à des gens qui le suivent.*) Hé bien ? quoi ? qu'est-ce ? qu'y a-t-il ? Ah ! Quelle sotte ville et quelles sottes gens ! Ne pouvoir faire un pas sans trouver des nigauds qui vous regardent et se mettent à rire ! Hé ! messieurs les badauds, faites vos affaires, et laissez passer les personnes sans leur rire au nez.

Sbrig. (*parlant aux mêmes personnes.*) Qu'est-ce que c'est, messieurs ? que veut dire cela ? Faut-il se moquer ainsi des honnêtes étrangers qui arrivent ici ?

M. de Pourc. Voilà un homme raisonnable, celui-là.

Sbrig. Quel procédé est le vôtre ! Et qu'avez-vous à rire ?

M. Pourc. Fort bien.

Sbrig. Monsieur a-t-il quelque chose de ridicule en lui ?

M. de Pourc. Oui...

Sbrig. Est-il autrement que les autres ?

M. de Pourc. Suis-je tortu ou bossu ?

Sbrig. Apprenez à connaître les gens.

M. de Pourc. C'est bien dit.

Sbrig. Monsieur est d'une mine à respecter.

M. de Pourc. Cela est vrai.

Sbrig. Personne de condition.

M. de Pourc. Oui, gentilhomme limousin.

Sbrig. Homme d'esprit.

M. de Pourc. Qui a étudié en droit.

Sbrig. Il vous fait trop d'honneur de venir dans votre ville.

M. de Pourc. Sans doute.

Sbrig. Monsieur n'est point une personne à faire rire.

M. de Pourc. Assurément.

Sbrig. Et quiconque rira de lui aura affaire à moi.

M. de Pourc. (*à Sbrigani.*) Monsieur, je vous suis infiniment obligé.

Sbrig. Je suis fâché, monsieur, de voir recevoir de la sorte une personne comme vous, et je vous demande pardon pour la ville.

M. de Pourc. Je suis votre serviteur.

Sbrig. Je vous ai vu ce matin, monsieur, avec le coche, lorsque vous avez déjeuné ; et la grâce avec laquelle vous mangiez votre pain m'a fait naître d'abord de l'amitié pour vous : et comme je sais que vous n'êtes jamais venu dans ce pays, et que vous y êtes tout neuf, je suis bien aise de vous avoir trouvé pour vous offrir mes services à cette arrivée, et vous aider à vous conduire parmi ce peuple, qui n'a pas parfois pour les honnêtes gens toute la considération qu'il faudrait.

M. de Pourc. C'est trop de grâce que vous me faites.

Sbrig. Je vous l'ai déjà dit; du moment que je vous ai vu, je me suis senti pour vous de l'inclination.

M. de Pourc. Je vous suis obligé.

Sbrig. Votre physionomie m'a plu.

M. de Pourc. Ce m'est beaucoup d'honneur.

Sbrig. J'y ai vu quelque chose d'honnête...

M. de Pourc. Je suis votre serviteur.

Sbrig. Quelque chose d'aimable...

M. de Pourc. Ah! ah!

Sbrig. De gracieux...

M. de Pourc. Ah! ah!

Sbrig. De doux...

M. de Pourc. Ah! ah!

Sbrig. De majestueux...

M. de Pourc. Ah! ah!

Sbrig. De franc...

M. de Pourc. Ah! ah!

Sbrig. Et de cordial...

M. de Pourc. Ah! ah!

Sbrig. Je vous assure que je suis tout à vous.

M. de Pourc. Je vous ai beaucoup d'obligation.

Sbrig. C'est du fond du cœur que je parle.

M. de Pourc. Je le crois.

Sbrig. Si j'avais l'honneur d'être connu de vous, vous sauriez que je suis un homme tout-à-fait sincère...

M. de Pourc. Je n'en doute point.

Sbrig. Ennemi de la fourberie...

M. de Pourc. J'en suis persuadé.

Sbrig. Et qui n'est pas capable de déguiser ses sentiments. Vous regardez mon habit, qui n'est pas fait comme les autres; mais je suis originaire de Naples, à votre service, et j'ai voulu conserver un peu la manière de s'habiller de mon pays.

M. de Pourc. C'est fort bien fait. Pour moi, j'ai voulu me mettre à la mode de la cour.

Sbrig. Cela vous va mieux qu'à tous nos courtisans.

M. de Pourc. C'est ce que m'a dit mon tailleur. L'habit est propre et riche; il fera du bruit ici.

Sbrig. Sans doute. N'irez-vous pas au Louvre?

M. de Pourc. Il faudra bien aller faire ma cour.

Sbrig. Le roi sera ravi de vous voir.

M. de Pourc. Je le crois.

Sbrig. Avez-vous arrêté un logis?

M. de Pourc. Non, j'allais en chercher un.

Sbrig. Je serai bien aise d'être avec vous pour cela, et je connais tout ce pays-ci.

SCÈNE SUIVANTE.

ÉRASTE, M. DE POURCEAUGNAC, SBRIGANI.

Eras. Ah! qu'est ceci? que vois-je? quelle heureuse rencontre! Monsieur de Pourceaugnac! Que je suis ravi de vous voir! Comment! il semble que vous ayez peine à me reconnaître!

M. de Pourc. Monsieur, je suis votre serviteur.

Eras. Est-il possible que cinq ou six années m'aient ôté de votre mémoire, et que vous ne reconnaissiez pas le meilleur ami de toute la famille des Pourceaugnacs!

M. de Pourc. Pardonnez-moi. (*bas, à Sbrigani.*) Je ne sais qui il est.

Eras. Il n'y a pas un Pourceaugnac à Limoges que je ne connaisse, depuis le plus grand jusqu'au plus petit; je ne fréquentais qu'eux dans le temps que j'y étais, et j'avais l'honneur de vous voir presque tous les jours.

M. de Pourc. C'est moi qui l'ai reçu, monsieur.

Eras. Vous ne vous remettez point mon visage?

M. de Pourc. Si fait. (*à Sbrigani.*) Je ne le connais point.

Eras. Vous ne vous ressouvenez pas que j'ai eu le bonheur de boire avec vous je ne sais combien de fois?

M. de Pourc. Excusez-moi. (*à Sbrigani.*) Je ne sais ce que c'est.

Eras. Comment appelez-vous ce traiteur de Limoges qui fait si bonne chère?

M. de Pourc. Petit-Jean.

Eras. Le voilà. Nous allions le plus souvent ensemble chez lui nous réjouir. Comment est-ce que vous nommez à Limoges ce lieu où l'on se promène?

M. de Pourc. Le Cimetière des Arènes?

Eras. Justement. C'est où je passais de si douces heures à jouir de votre agréable conversation. Vous ne vous remettez pas tout cela?

M. de Pourc. Excusez-moi, je me le remets. (*à Sbrigani.*) Je veux mourir si je m'en souviens!

Sbrig. (*bas, à M. de Pourceaugnac.*) Il y a cent choses comme cela qui passent de la tête.

Eras. Embrassez-moi donc, je vous prie, et resserrons les nœuds de notre ancienne amitié.

Sbrig. (*à M. de Pourceaugnac.*) Voilà un homme qui vous aime fort.

Eras. Dites-moi un peu des nouvelles de toute la parenté. Comment se porte monsieur votre...là...qui est si honnête homme ?

M. de Pourc. Mon frère le consul ?

Eras. Oui.

M. de Pourc. Il se porte le mieux du monde.

Eras. Certes j'en suis ravi. Et celui qui est de si bonne humeur ? là...monsieur votre...

M. de Pourc. Mon cousin l'assesseur ?

Eras. Justement.

M. de Pourc. Toujours gai et gaillard.

Eras. J'en ai beaucoup de joie. Et monsieur votre oncle, le... ?

M. de Pourc. Je n'ai point d'oncle.

Eras. Vous en aviez pourtant en ce temps-là...

M. de Pourc. Non, rien qu'une tante.

Eras. C'est ce que je voulais dire ; madame votre tante, comment se porte-t-elle ?

M. de Pourc. Elle este morte depuis six mois.

Eras. Hélas ! la pauvre femme ! Elle était si bonne personne !

M. de Pourc. Nous avons aussi mon neveu le chanoine, qui a pensé mourir de la petite vérole.

Eras. Quel dommage ç'aurait été !

M. de Pourc. Le connaissez-vous aussi ?

Eras. Vraiment si je le connais ! Un grand garçon bien fait.

M. de Pourc. Pas des plus grands.

Eras. Non, mais de taille bien prise.

M. de Pourc. Hé ! oui.

Eras. Qui est votre neveu...

M. de Pourc. Oui.

Eras. Fils de votre frère ou de votre sœur...

M. de Pourc. Justement.

Eras. Chanoine de l'église de...Comment l'appelez-vous ?

M. de Pourc. De Saint-Étienne.

Eras. Le voilà ; je ne connais autre.

M. de Pourc. (*à Sbrigani.*) Il dit toute la parenté.

Sbrig. Il vous connaît plus que vous ne croyez.

M. de Pourc. A ce que je vois, vous avez demeuré long temps dans notre ville ?

Eras. Deux ans entiers.

M. de Pourc. Vous étiez donc là quand mon cousin fit tenir son enfant à monsieur notre gouverneur ?*

Eras. Vraiment oui, j'y fus convié des premiers.

M. de Pourc. Cela fut galant

Eras. Très galant.

M. de Pourc. C'était un repas bien troussé.

Eras. Sans doute.

M. de Pourc. Vous vîtes donc aussi la querelle que j'eus avec ce gentilhomme périgordin ?

Eras. Oui.

M. de Pourc. Il trouva à qui parler !

Eras. Ah ! ah !

M. de Pourc. Il me donna un soufflet...mais je lui dis bien son fait.

Eras. Assurément. Au reste, je ne souffrirai point que mon meilleur ami soit autre part que dans ma maison.

M. de Pourc. Ce serait...

Eras. Non ; vous logerez chez moi.

Sbrig. (*à M. de Pourceaugnac.*) Puisqu'il le veut obstinément, je vous conseille d'accepter l'offre.

Eras. Où sont vos hardes ?

M. de Pourc. Je les ai laissées avec mon valet où je suis descendu.

Eras. Envoyons-les querir par quelqu'un.

M. de Pourc. Non, je lui ai défendu de bouger, à moins que j'y fusse moi-même, de peur de quelque fourberie.

Sbrig. C'est prudemment avisé.

M. de Pourc. Ce pays-ci est un peu sujet à caution.

Eras. On voit les gens d'esprit en tout.

Sbrig. Je vais accompagner monsieur, et le ramènerai où vous voudrez.

Eras. Oui. Je serai bien aise de donner quelques ordres, et vous n'avez qu'à revenir à cette maison-là.

Sbrig. Nous sommes à vous tout à l'heure.

Eras. (*à M. de Pourceaugnac.*) Je vous attends avec impatience.

M. de Pourc. (*à Sbrigani.*) Voilà une connaissance où je ne m'attendais point.

---

* *Tenir un enfant,* En être le parrain ou la marraine.

Sbrig. Il a la mine d'être honnête homme.

Eras. (*seul.*) Ah! ah! monsieur de Pourceaugnac, nous vous en donnerons de toutes les façons; les choses sont préparées, et je n'ai qu'à frapper. Holà.

SCÈNE SUIVANTE.

UN APOTHICAIRE, ÉRASTE.

Eras. Je crois, monsieur, que vous êtes le médecin à qui l'on est venu parler de ma part?

L'Apoth. Non, monsieur, ce n'est pas moi qui suis le médecin; à moi n'appartient pas cet honneur; et je ne suis qu'apothicaire, pour vous servir.

Eras. Et monsieur le médecin est-il à la maison?

L'Apoth. Oui. Il est là à expédier quelques malades, et je vais lui dire que vous êtes ici.

Eras. Non, ne bougez; j'attendrai qu'il ait fait. C'est pour lui mettre entre les mains certain parent, dont on lui a parlé, et qui se trouve attaqué de quelque folie que nous serions bien aises qu'il pût guérir avant de le marier.

L'Apoth. Je sais ce que c'est, je sais ce que c'est, et j'étais avec lui quand on lui a parlé de cette affaire. En vérité, vous ne pouviez pas vous adresser à un médecin plus habile; c'est un homme qui sait la médecine à fond. Ce n'est pas parce que nous sommes grands amis que j'en parle; mais il y a plaisir d'être son malade: et j'aimerais mieux mourir de ses remèdes que de guérir de ceux d'un autre. Au reste, c'est un homme expéditif, expéditif, qui aime à dépêcher ses malades; et quand on a à mourir, cela se fait avec lui le plus vite du monde.

Eras. En effet, il n'est rien tel que de sortir promptement d'affaire.

L'Apoth. Voilà déjà trois de mes enfants dont il m'a fait l'honneur de conduire la maladie, qui sont morts en moins de quatre jours, et qui, entre les mains d'un autre, auraient langui plus de trois mois.

Eras. Il est bon d'avoir des amis comme cela.

L'Apoth. Le voici qui vient.

SCÈNE SUIVANTE.

ÉRASTE, PREMIER MÉDECIN, L'APOTHICAIRE, UN PAYSAN, UNE PAYSANNE.

Le Pay. (*au médecin.*) Monsieur, il n'en peut plus ; e il dit qu'il sent dans la tête les plus grandes douleurs du monde.

Pre. Méd. Le malade est un sot ; d'autant plus que, dans la maladie dont il est attaqué, ce n'est pas à la tête, selon Galien, mais à la poitrine qu'il doit avoir mal.

La Pay. (*au médecin.*) Mon père, monsieur, est toujours malade de plus en plus.

Pre. Méd. Ce n'est pas ma faute. Je lui donne des remèdes ; que ne guérit-il ? Combien de fois a-t-il été saigné ?

La Pay. Quinze, monsieur, depuis vingt jours.

Pre. Méd. Quinze fois saigné ?

La Pay. Oui.

Pre. Méd. Et il ne guérit point ?

La Pay. Non, monsieur.

Pre. Méd. C'est signe que la maladie n'est pas dans le sang.

SCÈNE SUIVANTE.

ÉRASTE, PREMIER MÉDECIN, L'APOTHICAIRE.

Eras. (*au médecin.*) C'est moi, monsieur, qui vous ai envoyé parler ces jours passés, pour un parent un peu troublé d'esprit que je veux vous donner chez vous, afin de le guérir avec plus de commodité, et qu'il soit vu de moins de monde.

Pre. Méd. Oui, monsieur ; j'ai déjà disposé tout, et promets d'en avoir tous les soins imaginables.

Eras. Le voici.

Pre. Méd. La conjoncture est tout-à-fait heureuse, et j'ai ici un ancien de mes amis avec lequel je serai bien aise de consulter sa maladie.

SCÈNE SUIVANTE.

M. DE POURCEAUGNAC, ÉRASTE, PREMIER MÉDECIN, L'APOTHICAIRE.

Eras. (*à M. de Pourceaugnac.*) Une petite affaire m'est survenue, qui m'oblige à vous quitter ; (*montrant le médecin*) mais voilà une personne entre les mains de qui je vous laisse, qui aura soin pour moi de vous traiter du mieux qu'il lui sera possible.

Pre. Méd. Le devoir de ma profession m'y oblige ; et c'est assez que vous me chargiez de ce soin.

M. de Pourc. (*à part.*) C'est son maître-d'hôtel, sans doute ; et il faut que ce soit un homme de qualité.

Pre. Méd. (*à Eraste.*) Oui, je vous assure que je traiterai monsieur méthodiquement, et dans toutes les régularités de notre art.

M. de Pourc. Il ne faut point tant de cérémonies ; et je ne viens pas ici pour incommoder.

Pre. Méd. Un tel emploi ne me donne que de la joie.

Eras. (*au médecin.*) Voilà toujours dix pistoles d'avance, en attendant ce que j'ai promis.

M. de Pourc. Non, s'il vous plaît, je n'entends pas que vous fassiez de dépense, et que vous envoyiez rien acheter pour moi.

Eras. Laissez-moi faire ; ce n'est pas pour ce que vous pensez.

M. de Pourc. Je vous demande de ne me traiter qu'en ami.

Eras. C'est ce que je veux faire. (*bas, au médecin.*) Je vous recommande surtout de ne point le laisser sortir de vos mains ; car parfois il veut s'échapper.

Pre. Méd. Ne vous mettez pas en peine.

Eras. (*à M. de Pourceaugnac.*) Je vous prie de m'excuser de l'incivilité que je commets.

M. de Pourc. Vous vous moquez, et c'est trop de grâce que vous me faites.

SCÈNE SUIVANTE.

M. DE POURCEAUGNAC, PREMIER MÉDECIN, SECOND MÉDECIN

Pre. Méd. Voici un habile homme, avec lequel je vais consulter la manière dont nous vous traiterons.

M. de Pourc. Il ne faut point tant de cérémonies, vous dis-je ; et je suis homme à me contenter de l'ordinaire.

Pre. Méd. Allons, des siéges.

(*Des laquais entrent et donnent des siéges.*)

Pre. Méd. Allons, monsieur, prenez votre place.

(*Les deux médecins font asseoir M. de Pourceaugnac entre eux deux.*)

M. de Pourc. (*s'asseyant.*) Votre très humble valet. (*Les deux médecins lui prennent chacun une main pour lui tâter le pouls.*) Que veut dire cela ?

Pre. Méd. Mangez-vous bien, monsieur ?

M. de Pourc. Oui ; et je bois encore mieux.

Pre. Méd. Tant pis. C'est une marque de la chaleur qui est au-dedans. Dormez-vous bien ?

M. de Pourc. Oui, quand j'ai bien soupé.

Pre. Méd. Faites-vous des songes ?

M. de Pourc. Quelquefois.

Pre. Méd. De quelle nature sont-ils ?

M. de Pourc. De la nature des songes. Quelle étrange conversation est-ce là ?

Pre. Méd. Un peu de patience. Nous allons raisonner sur votre maladie devant vous, et nous le ferons en français, pour être plus intelligibles.

M. de Pourc. Quel raisonnement faut-il pour manger un morceau ?

Pre. Méd. Comme on ne peut guérir une maladie qu'on ne la connaisse parfaitement, vous me permettrez, monsieur, de considérer la maladie dont il s'agit, avant de toucher aux remèdes qu'il nous faudra faire pour le parfait rétablissement. Je dis donc, monsieur, avec votre permission, que notre malade est attaqué de cette sorte de folie que nous nommons mélancolie hypocondriaque ; espèce de folie très fâcheuse, et qui demande un Esculape comme vous, consommé dans notre art. Pour diagnostique incontestable de la maladie dont il est manifestement atteint et convaincu, vous n'avez qu'à considérer ce grand sérieux, cette tristesse accompagnée de crainte et de défiance : signes de cette maladie si bien marqués chez le divin Hippocrate. Tout ceci supposé, puisqu'une maladie bien connue est à demi guérie, il ne sera pas difficile de convenir des remèdes que nous devons faire à monsieur. Premièrement, je suis d'avis que les saignées soient fréquentes : d'abord dans la veine *basilique*, puis dans la *céphalique* ; et même, si le mal est opiniâtre, de lui ouvrir la veine du front, et que l'ouverture soit large, afin que le gros sang puisse sortir. Voilà les remèdes que je propose. *Dixi.*

Sec. Méd. A Dieu ne plaise, monsieur, que j'ajoute à ce que vous venez de dire. Il ne me reste qu'à féliciter monsieur d'être tombé entre vos mains, et qu'à lui dire qu'il est trop heureux d'être fou, pour éprouver la douceur des remèdes que vous avez si judicieusement proposés, et dont il doit recevoir du soulagement.

M. de Pourc. Messieurs, il y a une heure que je vous écoute. Qu'est-ce que tout ceci, et que voulez-vous dire avec toutes vos sottises ?

Pre. Méd. Bon ! dire des injures ! Voilà un symptôme qui nous manquait pour la confirmation de son mal.

M. de Pourc. Avec qui m'a-t-on mis ? Sortons vite d'ici.

Pre. Méd. Autre symptôme, l'inquiétude de changer de place.

M. de Pourc. Que me voulez-vous ?

Pre. Méd. Vous guérir, selon l'ordre qui nous a été donné.

M. de Pourc. Me guérir !

Pre. Méd. Oui, vraiment.

M. de Pourc. Je ne suis pas malade.

Pre. Méd. Mauvais signe, lorsqu'un malade ne sent pas son mal.

M. de Pourc. Je vous dis que je me porte bien.

Pre. Méd. Nous savons mieux que vous comment vous vous portez ; et nous voyons clair dans votre constitution.

M. de Pourc. Si vous êtes médecins, je n'ai pas besoin de vous ; et je me moque de la médecine.

Pre. Méd. Ho ! ho ! voici un homme plus fou que nous ne pensions.

M. de Pourc. Mon père et ma mère n'ont jamais voulu de remèdes, et ils sont morts tous deux sans l'assistance des médecins.

Pre. Méd. Je ne m'étonne pas si leur fils est insensé.

(M. de Pourceaugnac trouve le moyen de s'échapper. Le Premier Médecin va le chercher chez Oronte, père de Julie.)

ORONTE, PREMIER MÉDECIN.

Pre. Méd. Il y a, monsieur, un certain Pourceaugnac qui doit épouser votre fille.

Oron. Oui ; je l'attends de Limoges, et il devrait être arrivé.

Pre. Méd. Il est venu, et s'est enfui de chez moi, après y avoir été mis ; mais je vous défends de procéder au mariage que je ne l'aie guéri.

Oron. Comment donc ?

Pre. Méd. Votre prétendu gendre a été constitué mon malade ; et je vous déclare que je ne prétends point qu'il se marie, qu'il n'ait subi les remèdes que je lui ai ordonnés.

Oron. Il a quelque mal ?

Pre. Méd. Oui, sans doute.

Oron. Et quel mal, s'il vous plaît ?

Pre. Méd. Ne vous mettez pas en peine. Les médecins sont obligés au secret. Il suffit que je vous ordonne, à vous et à votre fille, de ne point célébrer vos noces avec lui, sous peine d'encourir la disgrâce de la faculté, et d'être accablé de toutes les maladies qu'il nous plaira.

Oron. Puisque c'est ainsi, je m'opposerai au mariage.

Pre. Méd. On me l'a mis entre les mains, et il est obligé d'être mon malade.

Oron. A la bonne heure.

Pre. Méd. Il a beau fuir, je le ferai condamner par arrêt à se faire guérir par moi.

Oron. J'y consens.

Pre. Méd. Oui, il faut qu'il meure, ou que je le guérisse.

Oron. Je le veux bien.

SCÈNE SUIVANTE.

ORONTE ; SBRIGANI, *déguisé en marchand flamand.*

Sbrig. Monsieur, avec votre permission, je suis un marchand flamand qui voudrait vous faire une petite question.

Oron. Quoi, monsieur ?

Sbrig. Mettez le chapeau sur la tête, monsieur, s'il vous plaît.

Oron. Dites-moi, monsieur, ce que vous voulez.

Sbrig. Je ne dirai rien, monsieur, si vous ne mettez pas le chapeau sur la tête.

Oron. Soit. Qu'y a-t-il, monsieur ?

Sbrig. Vous ne connaissez point dans cette ville un certain monsieur Oronte ?

Oron. Oui, je le connais.

Sbrig. Et quel homme est-il, monsieur, s'il vous plaît ?

Oron. C'est un homme comme les autres.

Sbrig. Je vous demande, monsieur, s'il est un homme riche, qui a du bien.

Oron. Oui.

Sbrig. Mais riche, extrêmement riche, monsieur ?

Oron. Oui.

Sbrig. J'en suis bien aise, monsieur.

Oron. Mais pourquoi cela ?

Sbrig. C'est, monsieur, pour une petite raison de conséquence pour nous.

Oron. Mais encore pourquoi ?

Sbrig. C'est, monsieur, que ce monsieur Oronte donne sa fille en mariage à un certain monsieur de Pourceaugnac.

Oron. Hé bien ?

Sbrig. Et ce monsieur de Pourceaugnac, monsieur, est un homme qui doit beaucoup à dix ou douze marchands flamands qui sont venus ici.

Oron. Ce monsieur de Pourceaugnac doit beaucoup à dix ou douze marchands ?

Sbrig. Oui, monsieur, et depuis huit mois nous avons obtenu une petite sentence contre lui, et il a remis à payer ses créanciers de la dot que ce M. Oronte donne à sa fille.

Oron. Ho ! ho ! il a remis là à payer ses créanciers ?

Sbrig. Oui, monsieur, et avec une grande dévotion nous tous attendons ce mariage.

Oron. (*à part.*) L'avis n'est pas mauvais. (*haut.*) Je vous souhaite le bonjour.

Sbrig. Je remercie, monsieur, de la faveur grande.

Oron. Votre très humble valet.

Sbrig. (*Seul.*) Cela ne va pas mal. Quittons notre ajustement de flamand pour songer à d'autres machines ; et tâchons de semer tant de soupçons et de division entre le beau-père et le gendre, que cela rompe le mariage prétendu.

PRÉCIS DE LA SCÈNE SUIVANTE.

Sbrigani rencontre M. de Pourceaugnac qui cherche le logis d'Oronte ; il parvient à le dégoûter entièrement de son mariage avec Julie, en la lui représentant comme une coquette achevée.

SCÈNE SUIVANTE.

ORONTE, M. DE POURCEAUGNAC.

M. de Pourc. Bonjour, monsieur, bonjour.

Oron. Serviteur, monsieur, serviteur.

M. de Pourc. Vous êtes monsieur Oronte, n'est-ce pas ?

Oron. Oui.

M. de Pourc. Et moi, monsieur de Pourceaugnac.

Oron. A la bonne heure.

M. de Pourc. Croyez-vous, monsieur Oronte, que les Limousins soient des sots ?

Oron. Croyez-vous, monsieur de Pourceaugnac, que les Parisiens soient des bêtes ?

M. de Pourc. Vous imaginez-vous, monsieur Oronte, qu'un homme comme moi soit si affamé de femme ?

Oron. Vous imaginez-vous, monsieur de Pourceaugnac, qu'une fille comme la mienne soit si affamée de mari ?

M. de Pourc. Vous êtes-vous mis dans la tête que Léonard de Pourceaugnac soit un homme à acheter chat en poche, et qu'il n'ait pas là-dedans (*en mettant la main sur son front*) quelque morceau de judiciaire pour se conduire et pour s'informer de l'histoire du monde ?

Oron. Vous êtes-vous mis dans la tête qu'un homme de soixante ans ait si peu de cervelle, et considère si peu sa fille, que de la marier avec un homme qui a été mis chez un médecin pour être guéri de la folie ?

M. de Pourc. C'est une pièce que l'on m'a faite, et je ne suis point fou.

Oron. Le médecin me l'a dit lui-même.

M. de Pourc. Le médecin en a menti. Je suis gentilhomme, et je veux le voir l'épée à la main.

Oron. Je sais ce que j'en dois croire ; et vous ne m'abuserez pas là-dessus non plus que sur les dettes que vous avez assignées sur le mariage de ma fille.

M. de Pourc. Quelles dettes ?

Oron. La feinte ici est inutile ; et j'ai vu le marchand flamand qui, avec les autres créanciers, a obtenu depuis huit mois sentence contre vous.

M. de Pourc. Quel marchand flamand ? Quels créanciers ? Quelle sentence obtenue contre moi ?

Oron. Vous savez bien ce que je veux dire.

PRÉCIS DU RESTE DE LA PIÈCE.

Deux femmes de différentes provinces viennent ensuite s'opposer au mariage de M. de Pourceaugnac, comme étant mariées à lui. Elles sont accompagnées de plusieurs enfants, qui crient après lui, papa, papa. M. de Pourceaugnac craignant d'être arrêté et pendu comme bigame, se résout à se déguiser et à quitter la ville en habit de femme. Eraste amène ensuite Julie à son père, et lui fait accroire qu'elle voulait s'enfuir avec M. de Pourceaugnac. Le père touché du procédé d'Eraste, lui donne sa fille en mariage, et augmente sa dot de dix mille écus.

FABLES.

[LES *fables* occupent une partie de ce volume. L'utilité de ce genre lorsqu'il est bien traité, est de présenter à la jeunesse une esquisse de la vie humaine et des rapports sociaux, et d'exercer à la fois son jugement et son sens moral. LA FONTAINE (né en 1621, mort en 1695) est le premier de nos fabulistes. On a beaucoup parlé de sa naïveté ; c'est une naïveté de poète, qui laisse place à beaucoup de pénétration et de malice. Ce n'est pas en enfant, ni en optimiste, que La Fontaine a vu le monde. Sa morale est prise à mi-hauteur, je ne dirai pas de la vérité, mais de la nature humaine. Quant à la poésie des pensées et du style, elle est de celles qui ne vieilliront point. La Fontaine est plus à l'abri du temps qu'aucun autre poète ; la langue demeurant, il demeurera tout entier. Nul, à ce qu'il me semble, n'eut des génies plus divers ; tous les genres se trouvent chez lui, abrégés et résumés. Il est, par la variété de ses couleurs et de ses accents, l'Homère de l'Apologue ; tous les aspects de la vie se reproduisent dans ses fables comme dans l'Iliade ; il a, de la vie humaine, tout ressenti et tout indiqué. De dessous ses ailes a pris l'essor toute une volée de fabulistes ; mais les meilleurs n'ont été que fabulistes ; et la fable n'était, chez La Fontaine, que la forme préférée d'un génie bien plus vaste que ce genre de poésie. FLORIAN (né en 1755, mort en 1794) est, à une grande distance de lui, le fabuliste le plus connu, l'un des plus intéressants, et sans comparaison le plus convenable à l'enfance.]

LE COCHET, LE CHAT, ET LE SOURICEAU.

UN souriceau tout jeune, et qui n'avait rien vu,
Fut presque pris au dépourvu.
Voici comme il conta l'aventure à sa mère.

J'avais franchi les monts qui bornent cet état,
Et trottais comme un jeune rat
Qui cherche à se donner carrière,
Lorsque deux animaux m'ont arrêté les yeux,
L'un doux, bénin et gracieux,
Et l'autre turbulent, et plein d'inquiétude ;
Il a la voix perçante et rude,
Sur la tête un morceau de chair,
Une sorte de bras dont il s'élève en l'air
Comme pour prendre sa volée,
La queue en panache étalée.

Or c'était un cochet dont notre souriceau
Fit à sa mère le tableau
Comme d'un animal venu de l'Amérique.
Il se battait, dit-il, les flancs avec ses bras.
Faisant tel bruit, tel fracas,
Que moi, qui, grâce aux dieux, de courage me pique,
En ai pris la fuite de peur,
Le maudissant de très bon cœur.
Sans lui, j'aurais fait connaissance
Avec cet animal qui m'a semblé si doux :
Il est velouté comme nous,
Marqueté, longue queue, une humble contenance,
Un modeste regard, et pourtant l'œil luisant.
Je le crois fort sympathisant
Avec messieurs les rats ; car il a des oreilles
En figure aux nôtres pareilles.
Je l'allais aborder, quand, d'un son plein d'éclat
L'autre m'a fait prendre la fuite.
Mon fils, dit la souris, ce doucet est un chat,
Qui, sous son minois hypocrite,
Contre toute ta parenté
D'un malin vouloir est porté.
L'autre animal, tout au contraire,
Bien éloigné de nous mal faire,
Servira quelque jour peut-être à nos repas.
Quant au chat, c'est sur nous qu'il fonde sa cuisine.
Garde-toi, tant que tu vivras,
De juger des gens sur la mine.

La Fontaine.

LE PETIT POISSON ET LE PÊCHEUR.

Petit poisson deviendra grand,
Pourvu que Dieu lui prête vie.
Mais le lâcher en attendant,
Je tiens pour moi que c'est folie :
Car de le rattraper il n'est pas trop certain.
Un carpeau, qui n'était encore que fretin,
Fut pris par un pêcheur au bord d'une rivière.
Tout fait nombre, dit l'homme, en voyant son butin,
Voilà commencement de chère et de festin :
Mettons-le en notre gibecière.
Le pauvre carpillon lui dit en sa manière :

Que ferez-vous de moi ? Je ne saurais fournir
Au plus qu'une demi-bouchée.
Laissez-moi carpe devenir ;
Je serai par vous repêchée ;
Quelque gros partisan m'achètera bien cher :
Au lieu qu'il vous en faut chercher
Peut-être encor cent de ma taille
Pour faire un plat : quel plat ? croyez-moi, rien qui vaille.
Rien qui vaille ! eh bien ! soit, repartit le pêcheur ;
Poisson, mon bel ami, qui faites le prêcheur,
Vous irez dans la poêle ; et, vous avez beau dire :
Dès ce soir on vous fera frire.
Un *tiens* vaut, ce dit-on, mieux que deux *tu l'auras.*
L'un est sûr, l'autre ne l'est pas.

Le même.

LE LABOUREUR ET SES ENFANTS.

Travaillez, prenez de la peine :
C'est le fonds qui manque le moins.
Un riche laboureur, sentant sa mort prochaine,
Fit venir ses enfants, leur parla sans témoins.
Gardez-vous, leur dit-il, de vendre l'héritage
Que nous ont laissé nos parents :
Un trésor est caché dedans.
Je ne sais pas l'endroit ; mais un peu de courage
Vous le fera trouver : vous en viendrez à bout.
Remuez votre champ dès qu'on aura fait l'oût :*
Creusez, bêchez, fouillez, ne laissez nulle place
Où la main ne passe et repasse.
Le père mort, les fils vous retournent le champ
Deçà, delà, partout ; si bien qu'au bout de l'an
Il en rapporta davantage.
D'argent, point de caché. Mais le père fut sage
De leur montrer, avant sa mort,
Que le travail est un trésor.

Le même.

---

* La moisson, qui se fait au mois d'août (*oût.*)

LE LÉOPARD ET L'ÉCUREUIL.

Un écureuil sautant, gambadant sur un chêne,
Manqua sa branche, et vint, par un triste hasard,
Tomber sur un vieux léopard
Qui faisait sa méridienne.
Vous jugez s'il eut peur! En sursaut s'éveillant,
L'animal irrité se dresse;
Et l'écureuil, s'agenouillant,
Tremble et se fait petit aux pieds de son altesse.
Après l'avoir considéré,
Le léopard lui dit: Je te donne la vie,
Mais à condition que de toi je saurai
Pourquoi cette gaîté, ce bonheur que j'envie,
Embellissent tes jours, ne te quittent jamais,
Tandis que moi, roi des forêts,
Je suis si triste et je m'ennuie.
Sire, lui répond l'écureuil,
Je dois à votre bon accueil
La vérité: mais, pour la dire,
Sur cet arbre un peu haut je voudrais être assis
—Soit, j'y consens: monte.—J'y suis.
A présent je peux vous instruire.
Mon grand secret pour être heureux
C'est de vivre dans l'innocence:
L'ignorance du mal fait toute ma science;
Mon cœur est toujours pur, cela rend bien joyeux.
Vous ne connaissez pas la volupté suprême
De dormir sans remords; vous mangez les chevreuils,
Tandis que je partage à tous les écureuils
Mes feuilles et mes fruits; vous haïssez, et j'aime:
Tout est dans ces deux mots. Soyez bien convaincu
De cette vérité que je tiens de mon père:
Lorsque notre bonheur nous vient de la vertu,
La gaîté vient bientôt de notre caractère.

Florian.

LE HIBOU, LE CHAT, L'OISON, ET LE RAT

De jeunes écoliers avaient pris dans un trou
Un hibou,
Et l'avaient élevé dans la cour du collége.

Un vieux chat, un jeune oison,
Nourris par le portier, étaient en liaison
Avec l'oiseau ; tous trois avaient le privilége
D'aller et de venir par toute la maison.
A force d'être dans la classe,
Ils avaient orné leur esprit,
Savaient par cœur Denys d'Halicarnasse
Et tout ce qu'Hérodote et Tite-Live ont dit.
Un soir, en disputant, (des docteurs c'est l'usage)
Ils comparaient entre eux les peuples anciens.
Ma foi, disait le chat, c'est aux Egyptiens
Que je donne le prix : c'était un peuple sage,
Un peuple ami des lois, instruit, discret, pieux,
Rempli de respect pour ses dieux ;
Cela seul à mon gré lui donne l'avantage.
J'aime mieux les Athéniens,
Répondit le hibou : que d'esprit ! que de grâce !
Et dans les combats quelle audace !
Que d'aimables héros parmi leurs citoyens !
A-t-on jamais plus fait avec moins de moyens ?
Des nations c'est la première.
Parbleu, dit l'oison en colère,
Messieurs, je vous trouve plaisants :
Et les Romains, que vous en semble !
Est-il un peuple qui rassemble
Plus de grandeur, de gloire et de faits éclatants ?
Dans les arts, comme dans la guerre,
Ils ont surpassé vos amis.
Pour moi, ce sont mes favoris :
Tout doit céder le pas aux vainqueurs de la terre.
Chacun des trois pédants s'obstine en son avis,
Quand un rat, qui de loin entendait la dispute,
Rat savant, qui mangeait des thèmes dans sa hutte,
Leur cria : Je vois bien d'où viennent vos débats ;
L'Egypte vénérait les chats,
Athènes les hiboux, et Rome, au Capitole,
Aux dépens de l'Etat nourrissait des oisons :
Ainsi notre intérêt est toujours la boussole
Que suivent nos opinions.

LE MÊME.

LES JOUETS DES ENFANTS.

Les jouets sont les premiers goûts de l'enfance. Que d'habitudes fâcheuses peuvent être puisées au milieu de polichinelles, de chevaux de carton et de poupées ! Multiplier à l'infini les joujoux, comme on a la faiblesse de le faire pour les enfants des riches, c'est préparer en eux la prodigalité, l'inconstance, le dégoût ou l'avarice. L'enfant, attaché au même chariot qu'il a traîné toute une saison dans le jardin de sa mère, est aussi heureux que celui qui a des armoires remplies de joujoux : le soin qu'on lui fait prendre de remiser son petit chariot lui fait contracter l'habitude de l'ordre ; et la petite fille qui, dans quelque rang qu'elle se trouve placée, doit être formée au goût de l'arrangement, reçoit déjà une petite leçon quand on exige d'elle de réunir dans sa boîte toutes les pièces du ménage de sa poupée.

Pour la multiplicité des joujoux, j'ai vu de jeunes princes déjà victimes de la triste satiété ; j'ai vu leurs mères les promener au milieu de mécaniques ingénieuses dont la vue charmait jusqu'aux gens faits, s'efforcer en vain d'exciter leurs désirs ; déjà ils avaient eu et brisé plusieurs fois des jouets semblables. Il est cependant juste de dire que tous les jouets qui se meuvent par des ressorts cachés n'inspirent aux enfants qu'un étonnement passager ; qu'ils ne font point cas d'une action qu'ils n'ont pas dirigée, et n'éprouvent que le désir de briser ces jouets pour s'instruire du moyen qui les fait agir. Tout ce qui se traîne, chevaux, charrettes, sont les jouets qui plaisent le plus aux enfants, et surtout aux garçons, parce qu'ils se prêtent au besoin d'action qui ne les quitte jamais.

On remarque dans les jeux des enfants leurs constantes dispositions à imiter tout ce qu'ils voient faire aux gens formés ; ils aiment les petits ménages dont toutes les pièces leur retracent celui de leurs parents ; un bâton transformé en cheval représente celui de leurs parents ; ils sont ravis de faire claquer un fouet comme les postillons, et d'arroser comme le jardinier. La plus petite fille s'empare des poupées, et par l'effet d'un instinct admirable, véritable bienfait de la Providence, vous la verrez

Rêver le nom de mère en berçant sa poupée.

Que l'oreille d'une mère soit bien attentive aux discours adressés à la poupée : ce qui lui a fait le plus d'impression sa fille le répètera à sa muette enfant ; peut-être même placera-t-elle dans sa bouche quelque critique sévère sur ce qui lui aura semblé injuste de la part de sa mère. C'est dans les jeux que les enfants jouissent de toute leur liberté et offrent le plus d'occasions de les juger.

Les balles, les raquettes, le cerceau, la corde, sont des jeux qui exigent une certaine adresse, et fortifient les enfants. Ils peuvent avoir lieu entre les filles et les garçons jusqu'à l'âge de sept ans, et sont aussi utiles aux uns qu'aux autres. Dès qu'il n'y a plus de proportion entre la force physique des garçons et celle des filles, il y a du danger à les faire jouer ensemble : les garçons ne comprennent pas encore que leur force ne doit servir qu'à protéger des êtres plus faibles qu'eux. Des courses dirigées vers un but marqué sont aussi un amusement qui développe beaucoup l'agilité des enfants. Les petites bêches, les râteaux, les brouettes, le seul plaisir de bouleverser une terre inculte, de ratisser des allées doivent longtemps précéder les premiers essais de culture. Les très jeunes enfants sont de détestables jardiniers ; ils arrachent de suite* ce qu'ils ont planté, et ne laissent pas subsister vingt-quatre heures sous la même forme leur petit jardin. Pourquoi leur enseigner à détruire ! Pour rendre l'amusement du jardinage à la fois agréable et utile, il ne faut l'accorder aux enfants qu'à la seconde époque de l'éducation ; laissez-les donc gratter la terre tant que cela peut les amuser, mais ne leur accordez un rosier, un pied d'œillet, que lorsqu'ils sauront attendre le développement de la fleur, et ne leur laissez cultiver les pommes-de-terre que lorsque, après les avoir plantées au mois de mars, ils sauront qu'ils doivent, avec patience, attendre le mois de septembre pour en recueillir les produits !

Madame Campan, *morte en* 1822.

Observation.—Ce morceau d'un style simple, exprime avec grâce et naïveté ce qu'il y a de sérieux dans les jeux de l'enfance, et l'influence morale qu'ils peuvent exercer sur le reste de la vie.

UN BAL D'ENFANTS, AU CHATEAU DES TUILERIES. (1833.)

Le bal va commencer, il est huit heures ; toutes les danseuses, dont la plus jeune peut avoir trois ans, et la plus

* *De suite* pour *tout de suite, immédiatement.*

âgée quatorze, sont assises, le sourire sur la bouche, les yeux brillants, et les joues roses de plaisir. Leurs cœurs palpitent d'attente et de bonheur ; elles mesurent de l'œil l'espace qu'elles vont parcourir ; elles s'examinent dans les moindres détails de leurs toilettes fraîches et simples comme elles, et reportent vers leurs mères, rayonnantes d'orgueil, leurs regards joyeux.

Devant et derrière elles, les danseurs du même âge circuent dans le salon, faisant leurs remarques, louant, critiquant presque comme des hommes, et choisissant d'avance l'enfant ou la toute jeune fille.

L'orchestre donne le signal, et la troupe folâtre s'élance, oublieuse de tout,* si ce n'est du plaisir. La joie est universelle ; elle gagne jusqu'aux parents eux-mêmes, présents à cette fête de famille.

Les gâteaux, les glaces, le sirop, le punch, circulent en profusion ; mais le punch est léger, extrêmement léger ; on sait quel effet pourrait produire sur toutes ces jeunes têtes le rhum versé en aussi grande quantité que pour un punch de dames.

Mais une autre ivresse s'est emparée des enfants : l'air du galop s'est fait entendre : les voilà tous s'élançant, petits et grands, et parcourant, de la-vitesse de leurs faibles jambes, les longs salons ouverts devant eux. Rien ne peut les retenir, rien ne peut les réunir en quadrilles ; ils vont toujours : l'agilité des petits chevaux de Franconi, galopant autour du cirque, peut seule égaler la leur. La musique, au lieu de s'arrêter, semble comme eux redoubler de vitesse ; mais tout à coup des gémissements se font entendre : deux tout petits danseurs, haletant de fatigue, et qui, depuis quelques instants, pleuraient tout bas, s'écrient, en courant toujours : *O cette musique ne finira pas !* Les pauvres enfants se croyaient obligés à ne pas perdre une mesure, et le galop devenait une tâche au-dessus de leurs forces. Des bonbons et des baisers ont vite séché leurs larmes.

Puis est venu le souper qui a réalisé pour eux toute la féerie des châteaux enchantés : une quantité de petites tables ont réuni les enfants autour d'elles : quelques mères ont pris place près des plus petits ; mais aucune d'elles n'a voulu danser, et elles ont bien fait ; rien ne devait troubler l'harmonie de cette fête. Le bal a donc fini, pour les mères comme pour les enfants, à une heure et demie du matin.

---

* Expression nouvelle qui est d'un bon effet.

Cette soirée a été du petit nombre de celles qui laissent après elles, au lieu de regrets et d'ennuis, de riants et purs souvenirs. Elle fera époque dans la vie de plusieurs jeunes filles, et il y en aura beaucoup qui, dans dix ou douze ans, regretteront, au milieu des bals où elles porteront, au lieu de quelques fleurs, des plumes et des diamants, cette douce e joyeuse fête de janvier.

M[ME.] MÉLANIE WALDOR.

Observation.—Tableau charmant et plein de fraîcheur que la main d'une femme et d'une mère a seule pu tracer ; elle seule pouvait donner tant de grâces à l'enfance, tant d'attraits à ses jeux.

UNE SÉANCE DE SOURDS-MUETS.

" La reconnaissance est la mémoire du cœur."
(MASSIEU, sourd-muet.)

L'Instituteur prend un objet dans les arts : une montre ; il demande par signe à un jeune élève, si cette montre est l'ouvrage d'une mouche, d'un singe, d'une abeille, d'une girafe, d'une fourmi, d'un éléphant, ou d'un petit chien qui est à côté de lui.

Le jeune élève devient rouge comme de l'écarlate. Il répond avec ironie, sans pourtant se fâcher, que *non* assurément.

On le calme doucement en lui expliquant que la question est sérieuse, et tend à son instruction.

L'Instituteur. De qui cette montre est-elle l'ouvrage ?

L'Elève. Elle est l'ouvrage d'un horloger.

L'Instituteur. Qu'est-ce qu'un horloger ?

L'Elève. C'est un homme qui fait des horloges, des montres, etc.

L'Instituteur. Qu'est-ce que l'*Eternité ?*

L'Elève. Sans naissance, ni mort, la jeunesse sans enfance ni vieillesse ; l'aujourd'hui sans hier ni demain ; le non-âge.

L'Instituteur. Qu'est-ce qu'une *difficulté ?*

L'Elève. C'est possibilité avec obstacle.

L'Instituteur. Qu'est-ce que l'*ingénuité ?*

L'Elève. L'*ingénuité* est naturelle, franche, naïve, sans déguisement ou sans détours dans ses paroles comme dans ses actions : les paysans et les gens de la campagne sont pour la plupart simples, parce que leur esprit n'a pas été cultivé. Les enfants et les jeunes gens bien nés et bien élevés sont ingénus, parce que leur cœur n'a pas été corrompu.

L'Instituteur. Qu'est-ce que *idée, pensée, jugement, raisonnement*, et *méthode ?*

L'Elève. L'*idée* est le résultat de l'attention et peint l'objet dans l'esprit ; la *pensée* réunit deux ou plusieurs idées, comparées pour les juger ; le *jugement* voit en quoi elles conviennent ou non ; le *raisonnement* enchaîne les comparaisons, les jugements, les déduit les uns des autres ; enfin la *méthode* est l'art de faire quelque chose selon les règles.

L'Instituteur. Qu'est-ce que la *grâce ?*

L'Elève. La *grâce* est le je ne sais quoi, quelque chose de divin répandu sur le corps, dans les mouvements, dans les gestes, dans toute la personne.

La *grâce*, c'est un don, une faveur.

La *grâce*, c'est le secours de l'inspiration divine.

L'Instituteur. Qu'est-ce que la *clémence ?*

L'Elève. C'est un pardon magnifique.

L'Instituteur. Quelle différence y a-t-il entre une belle et une jolie femme ?

L'Elève. Une belle femme a un charme puissant qui excite en nous l'admiration, elle fixe les regards sur elle par les qualités régulières du corps et par un agréable mélange de roses et de lys sur son teint ; tandis qu'une jolie personne nous plaît, nous intéresse par sa mignonne figure et ses manières gentilles. C'est un bijou que nous aimons plus que nous ne l'admirons. Une belle n'est belle que d'une façon ; une jolie, l'est de mille.

L'Instituteur. Quelle différence entre *beau* et *magnifique?*

L'Elève. En fait d'art ou d'ouvrages d'esprit, il faut pour qu'ils soient *beau*, qu'il y ait de la régularité, une noble simplicité, de la grandeur ; mais le *magnifique* y ajoute un éclat extraordinaire par un concours de perfections et de proportions qu'on ne peut s'empêcher d'admirer. Unissez le *beau* au *magnifique ;* cela produit le *sublime* qui vous enlève, et vous transporte. Au reste, vous le trouverez toujours naturel.

L'Instituteur. Qu'est-ce que le *bonheur* ?

L'Elève. Goûter la jouissance de la vie, ce n'est que le plaisir. Le *bonheur* est la paix de la conscience.

PAULMIER.

DU CARACTÈRE PATERNEL.

"Le roi Salomon," dit un auteur oriental, "fut consulté un jour par les juges de Damas sur un procès fort embarrassant. Deux hommes se prétendaient fils d'un riche marchand qui venait de mourir, et réclamaient tous deux son héritage. Ils avaient été élevés et nourris par le marchand, qui semblait les aimer beaucoup tous les deux. Mais il disait toujours qu'il n'y avait que l'un d'eux qui fût son fils, quoiqu'il refusât obstinément de faire connaître celui qui avait droit à ce titre. A sa mort, le débat s'émut pour savoir quel était le fils et l'héritier du marchand. Les juges de Damas, quoique reconnus pour leur sagesse, ne purent pas décider cette question si douteuse, et ils renvoyèrent le procès au roi Salomon. Celui-ci ordonna de faire venir les deux jeunes gens et le corps du marchand dans son cercueil; et quand les deux plaideurs furent devant lui, il dit qu'il adjugerait l'héritage à celui des deux qui, prenant un marteau de fer, briserait le premier le cercueil de son père. Les gardes donnèrent un marteau aux deux jeunes gens, qui s'approchèrent du cercueil. Alors l'un d'eux s'empressa de frapper le cercueil, qui rendit un son sourd; mais l'autre, au moment de frapper, s'évanouit en s'écriant: Non, jamais je ne pourrai briser le cercueil de mon père. J'aime mieux que mon frère ait tout l'héritage.—C'est toi qui es le fils du marchand, dit alors Salomon: tu as prouvé ta filiation par ton respect." Les juges de Damas admirèrent ce jugement de Salomon, qui ressemble fort à celui qu'il prononça entre les deux mères: cherchant, dans l'un et l'autre cas, à discerner la vérité à l'aide des sentiments de la nature.

Voilà certes un bel hommage rendu à la sainteté du caractère paternel. Le second récit que je veux faire n'est pas moins curieux ni moins expressif. Je le tire de l'ouvrage de Nicius Erythræus.

"Un jeune homme de la ville de Tagliacozzo, qui était sur le point de se marier, résolut de chasser son père de la maison et de le reléguer à la campagne: il craignait que la compagnie du vieillard ne déplût à sa jeune femme. Son père avait plus de quatre-vingt-dix ans et était hors d'état de lui résister. Il le fit monter dans un chariot et le mena jusqu'à la porte d'une mauvaise métairie qu'ils avaient dans la campagne: c'était dans cette métairie qu'il voulait l'enfermer.—Mon fils, dit le vieillard, je sais ce que tu veux faire ; mais je ne te demande qu'une chose ; c'est de me conduire au moins jusqu'à la table de pierre qui est dans le jardin.—Le fils conduisit son père jusqu'à cette table, et, quand ils y furent arrivés,—Maintenant, tu peux partir et m'abandonner, dit le vieillard : c'est ici qu'autrefois j'ai amené mon père et que je l'ai abandonné.—Ah ! mon père, s'écria le jeune homme, si j'ai des enfants, c'est donc ici qu'ils m'amèneront à mon tour !—Et alors, ramenant son père à Tagliacozzo, il lui donna la plus belle chambre de la maison, et la place la plus honorable à son repas de noces. Aussi Dieu le bénit, et il vécut vieux et respecté."

BIENFAISANCE DU PEUPLE.

J'ai remarqué que beaucoup de petits marchands livrent leurs marchandises à un plus bas prix à un homme pauvre qu'à un riche, et quand je leur en ai demandé la raison, ils m'ont répondu : « Il faut, monsieur, que tout le monde vive." J'ai observé aussi que beaucoup de gens du petit peuple ne marchandent jamais lorsqu'ils achètent à des pauvres comme eux. « Il faut, disent-ils, qu'ils gagnent leur vie." Un jour, je vis un petit enfant acheter des herbes à une fruitière : elle lui en remplit son tablier pour deux sous ; et comme je m'étonnais de la quantité qu'elle lui en donnait, elle me dit : « Monsieur, je n'en donnerais pas tant à une grande personne." J'avais, dans la rue de la Madeleine, un porteur d'eau auvergnat, appelé Christal, qui a nourri pendant cinq mois, gratis, un tapissier qui lui était inconnu, et qui était venu à Paris pour un procès, parce que, me disait-il, ce tapissier, le long de la route, dans la voiture publique, avait donné de temps en temps le bras à sa femme malade. Je me suis arrêté une fois avec admiration à contempler un pauvre honteux assis sur une borne, dans la rue Bergère, près des Boulevards. Il passait près de lui des messieurs bien vêtus qui ne lui donnaient jamais rien ; mais il y avait peu de servantes ou de femmes chargées de hottes, qui ne s'arrêtassent pour lui faire la charité. Il était en perruque bien poudrée, le chapeau sous le bras, en redingote, en linge blanc, et si proprement rangé, qu'on eût dit, quand ces pauvres gens lui faisaient l'aumône, que c'était lui qui la leur donnait. Cet infortuné avait été horloger et avait perdu la vue. Ces pauvres femmes étaient émues par cet instinct sublime qui nous intéresse plus aux malheurs des grands qu'à ceux des autres hommes, parce que nous mesurons la grandeur de leurs maux sur celle de leur élévation et de leur chute. Un horloger aveugle était un Bélisaire pour des servantes.

BERNARDIN DE SAINT-PIERRE.

INCENDIE DU KENT.

Je me souviens d'un récit que j'ai lu avec une vive émotion. En 1825, un violent incendie éclata, au milieu de la mer, à bord du *Kent,* vaisseau de la Compagnie des Indes. Le capitaine, voyant qu'il n'y avait pas d'espérance de maîtriser le feu, qui bientôt allait gagner les poudres, ordonna d'ouvrir de larges voies d'eau dans le premier et dans le second pont. L'eau entra de toutes parts dans le vaisseau et parvint à arrêter la fureur des flammes ; mais ce fut un autre danger, et le vaisseau semblait devoir bientôt s'ensevelir dans la mer. " Alors," dit l'auteur du récit, " commença une scène d'horreur qui passe toute description. Le pont était couvert de six à sept cents créatures humaines, dont plusieurs, que le mal de mer avait retenues dans leur lit, s'étaient vues forcées de s'enfuir sans vêtements, et couraient çà et là cherchant un père, un mari, des enfants. Les uns attendaient leur sort avec une résignation silencieuse ou une insensibilité stupide ; d'autres se livraient à toute la frénésie du désespoir. Les femmes et les enfants des soldats étaient venus chercher un refuge dans les chambres des ponts supérieurs, et là ils priaient et lisaient l'Écriture sainte avec les femmes des officiers et des passagers." Parmi elles, deux sœurs, avec un recueillement et une présence d'esprit admirables, choisirent à ce moment, parmi les psaumes, celui qui convenait le mieux à leur danger, et se mettant à lire à haute voix, alternativement les versets suivants :—

" Dieu est notre retraite," disaient-elles, " notre force, et notre secours dans les détresses.

" C'est pourquoi nous ne craindrons point, quand même la terre se bouleverserait et que les montagnes se renverseraient dans la mer :

" Quand ses eaux viendraient à bruire et à se troubler et que les montagnes seraient ébranlées par la force de ses vagues ;

"Car l'Éternel des armées est avec nous ; le dieu de Jacob nous est une haute retraite."*

Dans ce péril extrême, le capitaine fit monter un homme au petit mât de hune, "souhaitant plus qu'il ne l'espérait que l'on pût découvrir quelque vaisseau secourable sur la surface de l'océan. Le matelot, arrivé à son poste, parcouru des yeux tout l'horizon ; ce fut, pour nous, un moment d'angoisse inexprimable ; puis, tout à coup, agitant son chapeau il s'écria : Une voile sous le vent ! Cette heureuse nouvelle fut reçue avec un profond sentiment de reconnaissance, et l'on y répondit par trois cris de joie." Le vaisseau signalé était un brick anglais qui, mettant toutes voiles dehors, vint au secours du *Kent*. Alors commença une nouvelle scène. Le transbordement était difficile à cause de la violence de la mer ; il devait être long, et cependant d'un moment à l'autre, le vaisseau pouvait sombrer. La discipline fut gardée, et le sentiment de l'honneur ne fut pas moins puissant contre l'impatience de la délivrance que ne l'avait été contre le désespoir de la mort le sentiment de la foi et de la prière. "Dans quel ordre les officiers doivent-ils sortir du vaisseau ? vint demander un des lieutenants.—Dans l'ordre que l'on observe aux funérailles, cela va sans dire, répondit le capitaine." Et c'est dans cet ordre, qui semblait un symbole du péril, que l'équipage sortit du vaisseau, les plus jeunes passant les premiers, et les officiers du grade le plus élevé demeurant les derniers sur le vaisseau et restant plus longtemps près de la mort.

SAINT-MARC GIRARDIN,
Professeur à la Faculté des Lettres de Paris.

EFFICACITÉ DE LA PRIÈRE.

QUAND vous avez prié, ne sentez-vous pas votre cœur plus léger, et votre âme plus contente ?

La prière rend l'affliction moins douloureuse, et la joie plus pure : elle mêle à l'une je ne sais quoi de fortifiant et de doux, et à l'autre un parfum céleste.

Que faites-vous sur la terre, et n'avez-vous rien à demander à celui qui vous y a mis ?

---

* Ps. xlvi.

Vous êtes un voyageur qui cherche la patrie. Ne marchez point la tête baissée : il faut lever les yeux pour reconnaître sa route.

Votre patrie, c'est le ciel ; et, quand vous regardez le ciel, est-ce qu'en vous il ne se remue rien ? est-ce que nul désir ne vous presse ? ou ce désir est-il muet ?

Il en est qui disent : A quoi bon prier ? Dieu est trop au-dessus de nous pour écouter de si chétives créatures.

Et qui donc a fait ces créatures chétives ? qui leur a donné le sentiment, et la pensée, et la parole, si ce n'est Dieu.

Et s'il a été si bon envers elles, était-ce pour les délaisser ensuite et les repousser loin de lui ?

En vérité, je vous le dis, quiconque dit dans son cœur que Dieu méprise ses œuvres, blasphème Dieu.

Il en est d'autres qui disent : A quoi bon prier Dieu ? Dieu ne sait-il pas mieux que nous ce dont nous avons besoin ?

Dieu sait mieux que vous ce dont vous avez besoin, et c'est pour cela qu'il veut que vous le lui demandiez ; car Dieu est lui-même votre premier besoin, et prier Dieu, c'est commencer à posséder Dieu.

Le père connaît les besoins de son fils ; faut-il à cause de cela que le fils n'ait jamais une parole de demande et d'actions de grâces pour son père ?

Quand les animaux souffrent, quand ils craignent, ou quand ils ont faim, ils poussent des cris plaintifs. Ces cris sont la prière qu'ils adressent à Dieu, et Dieu l'écoute. L'homme serait-il donc dans la création le seul être dont la voix ne dût jamais monter à l'oreille du Créateur ?

Il passe quelquefois sur les campagnes un vent qui dessèche les plantes, et alors on voit leurs tiges flétries pencher vers la terre ; mais, humectées par la rosée, elles reprennent leur fraîcheur, et relèvent leur tête languissante.

Il y a toujours des vents brûlants, qui passent sur l'âme de l'homme, et la dessèchent. La prière est la rosée qui la rafraîchit.

LA MENNAIS.

Observation.—Ce morceau est un mélange de grâce et d'énergie plein d'originalité. Le style, imité du langage biblique, abonde en images, en comparaisons vives, telles qu'on en trouve dans les paraboles orientales.

L'ÉCOLIER.

Un tout petit enfant s'en allait à l'école.
On avait dit : allez ! il tâchait d'obéir ;
Mais son livre était lourd ; il ne pouvait courir .
Il pleure et suit des yeux une abeille qui vole.
" Abeille ! lui dit-il, voulez-vous me parler ?
Moi, je vais à l'école, il faut apprendre à lire.
Mais le maître est tout noir, et je n'ose pas rire.
Voulez-vous rire, abeille, et m'apprendre à voler ?"
" Non, dit-elle, j'arrive, et je suis très pressée.
J'avais froid, l'aquilon m'a longtemps oppressée.
Enfin j'ai vu les fleurs ; je redescends du ciel,
Et je vais commencer mon doux rayon de miel.
Voyez ! j'en ai déjà puisé dans quatre roses :
Avant une heure encor nous en aurons d'écloses.
Vite, vite à la ruche. On ne rit pas toujours :
C'est pour faire le miel qu'on nous rend les beaux jours.
Elle fuit, et se perd sur la route embaumée.
Le frais lilas sortait d'un vieux mur entr'ouvert :
Il saluait l'aurore, et l'aurore charmée
Se montrait sans nuage et riait de l'hiver.
Une hirondelle passe ; elle offense la joue
Du petit nonchalant, qui s'attriste et qui joue ;
Et, dans l'air suspendue, en redoublant sa voix,
Fait tressaillir l'écho qui dort au fond des bois.
" Oh ! bonjour, dit l'enfant, qui se souvenait d'elle.
Je t'ai vue à l'automne ; oh ! bonjour, hirondelle !
Viens ; tu portais bonheur à ma maison, et moi
Je voudrais du bonheur : veux-tu m'en donner, toi ?
Jouons !"—" Je le voudrais, répond la voyageuse ;
Car je respire à peine, et je me sens joyeuse.
Mais j'ai beaucoup d'amis qui doutent du printemps
Ils rêveraient ma mort, si je tardais longtemps.
Oh ! je ne puis jouer. Pour finir leur souffrance,
J'emporte un brin de mousse en signe d'espérance.
Nous allons relever nos palais dégarnis ;
L'herbe croît : c'est l'instant des amours et des nids.
J'ai tout vu. Maintenant, fidèle messagère,
Je vais chercher mes sœurs là-bas sur le chemin.
Ainsi que nous, enfant, la vie est passagère,
Il en faut profiter. Je me sauve ; à demain."

L'enfant reste muet, et, la tête baissée,
Rêve, et compte ses pas pour tromper son ennui,
Quand le livre importun, dont sa main est lassée,
Rompt ses fragiles nœuds, et tombe auprès de lui.
Un dogue l'observait du seuil de sa demeure.
Stentor, gardien sévère et prudent à la fois,
De peur de l'effrayer retient sa grosse voix.
Hélas ! peut-on crier contre un enfant qui pleure ?
" Bon dogue, voulez-vous que je m'approche un peu ?
Dit l'écolier plaintif ; je n'aime pas mon livre.
Voyez ! ma main est rouge ; il en est cause. Au jeu
Rien ne fatigue, on rit, et moi je voudrais vivre
Sans aller à l'école, où l'on tremble toujours.
Je m'en plains tous les soirs, et j'y vais tous les jours.
J'en suis très mécontent ; je n'aime aucune affaire ;
Le sort d'un chien me plaît, car il n'a rien à faire."
" Écolier, voyez-vous ce laboureur aux champs ?
Eh bien ! ce laboureur, dit Stentor, c'est mon maître ,
Il est très vigilant, je le suis plus peut-être :
Il dort la nuit, et moi j'écarte les méchants ;
J'éveille aussi ce bœuf, qui d'un pied lent, mais ferme,
Va creuser les sillons quand je garde la ferme.
Pour vous-même on travaille, et, grâce à nos brebis,
Votre mère en chantant vous file des habits.
Par le travail tout plaît, tout s'unit, tout s'arrange.
Allez donc à l'école, allez, mon petit ange.
Les chiens ne lisent pas, mais la chaîne est pour eux :
L'ignorance toujours mène à la servitude ;
L'homme est fin. . .l'homme est sage : il nous défend l'étude.
Enfant, vous serez homme, et vous serez heureux :
Les chiens vous serviront." L'enfant l'écouta dire,
Et même il le baisa. Son livre était moins lourd.
En quittant le bon dogue, il pense, il marche, il court ;
L'espoir d'être homme un jour lui ramène un sourire.
A l'école, un peu tard, il arriva gaîment,
Et dans les mois des fruits il lisait couramment.

MADAME DESBORDES-VALMORE.

Observation.—Pour l'expression poétique, pour la douleur, pour les regrets, rien n'égale madame Desbordes-Valmore. Il y a des larmes dans ses vers, de l'enjouement quelquefois ; il y a de tout : on n'a pas un talent plus égal et plus pur.

LETTRES PERSANES.

PAR MONTESQUIEU.

[MONTESQUIEU (né en 1689, mort en 1755) signala son entrée dans la carrière littéraire par les *Lettres persanes*, qui sont des observations sur les mœurs sous la forme épistolaire. De prétendus Persans, voyageant en France, expriment d'une manière spirituelle leurs opinions, c'est-à-dire celles de Montesquieu, sur les mœurs de ce pays, et sur beaucoup de questions graves.]

1.

PARIS est aussi grand qu'Ispahan : les maisons y sont si hautes, qu'on jugerait qu'elles ne sont habitées que par des astrologues. Tu juges bien qu'une ville bâtie en l'air, qui a six ou sept maisons les unes sur les autres, est extrêmement peuplée ; et que, quand tout le monde est descendu dans la rue, il s'y fait un bel embarras.

Tu ne le croirais pas peut-être ; depuis un mois que je suis ici, je n'y ai encore vu marcher personne. Les Français courent, volent ; les voitures lentes d'Asie, le pas réglé de nos chameaux, les feraient tomber en syncope.* Pour moi, qui ne suis point fait à† ce train,‡ et qui vais souvent à pied sans changer d'allure,§ j'enrage quelquefois comme un chrétien : car encore passe qu'on m'éclabousse depuis les pieds jusqu'à la tête ; mais je ne puis pardonner les coups de coude que je reçois régulièrement et périodiquement : un homme qui vient après moi et qui me passe, me fait faire un demi-tour ; et un autre, qui me croise de l'autre côté, me remet soudain où le premier m'avait pris : et je n'ai point fait cent pas, que je suis plus brisé que si j'avais fait dix lieues.

Ne crois pas que je puisse, quant à présent, te parler à fond des mœurs et des coutumes européennes : je n'en ai moi-même qu'une légère idée, et je n'ai eu à peine que le temps de m'étonner. Le roi de France est le plus puissant prince de l'Europe. Il n'a point de mines d'or, comme le roi d'Espagne son voisin ; mais il a plus de richesses que lui,

* Défaillance, évanouissement.
† Habitué à
‡ Genre de vie.
§ Façon de marcher.

parce qu'il les tire de la vanité de ses sujets, plus inépuisable que les mines. On lui a vu entreprendre ou soutenir de grandes guerres, n'ayant d'autres fonds que des titres d'honneur à vendre ; et, par un prodige de l'orgueil humain, ses troupes se trouvaient payées, ses places munies, et ses flottes équipées.

D'ailleurs, ce roi est un grand magicien : il exerce son empire sur l'esprit même de ses sujets ; il les fait penser comme il veut. S'il n'a qu'un million d'écus dans son trésor, et qu'il en ait besoin de deux, il n'a qu'à leur persuader qu'un écu en vaut deux, et ils le croient. S'il a une guerre difficile à soutenir, et qu'il n'ait point d'argent, il n'a qu'à leur mettre dans la tête qu'un morceau de papier est de l'argent, et ils en sont aussitôt convaincus. Il va même jusqu'à leur faire croire qu'il les guérit de toutes sortes de maux, en les touchant ; tant est grande la force et la puissance qu'il a sur les esprits.

2.

Les habitants de Paris sont d'une curiosité qui va jusqu'à l'extravagance. Lorsque j'arrivai, je fus regardé comme si j'avais été envoyé du ciel : vieillards, hommes, femmes, enfants, tous voulaient me voir. Si je sortais, tout le monde se mettait aux fenêtres ; si j'étais aux Tuileries, je voyais aussitôt un cercle se former autour de moi ; les femmes mêmes faisaient un arc-en-ciel nuancé de mille couleurs, qui m'entourait : si j'étais aux spectacles, je trouvais d'abord cent lorgnettes dressées contre ma figure : enfin, jamais homme n'a tant été vu que moi. Je souriais quelquefois d'entendre des gens, qui n'étaient presque jamais sortis de leur chambre, qui disaient entre eux : "Il faut avouer qu'il a l'air bien persan." Chose admirable ! je trouvais de mes portraits partout ; je me voyais multiplié dans toutes les boutiques, sur toutes les cheminées, tant on craignait de ne m'avoir pas assez vu.

Tant d'honneurs ne laissent pas d'être à charge : je ne me croyais pas un homme si curieux et si rare ; et, quoique j'aie très bonne opinion de moi, je ne me serais jamais imaginé que je dusse troubler le repos d'une grande ville, où je n'étais point connu. Cela me fit résoudre à quitter l'habit persan, et à en endosser un à l'européenne, pour voir s'il resterait encore dans ma physionomie quelque chose d'admirable. Cet essai me fit connaître ce que je valais réellement. Libre de tous les ornements étrangers, je me vis apprécié au plus juste

J'eus sujet de me plaindre de mon tailleur, qui m'avait fait perdre, en un instant, l'attention et l'estime publique ; car j'entrais tout-à-coup dans un néant affreux. Je demeurais quelquefois une heure dans une compagnie, sans qu'on m'eût mis en occasion d'ouvrir la bouche ; mais, si quelqu'un, par hasard, apprenait à la compagnie que j'étais Persan, j'entendais aussitôt autour de moi un bourdonnement : Ah ! ah ! Monsieur est Persan ? C'est une chose bien extraordinaire comment peut-on être Persan ?

3.

Je trouve les caprices de la mode, chez les Français, étonnants. Ils ont oublié comment ils étaient habillés cet été ; ils ignorent encore plus comment ils le seront cet hiver : mais, surtout, on ne saurait croire combien il en coûte à un mari, pour mettre sa femme à la mode.

Que me servirait* de te faire une description exacte de leurs habillements et de leurs parures ? Une mode nouvelle viendrait détruire tout mon ouvrage, comme celui de leurs ouvriers ; et, avant que tu eusses reçu ma lettre, tout serait changé. Une femme qui quitte Paris, pour aller passer six mois à la campagne, en revient aussi antique que si elle s'y était oubliée trente ans. Le fils méconnaît le portrait de sa mère ; tant l'habit avec lequel elle est peinte, lui paraît étranger : il s'imagine que c'est quelque Américaine qui y est représentée, ou que le peintre a voulu exprimer quelqu'une de ses fantaisies.

Quelquefois les coiffures montent insensiblement, et une révolution les fait descendre tout-à-coup. Il a été un temps que leur hauteur immense mettait le visage d'une femme au milieu d'elle-même : dans un autre, c'étaient les pieds qui occupaient cette place ; les talons faisaient un piédestal qui les tenait en l'air. Qui pourrait le croire ? Les architectes ont été souvent obligés de hausser, de baisser et d'élargir leurs portes, selon que les parures des femmes exigeaient d'eux ce changement ; et les règles de leur art ont été asservies à ces caprices. On voit quelquefois, sur un visage, une quantité prodigieuse de mouches, et elles disparaissent toutes le lendemain.

Il en est des manières et de la façon de vivre, comme des modes : les Français changent de mœurs selon l'âge de leur roi. Le monarque pourrait même parvenir à rendre la na-

* *Que* s'emploie quelquefois pour *à quoi* devant le verbe servir.

tion grave, s'il l'avait entrepris. Le prince imprime le caractere de son esprit à la cour, la cour à la ville, la ville aux provinces. L'âme du souverain est un moule qui donne la forme à toutes les autres.

LE DÎNER DE L'ABBÉ COSSON.

M. Delille, en avril 1786, étant à dîner chez Marmontel, son confrère, raconta ce qu'on va lire, au sujet des usages qui s'observaient à table dans la bonne compagnie. On parlait de la multitude de petites choses qu'un honnête homme est obligé de savoir dans le monde pour ne pas courir le risque d'y être bafoué. " Elles sont innombrables, dit M. Delille, et ce qu'il y a de fâcheux, c'est que tout l'esprit du monde ne suffirait pas pour faire deviner ces importantes vétilles. Dernièrement, ajouta-t-il, l'abbé Cosson, professeur de belles-lettres au collége Mazarin, me parla d'un dîner où il s'était trouvé quelques jours auparavant, avec des gens de cour, des cordons-bleus,* des maréchaux de France, chez l'abbé de Radonvilliers à Versailles.—Je parie, lui dis-je, que vous y avez commis cent incongruités.—Comment donc ? reprit vivement l'abbé Cosson fort inquiet. Il me semble que j'ai fait la même chose que tout le monde.—Quelle présomption ! Je gage que vous n'avez fait rien comme personne. Mais voyons, je me bornerai au dîner. D'abord, que fîtes vous de votre serviette en vous mettant à table ?—De ma serviette ? Je fis comme tout le monde ; je la déployai, je l'étendis sur moi, et je l'attachai par un coin à ma boutonnière.—Eh bien ! mon cher, vous êtes le seul qui ayez fait cela ; on n'étale point sa serviette, on la laisse sur ses genoux. Et comment fîtes-vous pour manger votre soupe ?—Comme tout le monde, je pense : je pris ma cuiller d'une main et ma fourchette de l'autre. . .—Votre fourchette ! personne ne prend de fourchette pour manger sa soupe ;† mais poursuivons. Après votre soupe, que mangeâtes-vous ?—Un œuf frais.—Et que fîtes-vous de la coquille ?—Comme tout le monde, je la laissai au laquais qui me servait.—Sans la casser ?—Sans la casser. —Eh bien ! mon cher, on ne mange jamais un œuf sans briser la coquille ; et après votre œuf ?—Je demandai *du*

---

* Chevaliers de l'ordre du Saint-Esprit.

† Cette habitude était fort commune autrefois : elle subsiste encore dans quelques provinces.

bouilli.—Du bouilli ! Personne ne se sert de cette expression ; on demande du bœuf, et point du bouilli ; et après cet aliment ?—Je priai l'abbé de Radonvilliers de m'envoyer d'une très belle volaille.—Malheureux ! de la volaille ! On demande du poulet, du chapon, de la poularde ; on ne parle de volaille qu'à la basse-cour. Mais vous ne dites rien de votre manière de demander à boire.—J'ai, comme tout le monde, demandé du champagne, du bordeaux, aux personnes qui en avaient devant elles.—Sachez donc qu'on demande du *vin de Champagne*, du *vin de Bordeaux*, continua M. Delille. ...Mais dites-moi quelque chose de la manière dont vous mangeâtes votre pain.—Certainement à la manière de tout le monde : je le coupai proprement avec mon couteau.—Eh ! on rompt son pain, on ne le coupe pas. Avançons. Le café, comment le prîtes-vous ?—Eh ! pour le coup comme tout le monde ; il était brûlant, je le versai par petites parties de ma tasse dans ma soucoupe.—Eh bien ! vous fîtes comme ne fit sûrement personne : tout le monde boit son café dans sa tasse et jamais dans sa soucoupe. Vous voyez donc, mon cher Cosson, que vous n'avez pas dit un mot, pas fait un mouvement, qui ne fût contre l'usage. L'abbé Cosson était confondu, continue M. Delille. Pendant six semaines, il s'informait à toutes les personnes qu'il rencontrait de quelques-uns des usages sur lesquels je l'avais critiqué.

BERCHOUX.

Observation.—Cette anecdote est fort piquante ; les détails en sont exprimés avec esprit et finesse. Le style est simple, élégant et facile : c'est un modèle de fine plaisanterie, et cependant d'urbanité et de bon goût.

PARIS ; CHARLATANS, PHÉNOMÈNES VIVANTS.

VENEZ ! je veux vous introduire dans un monde que vous ne connaissez point, monde singulier, original, amusant, et digne des regards du sage.

C'est aujourd'hui jour de fête, il fait beau, et nous pouvons parcourir les promenades.

Quelle immense population s'agite dans les jardins publics, sur les quais, sur les boulevarts, dans les Champs-Élysées ! quelle fourmilière d'hommes ! L'étudiant, le bourgeois, le militaire, le boutiquier, le commis marchand, tout le monde court, tout le monde veut se devertir. Que de rendez-vous donnés ! que de parties arrangées !

Avançons. Quelle sérénité sur tous ces visages ! En ce jour de joie et de vacance, on oublie les affaires, les soucis de la semaine. On met de côté toute idée importune jusqu'au lendemain matin. Les maisons sont désertes, tout Paris est dans la rue. C'est dans la rue qu'on joue, dans la rue qu'on boit, dans la rue qu'on mange.

Heureux Parisien ! tous les arts, toutes les contrées s'épuisent pour satisfaire à ses goûts, à ses caprices. Toutes les denrées indigènes, il les trouve sous sa main et à bon compte ; il n'a qu'à se baisser pour en prendre ; mais c'est peu : on lui apporte les productions exotiques, les fruits de l'équateur, et il ne les paie guère plus cher que les poires et les pommes du voisinage. Désirez-vous goûter de la noix de coco, de cette grosse amande blanche enfermée dans une coque noire et dure ? en voici. On vous en donnera pour un sou, pour deux sous, pour plus, pour moins, comme vous voudrez. Désirez-vous manger de la canne à sucre, de ce roseau inappréciable d'où coule une ambroisie plus douce que celle des dieux de la fable ? en voici également. Dites pour combien vous en voulez : le marchand est là, couteau en main, prêt à vous en couper un morceau d'un pouce, un morceau d'un pied, à votre choix.

C'est la moindre chose encore que les comestibles, les friandises : bien d'autres merveilles nous attendent. Songez que nous sommes ici dans la ville des prodiges, au centre des curiosités de l'univers. Que voulez-vous voir ? dites-le-moi ; vous n'avez qu'à parler, tous vos souhaits seront accomplis à l'instant. Jamais la baguette des enchanteurs, jamais les génies des contes arabes n'ont rien fait qui approche des réalités qui nous entourent. Ici afflue tout ce qu'il y a de rare sous le soleil. Si dans un coin du monde il naît une créature extraordinaire ; si un enfant vient au jour avec un œil ou avec trois yeux ; si on découvre quelque part une mouche grosse comme un rat, ou un rat gros comme un homme, ou un homme gros comme un bœuf, ou un bœuf gros comme un éléphant, ou un éléphant gros comme une baleine, ou une baleine grosse comme une montagne, c'est infailliblement à Paris que toutes ces belles choses se donnent rendez-vous. Tout se trouve à Paris, même ce qui ne se trouve pas dans la nature.

Voulez-vous voir le cheval de César qui avait des pieds humains, ou celui d'Alexandre qui avait une tête de bœuf ? voulez-vous voir l'hydre, le dragon de Cadmus, le monstre d'Andromède ? voulez-vous voir un griffon, un sphinx, un satyre, un centaure, un triton, une sirène, un cyclope, un Patagon, un pygmée, une Gorgone, un albinos, un vampire, un habitant de la lune ? vous n'avez qu'à dire ; tout cela existe à Paris, sur des chariots, sous des tentes, dans des cages, dans des caisses, dans des baquets.

Regardez les tableaux, les portraits de ce phénomène, qu'on expose en dehors pour allécher les curieux ! tantôt c'est une femme haute comme une maison ; c'est un géant terrible et fort comme Polyphème, qui parle vingt-deux langues comme M. Silvestre de Sacy ; c'est un nain dont on vous montre la main mignonne par une petite ouverture ; c'est un anthropophage, les yeux ardents, qui assomme un tigre à grands coups de massue ; ou bien encore, c'est une fille sauvage, reine ou princesse pour le moins, qui perce un ours de ses flèches. La foule est là, béante d'étonnement, et qui regarde avec admiration.

Connaissez-vous le petit savant qu'on interroge dans la rue ? C'est là un enfant précoce, une véritable merveille ! Ne me parlez plus de Pic de la Mirandole, ni de personne autre : le petit savant a tout surpassé, tout éclipsé. Le petit savant sait combien il y a d'étoiles au ciel, combien de grains de sable au bord de la mer ; le petit savant connaît la date précise de chaque événement, de chaque invention ; le petit savant a une mémoire imperturbable ; le petit savant est aussi complet qu'une encyclopédie, aussi exact qu'un erratum.

Et le musicien qui exécute un concert à lui seul, qui a une guitare, une flûte de Pan, des sonnettes à son chapeau et à son panache, une grosse caisse derrière le dos, qu'il frappe de ses coudes, et des cymbales entre ses jambes ! Et celui qui joue l'automate, qui est parvenu à se donner toutes les apparences d'une machine, qu'on remue, qu'on pose, qu'on emporte, qui garde l'attitude qu'on lui donne ; qui a le corps raide, le regard fixe ; dont la paupière même ne bouge point ! Et la famille aux échasses, qui manœuvre et fait mainte évolution comme un peloton d'infanterie ! Et le chimiste qui, avec un peu d'eau, vous fabrique à vue des vins de toutes les couleurs, rien qu'en versant d'un verre dans un autre !

Et les animaux savants ! le cheval qui dit l'heure avec son pied ! le dromadaire qui ploie docilement les genoux au son de la cornemuse ! Le singe qui fait ses exercices d'équitation sur un chien ; qui balaie, qui tend son chapeau pour avoir un sou ! Le lièvre, enfin, qui tire un coup de pistole et qui fait le roulement sur un tambour !

A Paris, on peut faire un cours d'histoire naturelle dans la rue. On y trouve tous les animaux de l'arche. Les couleuvres sont l'attribut des marchands de cirage, ainsi que les petits oiseaux qu'on fait tenir immobiles en leur tordant le cou.

Qu'est-ce qu'on voit là-bas, où il y a tant de monde attroupé ? Ah ! c'est l'avaleur de sabres. Nous avons vu des hommes qui mangeaient des oiseaux vivants : celui-ci mange toute la boutique d'un armurier.

Quelle est cette dame, en chapeau à plumes, debout, dans un cabriolet découvert, avec ces beaux messieurs à pied, en habits rouges ? C'est un empirique, un docteur en jupons. Elle possède de merveilleux secrets ; elle a des drogues pour toutes les maladies ; elle connaît des simples de tout genre. Elle parcourt le monde par humanité ; elle ne fait que passer par cette ville ; elle a sauvé de maladies mortelles le grand Lama, le grand Mogol, l'empereur de Maroc. Et les vieilles commères, et les crédules campagnards, et les innocents conscrits, séduits par le pathos de la vendeuse d'orviétan, échangent leur pauvre argent contre de l'herbe, au milieu des fanfares triomphales des messieurs en habits rouges.

Poursuivons. Autre enjôleur. C'est un dentiste-pédicure. Il a un onguent vert qui guérit radicalement les cors. Il a une pommade rouge qui guérit toute brûlure. " Messieurs," dit-il, avec une noble fierté, " y a-t-il quelqu'un d'entre vous qui ait mal aux dents ? veuillez m'honorer de votre confiance. C'est sans effort, sans douleur. On ne le sent même pas." Longtemps tout le monde reste immobile ; à la fin, un pauvre diable s'avance, la figure empaquetée, la joue gonflée comme un ballon. On l'assied. C'est une grosse dent de la mâchoire inférieure, toute cassée. L'opérateur empoigne une tenaille de maréchal ferrant. La dent est saisie. Voilà l'instant dramatique, l'instant décisif. Un cri s'entend, une secousse est donnée, secousse effroyable, qui déracinerait un chêne, qui arracherait une montagne de sa base ; le patient, la chaise, tout est ébranlé, tout est enlevé par le bras de fer de l'impitoyable chirurgien. Enfin, la dent rebelle, la dent récalcitrante demeure au bout de l'instrument avec une bonne portion de l'[illegible] maxillaire.

AMÉDÉE POMMIER.

LE PÉTITIONNAIRE ET LE ROI DE ROME.

On m'a conté une anecdote assez singulière sur notre ci-devant seigneur et maître l'empereur Napoléon. Un homme d'esprit, qui était à la fois assez instruit et très malheureux, songea qu'il remplirait une petite place un peu lucrative, aussi bien qu'une multitude de sots bien payés, et qui n'ont pour eux que leur bonheur. Il demanda donc un emploi: mais il n'avait point de protecteurs; et l'on sait que le mérite seul ne protége personne. Il essaya vainement trois ou quatre pétitions qui, selon l'usage, ne furent pas remises au monarque.

Fatigué, impatient, et toujours plus pauvre, il s'avisa d'un stratagème, qui ne serait pas indigne d'un courtisan. La nécessité donne souvent d'heureuses idées. Il écrivit avec beaucoup de soin un petit placet, qu'il adressa *à sa majesté le roi de Rome*. Il ne demandait qu'un emploi de six mille francs; ce qui était très modeste.

Le cœur plein de l'espoir du succès, il alla trouver un officier général attaché à la personne de l'empereur; il lui avoua sa détresse, lui montra son placet, et lui dit: "Monsieur, vous feriez encore une action généreuse, et vous auriez droit à ma reconnaissance éternelle, si vous me donniez le moyen de présenter ce papier à l'empereur." Le général, qui était accessible autant que brave, conduisit le pétitionnaire devant Napoléon.

L'empereur prit le placet, remarqua l'adresse, et en parut agréablement étonné.—Sire, lui dit-on, c'est une pétition pour sa majesté le roi de Rome.—Eh bien! répondit l'empereur, qu'on porte la pétition à son adresse...... Le roi de Rome avait alors six mois. Quatre chambellans eurent ordre de conduire le pétitionnaire devant la petite majesté. Le solliciteur ne se démonta pas: il voyait la fortune sourire. Il se présenta devant le berceau du prince, déplia son papier, et en fit lecture à haute et intelligible voix, après les plus respectueuses révérences. L'enfant-roi balbutia quelques sons pendant cette lecture, et ne répondit point à la demande. Le cortége salua le petit monarque; et l'empereur demanda quelle réponse on avait obtenue?—Sire, sa majesté n'a rien répondu.—*Qui ne dit rien, consent*, reprit Napoléon: la place est accordée.

COLLIN DE PLANCY.

LE ROI D'YVETOT.

PAR BÉRANGER.

[Apologue charmant, qui est la censure du règne entier d'un conquérant."—TISSOT.]

IL était un roi d'Yvetot,
  Peu connu dans l'histoire ;
Se levant tard, se couchant tôt,
  Dormant fort bien sans gloire,
Et couronné par Jeanneton
D'un simple bonnet de coton,
    Dit-on.
Quel bon petit roi c'était là !

Il faisait ses quatre repas
  Dans son palais de chaume,
Et sur un âne, pas à pas,
  Parcourait son royaume.
Joyeux, simple et croyant le bien,
Pour toute garde il n'avait rien
    Qu'un chien.
Quel bon petit roi c'était là !

Il n'avait de goût onéreux
  Qu'une soif un peu vive ;
Mais, en rendant son peuple heureux,
  Il faut bien qu'un roi vive.
Lui-même à table, et sans suppôt
Sur chaque muid levait un pot
    D'impôt.
Quel bon petit roi c'était là !

Il n'agrandit point ses états,
  Fut un voisin commode,
Et, modèle des potentats,
  Prit le plaisir pour code.
Ce n'est que lorsqu'il expira,
Que le peuple qui l'enterra
    Pleura.
Quel bon petit roi c'était là !

On conserve encor le portrait
De ce digne et bon prince;
C'est l'enseigne d'un cabaret
Fameux dans la province.
Les jours de fête, bien souvent,
La foule s'écrie en buvant
Devant:
Quel bon petit roi c'était là

LE MAÎTRE DE DANSE.

Le caractère national ne peut s'effacer. Nos marins disent que dans les colonies nouvelles les Espagnols commencent par bâtir une église, les Anglais une taverne, et les Français un fort; et j'ajoute une salle de bal. Je me trouvais en Amérique, sur la frontière du pays des Sauvages: j'appris qu'à la première journée, je rencontrerais parmi les Indiens un de mes compatriotes. Arrivé chez les Cayougas, tribu qui faisait partie de la nation des Iroquois, mon guide me conduisit dans une forêt. Au milieu de cette forêt, on voyait une espèce de grange; je trouvai dans cette grange une vingtaine de Sauvages, hommes et femmes, barbouillés comme des sorciers, le corps demi-nu, les oreilles découpées, des plumes de corbeau sur la tête, et des anneaux passés dans les narines. Un petit Français poudré et frisé comme autrefois, habit vert-pomme, veste de droguet, jabot et manchettes de mousseline, raclait un violon de poche, et faisait danser *Madelon Friquet* à ces Iroquois. M. Violet (c'était son nom) était maître de danse chez les Sauvages. On lui payait ses leçons en peaux de castors et en jambons d'ours: il avait été marmiton au service du général Rochambaud, pendant la guerre d'Amérique. Demeuré à New-York après le départ de notre armée, il résolut d'enseigner les beaux-arts aux Américains. Ses vues s'étant agrandies avec ses succès, le nouvel Orphée porta la civilisation jusque chez les hordes errantes du Nouveau-Monde. En me parlant des Indiens, il me disait toujours: "Ces messieurs Sauvages et ces dames Sauvagesses." Il se louait beaucoup de la légèreté de ses écoliers; en effet, je n'ai jamais vu faire de telles gambades. M. Violet, tenant son petit violon entre son menton et sa poitrine, accordait l'instrument; il criait en Iroquois: *A vos places!* Et toute la troupe sautait comme une bande de démons.

CHATEAUBRIAND.

SCÈNE DRAMATIQUE

(*Le cabinet du premier médecin de Paris.*)

Le Docteur, *que* Guillaume, *son valet de chambre, achève d'habiller.*—Ernest *près d'une table et travaillant.*

Le Doct. (*à son valet de chambre.*) Ma montre ! ma tabatière ! pas celle-là.

Guillaume. Celle de l'empereur Alexandre ?

Le Doct. Non, celle d'Autriche. Je vais déjeuner chez M. d'Appony,* à l'ambassade. Ma liste de visites.

Guillaume. Il y en a beaucoup pour aujourd'hui.

Le Doct. Peu m'importe, je n'en ferai que la moitié, tantôt, après déjeuner.

Guillaume. Et les malades qui vous attendent ce matin ?

Le Doct. Je les verrai ce soir. . .Il n'y a pas de mal à ce qu'un médecin soit en retard. C'est en me faisant attendre que j'ai fait ma fortune. On se disait : voilà un jeune homme bien occupé, un jeune homme de mérite : il n'a pas le temps d'être exact ; et chaque quart-d'heure de retard me valait un client. Aussi tu sens bien que maintenant. . .

Guillaume. Ça augmente en proportion.

Le Doct. Sans doute ; on tient à sa réputation. Demande mes chevaux, ma voiture, et n'oublie pas d'y porter ma chancelière ; car il y a, grâces au ciel, beaucoup de rhumes cette année.—Ernest, que faites-vous là ?

Ernest. Je travaille, Monsieur, j'étudie.

Le Doct. (*à part.*) Est-il bête ! Voilà trois ans qu'il a le nez fourré dans les livres, ne sort de mon cabinet que pour aller à mon hospice voir mes malades. S'il croit que c'est ainsi qu'on fait son chemin. . .(*haut.*) Et qu'est-ce que vous faites là ?

Ernest. Je cherche l'origine et la cause de ces maladies inflammatoires si communes à présent, et qu'on pourrait, il me semble, aisément prévenir.

Le Doct. Les prévenir, une jolie idée ! Ce sont les seules à la mode ! Je vous demande alors ce qui nous resterait à guérir. Apprenez, mon cher ami, qu'il n'y a pas déjà trop de maladies ; et si vous vous avisez de nous en ôter. . .Mais voilà, vous autres jeunes fanatiques de la science, où vous

---

* Ambassadeur d'Autriche à Paris.

mène la rage des investigations et des découvertes. (*Se promenant et se parlant à lui-même.*) En vérité, si on les laisse faire, ils deviendront plus savants que nous. Il est vrai que celui-là, qui est mon élève, ne travaille que pour moi, et je puis sans danger. . .(*haut.*) Allons, allons, étudiez. Je vais déjeuner ; s'il vient des clients, vous les recevrez.

Ernest. Et vos lettres (*les lui donnant*) ?

Le Doct. Bah ! des malades qui s'impatientent ! demain nous verrons.

Ernest. Et s'ils meurent aujourd'hui.

Le Doct. (*avec impatience.*) S'ils meurent !. . .faut-il pour cela que je me tue ! c'était bon autrefois. . .(*ouvrant des lettres.*) Le général Desvalliers, un officier retraité, une demi-solde, joli client.—Un peintre. . .un artiste, un employé. . . tout peuple, tout cinquième étage.—Je n'ai pas le temps d'aller si haut.

Ernest. J'irai,* moi, Monsieur, si vous voulez.

Le Doct. A la bonne heure. M. le bailli de Ferrète, l'envoyé de Bade ! l'ordre de Bade est le seul qui me manque, une couleur qui tranche, et qui fait bien à la boutonnière ! d'ailleurs c'est moins connu et moins commun que les autres . . .j'irai. (*Ouvrant d'autres lettres.*) Un banquier prussien. Un Anglais millionnaire.—Vous avez raison, il faut voir ce que c'est. (*En ouvrant une autre.*) Ah ! l'envoyé de don Miguel qui a fait une chute ; quel malheur : j'y passerai, pourvu que je ne sois pas prévenu par quelque confrère.

Ernest. Eh ! quel amour pour l'étranger !

Le Doct. En médecine, il n'y a pas d'étranger, je ne vois que des hommes, je ne vois partout que l'humanité.

Ernest. Si vous la voyez en Portugal, vous êtes bien habile.

Le Doct. Ce sont des mots, et si don Miguel lui-même me faisait l'honneur de m'appeler, je le traiterais comme mon ami, comme mon frère.

Ernest. Et lui, pour vous payer de vos soins, vous traiterait peut-être. . .comme sa sœur.†

Le Doct. Ce sont des affaires de famille, cela ne nous regarde pas. (*Ouvrant une autre lettre.*) Ah ! la marquise de Nangis ! moi qui dîne aujourd'hui chez elle.

Ernest. Madame de Nangis !. . .

---

* Le pronom *y* se supprime devant *le fut.* et *le prés. du cond.* du verbe *aller*.

† On a raconté que don Miguel est allé jusqu'à maltraiter sa sœur.

Le Doct. Son mari est député, un homme grave, profond, qui à la chambre ne parle jamais, mais qui vote beaucoup, ce qui le rend très influent, très utile au pouvoir ; et il y a dans ce moment, à la maison du roi, une place de médecin qui est vacante et qu'il pourrait me faire obtenir.

Ernest. Une place ! vous en avez tant

Le Doct. Raison de plus ! Ce sont des droits, cela prouve qu'on a du mérite, du crédit. J'en ai déjà parlé à Mme de Nangis, une femme charmante, qui a dans le monde une puissance d'opinion... Elle seule aurait fait ma réputation, si elle n'eût été déjà faite. C'est moi qui l'ai tirée dernièrement de cette maladie que vous avez soignée.

Ernest. Oui, Monsieur, j'ai passé cinq jours et cinq nuits à l'hôtel.

Le Doct. C'est vrai ! je n'y pensais plus. Quoique parfaitement rétablie et en apparence bien portante, elle souffre. Et il y a trois jours que je lui ai promis un mot de consultation, que j'ai oublié net.

Ernest. Vous avez pu l'oublier !

Le Doct. Sur le nombre, c'est facile ; mais puisque mes chevaux ne sont pas encore mis, j'aurai le temps d'écrire ma consultation.... (*Après avoir écrit.*) Voilà qui est fini.... Je m'en vais !—Vous n'oublierez pas ce matin de passer* à mon hôpital.

Ernest. Quoi ! vous n'irez pas ?

Le Doct. Je ne peux pas tout faire.—Il faut que j'aille aujourd'hui même toucher mes appointements de médecin en chef.

Ernest. C'est qu'il y aura peut-être des opérations importantes ; et si je ne réussis pas....

Le Doct. Tant pis pour vous, vous en aurez le blâme.

Ernest. Et si j'ai du succès vous en aurez l'honneur.

Le Doct. Qu'est-ce à dire....?

Ernest. Que j'ai besoin, Monsieur, de vous parler une fois à cœur ouvert. Depuis trois ans, je me suis attaché à vous ; je n'ai épargné ni mon temps ni mes peines ; mes travaux mêmes vous ont été souvent utiles ; et loin de me protéger, de me produire, il semble que vous ayez pris à tâche de me tenir dans l'ombre.

---

* *Passer* s'emploie de préférence aux verbes *aller* et *venir*, quand il s'agit de parler poliment. On dit, je l'ai fait prier de *passer* chez moi ; mais on dira en parlant de son domestique, je lui ai fait dire de *venir* chez moi à midi.

Le Doct. Ce n'est pas ma faute ; c'est la vôtre si vous n'avez rien de ce qu'il faut pour parvenir. Vous êtes trop jeune, trop timide ; vous vous effrayez d'un rien. Dans la dernière maladie de Mme de Nangis, par exemple, quand j'ai prescrit cette ordonnance salutaire, qui l'a sauvée, je vous ai vu pâlir, hésiter..... Vous ne sauriez jamais de vous-même prendre un parti vigoureux et décisif.

Ernest. C'est ce qui vous trompe, Monsieur ; selon moi, cette ordonnance devait tuer la malade.

Le Doct. (*d'un air railleur.*) Vraiment ! qui vous l'a dit ?

Ernest. L'événement même ; car je n'en ai pas suivi un mot : j'ai fait tout le contraire ; et la marquise existe encore.

Le Doct. (*furieux.*) Monsieur, un pareil manque d'égards.....un tel abus de confiance.....

Ernest. Vous êtes le seul qui en soyez instruit ; mais quand je me tais sur ce qui pourrait nuire à votre réputation, ne cachez pas au moins ce qui pourrait servir la mienne. Que la bonté soit chez vous égale au talent ; et quand vous êtes arrivé, daignez tendre la main à ceux qui marchent derrière vous !

Le Doct. Demain, Monsieur, vous êtes libre, nous nous séparerons. (*A Guillaume qui entre.*) Hé bien, cette voiture.....

Guillaume. Elle est prête.

Le Doct. C'est bien heureux ! Vous porterez cette lettre à l'instant à l'hôtel de Nangis ? Vous la remettrez à la marquise elle-même, entendez-vous ? (*à Ernest.*) Adieu, Monsieur. (*à part.*) Un jeune homme qui me doit tout..... que j'ai fait ce qu'il est.....quelle ingratitude ! (*Il sort.*)

Scribe.—*Né à Paris, en* **1791.**

LE MÉDECIN MALGRÉ LUI.

COMÉDIE DE MOLIÈRE

PERSONNAGES.

GÉRONTE, père de Lucinde.
LUCINDE, fille de Géronte.
SGANARELLE, mari de Martine.
MARTINE, femme de Sganarelle.
M. ROBERT, voisin de Sganarelle.
VALÈRE et LUCAS, domestiques de Géronte.

SCÈNE PREMIÈRE.

SGANARELLE, MARTINE.

Sgan. Non, je te dis que je n'en veux rien faire ; c'est à moi de parler et d'être le maître.

Mart. Et je te dis, moi, que je veux que tu vives à ma fantaisie, et que je ne me suis point mariée avec toi pour souffrir tes fredaines.

Sgan. Oh ! la grande fatigue que d'avoir une femme ! et qu'Aristote a bien raison, quand il dit qu'une femme est un être insupportable !

Mart. Voyez un peu l'habile homme, avec son benêt d'Aristote.

Sgan. Oui, habile homme. Trouve-moi un faiseur de fagots qui sache comme moi raisonner des choses, qui ait servi six ans un fameux médecin, et qui ait su dans son jeune âge son rudiment par cœur.

Mart. Peste du fou !

Sgan. Peste de la femme !

Mart. Maudits soient l'heure et le jour où je m'avisai d'aller dire oui !

Sgan. Maudit soit le notaire qui me fit signer ma ruine

Mart. C'est bien à toi vraiment à te plaindre de cette affaire ! Devrais-tu être un seul moment sans rendre grâce au ciel de m'avoir pour ta femme ! et méritais-tu d'épouser une personne comme moi ?

Sgan. Hé ! tu fus bien heureuse de me trouver.

Mart. Qu'appelles-tu bien heureuse de te trouver ? Un homme qui me réduit à la misère ; un traître, qui mange tout ce que j'ai ! . . . . .

Sgan. Tu as menti, j'en bois une partie.

Mart. Qui vend pièce à pièce tout ce qui est dans le logis ! . . . .

Sgan. C'est vivre de ménage.*

Mart. Qui m'a ôté jusqu'au lit que j'avais ! . . . .

Sgan. Tu t'en lèveras plus matin.

Mart. Enfin qui ne laisse aucun meuble dans toute la maison ! . . . .

Sgan. On en déménage plus aisément.

Mart. Et qui, du matin jusqu'au soir, ne fait que jouer et que boire !

Sgan. C'est pour ne me point ennuyer.

Mart. Et que veux-tu pendant ce temps que je fasse avec ma famille ?

Sgan. Tout ce qu'il te plaira.

Mart. J'ai quatre pauvres petits enfants sur les bras.

Sgan. Mets-les à terre.

Mart. Qui me demandent à toute heure du pain.

Sgan. Donne-leur le fouet : quand j'ai bien bu et bien mangé, je veux que tout le monde soit soûl dans ma maison.

Mart. Et tu prétends, ivrogne, que les choses aillent toujours de même ? . . . .

Sgan. Ma femme, allons tout doucement, s'il vous plaît.

Mart. Que j'endure éternellement tes insolences ? . . . .

Sgan. Ne nous emportons point, ma femme.

Mart. Et que je ne sache pas trouver le moyen de te ranger à ton devoir ?

Sgan. Ma femme, vous savez que je n'ai pas l'âme endurante, et que j'ai le bras assez bon.

Mart. Je me moque de tes menaces.

Sgan. Ma petite femme, ma mie !

Mart. Je te montrerai bien que je ne te crains nullement.

Sgan. Ma chère moitié, vous avez envie de me dérober quelque chose.

Mart. Crois-tu que je m'épouvante de tes paroles ?

Sgan. Doux objet de mes vœux, je vous frotterai les oreilles.

Mart. Infâme !

Sgan. Ah ! vous en voulez donc ? Voici le vrai moyen de vous apaiser. (*Sganarelle prend un bâton et menace de battre sa femme.*)

---

* ***Vivre de ménage***, Vivre avec économie ; et par plaisanterie, Vendre ses meubles pour subsister.

SCÈNE II.

M. ROBERT, SGANARELLE, MARTINE.

M. Rob. Holà ! holà ! holà ! Fi ! Qu'est-ce-ci ? Quelle infamie ! Peste soit le coquin de vouloir battre sa femme !

Mart. (*à M. Rob.*) Et je veux qu'il me batte, moi.

M. Rob. Ah ! j'y consens de tout mon cœur.

Mart. De quoi vous mêlez-vous ?

M. Rob. J'ai tort.

Mart. Est-ce là votre affaire ?

M. Rob. Vous avez raison.

Mart. Voyez un peu cet impertinent, qui veut empêcher les maris de battre leurs femmes !

M. Rob. Je me rétracte.

Mart. Qu'avez-vous à voir là-dessus ?

M. Rob. Rien.

Mart. Est-ce à vous d'y mettre le nez ?

M. Rob. Non.

Mart. Mêlez-vous de vos affaires.

M. Rob. Je ne dis plus mot.

Mart. Il me plaît d'être battue.

M. Rob. D'accord.

Mart. Ce n'est pas à vos dépens.

M. Rob. Il est vrai.

Mart. Et vous êtes un sot de venir vous fourrer où vous n'avez que faire. (*Elle lui donne un soufflet.*)

M. Rob. (*à Sganarelle.*) Compère, je vous demande pardon de tout mon cœur. Faites, battez comme il faut votre femme ; je vous aiderai, si vous le voulez.

Sgan. Il ne me plaît pas, moi.

M. Rob. Ah ! c'est une autre chose.

Sgan. Je la veux battre, si je le veux ; et ne la veux pas battre, si je ne le veux pas.

M. Rob. Fort bien.

Sgan. C'est ma femme, et non pas la vôtre.

M. Rob. Sans doute.

Sgan. Vous n'avez rien à me commander.

M. Rob. D'accord.

Sgan. Je n'ai que faire de votre aide.

M. Rob. Très volontiers.

Sgan. Et vous êtes un impertinent de vous ingérer des affaires d'autrui. Apprenez que Cicéron dit qu'entre l'arbre et l'écorce il ne faut pas mettre le doigt. (*Il bat M. Robert, et le chasse.*)

SCÈNE III.

MARTINE, VALÈRE, LUCAS.

Mart. (*se croyant seule.*) Ne puis-je point trouver quelque invention pour me venger de mon mari? Oui, il faut que je m'en venge à quelque prix que ce soit. Ces coups de bâton qu'il a voulu me donner me reviennent au cœur. (*Heurtant Valère et Lucas.*) Ah! messieurs, je vous demande pardon; je ne vous voyais pas, et cherchais dans ma tête quelque chose qui m'embarrasse.

Val. Chacun a ses soins dans ce monde, et nous cherchons aussi ce que nous voudrions bien trouver.

Mart. Serait-ce quelque chose où je puisse vous aider?

Val. Cela se pourrait; nous tâchons de rencontrer quelque habile homme, quelque médecin particulier qui pût donner quelque soulagement à la fille de notre maître, attaquée d'une maladie qui lui a ôté tout d'un coup l'usage de la langue. Plusieurs médecins ont déjà épuisé toute leur science après elle: mais on trouve parfois des gens avec des secrets admirables, de certains remèdes particuliers qui font le plus souvent ce que les autres n'ont su faire; et c'est là ce que nous cherchons.

Mart. (*bas, à part.*) Ah! que le ciel m'inspire une admirable invention pour me venger de mon mari! (*haut.*) Vous ne pouviez jamais mieux vous adresser pour rencontrer ce que vous cherchez; nous avons ici un homme, le plus merveilleux homme du monde pour les maladies désespérées.

Val. Hé! de grâce, où pouvons-nous le rencontrer?

Mart. Vous le trouverez maintenant vers ce petit lieu que voilà, qui s'amuse à couper du bois.

Luc. Un médecin qui coupe du bois!

Val. Qui s'amuse à cueillir des simples, voulez-vous dire?

Mart. Non; c'est un homme extraordinaire qui se plaît à cela, fantasque, bizarre, et que vous ne prendriez jamais pour ce qu'il est. Il va vêtu d'une façon extravagante, affecte quelquefois de paraître ignorant, tient sa science renfermée, et ne fuit rien tant que d'exercer les merveilleux talents qu'il a reçus du ciel pour la médecine.

Val. C'est une chose admirable, que tous les grands hommes ont toujours du caprice, quelque petit grain de folie mêlé à leur science.

Mart. La folie de celui-ci est plus grande qu'on ne peut croire, car elle va parfois jusqu'à vouloir être battu pour demeurer d'accord de sa capacité, et je vous donne avis qu'il n'avouera jamais qu'il est médecin, s'il se le met en tête, que vous ne preniez chacun un bâton, et ne le réduisiez, à force de coups, à vous confesser à la fin ce qu'il vous cachera d'abord. C'est ainsi que nous en usons quand nous avons besoin de lui.

Val. Voilà une étrange folie !

Mart. Il est vrai ; mais après cela, vous verrez qu'il fait des merveilles.

Val. Comment s'appelle-t-il ?

Mart. Il s'appelle Sganarelle. Mais il est aisé à connaître : c'est un homme qui a une longue barbe noire, et qui porte un habit jaune et vert.

Val. Mais est-il bien vrai qu'il soit si habile que vous le dites ?

Mart. Comment ! c'est un homme qui fait des miracles. Il y a six mois qu'une femme fut abandonnée de tous les autres médecins : on la tenait morte il y avait déjà six heures, et l'on se disposait à l'ensevelir, lorsqu'on y fit venir de force l'homme dont nous parlons. Il lui mit une petite goutte de je ne sais quoi dans la bouche ; et, dans le même instant, elle se leva de son lit, et se mit aussitôt à se promener dans sa chambre comme si de rien n'eût été.

Luc. Ah !

Val. Il fallait que ce fût quelque goutte d'or potable.

Mart. Cela pourrait bien être. Il n'y a pas trois semaines encore qu'un jeune enfant de douze ans tomba du haut du clocher en bas, et se brisa sur le pavé la tête, les bras, et les jambes. On n'y eut pas plus tôt amené notre homme, qu'il le frotta par tout le corps d'un certain onguent qu'il sait faire, et l'enfant aussitôt se leva sur ses pieds, et courut jouer à la fossette.

Luc. Ah !

Val. Il faut que cet homme-là ait la médecine universelle.

Mart. Qui en doute ?

Luc. Voilà justement l'homme qu'il nous faut. Allons vite le chercher.

Val. Nous vous remercions du plaisir que vous nous faites.

Mart. Mais souvenez-vous bien au moins de l'avertissement que je vous ai donné.

SCÈNE IV.

SGANARELLE, VALÈRE, LUCAS.

Sgan. (*voyant qu'on l'examine.*) A qui en veulent ces gens-là ?

Val. (*à Lucas.*) C'est lui assurément.

Luc. (*à Valère.*) Le voilà tout comme on nous l'a dépeint.

Sgan. (*à part.*) Ils consultent en me regardant. Quel dessein auraient-ils ?

Val. Monsieur, n'est-ce pas vous qui vous appelez Sganarelle ?

Sgan. Hé ! quoi ?

Val. Je vous demande si ce n'est pas vous qui vous nommez Sganarelle ?

Sgan. Oui et non, selon ce que vous lui voulez.

Val. Nous ne voulons que lui faire toutes les civilités que nous pourrons.

Sgan. En ce cas, c'est moi qui me nomme Sganarelle.

Val. Monsieur, nous sommes ravis de vous voir. On nous a adressés à vous pour ce que nous cherchons ; et nous venons implorer votre aide, dont nous avons besoin.

Sgan. Si c'est quelque chose, messieurs, qui dépende de mon petit négoce, je suis tout prêt à vous rendre service.

Val. Monsieur, c'est trop de grâce que vous nous faites. Mais, couvrez-vous, s'il vous plaît ; le soleil pourrait vous incommoder.

Sgan. (*à part.*) Voici des gens bien pleins de cérémonies. (*Il se couvre.*)

Val. Monsieur, il ne faut pas trouver étrange que nous venions à vous ; les habiles gens sont toujours recherchés ; et nous sommes instruits de votre capacité.

Sgan. Il est vrai, messieurs, que je suis le premier homme du monde pour faire des fagots.

Val. Ah ! monsieur ! . . .

Sgan. Je n'y épargne aucune chose, et les fais d'une façon qu'il n'y a rien à dire.

Val. Monsieur, ce n'est pas cela dont il est question.

Sgan. Mais aussi je les vends cent dix sous le cent.

Val. Ne parlons point de cela, s'il vous plaît.

Sgan. Je vous promets que je ne saurais les donner à moins.

Val. Monsieur, nous savons les choses.

Sgan. Si vous savez les choses, vous savez que je les vends cela.

Val. Monsieur, c'est se moquer que...

Sgan. Je ne me moque point, je n'en puis rien rabattre.

Val. Parlons d'autre façon, de grâce.

Sgan. Vous en pourrez trouver autre part à moins ; il y fagots et fagots : mais pour ceux que je fais...

Val. Hé ! monsieur, laissons-là ce discours.

Sgan. Non, en conscience ; vous en paierez cela. Je vous parle sincèrement, et ne suis pas homme à surfaire.

Val. Faut-il, monsieur, qu'une personne comme vous s'amuse à ces grossières feintes, s'abaisse à parler de la sorte ! qu'un homme si savant, un fameux médecin comme vous êtes, veuille se déguiser aux yeux du monde, et tenir enterrés les beaux talents qu'il a !

Sgan. (*à part.*) Il est fou.

Val. De grâce, monsieur, ne dissimulez point avec nous.

Sgan. Comment ?

Luc. Tout ce tripotage ne sert de rien ; nous savons ce que nous savons.

Sgan. Quoi donc ? que voulez-vous me dire ? Pour qui me prenez-vous ?

Val. Pour ce que vous êtes, pour un grand médecin.

Sgan. Médecin vous-même ; je ne le suis point, et je ne l'ai jamais été.

Val. (*bas.*) Voilà sa folie qui le tient. (*haut.*) Monsieur, ne niez pas les choses davantage ; et n'en venons point, s'il vous plaît, à de fâcheuses extrémités.

Sgan. A quoi donc ?

Val. A de certaines choses dont nous serions fâchés.

Sgan. Venez-en à tout ce qu'il vous plaira : je ne suis point médecin, et ne sais ce que vous voulez me dire.

Val. (*bas.*) Je vois bien qu'il faut se servir du remède. (*haut.*) Monsieur, encore un coup, je vous prie d'avouer ce que vous êtes.

Luc. Hé ! n'hésitez pas davantage, et confessez franchement que vous êtes médecin.

Sgan. Messieurs, en un mot autant qu'en deux mille, je vous dis que je ne suis point médecin.

Val. Puisque vous le voulez, il faut bien s'y résoudre.

(*Ils prennent chacun un bâton, et le frappent.*)

Sgan. Ah ! ah ! ah ! messieurs, je suis tout ce qu'il vous plaira.

Val. Pourquoi, monsieur, nous obligez-vous à cette violence ?

Luc. A quoi bon nous donner la peine de vous battre ?

Val. Je vous assure que j'en ai tous les regrets du monde.

Luc. J'en suis fâché, franchement.

Sgan. Qu'est-ce-ci, messieurs ? De grâce, est-ce pour rire, ou si tous deux vous extravaguez, de vouloir que je sois médecin ?

Val. Quoi ! vous ne vous rendez pas encore, et vous vous défendez d'être médecin ?

Luc. Il n'est pas vrai que vous soyez médecin ?

Sgan. Non, non, très certainement. (*Ils recommencent à le battre.*) Ah ! ah ! Hé bien ! messieurs, oui, puisque vous le voulez, je suis médecin ; apothicaire encore, si vous le trouvez bon. J'aime mieux consentir à tout que de me faire assommer.

Val. Ah ! voilà qui va bien, monsieur ; je suis ravi de vous voir raisonnable.

Luc. Vous me mettez la joie au cœur, quand je vous entends parler comme cela.

Val. Je vous demande pardon de toute mon âme.

Luc. Je vous demande excuse de la liberté que j'ai prise.

Sgan. (*à part.*) Ouais ! serait-ce bien moi qui me tromperais, et serais-je devenu médecin sans m'en être aperçu ?

Val. Monsieur, vous ne vous repentirez pas de nous montrer ce que vous êtes ; et vous verrez assurément que vous en serez satisfait.

Sgan. Mais, messieurs, dites-moi, ne vous trompez-vous point vous-mêmes ? Est-il bien assuré que je sois médecin ?

Val. Comment ! vous êtes le plus habile médecin du monde.

Luc. Un médecin qui a guéri je ne sais combien de maladies.

Sgan. Peste !

Val. Enfin, monsieur, vous aurez contentement avec nous, et vous gagnerez ce que vous voudrez en vous laissant conduire où nous prétendons vous mener.

Sgan. Je gagnerai ce que je voudrai ?

Val. Oui.

Sgan. Ah ! je suis médecin, sans contredit. Je l'avais oublié ; mais je m'en ressouviens. De quoi est-il question ? Où faut-il se transporter ?

Val. Nous vous conduirons. Il est question d'aller voir une fille qui a perdu la parole.

Sgan. Je ne l'ai pas trouvée.

Val. Allons, monsieur.

SCÈNE V.

VALÈRE, SGANARELLE, GÉRONTE, LUCAS.

Val. Monsieur, préparez-vous. Voici votre médecin qui entre.

Gér. Monsieur, je suis ravi de vous voir chez moi, et nous avons grand besoin de vous.

SGANARELLE, *en robe de médecin, avec un chapeau pointu.* Hippocrate dit...que nous nous couvrions tous deux.

Gér. Hippocrate dit cela ?

Sgan. Oui.

Gér. Dans quel chapitre, s'il vous plaît ?

Sgan. Dans son chapitre...des chapeaux.

Gér. Puisque Hippocrate le dit, il faut le faire.

Sgan. Monsieur le médecin, ayant appris les merveilleuses choses...

Gér. A qui parlez-vous, de grâce ?

Sgan. A vous.

Gér. Je ne suis pas médecin.

Sgan. Vous n'êtes pas médecin ?

Gér. Non, vraiment.

Sgan. Tout de bon ?

Gér. Tout de bon.

(*Sganarelle prend un bâton, et frappe Géronte.*)

Ah ! ah ! ah !

Sgan. Vous êtes médecin maintenant, je n'ai jamais eu d'autre diplôme.

Gér. (*à Valère.*) Quel enragé m'avez-vous là amené ?

Val. Je vous ai bien dit que c'était un médecin goguenard.

Gér. Oui : mais je l'enverrai promener avec ses goguenarderies.

Luc. Ne prenez pas garde à cela, monsieur, ce n'est que pour rire.

Gér. Cette raillerie ne me plaît pas.

Sgan. Monsieur, je vous demande pardon de la liberté que j'ai prise.

Gér. Monsieur, je suis votre serviteur.

Sgan. Je suis fâché. . . .
Gér. Cela n'est rien.
Sgan. Des coups de bâton. . . .
Gér. Il n'y a pas de mal.
Sgan. Que j'ai eu l'honneur de vous donner.
Gér. Ne parlons plus de cela. Monsieur, j'ai une fille qui est tombée dans une étrange maladie.
Sgan. Je suis ravi, monsieur, que votre fille ait besoin de moi ; et je souhaiterais de tout mon cœur que vous en eussiez besoin aussi, vous et toute votre famille, pour vous témoigner l'envie que j'ai de vous servir.
Gér. Je vous suis obligé de ces sentiments.
Sgan. Je vous assure que c'est du meilleur de mon âme que je vous parle.
Gér. C'est trop d'honneur que vous me faites.
Sgan. Comment s'appelle votre fille ?
Gér. Lucinde.
Sgan. Lucinde ! ah ! beau nom à médicamenter !
Gér. Je vais voir un peu ce qu'elle fait.

SCÈNE VI.

SUJET.

Géronte veut obliger sa fille à épouser un homme qu'elle n'aime point ; elle, pour se délivrer de ce mariage, feint d'être malade.

LUCINDE, GÉRONTE, SGANARELLE, VALÈRE, LUCAS.

Sgan. Est-ce là la malade ?
Gér. Oui. Je n'ai qu'elle de fille ; et j'aurais tous les regrets du monde si elle venait à mourir.
Sgan. Qu'elle s'en garde bien ! Il ne faut pas qu'elle meure sans l'ordonnance du médecin.
Gér. Allons, un siége.
Sgan. (*assis entre Géronte et Lucinde.*) Voilà une malade qui n'a pas tant mauvaise mine.
Gér. Vous l'avez fait rire, monsieur.
Sgan. Tant mieux : lorsque le médecin fait rire le malade, c'est le meilleur signe du monde. (*à Lucinde.*) Hé bien ! qu'avez-vous ? Quel est le mal que vous sentez ?
LUCINDE, *portant sa main à sa bouche, à sa tête, et sous son menton.*
Han, hi, hon.

Sgan. Je ne vous entends point. Quel langage est-ce là ?

Gér. Monsieur, c'est là sa maladie. Elle est devenue muette, sans que jusqu'ici on en ait pu savoir la cause ; et c'est un accident qui a fait reculer son mariage.

Sgan. Et pourquoi ?

Gér. Celui qu'elle doit épouser veut attendre sa guérison pour conclure les choses.

Sgan. Et qui est ce sot là, qui ne veut pas que sa femme soit muette ? Je voudrais que la mienne eût cette maladie ! je me garderais bien de la vouloir guérir.

Gér. Enfin, monsieur, nous vous prions d'employer tous vos soins pour la soulager de son mal.

Sgan. Ah ! ne vous mettez pas en peine. Dites-moi un peu : ce mal l'oppresse-t-il beaucoup ?

Gér. Oui, monsieur.

Sgan. Tant mieux. (*à Lucinde.*) Donnez-moi votre bras. (*à Géronte.*) Voilà un pouls qui marque que votre fille est muette.

Gér. Hé ! oui, monsieur, c'est là son mal ; vous l'avez trouvé tout du premier coup.

Sgan. Nous autres grands médecins, nous connaissons d'abord les choses. Un ignorant aurait été embarrassé, et vous eût été dire, C'est ceci, c'est cela : mais moi, je touche au but du premier coup, et je vous apprends que votre fille est muette.

Gér. Oui : mais je voudrais bien que vous me pussiez dire d'où cela vient.

Sgan. Il n'est rien de plus aisé ; cela vient de ce qu'elle a perdu la parole.

Gér. Fort bien. Mais la cause, s'il vous plaît, qui fait qu'elle a perdu la parole ?

Sgan. Tous nos meilleurs auteurs vous diront que c'est l'empêchement de l'action de sa langue.

Gér. Mais encore, vos sentiments sur cet empêchement de l'action de sa langue ?

Sgan. Aristote, là-dessus, dit. . .de fort belles choses.

Gér. Je le crois.

Sgan. Ah ! c'était un grand homme !

Gér. Sans doute.

Sgan. Grand homme tout-à-fait ; un homme qui était (*levant le bras depuis le coude*) plus grand que moi de tout cela. Entendez-vous le latin ?

Gér. En aucune façon.

Sgan. (*se levant brusquement.*) Vous n'entendez point le latin ?

Gér. Non.

Sgan. Il n'y a pas de mal ; vous n'êtes pas obligé d'être aussi savant que nous.

Gér. Assurément. Mais, monsieur, que croyez-vous qu'il faille faire à cette maladie ?

Sgan. Mon avis est qu'on la remette dans son lit, et qu'on lui fasse prendre pour remède quantité de pain trempé dans du vin.

Gér. Pourquoi cela, monsieur.

Sgan. Parce qu'il y a dans le vin et le pain, mêlés ensemble, une vertu sympathique qui fait parler. Ne voyez-vous pas bien qu'on ne donne autre chose aux perroquets, et qu'ils apprennent à parler en mangeant de cela ?

Gér. Cela est vrai. Ah ! le grand homme ! Vite, quantité de pain et de vin.

Sgan. Je reviendrai voir ce soir en quel état elle sera.

PRÉCIS DU RESTE DE LA PIÈCE.

Léandre, à qui Lucinde est attachée, venant à faire un grand héritage, Géronte consent à lui donner sa fille en mariage, et celle-ci recouvre l'usage de la parole. Sganarelle, bien payé de ses ordonnances, prend goût au métier. Il raisonne ainsi sur sa nouvelle profession :—" Ma foi, cela ne va pas mal. On vient me chercher de tous côtés ; et, si les choses vont toujours de même, je suis d'avis de m'en tenir toute ma vie à la médecine. Je trouve que c'est le meilleur métier de tous ; car, soit qu'on fasse bien, ou soit qu'on fasse mal, on est toujours payé de même sorte. La méchante besogne ne retombe jamais sur notre dos ; et nous taillons, comme il nous plaît sur l'étoffe où nous travaillons. Un cordonnier en faisant des souliers ne saurait gâter un morceau de cuir qu'il n'en paie les pots cassés ;* mais ici l'on peut gâter un homme sans qu'il en coûte rien. Les bévues ne sont point pour nous, et c'est toujours la faute de celui qui meurt. Enfin, le bon de cette profession est qu'il y a, parmi les morts, une honnêteté, une discrétion la plus grande du monde, et jamais on n'en voit se plaindre du médecin qui les a tués."

* Payer les pots cassés, *to pay the piper.*

LA LAITIÈRE ET LE POT AU LAIT.

Perrette, sur sa tête ayant un pot au lait,
Bien posé sur un coussinet,
Prétendait arriver sans encombre à la ville.
Légère et court vêtue, elle allait à grands pas
Ayant mis ce jour-là, pour être plus agile,
Cotillon simple et souliers plats.
Notre laitière ainsi troussée
Comptait déjà dans sa pensée
Tout le prix de son lait ; en employait l'argent
Achetait un cent d'œufs ; faisait triple couvée :
La chose allait à bien par son soin diligent.
Il m'est, disait-elle, facile
D'élever des poulets autour de ma maison ;
Le renard sera bien habile
S'il ne m'en laisse assez pour avoir un cochon.
Le porc à s'engraisser coûtera peu de son ;
Il était, quand je l'eus, de grosseur raisonnable :
J'aurai, le revendant, de l'argent bel et bon.
Et qui m'empêchera de mettre en notre étable,
Vu le prix dont il est, une vache et son veau,
Que je verrai sauter au milieu du troupeau ?
Perrette là-dessus saute aussi, transportée :
Le lait tombe ; adieu, veau, vache, cochon, couvée.
La dame de ces biens, quittant d'un œil marri
Sa fortune ainsi répandue,
Va s'excuser à son mari,
En grand danger d'être battue.
Le récit en farce en fut fait ;
On l'appela le Pot au lait.

Quel esprit ne bat la campagne ?
Qui ne fait châteaux en Espagne ?
Chacun songe en veillant ; il n'est rien de plus doux.

La Fontaine.

LES CHÂTEAUX EN ESPAGNE.

Victor, *valet d'*Orlange, *l'homme aux châteaux.*

On peut bien quelquefois se flatter dans la vie :
J'ai, par exemple, hier, mis à la loterie,

Et mon billet enfin pourrait bien être bon.
Je conviens que cela n'est pas certain : oh non ;
Mais la chose est possible, et cela doit suffire.
Puis, en me le donnant, on s'est mis à sourire,
Et l'on m'a dit : " Prenez, car c'est là le meilleur."
Si je gagnais pourtant le gros lot, quel bonheur !
J'achèterai d'abord une ample seigneurie...
Non, plutôt une bonne et grasse métairie ;
Oh ! oui, dans ce canton ; j'aime ce pays-ci ;
Et Justine, d'ailleurs, me plaît beaucoup aussi.
J'aurai donc à mon tour des gens à mon service,
Dans le commandement je serai peu novice ;
Mais je ne serai point dur, insolent, ni fier,
Et me rappellerai ce que j'étais hier.
Ma foi, j'aime déjà ma ferme à la folie.
Moi ! gros fermier ! j'aurai ma basse-cour remplie
De poules, de poussins que je verrai courir :
De mes mains chaque jour je prétends les nourrir.
C'est un coup d'œil charmant ! et puis cela rapporte.
Quel plaisir quand, le soir, assis devant ma porte,
J'entendrai le retour de mes moutons bêlants,
Que je verrai de loin revenir à pas lents,
Mes chevaux vigoureux et mes belles génisses !
Ils sont nos serviteurs, elles sont nos nourrices.
Et mon petit Victor, sur son âne monté,
Fermant la marche avec un air de dignité !
Je serai plus heureux que Monsieur sur un trône.
Je serai riche, riche, et je ferai l'aumône.
Tout bas, sur mon passage, on se dira : " Voilà
Ce bon monsieur Victor." Cela me touchera.
Je puis bien m'abuser ; mais ce n'est pas sans cause.
Mon projet est au moins fondé sur quelque chose ;
(*Il cherche*)
Sur un billet. Je veux revoir ce cher...Hé mais...
Où donc est-il ? tantôt encore je l'avais.
Depuis quand ce billet est-il donc invisible ?
Ah ! l'aurais-je perdu ? Serait-il bien possible ?
Mon malheur est certain : Me voilà confondu.
(*Il crie.*)
Que vais-je devenir ? Hélas ! j'ai tout perdu.

COLLIN-D'HARLEVILLE, *les Châteaux en Espagne.*

FRAGMENTS

QUAND un homme arrive au pouvoir, il a toutes les vertus d'une épitaphe ; qu'il tombe dans la misère, il a plus de vices que n'en avait l'enfant prodigue.—(*De Balzac.*)

Accoutume-toi à l'économie, si tu ne veux pas te préparer une vieillesse mal aisée et délaissée de tout le monde ; car quoiqu'il ne faille pas trop estimer les richesses, il est bon pourtant de passer pour être à son aise, parce que partout le pauvre est méprisé.—(*Fragment du* XIIe *siècle.*)

Vous demandez comment on fait fortune. Voyez ce qui se passe au parterre d'un spectacle, le jour où il y a foule, comme les uns restent en arrière, comme les premiers reculent, comme les derniers sont portés en avant. Cette image est si juste que le mot qui l'exprime a passé dans la langue du peuple. Il appelle faire fortune, *se pousser.*—(*Chamfort.*)

Il y a une différence si immense entre celui qui a sa fortune toute faite et celui qui la doit faire, que ce ne sont pas deux créatures de la même espèce.—(*Voltaire.*)

Chaque peuple a son objet de crainte particulier. En Espagne, on craint par-dessus tout, l'enfer ; en Italie, la mort ; en Angleterre, la servitude et la pauvreté ; en France, le ridicule et le déshonneur.—(Comte de *Ségur.*)

En fait de malheurs, regardez toujours au-dessous de vous ; en fait de vertu et de science, regardez toujours au-dessus ; ce sera le moyen de vous préserver du désespoir et de l'orgueil.—(Pensée de *Saint-Martin.*)

Les personnes vraiment de bonne compagnie sont toujours les plus difficiles à blesser : le soin de leur réhabilitation ne les oblige pas de se gendarmer à tout propos.—(Marquis de *Custine.*)

Les peuples du continent ont remarqué qu'on trouve rarement un Anglais deux jours de suite de la même humeur.—(*Pouqueville.*)

LETTRES.

[Des lettres ne plaisent guère au public que lorsqu'elles n'ont point été écrites pour le public. Travailler une lettre comme une production littéraire, c'est lui enlever d'avance tout ce qui fait le caractère et le charme de ce genre d'écrire, l'abandon, la grâce, et la familiarité. Madame de Sévigné (1626–1696) a atteint la perfection du style épistolaire dans ses lettres à sa fille. Madame de Maintenon (1635–1719), moins vive et moins piquante, se distingue par l'esprit d'observation, le naturel, et la précision. Si les lettres de Mme de Sévigné sont des chefs-d'œuvre de délicatesse et de grâce, celles de Mme de Maintenon sont des modèles de pureté de style et de raison. En lisant sa lettre à *la duchesse de Bourgogne,* on croit lire Salomon lui-même. Nous donnons quelques lettres de ces deux femmes célèbres. Après Madame de Sévigné, Voltaire est de tous nos écrivains celui qui a le mieux réussi dans le style épistolaire ; il y a porté la facilité, l'esprit, et la grâce qu'on trouve dans ses productions de bon ton.]

De Mme de Sévigné à sa fille, Mme de Grignan.

A Paris, mercredi, 1er avril, 1671.

Je revins hier de Saint-Germain ; j'étais avec madame d'Arpajon. Le nombre de ceux qui me demandèrent de vos nouvelles, est aussi grand que celui de tous ceux qui composent la cour. Je pense qu'il est bon de distinguer la Reine, qui fit un pas vers moi, et me demanda des nouvelles de ma fille sur son aventure du Rhône ;* je la remerciai de l'honneur qu'elle vous faisait de se souvenir de vous. Elle reprit la parole, et me dit : Contez-moi comme elle a pensé périr. Je me mis à lui conter votre belle hardiesse de vouloir traverser le Rhône par un grand vent, et que ce vent vous avait jetée rapidement sous une arche, à deux doigts du pilier, où vous auriez péri mille fois, si vous aviez touché. La Reine me dit : Et son mari était-il avec elle ? Oüi, madame, et monsieur le coadjuteur† aussi. Vraiment ils ont grand tort, reprit-elle, et fit des hélas, et dit des choses très obligeantes pour vous. Il vint ensuite bien des duchesses, entr'autres la jeune Ventadour, très belle et très jolie. Au milieu du

* Mme de Grignan avait été exposée à un grand danger en traversant le Rhône près d'Avignon.

† M. le coadjuteur d'Arles, frère de M. de Grignan.

silence du cercle, la Reine se tourne et me dit : A qui ressemble votre petite-fille ?—Madame, lui dis-je, elle ressemble à M. de Grignan. Sa Majesté fit un cri : j'en suis fâchée, et me dit doucement, elle aurait mieux fait de ressembler à sa mère ou à sa grand-mère. Voilà ce que vous me valez de faire ma cour. . . .

Je ne dois pas oublier monsieur le Dauphin et Mademoiselle,* qui m'ont fort parlé de vous. J'ai vu madame de Ludre ; elle vint m'aborder avec une surabondance d'amitié qui me surprit ; elle me parla de vous sur le même ton ; et puis tout d'un coup, comme je pensais répondre, je trouvai qu'elle ne m'écoutait plus, et que ses beaux yeux trottaient par la chambre ; je le vis promptement, et ceux qui virent que je le voyais, m'en surent bon gré, et se mirent à rire.

Les coiffures *Hurlu-Brelu* m'ont fort divertie ; il y en a qu'on voudrait souffleter. La Choiseul† ressemblait, comme dit Ninon, à un printemps d'hôtellerie comme deux gouttes d'eau, cette comparaison est excellente. Mais qu'elle est dangereuse cette Ninon ! Si vous saviez comme elle dogmatise sur la religion, cela vous ferait horreur. Elle trouve que votre frère a la simplicité de la colombe, il ressemble à sa mère ; c'est madame de Grignan qui a tout le sel de la maison.

Madame de Vauvineux vous rend mille grâces ; sa fille a été très mal. Madame d'Arpajon vous embrasse mille fois ; et surtout M. le Camus vous adore : et moi, ma chère enfant, que pensez-vous que je fasse ? vous aimer, penser à vous, m'attendrir à tout moment plus que je ne voudrais, m'occuper de vos affaires, m'inquiéter de ce que vous pensez, sentir vos ennuis et vos peines, les vouloir souffrir pour vous, s'il était possible, écumer votre cœur, comme j'écumais votre chambre des fâcheux dont je la voyais remplie, en un mot, comprendre vivement ce que c'est d'aimer quelqu'un plus que soi-même, voilà comme je suis ; c'est une chose qu'on dit souvent en l'air, on abuse de cette expression ; moi, je la répète, et sans la profaner jamais, je la sens toute entière en moi, et cela est vrai.

---

* *Mademoiselle,* employé absolument, désignait autrefois La fille aînée de Monsieur, frère du roi, ou La première princesse du sang, tant qu'elle était fille.

† L'urbanité française a proscrit depuis longtemps cette manière familière de s'exprimer.

De la même à M. de Coulanges.*

Paris, le 15 décembre 1670.

Je m'en vais vous mander la chose la plus étonnante, la plus surprenante, la plus merveilleuse, la plus miraculeuse, la plus triomphante, la plus étourdissante, la plus inouïe, la plus singulière, la plus extraordinaire, la plus incroyable, la plus imprévue, la plus grande, la plus petite, la plus rare, la plus commune, la plus éclatante, la plus secrète jusqu'aujourd'hui, la plus brillante, la plus digne d'envie ; enfin, une chose dont on ne trouve qu'un exemple dans les siècles passés, encore cet exemple n'est-il pas juste : une chose que nous ne saurions croire à Paris, comment la pourrait-on croire à Lyon ? une chose qui fait crier miséricorde à tout le monde ; une chose qui comble de joie madame de Rohan et madame de Hauteville ; une chose enfin qui se fera dimanche, où ceux qui la verront, croiront avoir la berlue ; une chose qui se fera dimanche, et qui ne sera peut-être pas faite lundi. Je ne puis me résoudre à vous la dire, devinez-la : je vous la donne en trois. Jetez-vous votre langue aux chiens ?†

Hé bien ! il faut donc vous la dire : M. de Lauzun épouse dimanche, au Louvre, devinez qui ? Je vous le donne en quatre, je vous le donne en dix, je vous le donne en cent. Madame de Coulanges dit : Voilà qui est bien difficile à deviner ! c'est madame de la Vallière.—Point du tout, Madame. —C'est donc mademoiselle de Retz ?—Point du tout : vous êtes bien provinciale !—Ah, vraiment, nous sommes bien bêtes ! dites-vous : c'est mademoiselle Colbert. — Encore moins.—C'est assurément mademoiselle de Créqui.—Vous n'y êtes pas. Il faut donc à la fin vous le dire. Il épouse dimanche, au Louvre, avec la permission du roi, mademoiselle.....mademoiselle de.....devinez le nom ; il épouse Mademoiselle, fille de feu Monsieur ;‡ Mademoiselle, petite-fille de Henri IV ; mademoiselle d'Eu, mademoiselle de Dombes, mademoiselle de Montpensier, mademoiselle d'Orléans ; Mademoiselle, cousine-germaine du roi ; Mademoiselle, destinée au trône ; Mademoiselle, le seul parti de France qui fût digne de Monsieur.

Voilà un beau sujet de discourir. Si vous criez, si vous

---

* Cousin-germain de Mme de Sévigné.

† *Jeter sa langue aux chiens,* Renoncer à deviner quelque chose.

‡ Frère de Louis XIII.

êtes hors de vous-même, si vous dites que nous avons menti, que cela est faux, qu'on se moque de vous, que voilà une belle raillerie, que cela est bien fade à imaginer ; si enfin vous nous dites des injures, nous trouverons que vous avez raison ; nous en avons fait autant que vous ; adieu. Les lettres qui seront portées par cet ordinaire vous feront voir si nous disons vrai ou non.

De la même au même.

Paris, le 19 décembre 1670.

Ce qui s'appelle tomber du haut des nues, c'est ce qui arriva hier au soir aux Tuileries ; mais il faut reprendre les choses de plus loin. Vous en êtes à la joie, aux transports, aux ravissements de la princesse, et de son bien heureux amant. Ce fut donc lundi que la chose fut déclarée comme je vous l'ai mandé. Le mardi se passe à parler, à s'étonner, à se complimenter. Le mercredi, Mademoiselle fit une donation à M. de Lauzun, avec dessein de lui donner les titres, les noms et les ornements nécessaires pour être nommé dans le contrat de mariage, qui fut fait le même jour. Elle lui donna donc, en attendant mieux, quatre duchés : le premier, c'est le comté d'Eu, qui est la première pairie de France, et qui donne le premier rang ; le duché de Montpensier, dont il porta hier le nom toute la journée ; le duché de Saint-Fargeau ; le duché de Châtellerault : tout cela estimé vingt-deux millions. Le contrat fut dressé ensuite ; il y prit le nom de Montpensier. Le jeudi matin, qui était hier, Mademoiselle espère que le roi signerait le contrat, comme il l'avait dit, mais sur les sept heures du soir, la reine, Monsieur, et plusieurs barons firent entendre à Sa Majesté que cette affaire faisait tort à sa réputation ; en sorte qu'après avoir fait venir Mademoiselle et monsieur de Lauzun, le roi lui déclara devant M. le prince, qu'il leur défendait absolument de songer à ce mariage. M. de Lauzun reçut cet ordre avec tout le respect, toute la soumission, toute la fermeté, et tout le désespoir que méritait une si grande chute. Pour Mademoiselle, elle éclata en pleurs, en cris, en douleurs violentes, en plaintes excessives, et tout le jour elle a gardé son lit, sans rien avaler que des bouillons. Voilà un beau songe ; voilà un beau sujet de raisonner et de parler éternellement ; c'est ce que nous faisons jour et nuit, soir et matin, sans fin, sans cesse ; nous espérons que vous en ferez autant.

Fragments de lettres de Mme de Sévigné.

Il faut que je vous conte une petite historiette, qui est très vraie, et qui vous divertira. Le Roi se mêle depuis peu de faire des vers; MM. de Saint-Aignan et de Dangeau lui apprennent comment il faut s'y prendre. Il fit l'autre jour un petit madrigal, que lui-même ne trouva pas trop joli. Un matin il dit au maréchal de Grammont: Monsieur le maréchal, lisez, je vous prie, ce petit madrigal, et voyez si vous en avez jamais vu un si impertinent: parce qu'on sait que depuis peu j'aime les vers, on m'en apporte de toutes les façons. Le marechal, après avoir lu, dit au Roi: Sire, votre majesté juge divinement bien de toutes choses; il est vrai que voilà le plus sot et le plus ridicule madrigal que j'aie jamais lu. Le Roi se mit à rire, et lui dit: N'est-il pas vrai que celui qui l'a fait est un fat? Sire, il n'y a pas moyen de lui donner un autre nom. Oh! bien, dit le Roi, je suis ravi que vous m'en ayez parlé si bonnement; c'est moi qui l'ai fait. Ah! sire, quelle trahison! que votre majesté me le rende, je l'ai lu brusquement. Non, M. le maréchal, les premiers sentiments sont toujours les plus naturels. Le Roi a fort ri de cette folie; et tout le monde trouve que voilà la plus cruelle petite chose que l'on puisse faire à un vieux courtisan. Pour moi, qui aime toujours à faire des réflexions, je voudrais que le Roi en fît là-dessus, et qu'il jugeât par-là combien il est loin de connaître jamais la vérité.

L'Archevêque de Rheims venait hier fort vite de Saint-Germain; c'était comme un tourbillon: il croit bien être grand seigneur; mais ses gens le croient encore plus que lui. Ils passaient au travers de Nanterre, *tra, tra, tra;* il rencontre un homme à cheval, *gare, gare;* ce pauvre homme veut se ranger, son cheval ne le veut pas; et enfin, le carrosse et les six chevaux renversent le pauvre homme et le cheval, et passent par-dessus, et si bien par-dessus, que le carrosse en fut versé et renversé: en même temps l'homme et le cheval, au lieu de s'amuser à être roués et estropiés, se relèvent miraculeusement, remontent l'un sur l'autre, et s'enfuient, et courent encore, pendant que les laquais de l'archevêque, et le cocher, et l'archevêque même, se mettent à crier: *arrête, arrête ce coquin, qu'on lui donne cent coups.* L'archevêque, en racontant ceci, disait: si j'avais tenu ce maraud-là, je lui aurais rompu les bras et coupé les oreilles.

M. DE CHAULNES est occupé des milices : c'est une chose étrange, que de voir mettre le chapeau à des gens qui n'ont jamais eu que des bonnets bleus sur la tête ; ils ne peuvent comprendre l'exercice, ni ce qu'on leur défend : quand ils avaient leurs mousquets sur l'épaule, et que M. de Chaulnes paraissait, s'ils voulaient le saluer, l'arme tombait d'un côté et le chapeau de l'autre ; on leur a dit qu'il ne fallait pas saluer ; et le moment d'après, quand ils étaient désarmés, s'ils voyaient passer M. de Chaulnes, ils enfonçaient leurs chapeaux avec les deux mains, et se gardaient bien de le saluer. On leur a dit que lorsqu'ils sont dans leurs rangs, ils ne doivent aller, ni à droite, ni à gauche ; ils se laissaient rouer l'autre jour par le carrosse de Mme de Chaulnes, sans vouloir se retirer d'un seul pas, quoiqu'on pût leur dire. Enfin, ma fille, nos Bas-Bretons sont étranges : je ne sais comme faisait Bertrand du Guesclin, pour les avoir rendus en son temps les meilleurs soldats de France.

Point d'ennemis, ma chère enfant ; faites-vous une maxime de cette pensée, qui est aussi chrétienne que politique : je dis non-seulement *point d'ennemis,* mais beaucoup d'amis, vous en sentez la douceur dans votre procès. On peut avoir besoin de tel qu'on ne croit pas qui puisse jamais servir. Voyez comme Mme de la Fayette se trouve riche en amis de tous côtés, et de toutes conditions ; elle a cent bras, elle atteint partout ; ses enfants savent bien qu'en dire, et la remercient tous les jours de s'être formé un esprit si liant.

DE MME DE MAINTENON À M. D'AUBIGNÉ SON FRÈRE.

ON n'est malheureux que par sa faute. Ce sera toujours mon texte, et ma réponse à vos lamentations. Songez, mon cher frère, au voyage d'Amérique, aux malheurs de notre père, aux malheurs de notre enfance, à ceux de notre jeunesse, et vous bénirez la Providence, au lieu de murmurer contre la fortune. Il y a dix ans que nous étions bien éloignés l'un et l'autre du point où nous sommes aujourd'hui. Nos espérances étaient si peu de chose, que nous bornions nos vues à trois mille livres de rente. Nous en avons à présent quatre fois plus, et nos souhaits ne seraient pas encore remplis ! Nous jouissons de cette heureuse médiocrité que vous vantiez si fort. Soyons contents. Si les biens nous viennent, recevons-les de la main de Dieu ; mais n'ayons pas des vues trop vastes. Nous avons le nécessaire et le commode : tout le reste n'est que cupidité. Tous ces désirs de grandeur partent du vide d'un cœur inquiet. Toutes vos dettes sont payées ; vous pouvez vivre délicieusement sans en faire de nouvelles. Que désirez-vous de plus ? Faut-il que des projets de richesse et d'ambition vous coûtent la perte de votre repos et de votre santé ? Lisez la vie de saint Louis, vous verrez combien les grandeurs de ce monde sont au-dessous des désirs du cœur de l'homme : il n'y a que Dieu qui puisse le rassasier.

De la même à Mlle d'Aubigné.

Je vous aime trop, ma chère nièce, pour ne pas vous dire vos vérités. Je les dis bien aux demoiselles de Saint-Cyr.* Et comment vous négligerais-je, vous que je regarde comme ma propre fille ? Je ne sais si c'est vous qui leur inspirez la fierté qu'elles ont, ou si ce sont elles qui vous donnent celle qu'on admire en vous. Quoi qu'il en soit, vous serez insupportable si vous ne devenez humble. Le ton d'autorité que vous prenez ne vous convient point. Vous croyez-vous un personnage important, parce que vous êtes nourrie dans une maison où le roi va tous les jours ? Le lendemain de sa mort, ni son successeur, ni tout ce qui vous caresse ne vous regardera ni vous ni Saint-Cyr. Si le roi meurt avant que vous soyez mariée, vous épouserez un gentilhomme de province, avec peu de bien et beaucoup d'orgueil. Si pendant ma vie vous épousez un seigneur, il ne vous estimera, quand je ne serai plus, qu'autant que vous lui plairez, et vous ne lui plairez que par votre douceur, et vous n'en avez point. Je ne suis point prévenue contre vous, et je vous aime : mais je vois en vous un orgueil effroyable. Vous savez l'Évangile par cœur : et qu'importe, si vous ne vous conduisez point par ses maximes ? Songez que c'est uniquement la fortune de votre tante qui a fait celle de votre père, et qui fera la vôtre : et moquez-vous des respects qu'on vous rend. Vous voudriez même vous élever au-dessus de moi : ne vous flattez pas : je suis très peu de chose, et vous n'êtes rien. Je souffrais bien, l'autre jour, de tout ce que vous fîtes à Mme de Caylus. Je vous parle comme à une grande fille, parce que vous en avez l'esprit. Je consentirais de bon cœur que vous en eussiez moins, pourvu que vous perdissiez cette pré-

---

* Maison d'éducation fondée par Madame de Maintenon.

so.ıption ridicule devant les hommes et criminelle devant Dieu. Que je vous retrouve à mon retour modeste, douce, timide, docile. Je vous en aimerai davantage. Vous savez quelle peine j'ai à vous gronder, et quel plaisir j'ai à vous en faire.

De la même à Mme d'Aubigné, sa belle-sœur.

Vous croirez bien, ma chère sœur, que je connais Paris mieux que vous. Dans ce même esprit, voici un projet de dépense tel que je l'exécuterais, si j'étais hors de la cour.

Vous êtes douze personnes, monsieur et madame, trois femmes, quatre laquais, deux cochers, un valet de chambre.

	Liv.	Sous.
Quinze livres de viande à 5 sous la livre	3	15
Deux pièces de rôti	2	10
Du pain	1	10
Le vin	2	10
Le bois	2	
Le fruit	1	10
La bougie		10
La chandelle		8
	14	13

Je compte quatre sous en vin pour vos quatre laquais et vos deux cochers ; c'est ce que madame de Sévigné donne aux siens. Si vous aviez du vin en cave, il ne vous coûterait pas trois sous. J'en mets six pour votre valet de chambre, et vingt pour vous deux qui n'en buvez pas pour trois.

Je mets une livre de chandelle par jour, quoiqu'il n'en faille qu'une demi-livre. Je mets dix sous en bougie ; il y en a six à la livre, qui coûte une livre dix sous et qui dure trois jours. Je mets deux livres pour le bois. Cependant vous n'en brûlerez que trois mois de l'année, et il ne faut que deux feux.

Je mets une livre dix sous pour le fruit ; le sucre ne coûte qu'onze sous la livre, et il n'en faut qu'un quarteron pour une compote.

Je mets deux pièces de rôti. On en épargne une quand monsieur ou madame soupe ou dîne en ville. Mais aussi j'ai oublié une volaille bouillie pour le potage.

Nous entendons le ménage. Vous pouvez bien, sans passer quinze livres, avoir une entrée, tantôt de saucisses, tantôt de langues de mouton ou de fraises de veau, le gigot bourgeois, la pyramide éternelle, et la compote que vous aimez tant.

Cela posé, et d'après ce que j'apprends à la cour, ma chère enfant, votre dépense ne doit pas passer cent livres par semaine. C'est quatre cents livres par mois. Posons cinq cents, afin que les bagatelles que j'oublie, ne se plaignent point que je leur fais injustice. Cinq cents livres par mois font :

Pour votre dépense de bouche . .	6,000 liv.
Pour vos habits	1,000
Pour loyer de maison	1,000
Pour gages et habits des gens . .	1,000
Pour les habits, l'opéra, et les magnificences de monsieur	3,000
	12,000

Tout cela n'est-il pas honnête ? Et le reste de votre revenu ne peut-il suffire à certains extraordinaires qu'on ne peut prévoir ou éluder, comme quelques grands repas, l'entretien de deux carrosses, l'acquit de quelque petite dette ?—Adieu, mon enfant ; aimez-moi comme je vous aime.

De la même à Madame la duchesse de Bourgogne.

N'espérez pas un parfait bonheur : il n'y en a point sur la terre ; et s'il y en avait, il ne serait pas à la cour.

La grandeur a ses peines, et souvent plus cruelles que celles des particuliers : dans la vie privée, on se fait aux chagrins : à la cour, on ne s'y habitue pas.

Votre sexe est encore plus exposé à souffrir, parce qu'il est toujours dans la dépendance. Ne soyez ni fâchée ni honteuse de cette dépendance d'un mari, ni de toutes celles qui sont dans l'ordre de la Providence.

Parlez, écrivez, agissez, comme si vous aviez mille témoins ; comptez que tôt ou tard tout est su : il est très dangereux d'écrire.

Ne confiez à personne rien qui puisse vous nuire, s'il est redit. Comptez que les secrets les mieux gardés, ne le sont que pour un temps ; et qu'il n'est point de pays où il y ait plus d'indiscrétion que celui-ci (la cour), où tout se fait avec mystère.

Aimez vos enfants : voyez-les souvent : c'est l'occupation la plus honnête qu'une princesse, et qu'une paysanne puisse avoir. Jetez dans leur cœur les semences de toutes les vertus ; et en les instruisant, songez que de leur éducation dépend le bonheur d'un peuple qui mérite d'être aimé de ses princes. Exposez-vous au monde selon les bienséances de votre état. Si vous êtes inaccessible, vous ne serez pas aimée.

Détruisez autant que vous le pourrez, la vanité, l'immodestie, le luxe, et encore plus les calomnies, les médisances, les railleries offensantes, et tout ce qui est contraire à la charité.

N'épousez les passions de personne ; c'est à vous à les modérer, et non pas à les suivre. Regardez comme vos véritables amis ceux qui vous porteront toujours à la douceur, à la paix, au pardon des injures ; et par la raison contraire, craignez et n'écoutez pas ceux qui voudront vous exciter contre les autres, sous quelque apparence de zèle et de raison qu'ils couvrent leurs intérêts ou leurs ressentiments.

Défiez-vous des personnes intéressées, vaines, ambitieuses, vindicatives ; leur commerce ne peut que vous nuire. N'ayez jamais tort. Ne vous mettez point en état de craindre la confrontation. Donnez toujours de bons conseils, si vous osez en donner. Excusez les absents, et n'accusez personne. Une princesse ne doit être d'aucun parti, mais établir partout la paix.

Sanctifiez toutes vos vertus, en leur donnant pour motif l'envie de plaire à Dieu.

Aimez l'État ; aimez la noblesse qui en est le soutien ; aimez les peuples ; protégez les campagnes à proportion du crédit que vous aurez. Soulagez-les autant que vous pourrez.

Aimez vos domestiques ; portez-les à Dieu ; faites leur fortune, mais ne leur en faites jamais une grande. Ne contentez ni leur vanité, ni leur avarice ; et que votre sagesse mette à leurs désirs la modération qu'ils devraient y mettre eux-mêmes.

En protégeant quelqu'un qui vous est connu, songez au tort que vous faites à l'homme de mérite que vous ne connaissez pas.

Ne soyez point trop attachée au plaisir ; il faut savoir

s'en passer, et surtout dans votre état, qui est un état de con trainte et de peine.

On ne donne presque jamais aux princes qu'une maxime, qui est celle de la dissimulation ; elle est fausse, elle fait tomber dans de grands inconvénients.

Ne vous laissez pas aller aux mouvements intérieurs : on a toujours les yeux ouverts sur les princes. Ils doivent donc toujours avoir un extérieur doux, égal, et médiocrement gai. Cependant montrez que vous êtes capable d'amitié. Votre amie est malade, ne cachez point votre inquiétude ; elle meurt, montrez votre affliction. Soyez tendre aux prières des malheureux ; Dieu ne vous a fait naître dans le haut rang, que pour vous donner le plaisir de faire du bien. Le pouvoir de rendre service et de faire des heureux est le vrai dédommagement des fatigues, des désagréments, de la servitude de votre état.

Soyez compatissante envers ceux qui recourent à vous, pour obtenir des grâces ; mais ne soyez pas importune à ceux qui les distribuent ou qui les donnent. N'entrez dans aucune intrigue, quelque intérêt et quelque gloire qu'on vous y fasse envisager.

Soyez en garde contre le goût que vous avez pour l'esprit. Trop d'esprit humilie ceux qui en ont peu. L'esprit vous fera haïr par le plus grand nombre, et peut-être mésestimer des personnes sages.

De Racine à son fils.

Paris, le 23 juin 1698.

Votre mère s'est fort attendrie à la lecture de votre dernière lettre, où vous mandiez qu'une de vos plus grandes consolations était de recevoir de nos nouvelles. Elle est très contente de ces marques de votre bon naturel. Mais je puis vous assurer qu'en cela vous nous rendez bien justice, et que les lettres que nous recevons de vous font toute la joie de la famille, depuis le plus grand jusqu'au plus petit. Ils m'ont tous prié aujourd'hui de vous faire leurs compliments, et votre sœur aînée comme les autres.

J'allai, il y a trois jours, dîner à Auteuil. On me demanda de vos nouvelles, et M. Despréaux assura la compagnie que vous seriez un jour très digne d'être aimé de tous mes amis. Vous savez que les poètes se piquent d'être prophètes ; mais ce n'est que dans l'enthousiasme de leur poésie qu'ils le sont, et M. Despréaux parlait en prose. Ses prédictions ne laissèrent pas néanmoins de me faire plaisir. C'est à vous, mon cher fils, à ne pas faire passer M. Despréaux pour un faux prophète. Je vous l'ai dit plusieurs fois, vous êtes à la source du bon sens, et de toutes les belles connaissances pour le monde et pour les affaires.

J'aurais une joie sensible de voir la maison de campagne dont vous faites tant de récit, et d'y manger avec vous des groseilles de Hollande. Ces groseilles ont bien fait ouvrir les oreilles à vos petites sœurs, et à votre mère elle-même, qui les aime fort. Je ne saurais m'empêcher de vous dire qu'à chaque chose d'un peu bon que l'on nous sert sur notre table, il lui échappe toujours de dire : *Racine en mangerait volontiers*. Je n'ai jamais vu en vérité une si bonne mère, ni si digne que vous fassiez votre possible pour reconnaître son amitié. Au moment que je vous écris, vos deux petites sœurs me viennent apporter un bouquet pour ma fête, qui sera demain, et qui sera aussi la vôtre.

Voltaire au jésuite Bettinelli.

Si j'étais moins vieux, et si j'avais pu me contraindre, j'aurais certainement vu Rome, Venise, et votre Vérone ; mais la liberté suisse et anglaise, qui a toujours fait ma passion, ne me permet guère d'aller dans votre pays voir les frères inquisiteurs, à moins que je n'y sois le plus fort. Et comme il n'y a pas d'apparence que je sois jamais ni général d'armée ni ambassadeur, vous trouverez bon que je n'aille point dans un pays où l'on saisit, aux portes des villes, les livres qu'un pauvre voyageur a dans sa valise. Je ne suis pas du tout curieux de demander à un dominicain permission de parler, de penser, et de lire ; et je vous dirai ingénument que ce lâche esclavage de l'Italie me fait horreur. Je crois la basilique de Saint-Pierre de Rome fort belle ; mais j'aime mieux un bon livre anglais, écrit librement, que cent mille colonnes de marbre.

Voltaire à M. Thiriot.

Lunéville, 12 juin 1735.

Oui, je vous injurierai jusqu'à ce que je vous aie guéri de votre paresse. Je ne vous reproche point de souper tous les soirs avec M. de la Poplinière, je vous reproche de borner là toutes vos pensées et toutes vos espérances. Vous vivez comme si l'homme avait été crée uniquement pour souper, et vous n'avez d'existence que depuis dix heures du soir jusqu'à deux heures après minuit. Vous restez dans votre trou jusqu'à l'heure des spectacles à dissiper les fumées du souper de la veille ; ainsi vous n'avez pas un moment pour penser à vous et à vos amis. Cela fait qu'une lettre à écrire devient un fardeau pour vous. Vous êtes un mois entier à répondre. Et vous avez encore la bonté de vous faire illusion au point d'imaginer que vous serez capable d'un emploi et de faire quelque fortune, vous qui n'êtes pas capable seulement de vous faire dans votre cabinet une occupation suivie, et qui n'avez jamais pu prendre sur vous d'écrire régulièrement à vos amis, même dans les affaires intéressantes pour vous et pour eux. Vous avez passé votre jeunesse ; vous deviendrez bientôt vieux et infirme ; voilà à quoi il faut que vous songiez. Il faut vous préparer une arrière-saison tranquille, heureuse, indépendante. Que deviendrez-vous quand vous serez malade et abandonné ? Sera-ce une consolation pour vous de dire : j'ai bu du vin de Champagne autrefois en bonne compagnie ? Songez qu'une bouteille qui a éte fêtée quand elle était pleine d'eau des Barbades, est jetée dans un coin dès qu'elle est cassée, et qu'elle reste en morceaux dans la poussière ; que voilà ce qui arrive à tous ceux qui n'ont songé qu'à être admis à quelques soupers ; et que la fin d'un vieil inutile, infirme, est une chose bien pitoyable. Si cela ne vous donne pas un peu de courage, et ne vous excite pas à secouer l'engourdissement dans lequel vous laissez votre âme, rien ne vous guérira. Si je vous aimais moins, je vous plaisanterais sur votre paresse ; mais je vous aime, et je vous gronde beaucoup.

Cela posé, songez donc à vous, et puis songez à vos amis. N'oubliez point vos amis, et ne passez pas des mois entiers sans leur écrire un mot. Il n'est point question d'écrire des lettres pensées et réfléchies avec soin, qui peuvent un peu coûter à la paresse ; il n'est question que de deux ou trois mots d'amitié, et quelques nouvelles, soit d'amitié, soit des sottises humaines, le tout courant sur le papier sans peine et sans attention. Il ne faut, pour cela, que se mettre un demi-quart d'heure vis-à-vis son écritoire. Est-ce donc là un effort si pénible ? J'ai d'autant plus d'envie d'avoir avec vous un commerce régulier, que votre lettre m'a fait un plaisir extrême. . . . .

Du même à une jeune demoiselle qui l'avait consulté sur les livres qu'elle devait lire.

Je ne suis, mademoiselle, qu'un vieux malade ; et il faut que mon état soit bien douloureux, puisque je n'ai pu répondre plus tôt à la lettre dont vous m'honorez. Vous me demandez des conseils ; il ne vous en faut point d'autres que votre goût. Je vous invite à ne lire que les ouvrages qui sont depuis longtemps en possession des suffrages du public, et dont la réputation n'est point équivoque, il y en a peu ; mais on profite bien davantage en les lisant qu'avec tous les mauvais petits livres dont nous sommes inondés. Les bons auteurs n'ont de l'esprit qu'autant qu'il en faut, ne le cherchent jamais, pensent avec bon sens, et s'expriment avec clarté. Il semble qu'on n'écrive plus qu'en énigme : rien n'est simple, tout est affecté ; on s'éloigne en tout de la nature, on a le malheur de vouloir mieux faire que nos maîtres.

Tenez-vouz-en, mademoiselle, à tout ce qui plaît en eux. La moindre affectation est un vice. Les Italiens n'ont dégénéré après le *Tasse* et l'*Arioste* que parce qu'ils ont voulu avoir trop d'esprit ; et les Français sont dans le même cas. Voyez avec quel naturel madame de Sévigné et d'autres dames écrivent !

Vous verrez que nos bons écrivains, *Fénélon*, *Racine*, *Bossuet*, *Despréaux*, emploient toujours le mot propre. On s'accoutume à bien parler en lisant souvent ceux qui ont bien écrit ; on se fait une habitude d'exprimer simplement et noblement sa pensée sans effort. Ce n'est point une étude : il n'en coûte aucune peine de lire ce qui est bon, et de ne lire que cela ; on n'a de maître que son plaisir et son goût.

Pardonnez, mademoiselle, à ces longues réflexions, ne les attribuez qu'à mon obéissance à vos ordres.

J.-J. Rousseau au comte de Lastic.

Le 20 décembre 1754.

Sans avoir l'honneur, Monsieur, d'être connu de vous, j'espère qu'ayant à vous offrir des excuses et de l'argent, ma lettre ne saurait être mal reçue.

J'apprends, que mademoiselle de Cléry a envoyé de Blois un panier à une bonne vieille femme, nommée madame

Levasseur,* et si pauvre, qu'elle demeure chez moi ; que ce panier contenait, entre autres choses, un pot de vingt livres de beurre ; que le tout est parvenu, je ne sais comment, dans votre cuisine ; que la bonne vieille, l'ayant appris, a eu la simplicité de vous envoyer sa fille, avec la lettre d'avis, vous redemander son beurre, ou le prix qu'il a coûté ; et qu'après vous être moqués d'elle, selon l'usage, vous et madame votre épouse, vous avez, pour toute réponse, ordonné à vos gens de la chasser.

J'ai tâché de consoler la bonne femme affligée, en lui expliquant les règles du grand monde et de la grande éducation ; je lui ai prouvé que ce ne serait pas la peine d'avoir des gens, s'ils ne servaient à chasser le pauvre, quand il vient réclamer son bien ; et, en lui montrant combien *justice* et *humanité* sont des mots roturiers, je lui ai fait comprendre, à la fin, qu'elle est trop honorée qu'un comte ait mangé son beurre. Elle me charge donc, Monsieur, de vous témoigner sa reconnaissance de l'honneur que vous lui avez fait, son regret de l'importunité qu'elle vous a causée, et le désir qu'elle aurait que son beurre vous eût paru bon.

Que si, par hasard, il vous en a coûté quelque chose pour le port du paquet à elle adressé, elle offre de vous le rembourser, comme il est juste.

Je n'attends là-dessus que vos ordres pour exécuter ses intentions, et vous supplie d'agréer les sentiments avec lesquels j'ai l'honneur d'être, etc.

J.-J. Rousseau.

Observation.—Cette lettre, qui n'est d'un bout à l'autre qu'une fine ironie, renferme une leçon qui ne pouvait être donnée avec plus d'esprit ; c'est un chef-d'œuvre de piquante raillerie, mais auquel on peut reprocher peut-être un peu trop d'amertume, d'autant plus qu'il est probable qu'il y avait eu de l'exagération dans la rapport de madame Levasseur.

LE PACHA ET LE DERVIS.

Un Arabe, à Marseille, autrefois m'a conté
Qu'un pacha turc, dans sa patrie,
Vint porter certain jour un coffret cacheté
Au plus sage dervis qui fût en Arabie.

* Cette femme était la mère de *Thérèse Levasseur*, gouvernante *J.-J. Rousseau.*

Ce coffret, lui dit-il, renferme des rubis,
Des diamants de très grand prix :
C'est un présent que je veux faire
A l'homme que tu jugeras
Être le plus fou de la terre.
Cherche bien, tu le trouveras.
Muni de son coffret, notre bon solitaire
S'en va courir le monde. Avait-il donc besoin
D'aller loin ?
L'embarras de choisir était sa grande affaire :
Des fous toujours plus fous venaient de toutes parts
Se présenter à ses regards.
Notre pauvre dépositaire,
Pour l'offrir à chacun, saisissait le coffret :
Mais un pressentiment secret
Lui conseillait de n'en rien faire,
L'assurait qu'il trouverait mieux.
Errant ainsi de lieux en lieux,
Embarrassé de son message,
Enfin, après un long voyage,
Notre homme et le coffret arrivent un matin
Dans la ville de Constantin.
Il trouve tout le peuple en joie·
Que s'est-il donc passé ? Rien, lui dit un iman ;
C'est notre grand-visir que le sultan envoie,
Au moyen d'un lacet de soie,
Porter au prophète un firman.
Le peuple rit toujours de ces sortes d'affaires ;
Et, comme ce sont des misères,
Notre empereur souvent lui donne ce plaisir.
—Souvent ?—Oui.—C'est fort bien. Votre nouveau visir
Est-il nommé ?—Sans doute, et le voilà qui passe.
Le dervis à ces mots court, traverse la place,
Arrive, et reconnaît le pacha son ami.
Bon ! te voilà, dit celui-ci :
Et le coffret ?—Seigneur, j'ai parcouru l'Asie :
J'ai vu des fous parfaits, mais sans oser choisir.
Aujourd'hui ma course est finie ;
Daignez l'accepter, grand-visir.

FLORIAN.

L'AVOCAT PATELIN.

(*La scène est dans un village près de Paris.*)

M. Patelin, *seul.*

Cela est résolu : il faut aujourd'hui même, quoique je n'aie pas le sou, que je me donne un habit neuf.... A me voir ainsi habillé, qui est-ce qui me prendrait pour un avocat ? Ne dirait-on pas plutôt que je fusse un magister de ce bourg ? Depuis quinze jours que j'ai quitté le village où je demeurais, pour venir m'établir en ce lieu-ci, croyant y faire mieux mes affaires...elles vont de mal en pis. J'ai de ce côté-là pour voisin, mon compère le juge du lieu...pas un pauvre petit procès. De cet autre côté un riche marchand drapier...pas de quoi m'acheter un méchant habit !...ah ! pauvre Patelin, pauvre Patelin ! comment feras-tu pour contenter ta femme qui veut absolument que tu maries ta fille ! Qui voudra d'elle, en te voyant ainsi déguenillé ? Il faut bien, par force, avoir recours à l'industrie...Oui, tâchons adroitement à nous procurer, à crédit, un bon habit de drap, dans la boutique de M. Guillaume notre voisin. Si je puis une fois me donner l'extérieur d'un homme riche, tel qui refuse ma fille....

SCÈNE SUIVANTE.

M. Patelin, M. Guillaume.

M. P. (*à part.*) Bon ! le voilà seul : approchons.

M. G. (*à part, feuilletant son livre.*) Compte du troupeau ...six cents bêtes...

M. P. (*à part, lorgnant le drap.*) Voilà une pièce de drap qui ferait bien mon affaire.—(*à M. Guillaume.*) Serviteur, monsieur.

M. G. (*sans le regarder.*) Est-ce le sergent que j'ai envoyé querir ? qu'il attende.

M. P. Non, monsieur, je suis...

M. G. (*l'interrompant en le regardant.*) Une robe...Le procureur donc ?...Serviteur.

M. P. Non, monsieur, j'ai l'honneur d'être avocat.

M. G. Je n'ai pas besoin d'avocat : je suis votre serviteur.

M. P. Mon nom, monsieur, ne vous est sans doute pas inconnue. Je suis Patelin, l'avocat.

M. G. Je ne vous connais point, monsieur.

M. P. (*à part.*) Il faut se faire connaître. (*à M. G.*) J'ai trouvé, monsieur, dans les mémoires de feu mon père, une dette qui n'a pas été payée, et. . .

M. G. Ce ne sont pas mes affaires ; je ne dois rien.

M. P. Non, monsieur : c'est au contraire feu mon père qui devait au vôtre trois cents écus, et comme je suis homme d'honneur je viens vous payer.

M. G. Me payer ? Attendez, monsieur, s'il vous plaît . . .je me remets un peu votre nom. Oui, je connais depuis longtemps votre famille. Vous demeuriez au village ici près ; nous nous sommes connus autrefois. Je vous demande excuse ; je suis votre très humble et très obéissant serviteur. (*lui offrant sa chaise.*) Asseyez-vous là, s'il vous plaît, asseyez-vous là.

M. P. Monsieur !

M. G. Monsieur !

M. P. (*s'asseyant.*) Si tous ceux qui me doivent étaient aussi exacts que moi à payer leurs dettes, je serais beaucoup plus riche que je ne suis ; mais je ne sais point retenir le bien d'autrui.

M. G. C'est pourtant ce qu'aujourd'hui beaucoup de gens savent fort bien faire.

M. P. Je tiens que la première qualité d'un honnête homme est de bien payer ses dettes, et je viens savoir quand vous serez en commodité de recevoir vos trois cents écus.

M. G. Tout à l'heure.

M. P. J'ai chez moi votre argent tout prêt, et bien compté ; mais il faut vous donner le temps de faire dresser une quittance par-devant notaire. Ce sont des charges d'une succession qui regarde ma fille Henriette, et j'en dois rendre un compte en forme.

M. G. Cela est juste. Eh bien, demain matin à cinq heures.

M. P. A cinq heures, soit. J'ai peut-être mal pris mon temps, monsieur Guillaume ? je crains de vous détourner.

M. G. Point de tout : je ne suis que trop de loisir ; on ne vend rien.

M. P. Vous faites pourtant plus d'affaires, vous seul, que tous les négociants de ce lieu.

M. G. C'est que je travaille beaucoup.

M. P. C'est que vous êtes, ma foi, le plus habile homme de tout ce pays.—(*examinant la pièce de drap.*) Voilà un assez beau drap.

M. G. Fort beau.

M. P. Vous faites votre commerce avec une intelli gence...

M. G. Oh, monsieur!

M. P. Avec une habileté merveilleuse!

M. G. Oh, oh, monsieur.

M. P. Des manières nobles et franches qui gagnent le œur de tout le monde.

M. G. Oh! point, monsieur!

M. P. Parbleu! la couleur de ce drap fait plaisir à la vue.

M. G. Je le crois, c'est couleur de marron.

M. P. De marron? Que cela est beau! Gage, M. Guillaume, que vous avez imaginé cette couleur-là?

M. G. Oui, oui, avec mon teinturier.

M. P. Je l'ai toujours dit, il y a plus d'esprit dans cette tête-là que dans toutes celles du village.

M. G. Ah! ah! ah!

M. P. (*tâtant le drap.*) Cette laine me paraît assez bien conditionnée.

M. G. C'est pure laine d'Angleterre.

M. P. Je l'ai cru...A propos d'Angleterre, il me semble, M. Guillaume, que nous avons autrefois été à l'école ensemble?

M. G. Chez monsieur Nicodème?

M. P. Justement. Vous étiez beau comme l'Amour.

M. G. Je l'ai ouï dire à ma mère.

M. P. Et vous appreniez tout ce qu'on voulait.

M. G. A dix-huit ans, je savais lire et écrire.

M. P. Quel dommage que vous ne vous soyez pas applique aux grandes choses! Savez-vous bien, M. Guillaume, que vous auriez gouverné un État?

M. G. Comme un autre.

M. P. Tenez, j'avais justement dans l'esprit une couleur de drap comme celle-là. Il me souvient que ma femme veut que je me fasse faire un habit. Je songe que demain matin à cinq heures, en apportant vos trois cents écus, je prendrai peut-être de ce drap.

M. G. Je vous le garderai.

M. P. (*à part.*) Le garderai......ce n'est pas là mon compte. (*à M. G.*) Pour racheter une rente, j'avais mis à part ce matin douze cents livres, où je ne voulais pas toucher; mais je vois bien, M. Guillaume, que vous en aurez une partie.

M. G. Ne laissez pas de racheter votre rente ; vous aurez toujours de mon drap.

M. P. Je le sais bien ; mais je n'aime point à prendre à crédit.... Que je prends de plaisir à vous voir frais et gaillard ! Quel air de santé et de longue vie !

M. G. Je me porte bien.

M. P. Combien croyez-vous qu'il me faudra de ce drap, afin qu'avec vos trois cents écus, j'apporte aussi de quoi le payer ?

M. G. Il vous en faudra.....Vous voulez sans doute l'habit complet ?*

M. P. Oui, très complet, justaucorps, culotte, et veste, doublés de même, et le tout bien long et bien large.

M. G. Pour tout cela, il vous en faudra.....oui.....six aunes. Voulez-vous que je les coupe en attendant ?

M. P. En attendant.....non, monsieur, non, l'argent à la main, s'il vous plaît, l'argent à la main : c'est ma méthode.

M. G. Elle est fort bonne. (*à part.*) Voici un homme très exact.

M. P. Vous souvient-il, M. Guillaume, d'un jour que nous soupâmes ensemble à l'écu de France ?

M. G. Le jour qu'on fit la fête du village ?

M. P. Justement. Nous raisonnâmes à la fin du repas sur les affaires du temps, et je vous ouïs dire de belles choses.

M. G. Vous vous en souvenez ?

M. P. Si je m'en souviens ! Vous prédîtes dès-lors tout ce que nous avons vu depuis dans Nostradamus.

M. G. Je vois les choses de loin.

M. P. Combien, M. Guillaume, me ferez-vous payer l'aune de ce drap ?

M. G. (*regardant la marque.*) Voyons.....un autre en paierait, ma foi ! six écus ; mais allons.....je vous le laisserai à cinq écus.

M. P. (*à part.*) Le Juif !—(*à M. G.*) Cela est trop honnête ! six fois cinq écus, ce sera justement.....

M. G. Trente écus.

M. P. Oui, trente écus ; le compte est bon.....Parbleu ! pour renouveler connaissance, il faut que nous mangions, demain à dîner, une oie dont un plaideur m'a fait présent.

M. G. Une oie ! je les aime fort.

M. P. Tant mieux. Touchez là ; à demain à dîner ; ma femme les apprête à miracle—Par ma foi ! il me tarde qu'elle

---

* Un habit complet, *a complete suit of clothes.*

me voie sur le corps un habit de ce drap. Croyez-vous qu'en le prenant demain matin, il soit fait à dîner ?

M. G. Si vous ne donnez du temps au tailleur, il vous le gâtera.

M. P. Ce serait grand dommage.

M. G. Faites mieux. Vous avez, dites-vous, l'argent tout prêt.

M. P. Sans cela, je n'y songerais pas.

M. G. Je vais le faire porter chez vous par un de mes garçons. Il me souvient qu'il y en a là de coupé justement ce qu'il vous en faut.

M. P. (*prenant le drap.*) Cela est heureux !

M. G. Attendez. Il faut auparavant que je l'aune en votre présence.

M. P. Bon ! est-ce que je ne me fie pas à vous ?

M. G. Donnez, donnez ; je vais vous le faire porter, et vous m'enverrez par le retour.....

M. P. Le retour..... non, non ; ne détournez pas vos gens ; je n'ai que deux pas à faire d'ici chez moi..... Comme vous dites, le tailleur aura plus de temps.

M. G. Laissez-moi vous donner un garçon qui me rapportera l'argent.

M. P. Eh, point, point. Je ne suis pas glorieux ; il est presque nuit ; et sous ma robe on prendra ceci pour un sac de procès.

M. G. Mais, monsieur, je vais toujours vous donner un garçon pour.....

M. P. Eh, point de façon, vous dis-je..... à cinq heures précises, trois cent trente écus, et l'oie à dîner. Oh ça, il se fait tard : adieu, mon cher voisin, serviteur.

M. G. Serviteur, monsieur, serviteur. (*M. Patelin sort.*)

Observation.—L'Avocat Patelin est une ancienne comédie rajeunie par Brueys en 1706. Ce nom de *Patelin* a passé dans la langue française, pour signifier un homme souple et artificieux, qui par des manières flatteuses et insinuantes fait venir les autres à ses fins.

DON JUAN ET SON CRÉANCIER.

Don Juan ; Sganarelle, La Violette, Ragotin, *valets de don Juan.*

La Vio. Monsieur, voilà votre marchand, monsieur Dimanche, qui demande à vous parler.

Sgan. Bon ! voilà ce qu'il nous faut, un compliment de créancier ! De quoi s'avise-t-il de nous venir demander de l'argent ? et que ne lui disais-tu que monsieur n'y est pas ?*

La Vio. Il y a trois quarts d'heure que je le lui dis ; mais il ne veut pas le croire, et s'est assis là-dedans pour attendre.

Sgan. Qu'il attende tant qu'il voudra.

D. Juan. Non ; au contraire, faites-le entrer. C'est une fort mauvaise politique que de se faire céler aux créanciers. Il est bon de les payer de quelque chose ; et j'ai le secret de les renvoyer satisfaits, sans leur donner un sou.

SCÈNE SUIVANTE.

DON JUAN, M. DIMANCHE, SGANARELLE, LA VIOLETTE, RAGOTIN.

D. Juan. Ah, monsieur Dimanche, approchez ; que je suis ravi de vous voir, et que je veux de mal à mes gens, de ne vous pas faire entrer d'abord ! J'avois donné ordre qu'on ne me fît parler à personne ; mais cet ordre n'est pas pour vous, et vous êtes en droit de ne trouver jamais de porte fermée chez moi.

M. Dim. Monsieur, je vous suis fort obligé.

D. Juan. (*parlant à ses laquais.*) Parbleu, coquins, je vous apprendrai à laisser M. Dimanche dans une anti-chambre, et je vous ferai connaître les gens.

M. Dim. Monsieur, cela n'est rien.

D. Juan. Comment ? vous dire que je n'y suis pas, à M. Dimanche, au meilleur de mes amis ?

M. Dim. Monsieur, je suis votre serviteur. J'étais venu. . . . .

D. Juan. Allons vite ! un siége pour M. Dimanche.

M. Dim. Monsieur, je suis bien comme cela.

D. Juan. Point, point : je veux que vous soyez assis comme moi.

M. Dim. Cela n'est point nécessaire.

D. Juan. Apportez un fauteuil.

M. Dim. Monsieur, vous vous moquez, et. . . .

D. Juan. Non, non : je sais ce que je vous dois, et je ne veux point qu'on mette de différence entre nous deux.

M. Dim. Monsieur ! . . . .

* On dit, Monsieur n'y est pas, pour dire, Monsieur n'est pas chez lui ou n'est pas à la maison.

D. Juan. Allons, asseyez-vous.

M. Dim. Il n'est pas besoin, monsieur, et je n'ai qu'un mot à vous dire. J'étais....

D. Juan. Mettez-vous là, vous dis-je.

M. Dim. Non, monsieur, je suis bien; je viens pour....

D. Juan. Non, je ne vous écoute point, si vous n'êtes point assis.

M. Dim. Monsieur, je fais ce que vous voulez. Je....

D. Juan. Parbleu, monsieur Dimanche, vous vous portez bien.

M. Dim. Oui, monsieur, pour vous rendre service. Je suis venu....

D. Juan. Vous avez un fonds de santé admirable, des lèvres fraîches, un teint vermeil, et des yeux vifs.

M. Dim. Je voudrais bien....

D. Juan. Comment se porte madame Dimanche, votre épouse?

M. Dim. Fort bien, monsieur, Dieu merci.

D. Juan. C'est une brave femme.

M. Dim. Elle est votre servante, monsieur. Je venais...

D. Juan. Et votre petite fille Claudine, comment se porte-t-elle?

M. Dim. Le mieux du monde.

D. Juan. La jolie petite fille que c'est! Je l'aime de tout mon cœur.

M. Dim. C'est trop d'honneur que vous lui faites, monsieur. Je....

D. Juan. Et le petit Colin, fait-il toujours bien du bruit avec son tambour?

M. Dim. Toujours de même, monsieur. Je....

D. Juan. Et votre petit chien Brusquet, gronde-t-il toujours aussi fort, et mord-il toujours bien aux jambes les gens qui vont chez vous?

M. Dim. Plus que jamais, monsieur.

D. Juan. Ne vous étonnez pas si je m'informe des nouvelles de toute la famille, car j'y prends beaucoup d'intérêt.

M. Dim. Nous vous sommes infiniment obligés. Je....

D. Juan. (*lui tendant la main.*) Touchez donc là, M. Dimanche. Êtes-vous bien de mes amis?

M. Dim. Monsieur, je suis votre serviteur.

D. Juan. Parbleu, je suis à vous de tout mon cœur.

M. Dim. Vous m'honorez trop. Je....

D. Juan. Il n'y a rien que je ne fisse pour vous.

M. Dim. Monsieur, vous avez trop de bonté pour moi.

D. Juan. Et c'est sans intérêt, je vous prie de le croire.

M. Dim. Je n'ai point mérité cette grâce, assurément. Mais, monsieur. . . .

D. Juan. Oh ça ! M. Dimanche, sans façon, voulez-vous souper avec moi ?

M. Dim. Non, monsieur, il faut que je m'en retourne tout-à-l'heure. Je. . . .

D. Juan. (*se levant.*) Allons ! vite, un flambeau pour conduire monsieur Dimanche, et que quatre ou cinq de mes gens prennent des mousquetons pour l'escorter.

M. Dim. (*se levant aussi.*) Monsieur, il n'est pas nécessaire, et je m'en irai bien tout seul. Mais. . . .

(*Sganarelle ôte vite les siéges.*)

D. Juan. Comment ! Je veux qu'on vous escorte, je m'intéresse trop à votre personne ; je suis votre serviteur, et de plus, votre débiteur.

M. Dim. Ah ! Monsieur. . . .

D. Juan. C'est une chose que je ne cache pas, et je le dis à tout le monde.

M. Dim. Si. . . .

D. Juan. Voulez-vous que je vous reconduise ?

M. Dim. Ah, monsieur, vous vous moquez. Monsieur. . . .

D. Juan. Embrassez-moi donc, s'il vous plaît. Je vous prie, encore une fois, d'être persuadé que je suis tout à vous, et qu'il n'y a rien au monde que je ne fisse pour votre service. (*Il sort.*)

MOLIÈRE.

L'OURS ET LES DEUX COMPAGNONS.

DEUX compagnons, pressés d'argent,
A leur voisin fourreur vendirent
La peau d'un ours encor vivant,
Mais qu'ils tueraient bientôt, du moins à ce qu'ils dirent
C'était le roi des ours. Au compte de ces gens,
Le marchand, à sa peau, devait faire fortune ;
Elle garantirait des froids les plus cuisants,
On en pourrait fourrer plutôt deux robes qu'une.
Dindenaut* prisait moins ses moutons, qu'eux leur ours ;
Leur, à leur compte, et non à celui de la bête.

* Marchand de moutons.

S'offrant de la livrer au plus tard dans deux jours,
Ils conviennent de prix, et se mettent en quête,
Trouvent l'ours qui s'avance et vient vers eux au trot.
Voilà mes gens frappés comme d'un coup de foudre.
Le marché ne tint pas, il fallut le résoudre :
D'intérêts* contre l'ours, on n'en dit pas un mot.
L'un des deux compagnons grimpe au faîte d'un arbre ;
L'autre, plus froid que n'est un marbre,
Se couche sur le nez, fait le mort, tient son vent,
Ayant quelque part ouï dire
Que l'ours s'acharne peu souvent
Sur un corps qui ne vit, ne meut, ni ne respire.
Seigneur ours, comme un sot, donna dans ce panneau :
Il voit ce corps gisant, le croit privé de vie ;
Et, de peur de supercherie,
Le tourne, le retourne, approche son museau,
Flaire aux passages de l'haleine.
C'est, dit-il, un cadavre ; ôtons-nous, car il sent.
A ces mots, l'ours s'en va dans la forêt prochaine.
L'un de nos deux marchands de son arbre descend,
Court à son compagnon, lui dit que c'est merveille
Qu'il n'ait eu seulement que la peur pour tout mal.
Eh bien ! ajouta-t-il, la peau de l'animal ?
Mais que t'a-t-il dit à l'oreille ?
Car il t'approchait de bien près,
Te retournant avec sa serre.
Il m'a dit qu'il ne faut jamais
Vendre la peau de l'ours qu'on ne l'ait mis par terre.

LA FONTAINE.

LE PAQUEBOT.

UNE circonstance m'a forcé dernièrement de faire un voyage en Angleterre, c'est-à-dire d'aller passer vingt-quatre heures à Douvres. Je n'en prendrai pas occasion de décrire les mœurs, d'analyser la constitution, d'évaluer les finances des trois royaumes ; de l'aspect de cette ville, je ne conclurai pas que les Iles Britanniques ne sont qu'un vilain amas de rochers arides ; de l'excessif embonpoint de mon hôtesse de Douvres, de sa figure hommasse, de sa passion pour le *claret*,

---

* *C'est-à-dire*, on ne dit pas un mot pour obtenir le dédommagement de la peine et de la dépense qu'avait couté cette expédition contre l'ours

je ne conclurai pas que les femmes anglaises pèsent de deux à trois quintaux ; qu'elles s'enivrent tous les soirs, et qu elles ont de la barbe au menton. Je ne parlerai que de mon passage de Calais à Douvres, et je me bornerai à la peinture d'un paquebot, que l'on pourrait, à quelques égards, comparer à la barque de Caron.

Pressé de partir, j'avais accepté la proposition qui m'avait été faite, par la voie des *Petites Affiches*,* de voyager *à frais communs*, avec un *particulier connu* qui se rendait en poste à Calais. Mon compagnon de voyage, que je ne connaissais encore que de correspondance, vint me prendre à cinq heures du matin, nous montons en voiture, et nous voilà en route. La première observation que j'eus occasion de faire, porta sur l'énormité du bagage que mon compagnon emportait avec lui. Indépendamment de la vache† et des malles qui surchargeaient la voiture, l'intérieur était rempli d'une quantité d'objets et de provisions de toute espèce. Cette remarque me fournit l'occasion de nouer l'entretien.

" Monsieur se propose de faire un long voyage, à ce qu'il me semble ?"—" Je suis las de la vie oisive que je mène depuis si longtemps, et, pour en varier les scènes, j'ai pris la résolution de visiter une bonne partie du globe. Je commence par l'Angleterre, sans trop savoir pourquoi, car c'est un pays que je déteste."—" Vous l'avez habité sans doute ?" —" Non, je sors de Paris pour la première fois ; mais j'ai lu tout ce qu'on a écrit sur ces tristes contrées, où un rayon du soleil est aussi rare qu'une grappe de raisin."—" Cette objection est de peu d'importance pour un voyageur, et vous trouverez là, je vous assure, beaucoup de choses faites pour exciter votre curiosité ; quelques-unes mêmes dignes de toute votre admiration."—" C'est un sentiment auquel je ne suis pas sujet, et convaincu, comme je le suis, que Paris est encore, à tout prendre, ce qu'il y a de mieux sur la terre, je ne suis pas loin de croire que j'aurais tout aussi bien fait *de rester chez moi.*"

Dans la suite de cet entretien, j'appris que celui avec qui je voyageais se nommait M. Vermenil, qu'il avait cinquante-cinq ans, qu'il était garçon, qu'il jouissait d'une soixantaine de mille livres de rente, et qu'il ne s'était jamais plus ennuyé

* *Petites Affiches*, Feuille périodique, dans laquelle on annonce les terres, les maisons, les meubles à vendre, les appartements à louer, les effets perdus ou trouvés, etc.

† La vache, *the imperial.*

que depuis qu'il avait été guéri de la goutte par un charlatan non patenté. "Je ne devine pas, lui dis-je, ce que vous pouviez trouver d'amusant à la goutte."—"En perdant la goutte j'ai gagné le *spleen*, et je voyage maintenant pour me guérir de cette dernière maladie. Fasse le ciel que le remède cette fois encore, ne soit pas pire que le mal!"

Comme il achevait ces mots, notre postillon, qui s'obstinait à ne point céder le pavé à une berline à six chevaux qui venait au-devant de nous, l'accrocha en passant, et nous versa sur le bas-côté de la route. "*J'aurais mieux fait de rester chez moi*," dit M. Vermenil, en se débarrassant du milieu des paquets sous lesquels il était tombé, tandis que j'empêchais le postillon de dételer son porteur pour courir après la berline qui se sauvait au galop. Le mal n'était pas grand; quelques paysans nous aidèrent à relever notre voiture, et, sans autre encombre, nous arrivâmes à Amiens, où nous nous arrêtâmes pour dîner.

M. Vermenil trouva tout ce qu'on nous servait détestable; il ne fit pas même grâce au pâté, qu'il dédaigna, sans égard à la réputation qu'Amiens s'est acquise en ce genre. Je lui proposai de faire un tour dans la ville, tandis que l'on attellerait nos chevaux; mais il en avait assez vu pour être en état de prononcer "qu'Amiens était une misérable ville, bâtie en bois, dont la cathédrale ne pouvait pas souffrir la comparaison avec Notre-Dame de Paris, et où l'on faisait très mauvaise chère."

L'avantage que j'ai d'avoir couru le monde depuis l'âge de quinze ans m'a dès longtemps familiarisé avec cette suite d'inconvénients inséparables des voyages. En une heure de temps je suis établi en quelque endroit que je me trouve, aussi commodément que si j'y avais passé plusieurs mois; je prends les hommes et les choses comme ils se présentent, et je fais en sorte de tirer quelque instruction ou quelque plaisir des objets au milieu desquels je me trouve placé. Il n'en était pas ainsi de mon compagnon de voyage. Dégoûté de tout, parce qu'il l'était de lui-même, voyageant sans autre but que de se fuir, et se retrouvant toujours, pour lui tout était incommodité, obstacle, désappointement. Il se plaignait du bruit de la voiture, des cahots, de ne savoir où appuyer sa tête, et le refrain de son éternelle complainte, qu'il modulait sur vingt tons plus comiques l'un que l'autre, était toujours; "*J'aurais mieux fait de rester chez moi.*"

Je m'amusais à calculer combien de fois il le répèterait avant d'avoir achevé son tour d'Europe, lorsque nous arri vâmes à Calais, au milieu d'une pluie de cartes que l'on jetait dans notre voiture, pour nous indiquer le nombre et le nom des paquebots prêts à partir.

A peine étions-nous descendus à l'ancienne et célèbre auberge de M. Dessin, que plusieurs capitaines vinrent eux-mêmes nous offrir leurs services. Nous nous décidâmes pour le paquebot français, *L'Espérance*. Le vent était favorable; nous devions mettre à la voile dans deux heures, et nous n'avions que le temps de faire porter et visiter nos effets à la douane, formalité que M. Vermenil trouva fort impertinente, quand il offrait de donner *sa parole* qu'il n'emportait rien qui fût soumis aux droits.

Il était quatre heures de l'après-midi, lorsque nous nous rendîmes au port. Le ciel était serein, la mer légèrement agitée par un vent favorable, et déjà le pont du paquebot était couvert de nombreux passagers. A la vue de la planche étroite sur laquelle il fallait passer, peu s'en fallut que mon compagnon n'abandonnât la partie. Il finit cependant par suivre, avec une courageuse résolution, l'exemple que lui donnaient des femmes et des enfants. Nous sommes à bord; on démarre, au bruit de cent voix qui vont et reviennent du rivage au navire. "Adieu, ma tante!—Adieu, mon frère!—N'oubliez pas la petite provision d'aiguilles.—*My love to Nancy!*—Prenez garde que le vent n'enlève votre bonnet!—*Tell George, I shall soon be in town!*—Ne manquez pas d'aller à *Scotland Yard.*—Ayez soin de remettre ma lettre vous-même." Et cent autres recommendations semblables, que l'on répète encore lorsqu'on ne s'entend plus; cependant la voile s'enfle, le rivage s'éloigne; et déjà nous ne voyons plus que la tour du phare.

Je ramène alors mes regards autour de moi, et je fais la revue de nos passagers. Ils se composent, en partie à peu près égale, d'Anglais et de Français de différentes classes, parmi lesquels se distinguent une *Right Honorable Lady*, avec ses deux petites-filles Laura et Emma, brillantes de fraîcheur, de jeunesse, et de grâce; un *Beau* de Londres et ses deux *grooms*, avec lesquels il est facile de le confondre; deux jeunes Parisiens, dont l'un est un modèle de bon ton, et l'autre un modèle de badauderie et de fatuité; une grosse dame d'un embonpoint qui pourra fort bien paraître suspect à la douane de Douvres, et qui ne peut être qu'une bijoutière ou une marchande de modes, à en juger par l'élégance déplacée de sa toilette, et les boucles de diamants qui pendent à ses deux oreilles. Le reste des passagers rentre dans l'or dre commun, et, par cela même, n'est susceptible d'aucune remarque.

Le premier examen achevé sur le pont, je descendis dans la *cabine*, où je ne fus pas surpris de trouver M. Vermenil étendu sur un des lits que l'on réserve ordinairement aux dames. Il dormait déjà d'un profond sommeil, mais son repos ne fut pas de longue durée. Parvenus au milieu du canal, la lame plus longue et plus élevée ne tarda pas à imprimer au navire un mouvement de *roulis* dont presque tous les cœurs furent à la fois avertis par un mal-aise progressif qui s'annonçait par des symptômes différents: les uns restaient immobiles: les autres étaient pâles; ceux-ci se plaignaient d'un grand mal de tête; ceux-là, dans une espèce d'ivresse, voyaient tous les objets tourner autour d'eux. Notre homme de la *cabine* fut un des plus promptement atteints. Eveillé en sursaut par le mal de mer, tout nouveau pour lui: "Qu'est-ce que çà?" s'écria-t-il. "Eh bien! Ah! je vais me trouver mal. Dites-leur donc de finir." Quand on lui eut fait observer que cela devait se passer ainsi, et qu'il souffrirait moins sur le pont, il se hâta d'y monter, en témoignant son regret de n'avoir pas pris un paquebot plus *solide*.

Il vint prendre place sur un banc, à côté de la marchande de modes et d'un gros *shopkeeper*, à qui il avait entendu dire que la place la plus voisine du grand mât était la meilleure.

La mer grossissait toujours, et le *tangage* qui succéda au *roulis* porta bientôt au dernier degré les angoisses d'un mal dont j'étais le seul passager qui ne fût pas atteint. Vieux *loup de mer*; je me ressouvenais de mon ancien état, et j'allais de l'un à l'autre porter des consolations et des secours aux plus malades. Les deux jolies petites-filles de milady étaient principalement l'objet de mes attentions.

Quant à M. Vermenil, il y avait quelque chose de si extravagant dans ses plaintes, de si ridicule dans ses contorsions, qu'il arrachait le rire même à ses compagnons de souffrance. "Ah!" s'écriait-il, en se tenant la tête avec les deux mains, 'il faut que je sois un grand coquin, un grand misérable, quand je pouvais rester tranquille chez moi au milieu de toutes les douceurs, de toutes les jouissances de la vie, de venir m'enfermer dans cette bière flottante pour y souffrir toutes les tortures!... Aïe! aïe! je suffoque"—"*And I too,*" disait le marchand anglais, "*I wish I was at home.*"—"Taisez-vous avec votre baragouin," reprit M. Vermenil en colère: "il s'agit bien de plaisanterie."—"Je ne plaisantais pas (continua l'Anglais), j'avais le droit de me plaindre comme vous."—

"Eh bien! plaignez-vous poliment," reprit l'autre.... Je ne sais jusqu'où une querelle commencée aussi raisonnablement eût été portée sans l'accident qui vint y mettre fin. Une grosse lame qui nous prit de travers renversa le banc où siégeaient les deux interlocuteurs, qui se crurent engloutis tout vifs. L'effroi fut général; mais telle est la douloureuse apathie où vous plonge le mal de mer porté au plus haut degré que personne ne songea à se relever; le marchand anglais tombe sur le *gentleman*, et le bourgeois de Paris sur la marchande de modes. Ce ne fut qu'en changeant de position, lorsque le fort de la crise fut passé, que M. Vermenil s'aperçut du tête-à-tête où il s'était trouvé.

Au milieu de toutes ces scènes pénibles et grotesques, nous descendîmes à Douvres, où les douaniers ne nous permirent pas même d'emporter un sac de nuit. Nous fûmes reçus au milieu des huées d'une troupe de femmes et d'enfants qui s'étaient rassemblés sur le port pour nous voir descendre, et qui s'attachèrent particulièrement à notre badaud voyageur, lequel répondait aux insultes qu'on faisait retentir à ses oreilles par le mot *Angliche* canaille.

Je ne manquai pas, le lendemain, de me rendre à la douane avec mon premier compagnon de route, pour être témoin de la scène que je prévoyais.

Je ne me souviens pas d'avoir vu de ma vie un homme dans un accès de colère plus burlesque que celui dont M. Vermenil fut pris en voyant retourner tous ses coffres, éparpiller, étaler toute sa garde-robe. Ce fut bien pis quand on lui signifia que tous ceux de ses effets qui n'avaient pas encore été portés devaient payer un droit au moins égal à leur valeur intrinsèque, et que son argenterie ne pouvait lui être rendue qu'en morceaux. Il eut beau tempêter, maudire les douaniers anglais, une partie de ses effets fut saisie, l'argenterie fut brisée, et on le laissa maître, après avoir payé un droit exorbitant pour le reste, de partir pour se rendre à Londres.

"Que je sois pendu," s'écria-t-il, "si je fais un pas de plus dans cette île infâme! je repars à l'instant même pour la France, et Dieu me préserve de jamais *sortir de chez moi!*"

Il fit en effet reporter son bagage, diminué de moitié, sur un paquebot prêt à mettre à la voile pour Calais; et quelque chose que je pusse lui dire, je n'obtins pas même qu'il retardât son voyage de vingt-quatre heures pour repartir le lendemain avec lui.

De Jouy.—*Né en* 1769.

LE SAVETIER ET LE FINANCIER.

Un savetier chantait du matin jusqu'au soir :
C'était merveille de le voir,
Merveille de l'ouïr ; il faisait des passages,
Plus content qu'aucun des sept sages.
Son voisin, au contraire, étant tout cousou d'or,
Chantait peu, dormait moins encor :
C'était un homme de finance.
Si, sur le point du jour, par fois il sommeillait,
Le savetier alors en chantant l'éveillait :
Et le financier se plaignait
Que les soins de la Providence
N'eussent pas au marché fait vendre le dormir,
Comme le manger et le boire.
En son hôtel il fait venir
Le chanteur, et lui dit : Or çà, sire Grégoire,
Que gagnez-vous par an ? Par an ! ma foi, monsieur,
Dit, avec un ton de rieur,
Le gaillard savetier, ce n'est point ma manière
De compter de la sorte ; et je n'entasse guère
Un jour sur l'autre : il suffit qu'à la fin
J'attrape le bout de l'année :
Chaque jour amène son pain.
Eh bien ! que gagnez-vous, dites-moi, par journée ?
Tantôt plus, tantôt moins : le mal est que toujours,
(Et sans cela nos gains seraient assez honnêtes,)
Le mal est que dans l'an s'entremêlent des jours
Qu'il faut chômer ; on nous ruine en fêtes :
L'une fait tort à l'autre ; et monsieur le curé
De quelque nouveau saint charge toujours son prône.
Le financier, riant de sa naïveté,
Lui dit : Je veux vous mettre aujourd'hui sur le trône.
Prenez ces cent écus : gardez-les avec soin,
Pour vous en servir au besoin.
Le savetier crut voir tout l'argent que la terre
Avait, depuis plus de cent ans,
Produit pour l'usage des gens.
Il retourne chez lui : dans sa cave il enserre
L'argent, et sa joie à la fois.
Plus de chant : il perdit la voix
Du moment qu'il gagna ce qui cause nos peines.
Le sommeil quitta son logis ;

Il eut pour hôtes les soucis,
Les soupçons, les alarmes vaines.
Tout le jour il avait l'œil au guet : et la nuit,
Si quelque chat faisait du bruit,
Le chat prenait l'argent. A la fin, le pauvre homme
S'en courut chez celui qu'il ne réveillait plus :
Rendez-moi, lui dit-il, mes chansons et mon somme ;
Et reprenez vos cent écus.

LA FONTAINE.

HISTOIRE DU BRAVE MOUSTACHE.

PAR COLLIN DE PLANCY.

JE déclare, avant d'entrer en matière, que les détails qu'on va lire ont été confirmés par des témoignages nombreux et respectables.

Moustache était Normand. Il naquit à Falaise en 1799, de parents établis depuis longtemps dans cette ville. Il eut toute sa vie des idées républicaines ; car il ne s'attacha jamais à aucun maître, et ne servit que sa patrie. On l'avait mené à Caen, à l'âge de six mois. Il s'y égara et fit rencontre d'une compagnie de grenadiers qui partaient pour l'Italie. La joie bruyante, l'humeur toujours enjouée de ces enfants de l'honneur, séduisirent Moustache. Il se donna, de la queue et des oreilles, toutes les grâces qu'il put imaginer, et demanda en quelque sorte à être admis dans la troupe, qu'il semblait promettre de servir et de ne point embarrasser. Moustache était sale, passablement laid ; mais il avait la mine tellement spirituelle, et le regard si intelligent, qu'on ne balança pas à le recevoir : "Il n'y a pas d'autre chien dans le régiment," dit un jeune tambour ; "il y pourra vivre sans peine."

Moustache avait de l'adresse et quelques petits talents. On lui avait appris à rapporter les objets éloignés et à se tenir debout. Ses nouveaux compagnons le formèrent à faire sentinelle, à porter le fusil, et à marcher au pas. Il vivait comme les autres à la gamelle ; et recevait de tous côtés sa pitance. Son instinct lui avait fait sentir qu'il fallait avoir les bonnes grâces du soldat qui était de cuisine. C'était l'homme de la compagnie pour lequel il avait le plus de complaisance ; aussi il s'en trouvait bien.

Cependant on passa en Italie. Moustache franchit le Saint-Bernard, aussi gai dans la fatigue que dans les jeux aussi âpre à marcher en avant qu'à courir au dîner.

On se trouva bientôt à peu de distance de l'enn mi. Moustache s'était habitué au bruit du tambour et des armes. Il sentait, sans la comprendre, une vive ardeur pour les combats. Mais il n'avait point encore trouvé de guerriers de son espèce, contre qui il pût déployer sa valeur.

Il n'en rendit pas moins à l'armée française un service digne de toute notre reconnaissance. Le régiment qu'il avait suivi était campé au-dessous d'Alexandrie. Un détachement d'Autrichiens, caché dans la vallée de Belbe, et que l'on croyait plus éloigné, s'avança de nuit pour surprendre les grenadiers qui avaient adopté Moustache ; et peut-être, sans ce chien vigilant, eût-il réussi dans son projet. Mais le fidèle Moustache faisait alors sa ronde autour du camp, le nez au vent et l'oreille en l'air. Il crut entendre les pas des voleurs : il sentit l'odeur des corps autrichiens, à laquelle il n'était point accoutumé. Il courut alors, en poussant des cris d'alarme, avertir ses amis ; les sentinelles avancées s'aperçurent qu'elles avaient l'ennemi sur les reins ; le camp s'éveilla ; tout le monde fut debout en un instant ; et l'ennemi, se voyant surpris, se hâta de battre en retraite.

Quand le jour fut venu, on déclara que Moustache avait bien mérité de la patrie. Les Grecs lui eussent élevé une statue ; les Romains l'eussent porté en triomphe, comme les oies du Capitole. Les Français montrèrent plus de bon sens. Le brave Moustache n'aurait pas fait un pas pour se voir moulé en plâtre. Il aimait beaucoup mieux marcher sur ses pieds, que souffrir qu'on le portât triomphalement au bout de quatre grandes perches. On pensa qu'on satisferait toute son ambition, en lui assurant une existence honorable ; le colonel le fit inscrire sur le cadre du régiment. On ordonna que Moustache recevrait tous les jours la portion de grenadier ; et Moustache fut le plus heureux des chiens.

On le tondit ; on lui mit au cou un collier qui portait le nom de son régiment ; et le perruquier de la troupe fut chargé de le peigner et de le coiffer une fois par semaine.

On pourrait peut-être lui faire dès lors un certain reproche : il devint si fier, qu'il ne regardait plus ses frères les chiens, lorsqu'il en rencontrait sur son passage.

Cependant il y eut un petit combat où il se porta en chien de cœur, à la tête de sa compagnie. Il y reçut sa première blessure : c'était un coup de baïonnette dans l'épaule. On a même remarqué, que dans toute sa longue carrière, Moustache n'avait été blessé que par-devant.

Le chirurgien du régiment soigna le coup qu'un Autri.

chien lui avait donné ; il souffrit la cure sans se plaindre, et passa quelques jours à l'infirmerie.

Il n'était pas encore guéri, lorsqu'on livra la grande bataille de Marengo. Quoiqu'un peu boiteux, il ne voulut pas perdre une si belle journée. Il marcha, toujours attaché à son drapeau qu'il savait reconnaître, et à ses camarades qu'il n'avait pas encore quittés ; et comme ce fifre du grand Frédéric, qui souffla dans son instrument tant que dura la mêlée, Moustache ne cessa d'aboyer contre l'ennemi.

La vue des baïonnettes l'empêchait seule d'avancer sur les Autrichiens ; mais son bonheur lui amena enfin l'occasion de combattre. Un Autrichien avait un dogue, qui osa paraître devant les rangs français. L'apercevoir, s'élancer, le saisir à la gorge et combattre, tout cela ne fut pour Moustache qu'un mouvement à la française. L'acharnement était grand de part et d'autre. Le dogue, gras et vigoureux comme un Allemand, se battait avec ardeur. Le barbet, qui voulait soutenir le nom français, poussait le courage jusqu'à la témérité. Une balle vint terminer l'affaire. Le dogue fut tué, Moustache eut l'oreille droite emportée jusqu'à la racine. Il en fut un peu étourdi, mais il ne s'en effraya point ; et voyant que l'armée française, victorieuse selon son usage, se reposait enfin sur la moisson de lauriers qu'elle venait de recueillir, il regagna le camp avec orgueil, semblant se dire en lui-même : "Quand la postérité parlera de Moustache, elle dira : Ce chien aussi combattit à la bataille de Marengo ?"

Je crois avoir déjà remarqué qu'il ne s'était attaché à aucun maître, mais à un régiment tout entier. Il montrait au reste une tendresse égale pour tous les soldats français, méprisait les bourgeois et les femmes, et fuyait devant les étrangers, lorsqu'il ne se voyait pas assez fort pour les attaquer. Son instinct était admirable, comme on en jugera tout à l'heure.

Il s'était brouillé avec ses grenadiers, parce que dans une garnison on avait voulu le mettre à l'attache. Il avait déserté, et s'était attaché à une compagnie de cuirassiers. Quelque temps avant la bataille d'Austerlitz, un espion autrichien pénétra parmi les Français, dont il parlait si bien la langue, que personne ne le soupçonna. Sans doute, il serait allé rendre compte à ses maîtres de ses observations, s'il n'eût fait la rencontre de Moustache. Le fidèle animal, qui se montrait toujours ami de tout Français, n'eut pas plus tôt senti l'étranger qu'il lui sauta aux jambes, en poussant des cris formidables. Ce mouvement divertit d'abord ; il fit réfléchir ensuite ; on connaissait la sagacité de Moustache ; on arrêta l'étranger, que l'on reconnut pour un espion, et le brave chien eut ce jour-là double pitance.

On livra la bataille d'Austerlitz ; Moustache suivit son drapeau et les cuirassiers qui l'avaient adopté. Dans le fort de la mêlée, il aperçut le porte-étendard de son régiment aux prises avec un détachement d'ennemis. Il vola à son secours, aboya, encouragea son maître de tous ses moyens, fit tout ce qu'il put pour effrayer la bande autrichienne. Ses efforts furent inutiles. Le porte-étendard fut percé de mille blessures ; et lorsqu'il se sentit tomber, il s'enveloppa dans son drapeau ; en même temps, il entendit pousser des cris de victoire ; il s'écria qu'il mourait content, et son âme généreuse s'envola au séjour des héros. Trois Autrichiens avaient mordu la poussière sous les coups du porte-étendard. Mais il en restait cinq ou six autres, qui voulurent s'emparer du drapeau. Moustache s'était jeté sur le corps de son camarade, il s'était mis en devoir de défendre sa bannière ; et il allait être percé de coups de baïonnettes, quand la fortune des combats vint à son secours : une décharge de mitraille balaya l'ennemi. Moustache y perdit une patte ; il ne s'en occupa point. Comme il se voyait libre, il prit dans ses dents le drapeau français et s'efforça de l'arracher à son maître. Mais en mourant, le porte-étendard avait si vivement embrassé le bâton, qu'il fut impossible de le lui enlever. Moustache cependant y employait toutes ses forces. Il finit par détacher les lambeaux sanglants de la bannière ; il retourna au camp, boitant, épuisé, chargé de ce fardeau glorieux ; et il excita de nouveau l'admiration générale.

Sa belle action méritait des honneurs : on lui en rendit. On lui ôta le collier qu'il portait ; et le général Lannes ordonna qu'on lui mît au cou un ruban rouge avec une petite médaille de cuivre, chargée de cette inscription sur la première face : *Il perdit une jambe à la bataille d'Austerlitz, et sauva le drapeau de son régiment.* Ces mots se lisaient sur le revers : *Moustache, chien français : qu'il soit partout respecté et chéri comme un brave.*

Cependant il fallut faire l'amputation de la jambe cassée. Moustache souffrit sans se plaindre, et boita avec fierté.

Comme il était facile de le reconnaître partout, à son collier et à sa médaille, on ordonna que, dans quelque régiment qu'il se présentât, il recevrait tous les jours sa portion de soldat ; et il continua de suivre l'armée.

Un jour, un cuirassier, qui sans doute le prenait pour un

autre, lui donna un coup de plat de sabre, on ne sait trop pour quel motif. Moustache, piqué, déserta. Il s'attacha aux dragons, et les suivit en Espagne.

Il est constant, de l'aveu de plusieurs vieux soldats, qu'il leur rendit de grands services. Tous les jours il était debout le premier; il marchait en avant; il avertissait de tout ce qui lui donnait des soupçons; il aboyait lorsqu'il entendait quelque bruit, à moins qu'on ne lui fît signe de se taire, ce qui arrivait quelquefois dans les expéditions de nuit; et il n'était pas difficile de lui faire comprendre qu'il fallait être discret. Il fit avec les dragons deux campagnes, pendant lesquelles il se battit toutes les fois qu'il en trouva l'occasion. A la bataille de la Sierra-Morena, Moustache ramena au camp le cheval d'un dragon qui venait d'être tué. On assure qu'il fit plusieurs fois le même trait d'intelligence.

Un colonel, ayant grande envie de posséder un chien aussi admirable, le prit secrètement, le mit à l'attache, et fit tout ce qu'il put pour s'en faire aimer. Moustache, qui, depuis plusieurs années, était devenu fier, que sa ration mettait à même de ne jamais mendier son dîner, qui avait l'habitude de marcher libre, ne conçut que de l'horreur pour celui qui l'avait enchaîné. Après dix-sept jours d'esclavage, il trouva une fenêtre ouverte, s'échappa, et s'attacha aux canonniers.

Il fit avec eux ses dernières campagnes. Il fut tué d'un boulet de canon, à la prise de Badajos, le 11 mars 1811, à l'âge de douze ans. On l'enterra sur le champ de bataille, avec sa médaille et son ruban. Une pierre lui servit de mausolée: on y grava ces mots: *Ici repose le brave Moustache.*

Ce monument a été détruit depuis par les Espagnols; et les os du chien brûlés par l'inquisition.

LES DEUX RATS, LE RENARD, ET L'ŒUF.

DEUX rats cherchaient leur vie: ils trouvèrent un œuf.
Le dîner suffisait à gens de cette espèce:
Il n'était pas besoin qu'ils trouvassent un bœuf.
Pleins d'appétit et d'allégresse,
Ils allaient de leur œuf manger chacun sa part,
Quand un quidam parut: c'était maître renard.
Rencontre incommode et fâcheuse:
Car comment sauver l'œuf? Le bien empaqueter,
Puis des pieds de devant ensemble le porter,

Ou le rouler, ou le traîner :
C'était chose impossible autant que hasardeuse.
Nécessité l'ingénieuse
Leur fournit une invention.
Comme ils pouvaient gagner leur habitation,
L'écornifleur étant à demi-quart de lieue,
L'un se mit sur le dos, prit l'œuf entre ses bras ;
Puis, malgré quelques heurts et quelques mauvais pas,
L'autre le traîna par la queue.

Qu'on m'aille soutenir, après un tel récit,
Que les bêtes n'ont point d'esprit !

La Fontaine.

LES QUATRE HENRI.

Un soir, comme la pluie tombait à flots, on dit qu'une vieille femme, qui passait dans le pays pour sorcière, et qui habitait une pauvre cabane dans la forêt de Saint-Germain, entendit frapper à sa porte ; elle ouvrit, et vit un cavalier qui lui demanda l'hospitalité. Elle mit son cheval dans une grange et le fit entrer. A la clarté d'une lampe fumeuse, elle vit que c'était un jeune gentilhomme. La personne disait la jeunesse, l'habit disait la qualité. La vieille femme alluma du feu et demanda au gentilhomme s'il désirait manger quelque chose. Un estomac de seize ans est comme un cœur du même âge, très avide et peu difficile. Le jeune homme accepta. Une bribe de fromage et un morceau de pain noir sortirent de la huche ; c'était toute la provision de la vieille.

—Je n'ai rien de plus, dit-elle au jeune gentilhomme, voilà ce que me laissent à offrir aux pauvres voyageurs la dîme, les aides, la gabelle : sans compter que les manants d'alentour me disent sorcière et vouée au diable, pour me voler, en sûreté de conscience, les produits de mon pauvre champ.

—Pardieu, dit le gentilhomme, si je devenais jamais roi de France, je supprimerais les impôts et ferais instruire le peuple.

—Dieu vous entende, répondit la vieille. A ce mot, le gentilhomme s'approcha de la table pour manger ; mais au même instant un nouveau coup frappé à la porte l'arrêta. La vieille ouvrit et vit encore un cavalier percé de pluie, et qui demanda l'hospitalité. L'hospitalité lui fut accordée, et le cavalier étant entré, il se trouva que c'était encore un jeune homme, et encore un gentilhomme.

—C'est vous, Henri, dit l'un.—Oui, Henri, dit l'autre. Tous deux s'appelaient Henri. La vieille apprit dans leur entretien qu'ils étaient d'une nombreuse partie de chasse, menée par le roi Charles IX, et que l'orage avait dispersée.

—La vieille, dit le second venu, n'as-tu pas autre chose à nous donner ?

—Rien, répondit-elle.

—Alors, dit-il, nous allons partager.

Le premier Henri fit la grimace ; mais, regardant l'œil résolu et la prestance nerveuse du second Henri, il dit d'une voix chagrine :

—Partageons donc !

Il y avait, après ces paroles, cette pensée qu'il n'osa exprimer : "Partageons de peur qu'il ne prenne tout."

Ils s'assirent donc en face l'un de l'autre, et déjà l'un des deux allait couper le pain avec sa dague, lorsqu'un troisième coup fut frappé à la porte. La rencontre était singulière : c'était encore un gentilhomme, encore un jeune homme, encore un Henri. La vieille se mit à les considérer avec surprise. Le premier voulut cacher le fromage et le pain, le second les replaça sur la table, et posa son épée à côté. Le troisième Henri sourit.

—Vous ne voulez donc rien me donner de votre souper, dit-il, je puis attendre, j'ai l'estomac bon.

—Le souper, dit le premier Henri, appartient de droit au premier occupant.

—Le souper, dit le second, appartient à qui sait mieux le défendre.

Le troisième Henri devint rouge de colère, et dit fièrement :

—Peut-être appartient-il à celui qui sait mieux le conquérir.

Ces paroles furent à peine dites que le premier Henri tira son poignard, les deux autres leurs épées. Comme ils allaient en venir aux mains, un quatrième coup est frappé, un quatrième jeune homme, un quatrième gentilhomme, un quatrième Henri fut introduit. A l'aspect des épées nues, il tire la sienne, se met du côté le plus faible et attaque à l'étourdie. La vieille se cache épouvantée, et les épées vont fracassant tout ce qui se trouve à leur portée. La lampe tombe, s'éteint, et chacun frappe dans l'ombre. Le bruit des épées dure quelque temps, puis s'affaiblit graduellement, et finit par cesser tout-à-fait. Alors la vieille se hasarde à sortir de son trou, rallume la lampe, et voit les quatre jeunes gens étendus par terre, chacun avec une blessure. Elle les examine : la fatigue les avait plutôt renversés que la perte de leur sang. Ils se relèvent l'un après l'autre, et, honteux de ce qu'ils viennent de faire, ils se mettent à rire et se disent :

—Allons, soupons de bon accord et sans rancune.

Mais, lorsqu'il fallut trouver le souper, il était par terre, foulé aux pieds, souillé de sang. Si mince qu'il fût, on le regretta. D'un autre côté, la cabane était dévastée, et la vieille, assise dans un coin, fixait ses yeux fauves sur les quatre jeunes gens.

—Qu'as-tu à nous regarder ? dit le premier Henri, que ce regard troublait.

—Je regarde vos destinées écrites sur vos fronts, répondit la vieille.

—Le second Henri lui commanda durement de les lui révéler ; les deux derniers l'y engagèrent en riant. La vieille répondit :

—Comme vous êtes réunis tous quatre dans cette cabane, vous serez réunis tous quatre dans une même destinée. Comme vous avez foulé aux pieds et souillé de sang le pain que l'hospitalité vous a offert, vous foulerez aux pieds et souillerez de sang la puissance que vous pouviez partager. Comme vous avez dévasté et appauvri cette chaumière, vous dévasterez et appauvrirez la France ; comme vous avez été blessés tous quatre dans l'ombre, vous périrez tous quatre par trahison et de mort violente.

Les quatre gentilshommes ne purent s'empêcher de rire de la prédiction de la vieille.

Ces quatre gentilshommes étaient les quatre héros de la Ligue, deux comme ses chefs, et deux comme ses ennemis.

Henri de Condé, empoisonné par ses domestiques.

Henri de Guise, assassiné par les quarante-cinq.*

Henri de Valois (Henri III), assassiné par Jacques Clément.

Henri de Bourbon (Henri IV), assassiné par Ravaillac.

Frédéric Soulié.—*Mort en* 1847.

Observation.—Ce récit quoique un peu fantastique, a de l'intérêt. Il est écrit avec pureté et facilité, et prouve chez l'auteur une imagination vive et ingénieuse.

* Le 28 décembre 1588. Les gentilshommes nommés les *Quarante-cinq*, qui assassinèrent le duc de Guise, étaient une compagnie nouvelle formée par le duc d'Épernon, payée au trésor royal sur les billets de ce duc

L'ALCHIMISTE ET SES ENFANTS.

Approchez-vous, mes deux petites filles,
Julie et Bonne, à mes yeux si gentilles ;
Je sais d'hier un conte tout nouveau.
Mettez-vous là ; je veux, tout d'une haleine,
Vous le conter ; si vous le trouvez beau,
Vous me viendrez embrasser pour ma peine.

En Arabie il était une fois
Un magicien d'un savoir admirable ;
On le nommait Mahmoun l'incomparable ;
Il observait en tout le nombre trois.
Grand alchimiste et souffleur mémorable,
Passant sa vie au milieu des fourneaux,
Des appareils, des matras, des bocaux,
Le grand Mahmoun fit une découverte
Dont à jamais on doit pleurer la perte.
Vous demandez déjà ce que c'était ;
Vous le saurez. Il faut d'abord vous dire
Qu'un jour Mahmoun qui s'impatientait
De vivre seul, à la belle Palmire,
Qu'il crut aimer, par l'hymen fut lié,
Puis eut un fils de sa tendre moitié.
Bientôt ses goûts rentrèrent dans son âme ;
A l'alchimie il revint tout entier :
Et le ménage, et le fils et la femme,
Ne firent plus alors que l'ennuyer.
C'est un grand tort, et pour moi je l'en blâme.

Qu'arriva-t-il ? qu'à lui-même laissé,
Le très cher fils donna, le front baissé,
Dans mille excès, pilla les caravanes,
Battit les gens, enleva les sultanes,
Fut grand ivrogne et nargua Mahomet.
Son père alors, mais trop tard, eut regret
D'avoir ainsi négligé la culture
Et les soins dus à sa progéniture.
Mieux eût valu ne savoir presque rien,
Et de son fils faire un homme de bien.
Lorsque Mahmoun reçut de la nature

L'ordre fatal d'aller voir ses aïeux,
Il se souvint du secret merveilleux
Dont autrefois sa profonde science
Lui découvrit l'incroyable puissance ;
(Et c'est ici que je vais révéler
Ce que d'abord j'ai voulu vous céler ;
Écoutez bien, la chose est d'importance).
Avec son fils il s'enferme un matin :
"Mon cher enfant, j'approche de ma fin ;
Je le sens trop à ma faiblesse extrême.
Oui, nous allons bientôt nous séparer ;
Vous me perdrez ; si, pour un fils que j'aime,
C'est un malheur, il peut se réparer.
Je vous étonne. Apprenez un mystère
Que je vous ai dérobé jusqu'ici ;
A mon cher fils je ne veux plus rien taire.
Regardez bien cette fiole-ci ;
Elle renferme une liqueur vermeille,
Trésor unique et fruit de mainte veille.
Dans les trois jours qui suivront mon trépas,
(Dans les trois jours, au moins, n'y manquez pas)
Si par vos mains, dans ma bouche glacée
Cette liqueur goutte à goutte est versée,
Entre vos bras soudain vous me verrez,
Me ranimant, renaître par degrés.
C'est mon destin qu'ici je vous confie ;
J'attends de vous une seconde vie ;
Je vous devrai l'existence à mon tour,
Et c'est mon fils qui me rendra le jour.
Ce doux espoir en mourant me console."

Le fils touché promit ce qu'on voulut,
Le jura même, et son père mourut,
Persuadé qu'il lui tiendrait parole.
Mais par malheur, ce fils mal élevé,
Comme j'ai dit, et vaurien achevé,
De l'élixir sitôt qu'il se vit maître,
Prit un parti bien scandaleux, bien traître.
"Ma foi, dit-il, jusqu'à présent j'ai cru
Que mon vieux père avait assez vécu.
Je vivrai moins, si j'en crois l'apparence ;
Car mon défaut n'est pas la tempérance.
J'use mes jours et les risque souvent
Comme à plaisir, et ce n'est pas ma faute

Si, par hasard, je suis encor vivant.
Serait-ce point sottise la plus haute
De m'oublier ? Oui, la première loi,
La mieux suivie, est que l'on songe à soi."

Quelques remords cependant le troublèrent ;
Mais les trois jours bien vite s'envolèrent,
Et Mélédin (c'est le nom du bandit)
Sur son méfait aisément s'étourdit.
De mauvais fils il devint mauvais père,
De ses enfants ne s'embarrassa guère,
Dont il advint que, par faute de soins,
S'il valait peu, ses fils valurent moins.
Il arriva bientôt à la vieillesse,
Par la débauche, avant l'âge, cassé.
Près de mourir, et songeant au passé,
Comptant fort peu d'ailleurs sur la tendresse
De ses enfants, il voulut réussir
A s'appliquer l'effet de l'élixir.
" Allons, dit-il, il faut jouer d'adresse."
De ses trois fils il fit venir l'aîné,
Qu'il connaissait tout pétri d'avarice,
Par l'intérêt bassement dominé,
Prêt à se vendre ; et ce fut sur ce vice
Que Mélédin bâtit son artifice.
" Mon cher Azor, ô mon très digne fils !
(Dit le mourant) vous êtes un brave homme,
Sage, prudent, et surtout économe ;
Je vous connais ; aussi je vous choisis
Pour vous donner un témoignage insigne
De confiance et d'amour paternel ;
J'ose penser que vous en êtes digne."
Alors, d'un ton encor plus solennel,
Du grand Mahmoun rappelant la mémoire,
De la fiole il raconta l'histoire,
Hors en un point qu'il eut soin d'altérer :
" Savez-vous bien ce que doit opérer
Cette liqueur ? Mon cher fils peut m'en croire,
En un instant je deviendrai tout d'or,
Oui, d'or, mon fils, et de plus pur encor.
Imaginez qu'en conservant sa forme,
Mon corps entier n'est qu'un lingot énorme.
Vous concevez quel immense trésor
Vous aurez là, tout seul et sans partage.

Embrassez-moi ; recueillez, cher Azor,
Ce grand secret, mon meilleur héritage."

Le père mort, Azor de supputer
Ce que pourrait valoir, en long, en large,
Le cher défunt ; comment le transporter ?
Quatre chameaux y trouveront leur charge.
Le compte fait, il eut soin promptement
D'exécuter le rare testament.
Mais à l'instant où, pour lever ses doutes,
Il eut au plus versé deux ou trois gouttes,
Il s'aperçoit, quelle surprise, ô Dieu.
Que Mélédin donne un signe de vie,
Puis, du remède ayant reçu trop peu,
Retombe... Azor s'épouvante, s'écrie,
Ne songe plus, dans son trouble indiscret,
A la fiole : elle tombe, se casse ;
Tout l'élixir se répand. O disgrâce !
On n'en a point retrouvé le secret.
Ainsi le ciel de tous trois fit justice
Ainsi chacun fut puni par son vice.

Dans ce tableau j'ai peint en raccourci
Les traits hideux de beaucoup de familles ;
Chez nous du moins qu'il n'en soit pas ainsi,
O mes enfants, ô mes aimables filles !
Ce pauvre père un jour vous quittera ;
En vous quittant il vous regrettera ;
Mais, après lui, vous direz, je l'espère,
En consolant votre excellente mère :
Que ne peut-on racheter à prix d'or
Un bien si grand ! une tête si chère !
Que n'avons-nous à donner un trésor !
Nous l'offririons pour revoir notre père.

Vous le direz ; oui, je n'en doute pas ;
Les bons parents n'ont point d'enfants ingrats.

ANDRIEUX.—*Né en* 1759 ; *mort en* 1833.

LE GRONDEUR.

M. GRICHARD, *vieux médecin ;* LOLIVE, *son valet ;* ARISTE, *frère de Grichard.*

M. Grichard. Bourreau, me feras-tu toujours frapper deux heures à la porte ?

Lol. Monsieur, je travaillais au jardin ; au premier coup de marteau j'ai couru si vite que je suis tombé en chemin.

M. Gri. Je voudrais que tu te fusses rompu le cou, double chien ; que ne laisses-tu la porte ouverte ?

Lol. Eh ! monsieur, vous me grondâtes hier à cause qu'elle l'était : quand elle est ouverte vous vous fâchez ; quand elle est fermée, vous vous fâchez aussi : je ne sais plus comment faire.

M. Gri. Comment faire !

Ar. Mon frère, voulez-vous bien....

M. Gri. Oh ! donnez-vous patience. Comment faire, coquin !

Ar. Eh ! mon frère, laissez là ce valet, et souffrez que je vous parle de....

M. Gri. Monsieur mon frère, quand vous grondez vos valets, on vous les laisse gronder en repos.

Ar. (*à part.*) Il faut lui laisser passer sa fougue.

M. Gri. Comment faire, infâme !

Lol. Oh ça, monsieur, quand vous serez sorti, voulez-vous que je laisse la porte ouverte ?

M. Gri. Non.

Lol. Voulez-vous que je la tienne fermée ?

M. Gri. Non.

Lol. Monsieur....

M. Gri. Encore ? tu raisonneras, ivrogne ?

Ar. Il me semble après tout, mon frère, qu'il ne raisonne pas mal ; et l'on doit être bien aise d'avoir un valet raisonnable.

M. Gri. Et il me semble à moi, monsieur mon frère, que vous raisonnez fort mal. Oui, l'on doit être bien aise d'avoir un valet raisonnable, mais non pas un valet raisonneur.

Lol. Morbleu ! j'enrage d'avoir raison.

M. Gri. Te tairas-tu ?

Lol. Monsieur, il faut qu'une porte soit ouverte ou fermée choisissez ; comment la voulez-vous ?

M. Gri. Je te l'ai dit mille fois, coquin. Je la veux... je....Mais voyez ce maraud-là, est-ce à un valet à me venir faire des questions? Si je te prends, traître, je te montrerai bien comment je la veux. Vous riez, je pense, monsieur le jurisconsulte?

Ar. Moi? point. Je sais que les valets ne font jamais les choses comme on leur dit.

M. Gri. Vous m'avez pourtant donné ce coquin-là.

Ar. Je croyais bien faire.

M. Gri. Oh! je croyais. Sachez, monsieur le rieur, que je croyais n'est pas le langage d'un homme bien sensé.

Ar. Eh! laissons cela, mon frère, et permettez que je vous parle d'une affaire plus importante....

M. Gri. Non, je veux auparavant vous faire voir à vous-même comment je suis servi par ce pendard-là, afin que vous ne veniez pas après me dire que je me fâche sans sujet. Vous allez voir, vous allez voir. As-tu balayé l'escalier?

Lol. Oui, monsieur, depuis le haut jusqu'en bas.

M. Gri. Et la cour?

Lol. Si vous y trouvez une ordure comme cela, je veux perdre mes gages.

M. Gri. Tu n'as pas fait boire la mule?

Lol. Ah! monsieur, demandez-le aux voisins qui m'ont vu passer.

M. Gri. Lui as-tu donné l'avoine?

Lol. Oui, monsieur, Guillaume y était présent.

M. Gri. Mais tu n'as point porté ces bouteilles de quinquina où je t'ai dit?

Lol. Pardonnez-moi, monsieur, et j'ai rapporté les vides.

M. Gri. Et mes lettres, les as-tu portées à la poste? Hem....

Lol. Peste, monsieur, je n'ai eu garde d'y manquer.

M. Gri. Je t'ai défendu cent fois de racler ton maudit violon; cependant j'ai entendu ce matin....

Lol. Ce matin? ne vous souvient-il pas que vous me le mîtes hier en mille pièces?

M. Gri. Je gagerais que ces deux voies de bois sont encore....

Lol. Elles sont logées, monsieur. Vraiment depuis cela j'ai aidé à Guillaume à mettre dans le grenier une charretée de foin; j'ai arrosé tous les arbres du jardin, j'ai nettoyé les allées, j'ai bêché trois planches, et j'achevais l'autre quand vous avez frappé.

M. Gri. Oh! il faut que je chasse ce coquin-là: jamais

valet ne m'a fait enrager comme celui-ci : il me ferait mourir de chagrin. Hors d'ici !

Ar. (*le plaignant.*) Retire-toi.

BRUEYS ET PALAPRAT.

UNE AVENTURE EN CALABRE.

UN jour je voyageais en Calabre, c'est un pays de méchantes gens, qui, je crois, n'aiment personne, et en veulent surtout aux Français ; de vous dire pourquoi, cela serait long ; suffit qu'ils nous haïssent à mort, et qu'on passe fort mal son temps lorsqu'on tombe entre leurs mains. J'avais pour compagnon un jeune homme d'une figure. . . .comme ce monsieur que nous vîmes à Rincy ; vous en souvenez-vous ? et mieux encore peut-être, je ne dis pas cela pour vous intéresser, mais parce que c'est la vérité. Dans ces montagnes les chemins sont des précipices, nos chevaux marchaient avec beaucoup de peine ; mon camarade allant devant, un sentier qui lui parut plus praticable et plus court nous égara. Ce fut ma faute ; devais-je me fier à une tête de vingt ans ? Nous cherchâmes, tant qu'il fit jour, notre chemin à travers ces bois ; mais plus nous cherchions, plus nous nous perdions, et il était nuit noire quand nous arrivâmes près d'une maison fort noire ; nous y entrâmes, non sans soupçon, mais comment faire ? Là nous trouvions toute une famille de charbonniers à table, où du premier mot on nous invita ; mon jeune homme ne se fit pas prier : nous voilà mangeant et buvant, lui du moins, car pour moi j'examinais le lieu et la mine de nos hôtes. Nos hôtes avaient bien la mine de charbonniers ; mais la maison, vous l'eussiez prise pour un arsenal ; ce n'étaient que fusils, pistolets, sabres, couteaux, coutelas. Tout me déplut, et je vis bien que je déplaisais aussi ; mon camarade, au contraire : il était de la famille, il riait, il causait avec eux ; et par une imprudence que j'aurais du prévoir (mais quoi ! s'il était écrit. . . .), il dit d'abord d'où nous venions, où nous allions, que nous étions Français ; imaginez un peu ! chez nos plus mortels ennemis, seuls, égarés, si loin de tout secours humain ! et puis, pour ne rien omettre de ce qui pouvait nous perdre, il fit le riche, promit à ces gens pour la dépense, et pour nos guides le lendemain, ce qu'ils voulurent. Enfin, il parla de sa valise, priant fort qu'on en eût grand soin, qu'on la mît au chevet de son lit ; il ne voulait point, disait-il, d'autre traversin. Ah! jeunesse! jeunesse! que votre âge est à plaindre! Cousine, on crut que nous portions les diamants de la couronne: ce qu'il y avait qui lui causait tant de souci dans cette valise, c'étaient les lettres de sa maîtresse. Le souper fini, on nous laisse; nos hôtes couchaient en bas, nous dans la chambre haute où nous avions mangé; une soupente élevée de sept à huit pieds, où l'on montait par une échelle, c'était là le coucher qui nous attendait, espèce de nid, dans lequel on s'introduisait en rampant sous des solives chargées de provisions pour toute l'année. Mon camarade y grimpa seul, et se coucha tout endormi, la tête sur la précieuse valise; moi, déterminé à veiller, je fis bon feu, et m'assis auprès. La nuit s'était déjà passée presque entière assez tranquillement, et je commençais à me rassurer, quand, sur l'heure où il me semblait que le jour ne pouvait être loin, j'entendis au-dessous de moi notre hôte et sa femme parler et se disputer; et prêtant l'oreille par la cheminée qui communiquait avec celle d'en bas, je distinguai parfaitement ces propres mots du mari: *Eh bien, enfin voyons, faut-il les tuer tous deux?* A quoi la femme répondit: *Oui.* Et je n'entendis plus rien.

Que vous dirai-je? je restai respirant à peine, tout mon corps froid comme un marbre; à me voir, vous n'eussiez su si j'étais mort ou vivant. Ciel! quand j'y pense encore!... Nous deux presque sans armes, contre eux, douze ou quinze, qui en avaient tant! Et mon camarade mort de sommeil et de fatigue! L'appeler, faire du bruit, je n'osais; m'échapper tout seul, je ne pouvais; la fenêtre n'était guère haute, mais en bas deux gros dogues hurlant comme des loups.....En quelle peine je me trouvais, imaginez-le si vous pouvez. Au bout d'un quart d'heure, qui fut long, j'entends sur l'escalier quelqu'un, et par la fente de la porte, je vis le père, sa lampe dans une main, dans l'autre un de ses grands couteaux. Il montait, sa femme après lui, moi derrière la porte; il ouvrit; mais, avant d'entrer il posa la lampe, que sa femme vint prendre; puis il entre pieds nus, et elle, de dehors, lui disait à voix basse, masquant avec ses doigts le trop de lumière de a lampe, *doucement, va doucement.* Quand il fut à l'échelle, il monte, son couteau dans les dents, et venu à la hauteur du lit, ce pauvre jeune homme étendu, offrant sa gorge découverte, d'une main il prend son couteau, et de l'autre....Ah! cousine....il saisit un jambon qui pendait au plancher, en coupe une tranche, et se retire comme il était venu. La porte se referme, la lampe s'en va, et je reste seul à mes réflexions

Dès que le jour parut, toute la famille, à grand bruit, vin nous éveiller, comme nous l'avions recommandé. On apporte à manger, on sert un déjeuner fort propre, fort bon, je vous assure. Deux chapons en faisaient partie, dont il fallait, di' notre hôtesse, emporter l'un et manger l'autre. En les voyant je compris enfin le sens de ces terribles mots : *faut-il les tuer tous deux ?* Et je vous crois, cousine, assez de pénétration pour deviner à présent ce que cela signifiait.

PAUL-LOUIS COURIER.—

Né à Paris, en 1772, mort assassiné en 1825. Il est sans contredit un des plus beaux génies dont la littérature moderne de la France puisse se glorifier.

LA CALABRE ET LES CALABRAIS.

PAUL-LOUIS COURIER *à M. de Ste Croix, à Paris.*

Mileto, 12 septembre 1806.

MONSIEUR, si l'histoire de la Grande-Grèce,* durant ces trois derniers mois, a pour vous quelque intérêt, je vous envoie mon journal, c'est-à-dire un petit cahier, où j'ai noté en courant les hommes et les bouffonneries les plus remarquables dont j'ai été le témoin. Il est difficile d'en voir plus, en si peu de temps et d'espace.

Depuis notre jonction avec Masséna nous marchons plus fièrement et sommes un peu moins à plaindre. Nous formons l'avant-garde de cette petite armée et faisons aux insurgés la plus vilaine de toutes les guerres. Nous en tuons peu, nous en prenons encore moins. La nature du pays, la connaissance et l'habitude qu'ils en ont, font que, même étant surpris, ils nous échappent aisément ; non pas nous à eux. Ceux que nous attrapons, nous les pendons aux arbres ; quand ils nous prennent, ils nous brûlent le plus doucement qu'ils peuvent. Moi qui vous parle, monsieur, je suis tombé entre leurs mains : pour m'en tirer il a fallu plusieurs miracles. J'assistai à une délibération où il s'agissait de savoir si je serais pendu ou brûlé ou fusillé. Je fus admis à opiner. C'est un récit dont je pourrai vous divertir quelque jour. Je l'ai souvent échappé belle dans le cours de cette campagne ; car, outre les hasards communs, j'ai fait deux fois le voyage de Reggio à Tarente,

---

* *Grande-Grèce,* (géogr. anc.) Partie méridionale de l'Italie où se trouvaient un grand nombre de colonies grecques.

allée et retour, c'est-à-dire plus de quatre cents lieues, à travers les insurgés, seul ou peu accompagné, tantôt à pied, tantôt à cheval, quelquefois à quatre pattes, quelquefois glissant ou culbutant du haut des montagnes. C'est dans une de ces courses que je fus pris par nos bons amis.

Un jour, sur une barque, je passai près d'une frégate anglaise qui m'ayant tiré quelques coups, tous mes rameurs se jetèrent à l'eau et se sauvèrent à terre. Je restai seul comme Ulysse, comparaison d'autant plus juste que ceci m'arriva dans le détroit de Charybde, à la vue d'une petite ville qui s'appelle encore Scylla, où je ne sais que dieu me fit aborder paisiblement. J'avais coupé avec mon sabre le cordage qui tenait ma petite voile latine, sans quoi j'eusse été submergé.

J'avais sauvé, du pillage de mes pauvres nippes, ce que j'appelais mon bréviaire. C'était une Iliade de l'imprimerie royale, un tout petit volume que vous aurez pu voir dans les mains de l'abbé Barthélemy ; cet exemplaire me venait de lui, et je sais qu'il avait coutume de le porter dans ses promenades. Pour moi, je le portais partout ; mais l'autre jour, je ne sais pourquoi, je le confiai à un soldat qui me conduisait un cheval en main. Ce soldat fut tué et dépouillé. Que vous dirai-je, monsieur ? J'ai perdu huit chevaux, mes habits, mon linge, mon manteau, mes pistolets, mon argent. Je ne regrette que mon Homère, et pour le ravoir, je donnerais la seule chemise qui me reste. C'était ma société, mon unique entretien dans les haltes et les veillées. Mes camarades en rient. Je voudrais bien qu'ils eussent perdu leur dernier jeu de cartes pour voir la mine qu'ils feraient.

Vous croirez sans peine, monsieur, qu'au milieu de pareilles aventures je n'ai eu garde de penser aux antiquités. Non que j'aie rien perdu de mon goût pour ces choses-là, mais le présent m'occupe trop pour songer au passé : un peu aussi le soin de ma peau, et les Calabrais me font oublier la Grande-Grèce. C'est encore aujourd'hui *Calabria ferox*. Remarquez, je vous prie, que depuis Annibal, qui trouva ce pays florissant, et le ravagea pendant seize ans, il ne s'est jamais rétabli. Nous brûlons bien sans doute, mais il paraît qu'ils s'y entendaient aussi. Si nous nous arrêtions quelque part, si j'avais seulement le temps de regarder autour de moi, je ne doute pas que ce pays, où tout est grec et antique, ne me fournît aisément de quoi vous intéresser et rendre mes lettres dignes de leur adresse. Il y a dans ces environs, par exemple, des ruines considérables, un temple qu'on dit de Proserpine. Les superbes marbres qu'on en a tirés sont à

Rome, à Naples, et à Londres. J'irai voir, si je puis, ce qu en reste, et vous en rendrai compte, si je vis, et si la chose en vaut la peine.

Pour la Calabre actuelle, ce sont des bois d'orangers, des forêts d'oliviers, des haies de citronniers. Tout cela sur la côte et seulement près des villes: pas un village, pas une maison dans la campagne; elle est inhabitable, faute de police et de lois. Mais comment cultive-t-on, direz-vous? Le paysan loge en ville, et laboure la banlieue; partant tard le matin, il rentre avant le soir. Comment oserait-on coucher dans une maison des champs? On y serait égorgé dès la première nuit. Les moissons coûtent peu de soins; à ces terres soufrées il faut peu d'engrais. Tout cela annonce la richesse. Cependant le peuple est pauvre, misérable même. Le royaume est riche; car, produisant de tout, il vend et n'achète pas. Que font-ils de l'argent? Ce n'est pas sans raison qu'on a nommé ceci l'Inde de l'Italie. Les bonzes aussi n'y manquent pas. C'est le royaume des prêtres, où tout leur appartient.

Ce n'est point ici qu'il faut prendre exemple d'un bon gouvernement, mais la nature enchante. Pour moi, je ne m'habitue pas à voir des citrons dans les haies. Et cet air embaumé autour de Reggio! on le sent à deux lieues au large quand le vent souffle de terre. La fleur d'orange est cause qu'on y a un miel beaucoup meilleur que celui de Virgile: les abeilles d'Hybla ne paissaient que le thym, n'avaient point d'orangers. Toutes choses aujourd'hui valent mieux qu'autrefois.

Je finis en vous priant de présenter mon respect à madame de Sainte-Croix et à M. Larcher. Que n'ai-je ici son Hérodote, comme je l'avais en Allemagne! Je le perdis justement comme je viens de faire mon Homère, sur le point de le savoir par cœur. Il me fut pris par des hussards. Ce que je ne perdrai jamais, ce sont les sentiments que vous m'inspirez l'un et l'autre, dans lesquels il entre du respect, de l'admiration, et si j'ose le dire, de l'amitié.

LES NAPOLITAINS.

Le peuple napolitain, à quelques égards, n'est point du tout civilisé; mais il n'est point vulgaire à la manière des autres peuples: sa grossièreté même frappe l'imagination. La rive africaine, qui borde la mer de l'autre côté, fait déjà presque sentir son influence, et il y a je ne sais quoi de numide* dans les cris sauvages qu'on entend de toutes parts. Ces visages bruns, ces vêtements formés de quelques morceaux d'étoffe rouge ou violette, ces lambeaux d'habillements que ce peuple artiste drape encore avec art, donnent quelque chose de pittoresque à la populace, tandis qu'ailleurs l'on ne peut voir en elle que les misères de la civilisation. Un certain goût pour la parure et les décorations se trouve souvent à Naples à côté du manque absolu des choses nécessaires ou commodes. Les boutiques sont ornées agréablement avec des fleurs et des fruits; quelques-unes ont un air de fête qui ne tient ni à l'abondance ni à la félicité publique, mais seulement à la vivacité de l'imagination: on veut réjouir les yeux avant tout. La douceur du climat permet aux ouvriers en tout genre de travailler dans la rue. Les tailleurs y font des habits, les traiteurs leur cuisine, et les occupations de la maison, se passant ainsi au dehors, multiplient le mouvement de mille manières. Les chants, les danses, des jeux bruyants, accompagnent assez bien tout ce spectacle, et il n'y a point de pays où l'on sente plus clairement la différence de l'amusement au bonheur. Enfin, on sort de l'intérieur de la ville pour arriver sur les quais, d'où l'on voit et la mer et le Vésuve, et l'on oublie alors tout ce que l'on sait des hommes.

MME DE STAËL.—*Née en* 1766; *morte en* 1817.

Observation.—Ce tableau présente une peinture vive et pittoresque le style en est poétique et fortement coloré.

LE FILOU ET LE NOTAIRE.

La ville de Milan a été, au mois de juin 1829, le théâtre d'un tour d'escroquerie assez singulier.

Un filou, vêtu en paysan, cherchait des dupes sur la place publique, lorsqu'il vit venir à lui un notaire, chargé d'un gros sac d'écus. C'était un assez bel homme; mais son sac était bien plus beau. Le filou qui l'avait vu quelquefois l'accosta: —"Monsieur," lui dit-il, en prenant le ton d'un villageois bien simple, "pardon si je vous arrête un moment. Je viens d'un bourg voisin (qu'il nomma) en ma qualité de marguillier

* Les Numides étaient les peuples les moins civilisés de l'Afrique septentrionale, et conséquemment ceux dont le langage était le plus rude e plus sauvage.

de la paroisse, chercher un notaire pour arranger de grands débats qui nous sont survenus, et une chape pour M. le curé, qui a brûlé la sienne cet hiver, en se chauffant dans la sacristie. Si c'était un effet de votre bonté de m'indiquer où je trouverai tout cela, vous me rendriez bien reconnaissant."

Le notaire ouvrit de grandes oreilles, et répondit du ton le plus poli qu'il était l'homme qu'on cherchait, et qu'il écrirait tous les actes et ferait toutes les affaires de la paroisse au prix le plus modéré.—" A ce que je vois," dit le filou, " vous êtes notaire ?"—" Justement."—" Eh bien ! c'est bon, car vous me revenez. Savez-vous que vous allez gagner là deux ou trois cents écus ?"—" Allons tant mieux."—" Mais en récompense de la pratique que je vous donne, il faut que vous me rendiez un vrai service. Notre curé est absolument de votre taille. Menez-moi chez un honnête marchand ; essayez la chape ; ce qui vous ira bien, ira bien."

Le notaire ne put se refuser à cette petite complaisance Il conduisit le prétendu marguillier chez un vendeur d'ornements d'église ; on choisit une belle chape, et le notaire se la mit sur le dos. Il avait déposé pour cette opération son sac d'écus sur le comptoir. Pendant qu'il avait le dos tourné, le filou empoigna le sac, ouvrit la porte, et prit la fuite. Le notaire se retourna brusquement, et voyant partir son sac, il se mit à hurler, en courant du côté où il avait vu tourner son homme, et en criant de toutes ses forces *au voleur*. Le marchand courut de son côté après le notaire en poussant les mêmes cris. Le filou, qui n'était pas hors de péril, courait toujours en criant aussi : " Arrêtez le voleur ! c'est un sacrilége ! il a pris la chape de Saint Ambroise ! il est fou ! arrêtez-le avec précaution ; je vais aller chercher la justice."

La populace qui voyait un notaire courir les rues avec une chape sur le dos, ne douta pas un instant que ce ne fût l'homme dont il s'agissait. On l'arrêta malgré ses clameurs ; on le gourma de quelques coups de poing ; les bonnes gens à qui le filou venait d'apprendre qu'on emportait la chape de Saint Ambroise, se hâtèrent d'en déchirer des lambeaux, pour en faire des reliques et des amulettes ; si bien qu'elle disparu en un clin d'œil.

On reconduisit enfin le notaire chez le marchand ; toute l'affaire s'expliqua ; mais le voleur était sauvé avec le sac et le notaire fut encore obligé de payer la chape.

COLLIN DE PLANCY.

LE SINGE ET LE CHAT.

Bertrand avec Raton, l'un singe et l'autre chat,
Commensaux d'un logis, avaient un commun maître.
D'animaux malfaisants c'était un très bon plat :
Ils n'y craignaient tous deux aucun, quel qu'il pût être
Trouvait-on quelque chose au logis de gâté ;
L'on ne s'en prenait point aux gens du voisinage ·
Bertrand dérobait tout ; Raton, de son côté,
Était moins attentif aux souris qu'au fromage.

Un jour, au coin du feu, nos deux maîtres fripons
Regardaient rôtir des marrons.
Les escroquer était une très bonne affaire :
Nos galants y voyaient double profit à faire,
Leur bien premièrement, et puis le mal d'autrui.
Bertrand dit à Raton : Frère, il faut aujourd'hui
Que tu fasses un coup de maître :
Tire-moi ces marrons. Si Dieu m'avait fait naître
Propre à tirer marrons du feu,
Certes, marrons verraient beau jeu.
Aussitôt fait que dit : Raton, avec sa patte,
D'une manière délicate,
Écarte un peu la cendre, et retire les doigts ;
Puis les reporte à plusieurs fois ;
Tire un marron, puis deux, et puis trois en escroque ;
Et cependant Bertrand les croque.
Une servante vient : adieu mes gens. Raton
N'était pas content, ce dit-on.

Aussi ne le sont pas la plupart de ces princes
Qui, flattés d'un pareil emploi,
Vont s'échauder en des provinces
Pour le profit de quelque roi.

La Fontaine.

LES VOLEURS EN ESPAGNE.

Me voici de retour à Madrid, après avoir parcouru pendant plusieurs mois, et dans tous les sens, l'Andalousie, cette terre classique des voleurs, sans en rencontrer un seul. J'en suis presque honteux. Je m'étais arrangé pour une attaque de voleurs, non pas pour me défendre, mais pour causer avec eux et les questionner bien poliment sur leur genre de vie. En regardant mon habit usé aux coudes et mon mince bagage, je regrette d'avoir manqué ces messieurs. Le plaisir de les voir n'était pas payé trop cher par la perte d'un léger portemanteau.

Mais si je n'ai pas vu de voleurs, en revanche, je n'ai pas entendu parler d'autre chose. Les postillons, les aubergistes vous racontent des histoires lamentables de voyageurs assassinés, de femmes enlevées, à chaque halte que l'on fait pour changer de mules. L'événement qu'on raconte s'est toujours passé la veille et sur la partie de la route que vous allez parcourir. Le voyageur qui ne connaît point encore l'Espagne, et qui n'a point eu le temps d'acquérir la sublime insouciance castillane, quelque incrédule qu'il soit d'ailleurs, ne laisse pas de recevoir une certaine impression de tous ces récits. Le jour tombe, et avec beaucoup plus de rapidité que dans nos climats du nord; ici le crépuscule ne dure qu'un moment: survient alors, surtout dans le voisinage des montagnes, un vent qui serait sans doute chaud à Paris, mais qui par la comparaison que l'on en fait avec la chaleur du jour vous paraît froid et désagréable. Pendant que vous vous enveloppez dans votre manteau, que vous enfoncez sur vos yeux votre bonnet de voyage, vous remarquez que les hommes de votre escorte jettent l'amorce de leurs fusils sans la renouveler. Étonné de cette singulière manœuvre, vous en demandez la raison, et les braves qui vous accompagnent, répondent du haut de l'impériale où ils sont perchés, qu'ils ont bien tout le courage possible, mais qu'ils ne peuvent pas résister seuls à toute une bande de voleurs: "Si l'on est attaqué, nous n'aurons de quartier qu'en prouvant que nous n'avons jamais eu l'intention de nous défendre."

Le voyageur se repent alors d'avoir pris tant d'argent sur lui. Il regarde l'heure à sa montre de Bréguet qu'il croit consulter pour la dernière fois. Il serait bien heureux de la savoir tranquillement pendue à sa cheminée de Paris. Il demande au *mayoral* (conducteur) si les voleurs prennent les habits des voyageurs.—"Quelquefois, monsieur. Le mois passé la diligence de Séville a été arrêtée à une lieue de la Carlota, et tous les voyageurs sont entrés à Écija comme de petits anges."—"De petits anges! que voulez-vous dire?"—"Je veux dire que les bandits leur avaient pris tous leurs habits."—"Diable!" s'écrie le voyageur en boutonnant sa redingote: mais il se rassure un peu, et sourit même en remarquant une jolie Andalouse, sa compagne de voyage, qu baise dévotement son pouce en soupirant: "Jésus! Jésus!" (On croit ici que ceux qui baisent leur pouce après avoir fait le signe de la croix ne manquent pas de s'en trouver bien.) La nuit est tout-à-fait venue, mais heureusement la lune se lève brillante sur un ciel sans nuages. On commence à découvrir de loin l'entrée d'une gorge affreuse qui n'a pas moins d'une demi-lieue de longueur. "Mayoral, est-ce là l'endroit où l'on a déjà arrêté la diligence?"—"Oui, monsieur, et tué un voyageur. Postillon, poursuit le mayoral, ne fais pas claquer ton fouet de peur de les avertir."—"Qui?" demande le voyageur.—"Les voleurs," répond le mayoral. —"Diable!" s'écrie le voyageur.—"Monsieur, regardez donc là-bas au tournant de la route....ne sont-ce pas des hommes? Ils se cachent dans l'ombre de ce grand rocher." —"Oui, madame, un, deux, trois, six hommes à cheval!"— "Ah! Jésus, Jésus!" (signe de croix et baisement de pouce.) —"Mayoral, voyez-vous là-bas?"—"Oui."—"En voici un qui tient un grand bâton, peut-être un fusil?"—"C'est un fusil."—"Croyez-vous que ce soient de bonnes gens?" demande avec anxiété la jeune Andalouse.—"Qui sait!" répond le mayoral en haussant les épaules et abaissant les coins de sa bouche.—"Alors que Dieu nous pardonne tous!" et elle se cache la figure dans le gilet du voyageur doublement ému. La voiture va comme le vent: huit mules vigoureuses au grand trot. Les cavaliers s'arrêtent: ils se forment sur une ligne....c'est pour barrer le passage. Non, ils s'ouvrent. Trois prennent à gauche, trois à droite de la route....c'est qu'ils veulent entourer la voiture de tous les côtés.—"Postillon! arrêtez vos mules, si ces gens-là vous le commandent. N'allez pas nous attirer une volée de coups de fusil!"— "Soyez tranquille, monsieur; j'y suis plus intéressé que vous."—Enfin l'on est si près que déjà l'on distingue les grands chapeaux, les selles turques, et les guêtres de cuir blanc des six cavaliers. Si l'on pouvait voir leurs traits, quels yeux, quelles barbes, quelles cicatrices on apercevrait! Il n'y a plus de doute: ce sont des voleurs, car ils ont tous des fusils. Le premier voleur touche le bord de son grand chapeau, et dit d'un ton de voix grave et doux: *Vayan Vms. con Dios!* Allez avec Dieu! C'est le salut que les voyageurs échangent sur la route. *Vayan Vms. con Dios!* disent à leur tour les autres cavaliers, s'écartant poliment pour que la voiture passe, car ce sont d'honnêtes fermiers attardés au marché d'Écija, qui retournent dans leur village et qui voy agent en troupe et armés, par suite de la grande préoccupation des voleurs dont j'ai déjà parlé.

Après quelques rencontres de cette espèce, on arrive promptement à ne plus croire du tout aux voleurs. On s'accoutume si bien à la mine un peu sauvage des paysans, que des brigands véritables ne vous paraîtraient plus que d'honnêtes laboureurs qui n'ont pas fait leur barbe depuis longtemps. J'ai fait connaissance à Grenade avec un jeune Anglais qui, pour avoir longtemps parcouru sans accident les plus mauvais chemins de l'Espagne, en était venu à nier opiniâtrément l'existence des voleurs. Un jour il est arrêté par deux hommes de mauvaise mine, armés de fusils. Il s'imagina aussitôt que c'étaient des paysans en gaieté qui voulaient s'amuser à lui faire peur. A toutes leurs injonctions de donner de l'argent, il répondait en riant et en disant qu'il n'était pas leur dupe. Il fallut, pour le tirer d'erreur, qu'un des véritables bandits lui donnât sur la tête un coup de crosse dont il montrait encore la cicatrice trois mois après.

A différentes époques, le gouvernement espagnol s'est occupé sérieusement de purger les grandes routes des voleurs qui depuis un temps immémorial sont en possession de les parcourir. Ses efforts n'ont jamais pu avoir de résultats décisifs. Une bande a été détruite, mais une autre s'est formée aussitôt. Quelquefois un capitaine général est parvenu, à force de soins, à chasser tous les voleurs de son gouvernement, mais alors les provinces voisines en ont regorgé. La nature du pays hérissé de montagnes, sans routes frayées, rend bien difficile l'entière destruction des voleurs. En Espagne comme dans la Vendée, il y a un grand nombre de métairies isolées (*aldeas*), éloignées de plusieurs milles de tout endroit habité. En garnisonant toutes ces métairies, tous les petits hameaux, on obligerait promptement les voleurs à se livrer à la justice, sous peine de mourir de faim. Mais où trouver assez d'argent, assez de soldats ? Les propriétaires des *aldeas* sont intéressés, on le sent, à conserver de bons rapports avec les brigands dont la vengeance est redoutable. D'un autre côté les voleurs qui comptent sur eux pour leur subsistance, les ménagent, leur payent bien les objets dont ils ont besoin, et quelquefois même les associent au partage du butin. Un voleur commence en général par être contrebandier. Son commerce est troublé par les employés de la douane. C'est une injustice criante pour les neuf dixièmes de la population, que l'on tourmente un galant homme qui vend à bon compte de meilleurs cigares que ceux du roi, qui apporte aux femmes des soieries, des marchandises anglaises et tout le commérage de dix lieues à la ronde. Qu'un douanier vienne à tuer ou à prendre son cheval, voilà le contrebandier ruiné; il a d'ailleurs une vengeance à exercer; il se fait voleur.

Le modèle du voleur espagnol, le prototype du héros de grand chemin, le Robin-Hood, le Roque Guinar de notre temps, c'est le fameux Jose Maria, surnommé *el tempranito*, le matinal. C'est l'homme dont on parle le plus de Madrid à Séville et de Séville à Malaga. Beau, brave, courtois autant qu'un voleur peut l'être, tel est Jose Maria. S'il arrête une diligence, il donne la main aux dames pour descendre, et prend soin qu'elles soient commodément assises à l'ombre, car c'est de jour que se font la plupart de ses exploits. Jamais un juron, jamais un mot grossier; au contraire, des égards presque respectueux, et une politesse naturelle, qui ne se dément jamais. Ote-t-il une bague de la main d'une dame: "Ah, madame, dit-il, une aussi belle main n'a pas besoin d'ornements." Et tout en faisant glisser la bague hors du doigt, il baise la main d'un air à faire croire, suivant l'expression d'une dame espagnole, que le baiser avait pour lui plus de prix que la bague. On m'a assuré qu'il laisse toujours aux voyageurs assez d'argent pour arriver à la ville la plus proche, et que jamais il n'a refusé à personne la permission de garder un bijou que des souvenirs rendaient précieux.

On m'a dépeint Jose Maria comme un grand jeune homme de vingt ans, bien fait, la physionomie ouverte et riante, des dents blanches comme des perles et des yeux remarquablement expressifs. Il porte ordinairement un costume d'une très grande richesse. Son linge est toujours éclatant de blancheur, et ses mains feraient honneur à un élégant de Paris ou de Londres. Il n'y a guère que cinq ou six ans qu'il court les grands chemins. Il était destiné par ses parents à l'église, et il étudiait la théologie à l'université de Grenade; mais sa vocation n'était pas fort grande. Une affaire d'amour l'obligea de prendre la fuite et de s'exiler à Gibraltar; là, comme l'argent lui manquait, il fit marché avec un négociant anglais pour introduire en contrebande une forte partie de marchandises prohibées. Il fut trahi par un homme à qui il avait fait part de son projet. Les douaniers surent la route qu'il devait tenir, et s'embusquèrent sur son passage. Tous les mulets qu'il conduisait furent pris; mais il ne les abandonna qu'après un combat acharné, dans lequel il tua ou blessa plusieurs douaniers. Dès ce moment, il n'eut plus d'autre ressource que de rançonner les voyageurs.

Un bonheur continuel l'a constamment accompagné jusqu'à ce jour. Sa tête est mise à prix, son signalement est affiché à la porte de toutes les villes, avec promesse de 8,000 réaux à celui qui le livrera mort ou vif, fût-il un de ses complices! Pourtant Jose Maria continue impunément son dangereux métier, et ses courses s'étendent depuis les frontières du Portugal jusqu'au royaume de Murcie. Sa bande n'est pas nombreuse; mais elle est composée d'hommes dont la fidélité et la résolution sont depuis longtemps éprouvées. Un jour, à la tête d'une douzaine d'hommes de son choix, il surprit *à la venta de Gazin* soixante-dix volontaires royalistes envoyés à sa poursuite, et les désarma tous. On le vit ensuite regagner les montagnes à pas lents, chassant devant lui deux mulets chargés des soixante-dix escopettes qu'il emportait comme pour en faire un trophée.

On conte des merveilles de son adresse à tirer à balle. Sur un cheval lancé au galop, il touche un tronc d'olivier à cent cinquante pas. Le trait suivant fera connaître à la fois son adresse et sa générosité: Un capitaine Castro, officier rempli de courage et d'activité, qui poursuit, dit-on, les voleurs autant pour satisfaire une vengeance personnelle que pour remplir son devoir de militaire, apprit par un de ses espions que Jose Maria se trouverait un tel jour dans une *aldea* écartée. Castro, au jour indiqué, monte à cheval, et pour ne pas éveiller des soupçons en mettant trop de monde en campagne, il ne prend avec lui que quatre lanciers. Quelques précautions qu'il mît en usage pour cacher sa marche, il ne put si bien faire que Jose Maria n'en fût instruit. Au moment où Castro, après avoir passé une gorge profonde, entrait dans la vallée où était située *l'aldea* de son ennemi, douze cavaliers bien montés paraissent tout-à-coup sur son flanc, et beaucoup plus près que lui de la gorge par où seulement il pouvait faire sa retraite. Les lanciers se crurent perdus. Un homme, monté sur un cheval bai, se détache au galop de la troupe des voleurs, et arrête son cheval tout court à cent pas de Castro. "On ne surprend pas Jose Maria! s'écrie-t-il. Capitaine Castro, que vous ai-je fait pour que vous vouliez me livrer à la justice? Je pourrais vous tuer; mais les hommes de cœur sont devenus rares, et je vous donne la vie. Voici un souvenir qui vous apprendra à m'éviter. A votre shako!" En parlant ainsi, il l'ajuste, et d'une balle il traverse le haut du shako du capitaine. Aussitôt il tourna bride et disparut avec ses gens.

Voici un autre exemple de sa courtoisie: On célébrait une

noce dans une métairie des environs d'Andujar. Les mariés avaient déjà reçu les compliments de leurs amis, et l'on allait se mettre à table, sous un grand figuier, devant la porte de la maison ; chacun était en disposition de bien faire, et les émanations des jasmins et des orangers en fleurs se mêlaient agréablement au parfum plus substantiel qui s'exhalait de plusieurs plats qui faisaient plier la table sous leur poids. Tout d'un coup parut un homme à cheval, sortant d'un bouquet de bois, à portée de pistolet de la maison. L'inconnu sauta lestement à terre, salua les convives de la main, et conduisit son cheval à l'écurie. On n'attendait personne ; mais en Espagne tout passant est bien venu à partager un repas de fête ; d'ailleurs l'étranger, par ses habillements, paraissait être un homme d'importance. Le marié se détacha aussitôt pour l'inviter à dîner. Pendant qu'on se demandait tout bas quel était cet étranger, le notaire d'Andujar, qui assistait à la noce, était devenu pâle comme la mort. Il essayait de se lever de la chaise qu'il occupait auprès de la mariée ; mais ses genoux ployaient sous lui, et ses jambes ne pouvaient plus le supporter. Un des convives, soupçonné depuis longtemps de s'occuper de contrebande, s'approcha de la mariée : "C'est Jose Maria ! dit-il. Je me trompe fort, ou il vient ici pour faire quelque malheur. C'est au notaire qu'il en veut. Mais que faire ? le faire échapper !"—"Impossible ! Jose Maria l'aurait bientôt rejoint."—"Arrêter le brigand ?"—"Mais sa bande est sans doute aux environs ; d'ailleurs il porte des pistolets à sa ceinture, et son poignard ne le quitte jamais."—"Mais, monsieur le notaire, qu'avez-vous donc fait ?"—"Hélas ! rien, absolument rien !" Quelqu'un murmura tout bas que le notaire avait dit à son fermier, deux mois avant, que si Jose Maria venait jamais lui demander à boire, il devrait mettre un gros d'arsenic dans son vin.

On délibérait encore sans entamer la *olla*, quand l'inconnu reparut suivi du marié. Plus de doute, c'était Jose Maria. Il jeta en passant un coup d'œil de tigre au notaire qui se mit à trembler comme s'il avait eu le frisson de la fièvre ; puis il salua la mariée avec grâce, et lui demanda la permission de danser à sa noce. Elle n'eut garde de refuser, ou de lui faire mauvaise mine. Jose Maria prit aussitôt un tabouret de liége, s'approcha de la table et s'assit sans façon à côté de la mariée, entre elle et le notaire qui paraissait à chaque instant sur le point de s'évanouir. On commença à manger. Jose Maria était rempli d'attentions et de petits soins pour sa voisine. Lorsqu'on servit du vin d'extra, la mariée prenant un verre de Montilla (qui vaut bien mieux que le Xérez, selon moi), le toucha de ses lèvres et le présenta ensuite au bandit. C'est une politesse que l'on fait à table aux personnes que l'on estime. Cela s'appelle *una fineza ;* malheureusement cet usage se perd dans la bonne société, aussi empressée ici qu'ailleurs de se dépouiller de toutes les coutumes nationales. Jose Maria prit le verre, remercia avec effusion, et déclara à la mariée qu'il la priait de le tenir pour son serviteur, et qu'il ferait avec joie tout ce qu'elle voudrait bien lui commander. Alors celle-ci toute tremblante et se penchant timidement à l'oreille de son terrible voisin : " Accordez-moi une grâce," dit-elle.—" Mille !" s'écria Jose Maria.—" Oubliez, je vous en conjure, les mauvais vouloirs que vous avez peut-être apportés ici. Promettez-moi que, pour l'amour de moi, vous pardonnerez à vos ennemis, et qu'il n'y aura pas de scandale à ma noce."—" Notaire ! dit Jose Maria, se tournant vers l'homme de loi tremblant, remerciez madame. Sans elle je vous aurais tué avant que vous eussiez digéré votre dîner. N'ayez plus peur, je ne vous ferai plus de mal. Et lui versant un verre de vin, il ajouta avec un sourire un peu méchant. Allons notaire, à ma santé ! ce vin est bon et il n'est pas empoisonné." Le malheureux notaire croyait avaler un cent d'épingles. " Allons ! enfants ! s'écria le voleur, de la gaieté ! vive la mariée !" Et se levant avec vivacité, il courut chercher une guitare et se mit à improviser un couplet en l'honneur des nouveaux époux.

Bref, pendant le reste du dîner et le bal qui le suivit, il se rendit tellement aimable, que les femmes avaient les larmes aux yeux en pensant qu'un aussi charmant garçon finirait peut-être ses jours à la potence. Il dansa, il chanta, il se fit tout à tous.* Vers minuit, une petite fille de douze ans, à demi couverte de guenilles, s'approcha de Jose Maria, et lui dit quelques mots dans l'argot des Bohémiens. Jose Maria tressaillit : il courut à l'écurie, d'où il revint bientôt emmenant son bon cheval. Puis s'avançant vers la mariée, un bras passé dans la bride : " Adieu, dit-il, enfant de mon âme, jamais je n'oublierai les moments que j'ai passés auprès de vous. Ce sont les plus heureux que j'ai vus depuis bien des années. Soyez assez bonne pour accepter cette bagatelle d'un pauvre diable qui voudrait avoir une mine à vous offrir." Il lui présentait en même temps une jolie bague. " Jose Ma-

* On dit, *Il se fait tout à tous,* pour dire, Il s'accommode à tous les caractères, à toutes les opinions.

ria! s'écria la mariée, tant qu'il y aura un pain dans cette maison, la moitié vous appartiendra." Le voleur serra la main de tous les convives, celle même du notaire, embrassa toutes les femmes, puis sautant lestement en selle il regagna les montagnes. Alors seulement le notaire respira librement. Une demi-heure après arriva un détachement de miquelets, mais personne n'avait vu l'homme qu'ils cherchaient.

Le peuple espagnol, qui sait par cœur les romances des douze pairs, qui chante les exploits de Renaud de Montauban, doit nécessairement s'intéresser beaucoup au seul homme qui, dans un temps aussi prosaïque que le nôtre, fait revivre les vertus chevaleresques des anciens preux. Un autre motif contribue encore à augmenter la popularité de Jose Maria, il est extrêmement généreux. L'argent ne lui coûte guère à gagner, et il le dépense facilement avec les malheureux. Jamais, dit-on, un pauvre ne s'est adressé à lui sans en recevoir une aumône abondante. Un muletier me racontait qu'ayant perdu un mulet qui faisait toute sa fortune, il était sur le point de se jeter la tête la première dans le Guadalquivir, quand une boîte contenant six onces d'or fut remise à sa femme par un inconnu. Il ne doutait pas que ce ne fût un présent de Jose Maria, à qui il avait indiqué un gué un jour qu'il était poursuivi de près par les miquelets.*

MÉRIMÉE.

LES COMPAGNONS D'ULYSSE.

Les compagnons d'Ulysse, après dix ans d'alarmes,
Erraient au gré du vent, de leur sort incertains.
Ils abordèrent au rivage
Où la fille du dieu du jour,
Circé,† tenait alors sa cour.
Elle leur fit prendre un breuvage
Délicieux, mais plein d'un funeste poison.

---

* Au mois de janvier 1833, l'Infant don Francisco voulait se rendre en Andalousie. Comme cette province était infestée de brigands, il s'adressa à Jose Maria pour lui demander à prix d'argent une sorte de sauf-conduit. Jose Maria voulut lui même escorter le prince ; et, suivi d'une troupe de ses plus fidèles compagnons, tous richement équipés, il le conduisit à sa destination. Don Francisco fut tellement enchanté de sa conversation attrayante, qu'il lui proposa de demander sa grâce au roi son frère, et de lui faire obtenir une pension. Le gouvernement lui accorda une pension de 24,000 réaux qu'il dépense maintenant à Séville.

† Fille du jour et de la nuit, et fameuse magicienne.

D'abord ils perdent la raison;
Quelques moments après, leur corps et leur visage
Prennent l'air et les traits d'animaux différents:
Les voilà devenus ours, lions, éléphants:
Les uns sous une masse énorme,
Les autres sous une autre forme;
Il s'en vit de petits, *exemplum ut talpa.*
Le seul Ulysse en échappa;
Il sut se défier de la liqueur traîtresse.
Comme il joignait à la sagesse
La mine d'un héros et le doux entretien,
Il fit tant que l'enchanteresse
Prit un autre poison peu différent du sien.
Une déesse dit tout ce qu'elle a dans l'ame:
Celle-ci déclara sa flamme.
Ulysse était trop fin pour ne pas profiter
D'une pareille conjoncture:
Il obtint qu'on rendrait à ses Grecs leur figure,
Mais la voudront-ils bien, dit la nymphe, accepter?
Allez le proposer de ce pas à la troupe.
Ulysse y court, et dit: L'empoisonneuse coupe
A son remède encore; et je viens vous l'offrir:
Chers amis, voulez-vous hommes redevenir?
On vous rend déjà la parole.
Le lion dit, pensant rugir,
Je n'ai pas la tête si folle:
Moi renoncer aux dons que je viens d'acquérir!
J'ai griffe et dents, et mets en pièces qui m'attaque:
Je suis roi; deviendrai-je un citadin d'Ithaque!
Tu me rendras peut-être encore simple soldat:
Je ne veux point changer d'état.
Ulysse, du lion, court à l'ours: Eh! mon frère,
Comme te voilà fait! je t'ai vu si joli!
Ah! vraiment nous y voici,
Reprit l'ours à sa manière:
Comme me voilà fait! comme doit être un ours.
Qui t'a dit qu'une forme est plus belle qu'une autre?
Est-ce à la tienne à juger de la nôtre?
Je m'en rapporte aux yeux d'une ourse mes amours,
Te déplais-je? va-t'en; suis ta route, et me laisse
Je vis libre, content, sans nul soin qui me presse;
Et te dis tout net et tout plat:
Je ne veux point changer d'état.
Le prince grec au loup va proposer l'affaire:

Il lui dit au hasard d'un semblable refus :
Camarade, je suis confus
Qu'une jeune et belle bergère
Conte aux échos les appétits gloutons
Qui t'ont fait manger ses moutons.
Autrefois on t'eût vu sauver sa bergerie ;
Tu menais une honnête vie.
Quitte ces bois, et redevien,
Au lieu de loup, homme de bien.
En est-il ? dit le loup : pour moi, je n'en vois guère
Tu t'en viens me traiter de bête carnassière ;
Toi qui parles, qu'es-tu ? N'auriez-vous pas, sans moi,
Mangé ces animaux que plaint tout le village ?
Si j'étais homme, par ta foi,
Aimerais-je moins le carnage ?
Pour un mot quelquefois vous vous étranglez tous :
Ne vous êtes-vous pas l'un à l'autre des loups ?
Tout bien considéré, je te soutiens en somme
Que, scélérat pour scélérat,
Il vaut mieux être un loup qu'un homme :
Je ne veux point changer d'état.
Ulysse fit à tous une même semonce,
Chacun d'eux fit même réponse,
Autant le grand que le petit.
La liberté, les bois, suivre leur appétit,
C'était leurs délices suprêmes :
Tous renonçaient au los des belles actions.
Ils croyaient s'affranchir suivant leurs passions :
Ils étaient esclaves d'eux-mêmes.

La Fontaine.

L'HABIT DU CHEVALIER DE GRAMMONT.

[Laharpe, dans son jugement sur les Mémoires du chevalier de Grammont, a dit : " L'art de raconter les petites choses de manière à les faire valoir beaucoup, y est dans sa perfection. L'histoire de l'habit volé par Termes est en ce genre un modèle unique. Ce livre est le premier où l'on ait montré souvent cette sorte d'esprit qu'on a depuis appelé *persiflage*, que Voiture avait mis quelquefois en usage avant qu'il fût connu sous ce nom, et qui consiste à dire plaisamment les choses sérieuses, et sérieusement les choses frivoles. Lorsque le C. de Grammont dit, en parlant de son valet-de-chambre Termes, *je l'aurais infailliblement tué, si je n'avais craint de faire attendre mademoiselle d'Hamilton,* il dit une chose très folle du ton le plus sérieux, et n'en est que plus gai. Mais cet esprit demande beaucoup de mesure et de choix...." J'ajoute que cet esprit ne devrait jamais être l'esprit de tout un livre, encore moins de toute une vie.]

Le roi,* qui ne cherchait qu'à faire plaisir au chevalier de Grammont, lui demanda s'il voulait être de la mascarade, à la charge de mener mademoiselle d'Hamilton. Il ne se piquait pas d'être assez danseur pour une occasion comme celle. Cependant il n'avait garde de refuser cette proposition. Sire, dit-il, de toutes les bontés qu'il vous a plu me témoigner depuis que je suis ici, cette dernière m'est la plus sensible."

"Je vous laisse, dit le roi, le choix des nations. Si cela est, reprit le chevalier de Grammont, je m'habillerai à la française pour me déguiser; car l'on me fait déjà l'honneur de me prendre pour un Anglais dans votre ville de Londres. J'aurais, sans cela, quelque envie de me mettre à la romaine: mais de peur de me faire des affaires avec le prince Robert, qui prend si chaudement les intérêts d'Alexandre, contre milord Janet qui se déclare pour César, je n'ose plus m'habiller en héros. Du reste, quoique j'aie la danse cavalière, avec de l'oreille et de l'esprit j'espère me tirer d'affaire: de plus, mademoiselle d'Hamilton mettra bien ordre qu'on n'aura pas trop d'attention pour moi. Quant à mon habillement, je ferai partir Termes demain matin; et si je ne vous fais voir à son retour l'habit le plus galant que vous ayez encore vu, tenez-moi pour la nation la plus déshonorée de votre mascarade."

Termes partit avec des instructions réitérées sur le sujet de son voyage; son maître redoublant d'impatience dans une conjoncture comme celle-là, le courrier ne pouvait pas encore être débarqué, qu'il commençait à compter les moments dans l'attente de son retour. Il s'en occupa jusques à la veille du bal.

Le jour du bal venu, la cour, plus brillante que jamais, étala toute sa magnificence dans cette mascarade. Ceux qui devaient la composer étaient assemblés à la réserve du chevalier de Grammont. On s'étonna qu'il arrivât des derniers dans cette occasion, lui dont l'empressement était si remarquable dans les plus frivoles: mais on s'étonna bien plus de e voir enfin paraître en habit de ville, qui avait déjà paru La chose était monstrueuse pour la conjoncture et nouvelle pour lui. Vainement portait-il le plus beau point, la perruque la plus vaste et la mieux poudrée qu'on pût

* Charles II, roi d'Angleterre.

voir. Son habit, d'ailleurs magnifique, ne convenait point à la fête.

Le roi, qui s'en aperçut d'abord: "Chevalier de Grammont, lui dit-il, Termes n'est donc point arrivé:" "Pardonnez-moi, sire, dit-il, Dieu merci. Comment; Dieu merci? dit le roi, lui serait-il arrivé quelque chose par les chemins? Sire, dit le chevalier de Grammont, voici l'histoire de mon habit et de M. Termes, mon courrier." A ces mots, le bal tout prêt à commencer fut suspendu. Tous ceux qui devaient danser faisaient un cercle autour du chevalier du Grammont; il poursuivit ainsi son récit:

"Il y a deux jours que ce coquin devait être ici, suivant mes ordres et ses serments. On peut juger de mon impatience tout aujourd'hui, voyant qu'il n'arrivait pas. Enfin, après l'avoir bien maudit, il n'y a qu'une heure qu'il est arrivé, crotté depuis la tête jusqu'aux pieds, botté jusques à la ceinture, fait enfin comme un excommunié. Eh bien! monsieur le faquin, lui dis-je, voilà de vos façons de faire; vous vous faites attendre jusques à l'extrémité; encore est-ce un miracle que vous soyez arrivé. Oui, mor...., dit-il, c'est un miracle. Vous êtes toujours à gronder. Je vous ai fait faire le plus bel habit du monde, que monsieur le duc de Guise lui-même a pris la peine de commander. Donne-le donc, bourreau, lui dis-je; monsieur, dit-il, si je n'ai mis douze brodeurs après, qui n'ont fait que travailler jour et nuit, tenez-moi pour un infâme. Je ne les ai pas quittés d'un moment. Et où est-il, dis-je, traître qui ne fait que raisonner dans le temps que je devrais être habillé? Je l'avais, dit-il, empaqueté, serré, ployé, que toute la pluie du monde n'en eût point approché. Me voilà, poursuivit-il, à courir jour et nuit, connaissant votre impatience, et qu'il ne fait pas bon lanterner avec vous....Mais où est-il, m'écriai-je, cet habit si bien empaqueté? Péri, Monsieur, me dit-il en joignant les mains. Comment! péri, lui dis-je en sursaut. Oui, péri, perdu, abîmé. Que vous dirai-je de plus? Quoi! le paquebot a fait naufrage? lui dis-je. Oh! vraiment, c'est bien pis, comme vous allez voir, me répondit-il. J'étais à une demi-lieue de Calais hier au matin, et je voulus prendre le long de la mer pour faire plus de diligence: mais, ma foi, l'on dit bien vrai, qu'il n'est rien tel que le grand chemin; car je donnai tout au travers d'un sable mouvant, où j'enfonçais jusques au menton. Un sable mouvant auprès de Calais, lui dis-je. Oui, monsieur, me dit-il, et si bien sable mouvant, que je me donne au diable, si on me voyait autre chose que le haut de la tête, quand on m'en a tiré. Pour mon cheval, il a fallu plus de quinze hommes pour l'en sortir : mais pour mon portemanteau où malheureusement j'avais mis votre habit, jamais on n'a pu le trouver. Il faut qu'il soit pour le moins une lieue sous terre.

"Voilà, sire, poursuivit le chevalier de Grammont, l'aventure et le récit que m'en a fait cet honnête homme. Je l'aurais infailliblement tué, si je n'avais eu peur de faire attendre mademoiselle d'Hamilton, et si je n'avais été pressé de vous donner avis du sable mouvant, afin que vos courriers prennent soin de l'éviter."

HAMILTON.

LES FOURBERIES DE SCAPIN.

LÉANDRE ; SCAPIN, *son valet.*

Lé. Ah ! ah ! vous voilà ! je suis ravi de vous trouver, monsieur le coquin.

Scap. Monsieur, votre serviteur.

Lé. (*mettant l'épée à la main.*) Ah ! je vous apprendrai.

Scap. (*se mettant à genoux.*) Monsieur, que vous ai-je fait ?

Lé. Je veux que tu me confesses tout-à-l'heure la perfidie que tu m'as faite. Oui, coquin, je sais le trait que tu m'as joué ; mais je veux en avoir la confession de ta propre bouche, ou je vais te passer cette épée au travers du corps.

Scap. Ah ! monsieur, auriez-vous bien ce cœur-là !

Lé. Parle donc.

Scap. Je vous ai fait quelque chose, monsieur ?

Lé. Oui, coquin ; et ta conscience ne te dit que trop ce que c'est.

Scap. Hé bien, monsieur, puisque vous le voulez, je vous confesse que j'ai bu avec mes amis ce petit quartaut de vin d'Espagne dont on vous fit présent il y a quelques jours, et que c'est moi qui fis une fente au tonneau, et répandis de l'eau autour, pour faire croire que le vin s'était échappé.

Lé. C'est toi, qui m'as bu mon vin d'Espagne, et qui as été cause que j'ai tant querellé la servante, croyant que c'était elle qui m'avait fait le tour ?

Scap. Oui, monsieur. Je vous en demande pardon.

Lé. Je suis bien aise d'apprendre cela : mais ce n'est pas l'affaire dont il est question maintenant.

Scap. Ce n'est pas cela, monsieur ?

Lé. Non ; c'est une autre affaire qui me touche bien plus, et je veux que tu me la dises.

Scap. Monsieur, je ne me souviens pas d'avoir fait autre chose.

Lé. (*voulant frapper Scapin.*) Tu ne veux pas parler ?

Scap. Oui, monsieur. Vous savez qu'il y a trois semaines vous m'envoyâtes porter le soir une petite montre à la jeune Égyptienne que vous aimez ; je revins au logis, mes habits tout couverts de boue, et le visage plein de sang, et vous dis que j'avais trouvé des voleurs qui m'avaient bien battu et m'avaient dérobé la montre. C'était moi, monsieur, qui l'avais retenue, afin de voir quelle heure il est.

Lé. Ah ! ah ! j'apprends ici de jolies choses, et j'ai un serviteur fort fidèle, vraiment ! Mais ce n'est pas encore cela que je demande.

Scap. Ce n'est pas cela ?

Lé. Non, infâme ; c'est autre chose encore que je veux que tu me confesses.

Scap. Monsieur, voilà tout ce que j'ai fait.

Lé. (*voulant frapper Scapin.*) Voilà tout ?

Scap. Hé bien, oui, monsieur ; vous vous souvenez de ce loup-garou, il y a six mois, qui vous donna tant de coups de bâton la nuit, et pensa vous faire rompre le cou dans une cave où vous tombâtes en fuyant.

Lé. Hé bien ?

Scap. C'était moi, monsieur, qui faisais le loup-garou, seulement pour vous faire peur, et vous ôter l'envie de nous faire courir toutes les nuits comme vous aviez coutume.

Lé. Je saurai me souvenir en temps et lieu de tout ce que je viens d'apprendre. Mais je veux venir au fait, et que tu me confesses ce que tu as dit à mon père.

Scap. A votre père ?

Lé. Oui, fripon, à mon père.

Scap. Je ne l'ai pas seulement vu depuis son retour.

Lé. C'est de sa bouche que je le tiens pourtant.

Scap. Avec votre permission, il n'a pas dit la vérité.

SCÈNE SUIVANTE.

SUJET.

Scapin s'est engagé à tirer deux cents pistoles d'Argante, père d'Octave, ami de Léandre.

ARGANTE, SCAPIN.

ARGANTE, *de retour d'un long voyage, vient d'apprendre*

que son fils s'est marié pendant son absence; il raisonne ainsi, se croyant seul.—Avoir si peu de conduite et de considération! S'aller jeter dans un engagement comme celui-la! Ah! ah! jeunesse impertinente!

Scap. Monsieur, votre serviteur.

Arg. Bonjour, Scapin!

Scap. Vous rêvez à l'affaire de votre fils.

Arg. Je t'avoue que cela me donne un furieux chagrin, et je viens de consulter des avocats pour faire casser ce mariage.

Scap. Si vous m'en croyez, monsieur, vous tâcherez par quelque autre voie d'accommoder l'affaire. Vous savez ce que c'est que les procès en ce pays-ci, et vous allez vous enfoncer dans d'étranges épines.

Arg. Tu as raison, je le vois bien. Mais quelle autre voie?

Scap. Je pense que j'en ai trouvé une. La compassion que m'a donnée votre chagrin m'a obligé à chercher dans ma tête quelque moyen pour vous tirer d'inquiétude: car de tout temps, je me suis senti pour votre personne une inclination particulière.

Arg. Je te suis obligé.

Scap. J'ai donc été trouver le frère de cette fille qui a été épousée. C'est un de ces braves de profession, de ces gens qui sont tout coups d'épée, qui ne font non plus de conscience de tuer un homme que d'avaler un verre de vin. Je l'ai mis sur ce mariage et je l'ai tant tourné de tous les côtés, qu'il a prêté l'oreille aux propositions que je lui ai faites d'ajuster l'affaire pour quelque somme; et il donnera son consentement à rompre le mariage, pourvu que vous lui donniez de l'argent.

Arg. Et qu'a-t-il demandé?

Scap. Oh! d'abord des choses par-dessus les maisons.

Arg. Hé! quoi?

Scap. Des choses extravagantes.

Arg. Mais encore?

Scap. Il ne parlait pas moins que de cinq ou six cents pistoles.

Arg. Cinq ou six cents fièvres quartaines qui le puissent serrer! Se moque-t-il des gens?

Scap. C'est ce que je lui ai dit. J'ai rejeté bien loin de pareilles propositions, et je lui ai bien fait entendre que vous n'étiez point une dupe, pour vous demander des cinq ou six cents pistoles. Enfin, après plusieurs discours, voici le résultat de notre conférence. Nous voilà au temps, m'a-t-il dit, que je dois partir pour l'armée ; je suis après à m'équiper, et le besoin que j'ai de quelque argent me fait consentir malgré moi à ce qu'on me propose. Il me faut un cheval de service, et je n'en saurais avoir un qui soit tant soit peu raisonnable, à moins de soixante pistoles.

Arg. Hé bien, pour soixante pistoles, je les donne.

Scap. Il faudra le harnais et les pistolets, et cela ira bien à vingt pistoles encore.

Arg. Vingt pistoles, et soixante, ce serait quatre-vingts !

Scap. Justement.

Arg. C'est beaucoup ; mais soit, je consens à cela.

Scap. Il lui faut aussi un cheval pour monter son valet, qui coûtera bien trente pistoles.

Arg. Oh ! C'en est trop ; il n'aura rien du tout.

Scap. Monsieur....

Arg. Non. C'est un impertinent.

Scap. Voulez-vous que son valet aille à pied ?

Arg. Qu'il aille comme il lui plaira, et le maître aussi.

Scap. Ah ! monsieur, ne vous arrêtez point à peu de chose : n'allez point plaider, je vous prie ; et donnez tout pour vous sauver des mains de la justice.

Arg. Hé bien soit. Je me résous à donner encore ces trente pistoles.

Scap. Il me faut encore, a-t-il dit, un mulet pour porter...

Arg. Oh ! que la peste l'étouffe avec son mulet ! Nous irons devant les juges.

Scap. De grâce, monsieur....

Arg. Non, je n'en ferai rien.

Scap. Monsieur, un petit mulet.

Arg. Je ne lui donnerais pas seulement un âne.

Scap. Considérez....

Arg. Non, j'aime mieux plaidre.

Scap. Hé ! monsieur, de quoi parlez-vous là, et à quoi vous résolvez-vous ! Jetez les yeux sur les détours de la justice ; voyez combien de procédures embarrassantes, combien d'animaux ravissants par les griffes desquels il vous faudra passer ; sergents, procureurs, avocats, juges, et leurs clercs. Hé ! monsieur, si vous le pouvez, sauvez-vous de cet enfer-là. La seule pensée d'un procès serait capable de me faire fuir jusqu'aux Indes.

Arg. A combien est-ce qu'il fait monter le mulet ?

Scap. Monsieur, pour le mulet, pour son cheval, et celui de son homme, pour le harnais et les pistolets, et pour payer quelque petite chose qu'il doit à son hôtesse, il demande en tout deux cents pistoles.

Arg. Deux cents pistoles?

Scap. Oui.

Arg. (*se promenant en colère.*) Allons, allons; nous plaiderons.

Scap. Faites réflexion....

Arg. Je plaiderai.

Scap. Ne vous allez point jeter....

Arg. Je veux plaider.

Scap. Mais pour plaider, il vous faudra de l'argent. Donnez-en la moitié à cet homme-ci, et vous voilà hors d'affaire.

Arg. Comment! deux cents pistoles!

Scap. Oui. Vous y gagnerez. J'ai fait un petit calcul, en moi-même, de tous les frais de la justice; et j'ai trouvé qu'en donnant deux cents pistoles à votre homme, vous en aurez de reste, pour le moins, cent cinquante, sans compter les soins, les pas et les chagrins que vous vous épargnerez. Quand il n'y aurait à essuyer que les sottises que disent devant tout le monde de méchants plaisants d'avocats, j'aimerais mieux donner trois cents pistoles que de plaider.

Arg. Je me moque de cela, et je défie les avocats de rien dire de moi.

Scap. Vous ferez ce qu'il vous plaira; mais si j'étais que de vous, je fuirais les procès.

Arg. Je me résous à donner les deux cents pistoles.

Scap. J'en suis ravi pour l'amour de vous.

Arg. Allons le trouver, je les ai sur moi.

Scap. Vous n'avez qu'à me les donner. Je craindrais qu'en vous faisant connaître il n'allât s'aviser de vous demander davantage.

Arg. Oui; mais j'aurais été bien aise de voir comme je donne mon argent.

Scap. Est-ce que vous vous défiez de moi?

Arg. Non pas; mais....

Scap. Monsieur, je suis un fourbe, ou je suis honnête homme; c'est l'un des deux. Si je vous suis suspect, je ne me mêle plus de rien, et vous n'avez qu'à chercher, dès cette heure, qui accommodera vos affaires.

Arg. Tiens donc.

Scap. Non, monsieur, ne me confiez point votre argent. Je serai bien aise que vous vous serviez de quelque autre.

Arg. Tiens, te dis-je. Mais songe à bien prendre tes sûretés avec lui.

Scap. Laissez-moi faire ; il n'a pas affaire à un sot

Arg. Je vais t'attendre chez moi.

Scap. Je ne manquerai pas d'y aller.

SCÈNE SUIVANTE.

SUJET.

Scapin s'est aussi engagé à tirer cinq cents écus de Géronte, père de Léandre.

SCAPIN, GÉRONTE.

Scap. (*faisant semblant de ne pas voir Géronte.*) O ciel! O disgrâce imprévue! O misérable père! Pauvre Géronte, que feras-tu ?

Gér. (*à part.*) Que dit-il là de moi, avec ce visage affligé ?

Scap. N'y a-t-il personne qui puisse me dire où est le seigneur Géronte ?

Gér. Qu'y a-t-il, Scapin ?

Scap. Où pourrai-je le rencontrer pour lui dire cette infortune ?

Gér. Qu'est-ce que c'est donc ?

Scap. En vain je cours de tous côtés pour le pouvoir trouver.

Gér. Me voici.

Scap. Il faut qu'il soit caché dans quelque endroit qu'on ne puisse point deviner.

Gér. Holà. Es-tu aveugle, que tu ne me vois pas ?

Scap. Ah! monsieur, il n'y a pas moyen de vous rencontrer.

Gér. Il y a une heure que je suis devant toi. Qu'est-ce que c'est donc qu'il y a ?

Scap. Monsieur....

Gér. Quoi ?

Scap. Monsieur, votre fils....

Gér. Hé bien ? mon fils....

Scap. Est tombé dans une disgrâce la plus étrange du monde.

Gér. Et quelle ?

Scap. Je l'ai trouvé tantôt tout triste de je ne sais quoi que vous lui avez dit, où vous m'avez mêlé assez mal à propos ; et cherchant à divertir cette tristesse, nous sommes allés nous promener sur le port. Là, entr'autres plusieurs choses, nous avons arrêté nos yeux sur une galère turque assez bien équipée. Un jeune Turc de bonne mine nous a invités à aller à bord, et nous a présenté la main. Nous y avons passé. Il nous a fait mille civilités, nous a donné la collation, où nous avons mangé des fruits excellents, et bu du vin le meilleur qui se puisse boire.

Gér. Qu'y a-t-il de si affligeant à tout cela ?

Scap. Attendez, monsieur, nous y voici. Pendant que nous mangions, il a fait mettre la galère en mer ; et se voyant éloigné du port, il m'a fait mettre dans un esquif, et m'envoie vous dire que, si vous ne lui envoyez par moi tout à l'heure cinq cents écus, il va vous emmener votre fils à Alger.

Gér. Comment ! cinq cents écus !

Scap. Oui, monsieur ; et de plus, il ne m'a donné pour cela que deux heures.

Gér. Ah ! le pendard de Turc ! m'assassiner de la façon !

Scap. C'est à vous, monsieur, d'aviser promptement aux moyens de sauver des fers un fils que vous aimez avec tant de tendresse.

Gér. Mais qu'allait-il faire dans cette galère ?

Scap. Il ne songeait pas à ce qui est arrivé.

Gér. Va-t'en Scapin, va-t'en vite dire à ce Turc que je vais envoyer la justice après lui.

Scap. La justice en pleine mer ! vous moquez-vous des gens ?

Gér. Mais qu'allait-il faire dans cette galère ?

Scap. Une méchante destinée conduit quelquefois les personnes.

Gér. Il faut, Scapin, il faut que tu fasses ici l'action d'un serviteur fidèle.

Scap. Quoi, monsieur ?

Gér. Que tu ailles dire à ce Turc qu'il me renvoie mon fils, et que tu te mettes à sa place, jusqu'à ce que j'aie amassé la somme qu'il demande.

Scap. Hé ! monsieur, songez-vous à ce que vous dites ? et vous figurez-vous que ce Turc ait si peu de sens que d'aller recevoir un misérable comme moi à la place de votre fils ?

Gér. Mais qu'allait-il faire dans cette galère ?

Scap. Il ne devinait pas ce malheur. Songez, monsieur qu'il ne m'a donné que deux heures.

Gér. Tu dis qu'il demande....

Scap. Cinq cents écus.

Gér. Cinq cents écus ! n'a-t-il point de conscience ?

Scap. Vraiment oui, de la conscience, un Turc !

Gér. Sait-il bien ce que c'est que cinq cents écus ?

Scap. Oui, monsieur, il sait que c'est mille cinq cents livres

Gér. Croit-il, le traître, que mille cinq cents livres se trouvent dans le pas d'un cheval ?*

Scap. Ce sont des gens qui n'entendent point de raisons.

Gér. Mais qu'allait-il faire dans cette galère ?

Scap. Il est vrai; mais quoi! on ne prévoyait pas les choses. De grâce, monsieur, dépêchez.

Gér. Tiens, voilà la clef de mon armoire.

Scap. Bon.

Gér. Tu l'ouvriras.

Scap. Fort bien.

Gér. Tu trouveras une grosse clef du côté gauche, qui est celle de mon grenier.

Scap. Oui.

Gér. Tu iras prendre toutes les hardes qui sont dans cette grande manne, et tu les vendras aux fripiers, pour aller racheter mon fils.

Scap. (*en lui rendant la clef.*) Hé monsieur, rêvez-vous ? Je n'aurais pas cent francs de tout ce que vous dites; et, de plus, vous savez le peu de temps qu'on m'a donné.

Gér. Mais qu'allait-il faire dans cette galère ?

Scap. Oh! que de paroles perdues! Laissez là cette galère, et songez que le temps presse, et que vous courez risque de perdre votre fils. Hélas! mon pauvre maître, peut-être que je ne te verrai de ma vie, et qu'à l'heure que je parle on t'emmène esclave à Alger! Mais le ciel me sera témoin que j'ai fait pour toi tout ce que j'ai pu, et que, si tu manques à être racheté, il n'en faut accuser que le peu d'amitié d'un père.

Gér. Attends, Scapin, je m'en vais querir cette somme.

Scap. Dépêchez donc vite, monsieur; je tremble que l'heure ne sonne.

Gér. N'est-ce pas quatre cents écus que tu dis ?

Scap. Non, cinq cents écus.

Gér. Cinq cents écus ?

Scap. Oui.

Gér. Qu'allait-il faire dans cette galère ?

Scap. Vous avez raison: mais hâtez-vous.

Gér. N'y avait-il point d'autre promenade ?

Scap. Cela est vrai: mais faites promptement.

Gér. Ah! maudite galère!

Scap. (*à part.*) Cette galère lui tient au cœur.

Gér. Tiens, Scapin, je ne me souvenais pas que je viens

* Se trouvent dans le pas d'un cheval, *are so readily to be found.*

justement de recevoir cette somme en or; et je ne croyais pas qu'elle dût m'être sitôt ravie. (*tirant sa bourse de sa poche, et la présentant à Scapin.*) Tiens, va-t'en racheter mon fils.

Scap. (*tendant la main.*) Oui, monsieur.

Gér. (*retenant sa bourse, qu'il fait semblant de vouloir donner à Scapin.*) Mais dis à ce Turc que c'est un scélérat.

Scap. (*tendant encore la main.*) Oui.

Gér. (*recommençant la même action.*) Un infâme.

Scap. (*tendant toujours la main.*) Oui.

Gér. Un homme sans foi, un voleur.

Scap. Laissez-moi faire.

Gér. Qu'il me tire cinq cents écus contre toute sorte de droit.

Scap. Oui.

Gér. Et que, si jamais je l'attrape, je saurai me venger de lui.

Scap. Oui.

Gér. (*remettant sa bourse dans sa poche, et s'en allant.*) Va, va vite, requérir mon fils.

Scap. (*courant après Géronte.*) Holà, monsieur.

Gér. Quoi?

Scap. Où est donc cet argent?

Gér. Ne te l'ai-je pas donné?

Scap. Non vraiment; vous l'avez remis dans votre poche.

Gér. Ah! c'est la douleur qui me trouble l'esprit.

Scap. Je le vois bien.

Gér. Qu'allait-il faire dans cette galère? Ah maudite galère! traître de Turc!

Scap. (*seul.*) Il ne peut digérer les cinq cents écus que je lui arrache.

MOLIÈRE.

LE MEUNIER, SON FILS, ET L'ÂNE.

Contenter tout le monde!
Écoutez ce récit....

J'AI lu dans quelque endroit, qu'un meunier et son fils,
L'un vieillard, l'autre enfant, non pas des plus petits,
Mais garçon de quinze ans, si j'ai bonne mémoire,
Allaient vendre leur âne, un certain jour de foire.
Afin qu'il fût plus frais et de meilleur débit,
On lui lia les pieds, on vous le suspendit:
Puis cet homme et son fils le portent comme un lustre.

Pauvres gens! idiots! couple ignorant et rustre!
Le premier qui les vit, de rire s'éclata;
Quelle farce, dit-il, vont jouer ces gens-là?
Le plus âne des trois n'est pas celui qu'on pense.
Le meunier, à ces mots, connaît son ignorance:
Il met sur pieds sa bête, et la fait détaler.
L'âne, qui goûtait fort l'autre façon d'aller,
Se plaint en son patois. Le meunier n'en a cure;
Il fait monter son fils, il suit: et, d'aventure,
Passent trois bons marchands. Cet objet leur déplut.
Le plus vieux, au garçon s'écria tant qu'il put:
Oh! là! oh! descendez, que l'on ne vous le dise,
Jeune homme, qui menez laquais à barbe grise!
C'était à vous de suivre, au vieillard de monter.
Messieurs, dit le meunier, il faut vous contenter.
L'enfant met pied à terre, et puis le vieillard monte.
Quand trois filles passant, l'une dit: C'est grand'honte
Qu'il faille voir ainsi clocher ce jeune fils,
Tandis que ce nigaud, comme un évêque assis,
Fait le veau sur son âne, et pense être bien sage.
Il n'est, dit le meunier, plus de veaux à mon âge:
Passez votre chemin, la fille, et m'en croyez.
Après maints quolibets, coup sur coup renvoyés,
L'homme crut avoir tort, et mit son fils en croupe.
Au bout de trente pas, une troisième troupe
Trouve encore à gloser. L'un dit; Ces gens sont fous
Le baudet n'en peut plus; il mourra sous leurs coups.
Hé quoi! charger ainsi cette pauvre bourrique!
N'ont-ils point de pitié de leur vieux domestique?
Sans doute qu'à la foire ils vont vendre sa peau.
Parbleu! dit le meunier, est bien fou du cerveau
Qui prétend contenter tout le monde et son père.
Essayons toutefois si par quelque manière
Nous en viendrons à bout. Ils descendent tous deux
L'âne se prélassant† marche seul devant eux.
Un quidam les rencontre, et dit: Est-ce la mode
Que baudet aille à l'aise, et meunier s'incommode?
Qui de l'âne ou du maître est fait pour se lasser?
Je conseille à ces gens de le faire enchâsser.
Ils usent leurs souliers, et conservent leur âne!
Nicolas, au rebours: car, quand il va voir Jeanne,

* C'est-à-dire, ne s'en met point en peine.
† Prenant l'air grave et majestueux d'un prélat.

Il monte sur sa bête ; et la chanson le dit.
Beau trio de baudets ! Le meunier repartit :
Je suis âne, il est vrai, j'en conviens, je l'avoue ;
Mais que dorénavant on me blâme, on me loue,
Qu'on dise quelque chose, ou qu'on ne dise rien,
J'en veux faire à ma tête. Il le fit, et fit bien.

Quant à vous, suivez Mars, ou l'Amour, ou le prince ;
Allez, venez, courez ; demeurez en province ;
Prenez femme, abbaye, emploi, gouvernement :
Les gens en parleront, n'en doutez nullement.

La Fontaine.

SCÈNE DE L'OBSTACLE IMPRÉVU.

COMÉDIE DE DESTOUCHES.

Pasquin, Crispin.

Pasq. (*à lui-même.*) Allons, Pasquin, du courage. Voici occasion de venger ton honneur.

Crisp. (*à lui-même.*) Allons, Crispin. Te voilà en présence, il faut bourrer ton homme.

(*Ils enfoncent tous deux leur chapeau, et se regardent fièrement. Crispin met des gants de buffle, Pasquin en met aussi.*)

Pasq. Voilà un drôle qui me paraît vigoureux.

Crisp. Voilà un pendard qui fait bonne contenance.

Pasq. Courage. (*haut.*) N'est-ce pas là cet homme qui est amoureux de Nérine ?

Crisp. Allons, mon enfant, de la vigueur. (*haut.*) N'est ce pas là ce maroufle qui m'a soufflé Nérine ?

Pasq. C'est lui-même, et je ne l'ai pas assommé !

Crisp. C'est lui, et je le laisse vivre !

Pasq. Allons, je vais l'expédier.

Crisp. Je veux vaincre ou mourir.

Pasq. (*à part.*) Commençons par l'insulter ; il faut que tout se fasse dans les formes. (*haut.*) Voilà un visage que je suis bien las de voir.

Crisp. Voilà un faquin qui me fatigue bien la vue.

Pasq. (*à part.*) Cet homme-là n'entend point raillerie.

Crisp. (*à part.*) J'ai bien peur qu'il ne me fasse bonne résistance.

Pasq. (*mettant la main sur la garde de son épée.*) Voyons s'il a du courage.

Crisp. (*faisant de même.*) Tâtons un peu sa vigueur

Pasq. (*haut.*) Avance.

Crisp. (*haut.*) Avance toi-même.

Pasq. Je t'attends.

Crisp. Et moi aussi.

Pasq. C'est à toi à m'attaquer.

Crisp. Non, c'est à toi.

(*Ils font mine de tirer l'épée, et s'écartent pour dire ce qui suit.*)

Pasq. Crois-moi, mon enfant, retire-toi.

Crisp. Retire-toi, toi-même.

Pasq. Je ne te ferai point de quartier.

Crisp. Je vais te mettre sur le carreau.

Pasq. Toi! Tu n'es qu'un bélître.

Crisp. Tu n'es qu'un misérable.

Pasq. Un lâche.

Crisp. Un poltron.

Pasq. (*lui donnant un soufflet.*) Moi, poltron?

Crisp. (*le lui rendant.*) Moi, lâche?

(*Ils mettent l'épée à la main, et se repoussent en reculant.*)

Pasq. Vous reculez.

Crisp. Et vous aussi.

Pasq. C'est pour gagner du terrain.

Crisp. Et moi, pour mieux sauter.

(*Ils s'avancent, et se regardent tous deux en tremblant.*)

Pasq. Je tremble pour ta vie.

Crisp. Et moi pour la tienne.

Pasq. (*à part.*) S'il pouvait s'enfuir!

Crisp. (*à part.*) Si la peur le pouvait prendre!

Pasq. (*à part.*) Ma valeur commence à me quitter.

Crisp. (*regardant de tous côtés.*) Ne viendra-t-il personne pour nous séparer.

Pasq. Il faut faire du bruit.

Crisp. Je vais crier comme un enragé.

Crispin et Pasquin. (*se poussant des bottes de loin.*) Point e quartier. Tue, tue.

Pasq. (*à part.*) Il ne vient pas une âme.

Crisp. (*à part.*) Ils nous laisseront égorger. (*haut.*) Puisqu'on ne vient pas nous séparer, je suis d'avis que nous finissions le combat.

Pasq. (*haut.*) Vous avez raison; nous avons fait notre devoir.

Crisp. Je vous en réponds.

Pasq. Je vous ai donné un soufflet, vous me l'avez rendu chaudement.

Crisp. Nous avons mis l'épée à la main en braves gens.

Pasq. Nous nous sommes battus comme des enragés.

Crisp. La valeur ne peut pas aller plus loin.

Pasq. Voilà tout ce qui s'y peut faire. Si vous voulez, pourtant, nous recommencerons.

Crisp. Non, nous sommes d'égale force : nous nous battrions deux heures que nous ne nous tuerions pas. Voilà assez de sang répandu.

Pasq. Allons nous faire panser.

Crisp. Allons plutôt boire, nous en avons besoin ; la valeur altère furieusement. C'est la coutume des braves gens de boire ensemble après qu'ils se sont mesurés.

Pasq. Vous avez raison ; allons, César.

Crisp. Marchons, Pompée.

L'ÎLE DE SAINT-PIERRE.

PAR JEAN-JACQUES ROUSSEAU.

[JEAN-JACQUES ROUSSEAU, le plus éloquent écrivain du 18e siècle, naquit à Genève en 1712, et mourut à Ermenonville près de Paris en 1788. Il était fils d'un horloger. Dès sa jeunesse il montra un amour ardent pour la liberté, amour qu'il nourrit par la lecture de Tacite et de Plutarque. Son style est d'une rare perfection. Il réunit tous les mérites d'un prosateur parfait. Il a la plus grande clarté et son expression est simple, énergique et parfaitement ajustée à la matière. On sait que J.-J. ROUSSEAU travaillait avec lenteur, et corrigeait beaucoup ses écrits.]

DE toutes les habitations où j'ai demeuré (et j'en ai eu de charmantes), aucune ne m'a rendu si véritablement heureux, et ne m'a laissé de si tendres regrets, que l'île de Saint-Pierre au milieu du lac de Bienne. Cette petite île, qu'on appelle à Neufchâtel l'île de la Motte, est bien peu connue même en Suisse. Aucun voyageur, que je sache, n'en fait mention. Cependant elle est très agréable et singulièrement située pour le bonheur d'un homme qui aime à se circonscrire ; car quoique je sois peut-être le seul au monde à qui sa destinée en ait fait une loi, je ne puis croire être le seul qui ait un goût si naturel, quoique je ne l'ai trouvé jusqu'ici chez nul autre.

Les rives du lac de Bienne sont plus sauvages et plus romantiques que celles du lac de Genève, parce que les rochers et les bois y bordent l'eau de plus près ; mais elles ne sont pas moins riantes. S'il y a moins de culture, de champs et de vignes, moins de villes et de maisons, il y a aussi plus de verdure naturelle, plus de prairies, d'asiles ombragés de bocages, de contrastes plus fréquents, et des accidents* plus rapprochés. Comme il n'y a pas sur ces heureux bords de grandes routes commodes pour les voitures, le pays est peu fréquenté par les voyageurs; mais il est intéressant pour les contemplatifs solitaires qui aiment à s'enivrer à loisir des charmes de la nature, et à se recueillir dans un silence que ne trouble aucun autre bruit que le cri des aigles, le ramage entrecoupé de quelques oiseaux, et le roulement des torrents qui tombent de la montagne. Ce beau bassin d'une forme presque ronde enferme dans son milieu deux petites îles; l'une habitée et cultivée, d'environ une demi-lieue de tour; l'autre plus petite, déserte et en friche, et qui sera détruite à la fin par les transports de la terre qu'on en ôte sans cesse pour réparer les dégâts que les vagues et les orages font à la grande. C'est ainsi que la substance du faible est toujours employée au profit du puissant.

Il n'y a dans l'île qu'une seule maison, mais grande, agréable et commode, qui appartient à l'hôpital de Berne ainsi que l'île, et où loge un receveur avec sa famille et ses domestiques. Il y entretient une nombreuse basse-cour, une volière, et des réservoirs pour le poisson. L'île dans sa petitesse est tellement variée dans ses terrains et ses aspects, qu'elle offre toutes sortes de sites et souffre toutes sortes de cultures. On y trouve des champs, des vignes, des bois, des vergers, de gras pâturages ombragés de bosquets, et bordés d'arbrisseaux de toute espèce dont le bord des eaux entretient la fraîcheur; une haute terrasse, plantée de deux rangs d'arbres, borde l'île dans sa longueur, et dans le milieu de cette terrasse on a bâti un joli salon où les habitants des rives voisines se rassemblent, et viennent danser les dimanches durant les vendanges.

C'est dans cette île que je me réfugiai après la lapidation de Motiers.† J'en trouvai le séjour si charmant, j'y menais une vie si convenable à mon humeur, que, résolu d'y finir mes

---

* Élévations ou abaissements de terrain.

† Le procureur-général Tronchin écrivit contre les habitants de Genève une brochure intitulée: *les lettres écrites de la campagne*. Poussé par ses concitoyens, Rousseau réfuta et parodia ces lettres par *les lettres écrites de la montagne*. Au sujet de cet écrit la populace de Motiers insulta Rousseau à plusieurs reprises, et porta ces excès au point que sa vie se trouva en danger. Pour se soustraire à ces insultes, il quitta Motiers et alla se fixer à l'île de St. Pierre.

jours, je n'avais d'autre inquiétude, sinon qu'on ne me laissât pas exécuter ce projet, qui ne s'accordait pas avec celui de m'entraîner en Angleterre, dont je sentais déjà les premiers effets. Dans les pressentiments qui m'inquiétaient, j'aurais voulu qu'on m'eût fait de cet asile une prison perpétuelle, qu'on m'y eût confiné pour toute ma vie, et qu'en m'ôtant toute puissance et tout espoir d'en sortir, on m'eût interdit toute espèce de communication avec la terre ferme, de sorte qu'ignorant tout ce qui se faisait dans le monde, j'en eusse oublié l'existence, et qu'on y eût oublié la mienne aussi.

On ne m'a laissé passer guère que deux mois dans cette île; mais j'y aurais passé deux ans, deux siècles, et toute l'éternité sans m'y ennuyer un moment, quoique je n'y eusse avec ma compagne d'autre société que celle du receveur, de sa femme, et de ses domestiques, qui tous étaient à la vérité de très bonnes gens, et rien de plus; mais c'était précisément ce qu'il me fallait. Je compte ces deux mois pour le temps le plus heureux de ma vie, et tellement heureux qu'il m'eût suffi durant toute mon existence, sans laisser naître un seul instant dans mon âme le désir d'un autre état.

Quel était donc ce bonheur, et en quoi consistait sa jouissance? Je le donnerais à deviner à tous les hommes de ce siècle sur la description de la vie que j'y menais. Le précieux *far niente* fut la première et la principale de ces jouissances que je voulus savourer dans toute sa douceur; et tout ce que je fis durant mon séjour, ne fut en effet que l'occupation délicieuse et nécessaire d'un homme qui s'est dévoué à l'oisiveté.

L'espoir qu'on ne demanderait pas mieux que de me laisser dans ce séjour isolé où je m'étais enlacé de moi-même, d'où il m'était impossible de sortir sans assistance et sans être bien aperçu, et où je ne pouvais avoir ni communication, ni correspondance que par le concours des gens qui m'entouraient, cet espoir, dis-je, me donnait celui d'y finir mes jours plus tranquillement que je ne les avais passés; et l'idée que j'aurais le temps de m'y arranger tout à loisir fit que je commençais par n'y faire aucun arrangement. Transporté là brusquement seul et nu, j'y fis venir successivement ma gouvernante,* mes livres, et mon petit équipage, dont j'eus le

* *Thérèse Levasseur*, qu'il épousa ensuite, pour lui témoigner sa reconnaissance des services qu'elle lui avait rendus. *Gouvernante* se dit plus ordinairement d'une femme à laquelle on confie l'éducation d'un ou de plusieurs enfants, mais il se dit encore d'une femme qui a soin du ménage d'un homme veuf ou d'un célibataire.

plaisir de ne rien déballer, laissant mes caisses et mes malles comme elles étaient arrivées, et vivant dans l'habitation où je comptais achever mes jours, comme dans une auberge dont j'aurais dû partir le lendemain. Toutes choses telles qu'elles étaient, allaient si bien que vouloir les mieux ranger, c'était y gâter quelque chose. Un de mes plus grands délices était surtout de laisser toujours mes livres bien encaissés, et de n'avoir point d'écritoire. Quand de malheureuses lettres me forçaient de prendre la plume pour y répondre, j'empruntais en murmurant l'écritoire du receveur, et je me hâtais de la rendre, dans la vaine espérance de n'avoir plus besoin de la remprunter. Au lieu de ces tristes paperasses et de toute cette bouquinerie, j'emplissais ma chambre de fleurs et de foin ; car j'étais alors dans ma première ferveur de botanique. Ne voulant plus d'œuvre de travail, il m'en fallait un d'amusement, qui me plût et qui ne me donnât de peine que celle qu'aime à prendre un paresseux. J'entrepris de faire la *Flora petrinsularis* et de décrire toutes les plantes de l'île sans en omettre une seule, avec un détail suffisant pour m'occuper le reste de mes jours. On dit qu'un Allemand a fait un livre sur un zeste de citron, j'en aurais fait un sur chaque gramen des prés, sur chaque mousse des bois, sur chaque lichen* qui tapisse les rochers, enfin je ne voulais pas laisser un poil d'herbe, pas un atome végétal, qui ne fût amplement décrit. En conséquence de ce beau projet, tous les matins après le déjeuner, que nous faisions tous ensemble, j'allais, une loupe à la main et mon *systema naturæ* sous le bras, visiter un canton de l'île que j'avais pour cet effet divisée en petits carrés, dans l'intention de les parcourir l'un après l'autre en chaque saison. Rien n'est plus singulier que les ravissements, les extases que j'éprouvais à chaque observation que je faisais sur la structure et l'organisation végétale.

Au bout de deux ou trois heures je m'en revenais chargé d'une ample moisson, provision d'amusement pour l'après-dînée au logis en cas de pluie. J'employais le reste de la matinée à aller avec le receveur, sa femme, et Thérèse, visiter leurs ouvriers et leur récolte, mettant le plus souvent la main à l'œuvre avec eux ; et souvent des Bernois qui venaient me voir, m'ont trouvé juché sur de grands arbres ceint d'un sac que je remplissais de fruit, et que je dévalais ensuite à terre avec une corde. L'exercice que j'avais fait dans la matinée, et la bonne humeur qui en est inséparable, me ren-

* Plante de la famille des Algues. On prononce *Likène.*

daient le repos du dîner très agréable : mais quand il se prolongeait trop, et que le beau temps m'invitait, je ne pouvais attendre si longtemps ; et pendant qu'on était encore à table je m'esquivais, et j'allais me jeter seul dans un bateau que je conduisais au milieu du lac quand l'eau était calme, et là, m'étendant tout de mon long dans le bateau, les yeux tournés vers le ciel, je me laissais aller et dériver lentement au gré de l'eau, quelquefois pendant plusieurs heures, plongé dans mille rêveries confuses, mais délicieuses, et qui, sans avoir aucun objet bien déterminé ni constant, ne laissaient pas d'être à mon gré cent fois préférables à tout ce que j'avais trouvé de plus doux dans ce qu'on appelle les plaisirs de la vie. Souvent averti par le baisser du soleil de l'heure de ma retraite, je me trouvais si loin de l'île que j'étais forcé de travailler de toute ma force pour arriver avant la nuit close. D'autres fois, au lieu de m'écarter en pleine eau, je me plaisais à côtoyer les verdoyantes rives de l'île, dont les limpides eaux et les ombrages frais m'ont souvent engagé à m'y baigner. Mais une de mes navigations les plus fréquentes était d'aller de la grande à la petite île, d'y débarquer et d'y passer l'apres-dînée, tantôt à des promenades très circonscrites au milieu des arbrisseaux de toute espèce, et tantôt m'établissant au sommet d'un tertre sablonneux, couvert de gazon, de serpolet, de fleurs, même d'esparcette, et de trèfles qu'on y avait vraisemblablement semés autrefois, et très propre à loger des lapins qui pouvaient là multiplier en paix sans rien craindre, et sans nuire à rien. Je donnai cette idée au receveur qui fit venir de Neufchâtel des lapins mâles et femelles ; et nous allâmes en grande troupe, sa femme, une de ses sœurs, Thérèse et moi, les établir dans la petite île, où ils commençaient à peupler avant mon départ, et où ils auront prospéré sans doute, s'ils ont pu soutenir la rigueur des hivers. La fondation de cette petite colonie fut une fête. Le pilote des Argonautes n'était pas plus fier que moi menant en triomphe la compagnie et les lapins de la grande île à la petite, et je notais avec orgueil, que la receveuse qui redoutait l'eau à l'excès et s'y trouvait toujours mal, s'embarqua sous ma conduite avec confiance, et ne montra nulle peur durant la traversée.

Quand le lac agité ne me permettait pas la navigation, je passais mon après-midi à parcourir l'île en herborisant à droite et à gauche, m'asseyant tantôt dans les réduits les plus riants et les plus solitaires, pour y rêver à mon aise, tantôt sur les terrasses et les tertres, pour parcourir des yeux le superbe et ravissant coup-d'œil du lac et de ses rivages, couronnés d'un côté par des montagnes prochaines, et de l'autre élargis en riches et fertiles plaines, dans lesquelles la vue s'étendait jusqu'aux montagnes bleuâtres plus éloignées qui la bornaient.

Quand le soir approchait, je descendais des cimes de l'île, et j'allais volontiers m'asseoir au bord du lac sur la grève dans quelque asile caché; là, le bruit des vagues et l'agitation de l'eau fixant mes sens, et chassant de mon âme toute autre agitation, la plongeaient dans une rêverie délicieuse, où la nuit me surprenait souvent, sans que je m'en fusse aperçu. Le flux et reflux de cette eau, son bruit continu, mais renflé par intervalles, frappant sans relâche mon oreille et mes yeux, suppléaient aux mouvements internes que la rêverie éteignait en moi, et suffisaient pour me faire sentir avec plaisir mon existence, sans prendre la peine de penser. De temps à autre naissait quelque faible et courte réflexion sur l'instabilité des choses de ce monde dont la surface des eaux m'offrait l'image; mais bientôt ces impressions légères s'effaçaient dans l'uniformité du mouvement continu qui me berçait, et qui sans aucun concours actif de mon âme ne laissait pas de m'attacher, au point qu'appelé par l'heure et par le signal convenu, je ne pouvais m'arracher de là sans efforts.

Après le souper, quand la soirée était belle, nous allions encore tous ensemble faire quelque tour de promenade sur la terrasse pour y respirer l'air du lac et la fraîcheur. On se reposait dans le pavillon, on riait, on causait, on chantait quelque vieille chanson qui valait bien le tortillage moderne; et enfin on allait se coucher content de sa journée et n'en désirant qu'une semblable pour le lendemain.

LE LAC DE GENÈVE.

Je ne sais s'il existe des lieux plus riches en souvenirs que le lac de Genève. Je conçois que les amateurs de l'antiquité s'extasient sur les débris de quelques vieux temples grecs ou égyptiens, que la vue du Parthénon ou celle du Capitole fasse naître de grandes et salutaires pensées; mais que l'on me dise si le dégoût le plus profond pour l'humanité ne leur cède pas bientôt? L'histoire du peuple grec rappelle une foule de grandes actions; mais que de crimes en ont souillé les pages! Rome a eu ses Titus et ses Trajans, je le sais, mais aussi combien de Nérons et de Caligulas. D'ailleurs, ces souvenirs des anciens temps, dans quels lieux va-t-on les chercher ? La campagne de Rome a ses marais Pontins, et plus de champs incultes que de cultivés ; la Grèce, privée de fleurs et de forêts, est couverte de sables brûlants ; enfin l'Égypte, dont l'histoire est à peine connue, a des monuments, mais point de souvenirs. On reprochera peut-être à ceux qui se rattachent au lac de Genève d'être trop modernes ; mais ils ne rappellent du moins que des idées de patriotisme ou de liberté, et ces idées ont aussi leur poésie et leur grandiose. Ces champs sont couverts de riches moissons ; ces coteaux de vignes et de vergers ; les villages, rapprochés les uns des autres, sont peuplés de citoyens libres et heureux ; l'air que l'on y respire est celui que respira Guillaume Tell ;* ces montagnes sont celles de l'Helvétie, qui brisa le joug de l'Autriche ; ce bateau qui vous entraîne est lui-même sous la protection d'un grand nom,† sous celui de Winkelried, qui enfonça le fer de l'étranger dans ses flancs pour faire une trouée dans les rangs ennemis, et donner aux siens un grand exemple.

Le pays que vous longez est Vaud, dont la devise est *Liberté et Patrie ;* celui qui est devant vous est Genève, qui sapa la puissance des papes, et sut résister à tous les genres d'oppressions ; heureuse si, dans ces glorieuses annales, on voyait plus souvent en action la tolérance que l'on y prêchait en paroles. Voici Clarens et Vevey, qui doivent leur célébrité au plus éloquent des écrivains ;‡ Lausanne, dont les presses éternisèrent une foule de pensées généreuses que la France adoptait, en blâmant les rigueurs dont étaient victimes les grands hommes qui les enfantaient. Là s'élève Coppet, où vient s'éteindre une famille illustre ;§ Diodati, qu'un poète philhellène habita,‖ avant d'aller chercher en Grèce une mort qui seule eût pu suffire à son illustration. Voici le château qui rappelle le nom de Tronchin,¶ et celui qu'habita de Saussure. Que manque-t-il donc à ces lieux pour exciter l'intérêt le plus puissant ? N'offrent-ils pas une foule d'oppositions, sources de pensées graves et profondes ? Des débris féodaux s'élèvent encore de loin en loin sur cette terre de liberté ; témoin Chillon, qui fut pendant six ans la prison de François Bonnivard, défenseur de la liberté génevoise ; le Chatelard,

* *Guillaume Tell,* l'un des chefs de la révolution helvétique de 1307 naquit à *Bürghen,* canton d'Uri, et mourut en 1354.

† *Le Winkelried,* l'un des bateaux à vapeur qui parcourent le lac de Genève.

‡ *J.-J. Rousseau.*

§ Celle de *Necker.*

‖ Lord *Byron.*

¶ *Tronchin,* célèbre médecin.

Nyon, et la tour d'Hermance, qui ont tour à tour servi aux oppresseurs et aux opprimés. A cette opposition, tirée de monuments en ruines, vient se joindre celle qui résulte de la différence de forme des gouvernements, et ce contraste frappant n'est ni le moins curieux ni le moins instructif.

Que de grands noms ces rives fameuses rappellent à la mémoire! Combien d'hommes illustres y sont venus chercher la paix! Necker qui, après avoir été ministre, supporta si dignement sa disgrâce; Voltaire, génie universel, qui fut l'ami d'un grand roi sans cesser de conserver son indépendance et sa liberté; Jean-Jacques Rousseau, qui immortalisa tous les lieux où il lui plut de placer ses héros, êtres imaginaires dont les malheurs nous arrachent des larmes véritables; madame de Staël, qui écrivit avec toute la force de pensée d'un homme de génie et toute la finesse d'une femme d'esprit; Byron, poète sublime, et le premier de son siècle; Gibbon, Kemble, et tant d'autres qui trouvèrent sur ses bords hospitaliers cette douce tranquillité que la fortune refuse au mérite ou à la grandeur! Non, le beau lac de Genève n'a rien à envier au lac de Côme, aux rives du Mincio, au riant Tivoli: n'a-t-il pas d'aussi grands souvenirs, une nature plus forte et plus vigoureuse, le Jura aux cîmes arrondies, et les Alpes au front couvert de neiges éternelles.

A. Fée.

(*Professeur de botanique à la Faculté de Strasbourg.*)

Observation.—Ce morceau a le mérite du style, qui est clair, coulant et rapide. La variété des images soutient l'attention et excite un vif intérêt. *Cuvier* partageait l'enthousiasme de M. *Fée* pour cette admirable contrée, quand il disait: "Et ce beau pays, si propre à frapper l'imagination, à nourrir le talent du poète et de l'artiste, l'est peut-être encore davantage à réveiller la curiosité du philosophe, à exciter les recherches du physicien; c'est vraiment là que la nature semble vouloir se montrer par un plus grand nombre de faces."

LE LAC LOMOND.

Qui pourrait faire passer avec une encre froide, avec des mots stériles, dans l'esprit et le cœur des autres, des émotions dont on s'étonne soi-même, et qu'on ne se croyait plus la force d'éprouver! Qui pourrait décrire cette méditerranée de montagnes* chargée d'îles toutes variées dans leurs formes et dans leurs caractères; les unes graves, majestueuses, couvertes de

* Belle alliance de mots.

noirs ombrages qui se confondent avec la couleur des eaux car les lacs de Calédonie sont toujours les lacs noirs d'Ossian ;* les autres plus tristes, plus austères encore, dressant ça et là sur leur surface quelques rochers dépouillés, à peine frappés de tons bizarres par les reflets de la lumière, ou quelques touffes de fleurs saxatiles ;† le plus grand nombre déployant de frais rivages, des bocages ravissants, des bouquets de futaies élevées, placés comme de grandes masses d'ombres sur le vert soyeux de la pelouse : jardin délicieux où l'âme se transporte avec ravissement, et dont l'éloquente beauté parle au cœur de tous les hommes ! J'ai vu un paysan immobile devant le lac, les yeux fixes, l'esprit absorbé, à ce qu'il paraissait, dans une méditation profonde. Je me suis approché de lui. Je l'ai détourné de sa contemplation. Il m'a regardé un moment, et m'a dit en soupirant et en élevant les mains vers le ciel : *Fine country !*

"Le lac Lomond peut être regardé en élégance, en grandeur, en variété de sites et d'effets, dit l'excellent *Itinéraire de Chapman*, comme le plus intéressant et le plus magnifique de la Grande-Bretagne." Je le regarde, moi qui ai parcouru beaucoup de pays, comme un des spectacles les plus intéressants et les plus magnifiques de la nature, et je me flatte de faire adopter cette appréciation au lecteur le moins sensible en ce genre de beautés, sans me servir d'aucun des prestiges de l'hyperbole.

Qu'il se représente un lac sur lequel on compte trente-deux îles, dont un grand nombre ont plusieurs milles de longueur ; et qui a son horizon borné de tous côtés par une chaîne de montagnes dont quelques-unes ont plus de cinq cents toises d'élévation. Qu'il joigne à cette simple donnée topographique l'effet d'une végétation variée, mais toujours charmante ou sublime, celui des accidents du jour et de l'ombre dans les circuits de ces gorges profondes où le soleil paraît et disparaît à tout moment, en passant derrière les montagnes qui les embrassent ; les apparences bizarres des vapeurs qui pendent à leurs sommets, dans ce pays qui a consacré, si l'on peut parler ainsi, la mythologie des nuages, les bruits singuliers des échos qui se renvoient à des distances infinies la moindre rumeur du moindre flot, et qui finissent par vous apporter je ne sais quel frémissement harmonieux, comme ce-

* *Ossian*, barde fameux, aussi habile à manier la lance qu'à tirer des sons de la lyre.

† On donne le nom de *saxatiles* à toutes les plantes qui croissent dans les lieux pierreux ou parmi les rochers.

lui qui expire dans la dernière vibration d'une corde de harpe; la tradition des premiers temps, et, avec elle, les noms d'Ossian, de Fingal, d'Oscar, qui sont parvenus avec la mémoire de leurs faits et de leurs chants à tous les habitants de ces rivages presque aussi vivement que ceux des héros d'une époque plus rapprochée, et de ce Rob-Roy lui-même, par lequel le Calédonien, ému d'une forte surprise ou d'un profond sujet de crainte, jure encore aujourd'hui comme les Latins juraient par Hercule.

NODIER.—*Né à Besançon, en* 1783 ; *mort en* 1840.

Observation.—Cette description ravissante, d'un style aussi harmonieux que pittoresque, fait partager au lecteur les émotions qui ont agité l'écrivain à la vue du site enchanteur dont son talent magique présente une réelle et sublime peinture.

LE CHÊNE ET LE ROSEAU.

Le chêne un jour dit au roseau:
Vous avez bien sujet d'accuser la nature;
Un roitelet pour vous est un pesant fardeau;
    Le moindre vent qui d'aventure
    Fait rider la face de l'eau
    Vous oblige à baisser la tête;
Cependant que* mon front, au Caucase pareil,
Non content d'arrêter les rayons du soleil,
    Brave l'effort de la tempête.
Tout vous est aquilon, tout me semble zéphyr
Encor si vous naissiez à l'abri du feuillage
    Dont je couvre le voisinage,
    Vous n'auriez pas tant à souffrir;
    Je vous défendrais de l'orage:
    Mais vous naissez le plus souvent
Sur les humides bords des royaumes du vent.
La nature envers vous me semble bien injuste.
Votre compassion, lui répondit l'arbuste,
Part d'un bon naturel: mais quittez ce souci;
    Les vents me sont moins qu'à vous redoutables;
Je plie, et ne romps pas. Vous avez jusqu'ici
    Contre leurs coups épouvantables
    Résisté sans courber le dos:

---

* Poétique, pour *pendant que.*

Mais attendons la fin. Comme il disait ces mots,
Du bout de l'horizon accourt avec furie
    Le plus terrible des enfants
Que le nord eût portés jusque-là dans ses flancs.
    L'arbre tient bon ; le roseau plie.
    Le vent redouble ses efforts,
    Et fait si bien qu'il déracine
Celui de qui la tête au ciel était voisine,
Et dont les pieds touchaient à l'empire des morts.

LA FONTAINE.

LE PRINTEMPS EN BRETAGNE.

LE printemps en Bretagne est plus doux qu'aux environs de Paris et fleurit trois semaines plus tôt. Les cinq oiseaux qui l'annoncent, l'hirondelle, le loriot, le coucou, la caille, et le rossignol, arrivent avec de tièdes brises qu'hébergent les golfes de la péninsule armoricaine.* La terre se couvre de marguerites, de pensées, de jonquilles, de jacinthes, de narcisses, de renoncules, d'anémones, comme les espaces abandonnés qui environnent Saint-Jean-de-Latran et Sainte-Croix de Jérusalem, à Rome. Des clairières se panachent d'élégantes et hautes fougères ; des champs de genêts et d'ajoncs resplendissent de fleurs qu'on prendrait pour des papillons d'or posés sur des arbustes verts et bleuâtres.

Les haies, au long desquelles abondent la fraise, la framboise, et la violette, sont décorées d'églantiers, d'aubépine blanche et rose, de boules de neige, de chèvre-feuilles-convolvulus, de buis, de lierre à baies écarlates, de ronces dont les rejets brunis et courbés portent des feuilles et des fruits magnifiques. Tout fourmille d'abeilles et d'oiseaux : les essaims et les nids arrêtent les enfants à chaque pas. Le myrte et le laurier croissent en pleine terre ; la figue mûrit comme en Provence. Chaque pommier, avec ses roses carminées, ressemble à un gros bouquet de fiancée de village.

L'aspect du pays, entrecoupé de fossés boisés, est celui d'une continuelle forêt, et rappelle l'Angleterre. Des vallons étroits et profonds, où coulent, parmi des saussaies et des chènevières, des petites rivières non navigables, présentent des

---

* *L'Armorique* est l'ancien nom de la Bretagne. Elle tire son nom de deux mots celtiques *or*, proche, et *mor*, mer.

perspectives riantes et solitaires. Les futaies à fonds de bruyères et à cépées de houx, habitées par des sabotiers, des charbonniers, et des verriers tenant du gentilhomme, du commerçant, et du sauvage, les landes nues, les plateaux pelés, les champs rougeâtres de sarrasin, qui séparent ces vallons entre eux, en font mieux sentir la fraîcheur et l'agrément. Sur les côtes se succèdent des tours à fanaux, des clochers de la Renaissance,* des vigies,† des ouvrages romains, des monuments druidiques, des ruines de châteaux : la mer borne le tout.

CHATEAUBRIAND.

Observation.—Description charmante, écrite avec tout l'amour que peut inspirer la terre natale. Le style si élevé et si majestueux de M. de Chateaubriand s'est admirablement plié à la forme bucolique: Virgile n'eût pas mieux dit.

LA MAISON, LES AMIS, LES PLAISIRS DE JEAN-JACQUES A LA CAMPAGNE, S'IL ÉTAIT RICHE.

Je n'irais pas me bâtir une ville à la campagne, et mettre au fond d'une province les Tuileries‡ devant mon appartement. Sur le penchant de quelque agréable colline bien ombragée, j'aurais une petite maison rustique, une maison blanche avec des contrevents verts; et, quoiqu'une couverture de chaume soit en toute saison la meilleure, je préférerais magnifiquement, non la triste ardoise, mais la tuile, parce qu'elle a l'air plus propre et plus gaie que le chaume, qu'on ne couvre pas autrement les maisons dans mon pays, et que cela me rappellerait un peu l'heureux temps de ma jeunesse. J'aurais pour cour une basse-cour, et pour écurie une étable avec des vaches, pour avoir du laitage que j'aime beaucoup. J'aurais un potager pour jardin, et pour parc un joli verger. Les fruits, à la discrétion des promeneurs, ne seraient ni comptés ni cueillis par mon jardinier, et mon avare magnificence n'étalerait point aux yeux des espaliers superbes auxquels à peine on osât toucher. Or, cette petite prodigalité serait peu

* La *Renaissance* (des beaux-arts) ; ère nouvelle qui date du règne de François Ier.

† Pointes de rochers isolés au milieu de la mer.

‡ Le palais des Tuileries. On l'appelle ainsi, parce qu'il y avait autrefois des tuileries dans cet endroit.

coûteuse, parce que j'aurais choisi mon asile dans quelque province éloignée où l'on voit peu d'argent et beaucoup de denrées, et où règnent l'abondance et la pauvreté.

Là, je rassemblerais une société plus choisie que nombreuse d'amis aimant le plaisir, et s'y connaissant, de femmes qui pussent sortir de leur fauteuil et se prêter aux jeux champêtres, prendre quelquefois, au lieu de la navette et des cartes, la ligne, les gluaux, le râteau des faneuses et le panier des vendangeurs. Là, tous les airs de la ville seraient oubliés ; et, devenus villageois au village, nous nous trouverions livrés à des foules d'amusements divers, qui ne nous donneraient chaque soir que l'embarras du choix pour le lendemain. L'exercice et la vie active nous feraient un nouvel estomac et de nouveaux goûts. Tous nos repas seraient des festins, où l'abondance plairait plus que la délicatesse. La gaieté, les travaux rustiques, les folâtres jeux, sont les premiers cuisiniers du monde, et les ragoûts fins sont bien ridicules à des gens en haleine depuis le lever du soleil. Le service n'aurait pas plus d'ordre que d'élégance ; la salle à manger serait partout, dans le jardin, dans un bateau, sous un arbre, quelquefois au loin, près d'une source vive, sur l'herbe verdoyante et fraîche, sous des touffes d'aunes et de coudriers : une longue procession de gais convives porterait en chantant l'apprêt du festin ; on aurait le gazon pour table et pour chaises ; les bords de la fontaine serviraient de buffet, et le dessert pendrait aux arbres. Les mets seraient servis sans ordre, l'appétit dispenserait des façons ; chacun, se préférant ouvertement à tout autre, trouverait bon que tout autre se préférât de même à lui : de cette familiarité cordiale et modérée, naîtrait sans grossièreté, sans fausseté, sans contrainte, un conflit badin, plus charmant cent fois que la politesse, et plus fait pour lier les cœurs. Point d'importuns laquais épiant nos discours, critiquant tout bas nos maintiens, comptant nos morceaux d'un œil avide, s'amusant à nous faire attendre à boire, et murmurant d'un trop long dîner. Nous serions nos valets, pour être nos maîtres ; chacun serait servi par tous ; le temps passerait sans le compter, le repas serait le repos, et durerait autant que l'ardeur du jour. S'il passait près de nous quelque paysan retournant au travail, ses outils sur l'épaule, je lui réjouirais le cœur par quelques bons propos, par quelques coups de bon vin qui lui feraient porter plus gaiement sa misère ; et moi, j'aurais aussi le plaisir de me sentir émouvoir un peu les entrailles, et de me dire en secret : "Je suis encore homme."

Si quelque fête champêtre rassemblait les habitants du

lieu, j'y serais des premiers avec ma troupe. Si quelques mariages, plus bénis du ciel que ceux des villes, se faisaient à mon voisinage, on saurait que j'aime la joie, et j'y serais invité. Je porterais à ces bonnes gens quelques dons simples comme eux, qui contribueraient à la fête, et j'y trouverais en échange des biens d'un prix inestimable, des biens si peu connus de mes égaux, la franchise et le vrai plaisir. Je souperais gaiement au bout de leur longue table, j'y ferais chorus au refrain d'une vieille chanson rustique, et je danserais dans leur grange, de meilleur cœur qu'au bal de l'Opéra.

J.-J. ROUSSEAU.

ÉPITRE A M. DE LAMOIGNON.

OUI, Lamoignon,* je fuis les chagrins de la ville,
Et contre eux la campagne est mon unique asile.
Du lieu qui m'y retient veux-tu voir le tableau ?
C'est un petit village, ou plutôt un hameau,
Bâti sur le penchant d'un long rang de collines,
D'où l'œil s'égare au loin dans les plaines voisines.
La Seine, au pied des monts que son flot vient laver,
Voit du sein de ses eaux vingt îles s'élever,
Qui, partageant son cours en diverses manières,
D'une rivière seule y forment vingt rivières.
Tous ses bords sont couverts de saules non plantés,
Et de noyers souvent du passant insultés.
Le village au-dessus forme un amphithéâtre :
L'habitant ne connaît ni la chaux ni le plâtre ;
Et dans le roc, qui cède et se coupe aisément,
Chacun sait de sa main creuser son logement.
La maison du seigneur, seule un peu plus ornée,
Se présente au dehors de murs environnée.
Le soleil en naissant la regarde d'abord,
Et le mont la défend des outrages du nord.
C'est là, cher Lamoignon, que mon esprit tranquille
Met à profit les jours que la Parque me file.
Ici dans un vallon bornant tous mes désirs,
J'achète à peu de frais de solides plaisirs ;

---

* Avocat général en 1674, depuis président à mortier, mort en 1709. Mortier signifie ici une sorte de bonnet rond de velours que portent les Présidents.

Tantôt, un livre en main, errant dans les prairies,
J'occupe ma raison d'utiles rêveries :
Tantôt, cherchant la fin d'un vers que je construi,
Je trouve au coin d'un bois le mot qui m'avait fui :
Quelquefois, aux appas d'un hameçon perfide,
J'amorce, en badinant, le poisson trop avide ;
Ou d'un plomb qui suit l'œil, et part avec l'éclair,
Je vais faire la guerre aux habitants de l'air.
Une table au retour, propre et non magnifique,
Nous présente un repas agréable et rustique :
Là, sans s'assujettir aux dogmes du Broussain,
Tout ce qu'on boit est bon, tout ce qu'on mange est sain ;
La maison le fournit, la fermière l'ordonne,
Et mieux que Bergerat* l'appétit l'assaisonne.
O fortuné séjour ! ô champs aimés des cieux !
Que, pour jamais foulant vos prés délicieux,
Ne puis-je ici fixer ma course vagabonde,
Et connu de vous seuls oublier tout le monde !
   Qu'heureux est le mortel qui, du monde ignoré,
Vit content de soi-même en un coin retiré ;
Que l'amour de ce rien, qu'on nomme renommé,
N'a jamais enivré d'une vaine fumée ;
Qui de sa liberté forme tout son plaisir,
Et ne rend qu'à lui seul compte de son loisir !
Il n'a point à souffrir d'affronts ni d'injustices,
Et du peuple inconstant il brave les caprices.
   Ne demande donc plus par quelle humeur sauvage
Tout l'été, loin de toi, demeurant au village,
J'y passe obstinément les ardeurs du lion,
Et montre pour Paris si peu de passion.
C'est à toi, Lamoignon, que le rang, la naissance,
Le mérite éclatant, et la haute éloquence,
Appellent dans Paris aux sublimes emplois,
Qu'il sied bien d'y veiller pour le maintien des lois.
Tu dois là tous tes soins au bien de ta patrie :
Tu ne t'en peux bannir que l'orphelin ne crie ;
Que l'oppresseur ne montre un front audacieux :
Et Thémis pour voir clair a besoin de tes yeux.
Mais pour moi, de Paris, citoyen inhabile,
Qui ne lui puis fournir qu'un rêveur inutile,
Il me faut du repos, des prés et des forêts.
Laisse-moi donc ici, sous leurs ombrages frais,

* Fameux traiteur de ce temps.

Attendre que septembre ait ramené l'automne,
Et que Cérès contente ait fait place à Pomone.
Quand Bacchus comblera de ses nouveaux bienfaits
Le vendangeur ravi de ployer sous le faix,
Aussitôt ton ami, redoutant moins la ville,
T'ira joindre à Paris, pour s'enfuir à Bâville.*
Là, dans le seul loisir que Thémis t'a laissé
Tu me verras souvent, à te suivre empressé,
Pour monter à cheval rappelant mon audace,
Apprenti cavalier galoper sur ta trace.
Tantôt sur l'herbe assis, au pied de ces coteaux
Où Polycrène† épand ses libérales eaux,
Lamoignon, nous irons, libres d'inquiétude,
Discourir des vertus dont tu fais ton étude ;
Chercher quels sont les biens véritables ou faux ;
Si l'honnête homme en soi doit souffrir des défauts,
Quel chemin le plus droit à la gloire nous guide,
Ou la vaste science, ou la vertu solide.
C'est ainsi que chez toi tu sauras m'attacher,
Heureux si les fâcheux, prompts à nous y chercher,
N'y viennent point semer l'ennuyeuse tristesse !

Boileau Despréaux.—*Né en* 1636 ; *mort en* 1711.

SCÈNE DRAMATIQUE.

Le comte d'Ermont, *lieutenant-général ;* Madame Thomas, *maîtresse d'auberge ;* M. Hachis, *cuisinier.*

(*La scène représente une chambre d'auberge de campagne.*)

Mad. Thom. (*entrant la première, et fermant la fenêtre.*) Monsieur le comte, voilà votre chambre.

Le comte. Elle n'a pas trop bonne mine ; mais une nuit est bientôt passée.

Mad. Thom. Monsieur, c'est la meilleure de la maison personne n'a encore couché dans ce lit-là depuis que les matelas ont été rebattus.

Le comte. Voulez-vous bien mettre cela quelque part. (*Il lui donne son chapeau, son épée et sa canne, et il s'assied.*)

---

* Maison de campagne de M. de Lamoignon.

† Fontaine, à une demi-lieue de Bâville, ainsi nommée par le premier président de Lamoignon.

Ah ça, madame Thomas, qu est-ce que vous me donnerez à souper ?

Mad. Thom. Tout ce que vous voudrez, monsieur le comte.

Le comte. Mais encore ?

Mad. Thom. Vous n'avez qu'à dire.

Le comte. Qu'est-ce que vous avez ?

Mad. Thom. Je ne sais pas bien ; mais si vous voulez, je m'en vais faire monter monsieur l'écuyer.

Le comte. Ah ! oui, je serai fort aise de causer avec monsieur l'écuyer.

Mad. Thom. (*criant.*) Marianne, dites à monsieur l'écuyer de monter.

Le comte. Avez-vous bien du monde, dans ce temps-ci, madame Thomas ?

Mad. Thom. Monsieur, pas beaucoup depuis qu'on a fait passer la grande route par....chose....

Le comte. Je passerai toujours par ici, moi ; je suis bien aise de vous voir, madame Thomas.

Mad. Thom. Ah, monsieur, je suis bien votre servante, et vous avez bien de la bonté.

Le comte. Il y a longtemps que nous nous connaissons.

Mad. Thom. Monsieur m'a vue bien petite.

Le comte. Et vous m'avez toujours vu grand, vous. C'est bien différent.

(M. Hachis *entre.*)

Mad. Thom. Tenez, monsieur l'écuyer, parlez à monsieur le comte.

Le comte. Ah ! monsieur l'écuyer, qu'est-ce que vous me donnerez à manger ?

M. Hach. Monsieur, dans ce temps-ci nous n'avons pas de grandes provisions.

Le comte. Mais qu'est-ce que vous avez ?

M. Hach. Qu'est-ce que monsieur le comte aime ?

Le comte. Je ne suis pas difficile ; mais je veux bien souper : voyons.

M. Hach. Si monsieur le comte avait aimé le veau.

Le comte. Oui, pourquoi pas ?

M. Hach. Ce matin, nous avions une noix de veau excellente.

Le comte. Hé bien, donnez-la moi.

M. Hach. Oui, mais il y a deux messieurs qui l'ont mangée. Cela ne fait rien, on donnera autre chose à monsieur le comte.

Le comte. Mais quoi ?

M. Hach. Madame Thomas, si nous avions cette outarde de l'autre jour....

Le comte. Est-ce qu'il y en a dans ce pays-ci ?

Mad. Thom. Oui, monsieur, quelquefois.

Le comte. Et vous ne pourriez pas en avoir une ?

M. Hach. Oh ! non.

Le comte. Pourquoi dit-il que vous en aviez une l'autre jour ?

Mad. Thom. Ce n'est pas nous, ce sont des voyageurs qui passent par ici, et qui nous en font voir, quand ils en ont ; et quand il dit l'autre jour, il y a plus de six mois.

M. Hach. Six mois ! il n'y en a pas trois.

Mad. Thom. Je dis qu'il y en a six, puisque c'était le jour du mariage de monsieur le Bailli.

M. Hach. Vous croyez ?

Mad. Thom. J'en suis sûre.

Le comte. Oui, mais avec tout cela, je meurs de faim, et je ne sais pas encore ce que j'aurai à souper.

Mad. Thom. Il n'y a qu'à commencer par faire une fricassée de poulets.

M. Hach. Oui, cela se peut faire, et cela n'est pas long.

Le comte. Hé bien, allez donc toujours. Nous verrons après.

M. Hach. Allons, allons. (*Il s'en va et revient.*) Je songe une chose : nous n'en avons pas de poulet ; nous n'avons que ceux qui sont éclos ce matin, et ils sont trop petits.

Mad. Thom. Hé bien, nous donnerons autre chose à monsieur.

Le comte. Mais dépêchez-vous.

Mad. Thom. Il n'y a qu'à faire une compote de pigeons.

M. Hach. Vous savez bien que depuis qu'on a jeté un sort sur le colombier, il n'y en revient plus.

Mad Thom. C'est vrai, je n'y pensais pas.

Le comte. Mais donnez-moi de la viande de boucherie, et finissons.

Mad. Thom. Monsieur l'écuyer n'est pas long, il est accoutumé à servir promptement.

Le comte. Donnez-moi des côtelettes.

M. Hach. On a mangé les dernières à dîner.

Le comte. N'y a-t-il pas ici un boucher ?

Mad. Thom. Oui, monsieur ; mais c'est aujourd'hui jeudi, il ne tuera que demain.

Le comte. Quoi, je ne pourrai donc rien avoir ?

M. Hach. Pardonnez-moi; mais c'est qu'il faut savoir le goût de monsieur.

Le comte. Mais j'aime tout, et vous n'avez rien.

M. Hach. Si monsieur voulait un gigot, par exemple?

Le comte. Oui, et vous n'en aurez point?

M. Hach. Je vous demande pardon, nous en avons un.

Le comte. Ah! voilà donc quelque chose! et il sera bien dur?

M. Hach. Non, monsieur, il sera fort tendre, j'en réponds.

Le comte. Hé bien, mettez-le à la broche tout de suite.

M. Hach. Allons, allons, il sera bientôt cuit.

Le comte. Vous n'avez pas autre chose?

M. Hach. Non, monsieur, pour le présent; mais si vous repassiez dans huit jours....

Le comte. Hé, va te promener. Allons, ne perdez pas de temps.

M. Hach. J'y vais, j'y vais.

Mad. Thom. Et moi, je m'en vais mettre le couvert, en attendant.

Le comte. Allons, dépêchez-vous, tous les deux.

Mad. Thom. Vous n'attendrez pas. (*Elle sort.*)

Le comte. (*seul, prenant du tabac.*) Quelle misérable auberge! (*Il se promène.*) On ne m'y rattrapera plus. (*Il regarde à la fenêtre, et lit l'enseigne.*) "Ici l'on fait noces et festins." Ce sont de jolis festins, je crois.

CARMONTELLE.

LE VIEILLARD ET LES TROIS JEUNES HOMMES.

Un octogénaire plantait.
Passe encor de bâtir; mais planter à cet âge!
Disaient trois jouvenceaux, enfants du voisinage:
Assurément il radotait.
Car, au nom des dieux, je vous prie,
Quel fruit de ce labeur pouvez-vous recueillir?
Autant qu'un patriarche il vous faudrait vieillir.
A quoi bon charger votre vie
Des soins d'un avenir qui n'est pas fait pour vous?
Ne songez désormais qu'à vos erreurs passées:
Quittez le long espoir et les vastes pensées;
Tout cela ne convient qu'à nous.

Il ne convient pas à vous-mêmes,
Repartit le vieillard. Tout établissement
Vient tard et dure peu. La main des Parques blêmes
De vos jours et des miens se joue également.
Nos termes sont pareils par leur courte durée.
Qui de nous, des clartés de la voûte azurée
Doit jouir le dernier ? Est-il aucun moment
Qui vous puisse assurer d'un second seulement ?
Mes arrière-neveux me devront cet ombrage :
Hé bien ! défendez-vous au sage
De se donner des soins pour le plaisir d'autrui ?
Cela même est un fruit que je goûte aujourd'hui :
J'en puis jouir demain, et quelques jours encore :
Je puis enfin compter l'aurore
Plus d'une fois sur vos tombeaux.
Le vieillard eut raison : l'un des trois jouvenceaux
Se noya dès le port, allant à l'Amérique ;
L'autre, afin de monter aux grandes dignités,
Dans les emplois de Mars servant la république,
Par un coup imprévu vit ses jours emportés ;
Le troisième tomba d'un arbre
Que lui-même il voulut enter :
Et pleurés du vieillard, il grava sur leur marbre
Ce que je viens de raconter.

LA FONTAINE.

Observation.—Cette fable est un modèle de la plus aimable morale et du talent de narrer avec un intérêt qui parle au cœur.

DÉPART DE LA PREMIÈRE CROISADE.*

[M. MICHAUD, membre de l'Académie française (mort en 1840) est connu dans la littérature par le *Printemps d'un proscrit*, par *l'Histoire des Croisades*, à laquelle nous empruntons le morceau suivant, et par la *Correspondance d'Orient*, recueil de lettres écrites dans le cours d'un voyage sur le théâtre des croisades. Il doit être compté parmi les écrivains les plus purs du 19e siècle.]

DÈS que le printemps parut, rien ne put contenir l'impatience des croisés ; ils se mirent en marche pour se rendre

* *Croisade.* Ligue, expédition contre les infidèles ou les hérétiques, ainsi nommée parce que ceux qui s'y engageaient portaient une croix sur leur habit.

dans les lieux où ils devaient se rassembler. Le plus grand nombre allait à pied ; quelques cavaliers paraissaient au milieu de la multitude ; plusieurs voyageaient montés sur des chars traînés par des bœufs ferrés ; d'autres cotoyaient la mer, descendaient les fleuves dans des barques ; ils étaient vêtus diversement, armés de lances, d'épées, de javelots, de massues de fer, etc. La foule des croisés offrait un mélange bizarre et confus de toutes les conditions et de tous les rangs ; des femmes paraissaient en armes au milieu des guerriers ; la débauche et les joies profanes se montraient au milieu des austérités de la pénitence et de la piété. On voyait la vieillesse à côté de l'enfance, l'opulence près de la misère ; le casque était confondu avec le froc, la mitre avec l'épée, le seigneur avec les serfs, le maître avec ses serviteurs. Près des villes, près des forteresses, dans les plaines, sur les montagnes, s'élevaient des tentes, des pavillons pour les chevaliers, et des autels dressés à la hâte pour l'office divin ; partout se déployait un appareil de guerres et de fêtes solennelles. D'un côté un chef militaire exerçait ses soldats à la discipline, de l'autre un prédicateur rappelait à ses auditeurs les vérités de l'Évangile ; on entendait le bruit des clairons et des trompettes ; plus loin on chantait des psaumes et des cantiques. Depuis le Tibre jusqu'à l'Océan, et depuis le Rhin jusqu'au-delà des Pyrénées, on ne rencontrait que des troupes d'hommes revêtus de la croix, jurant d'exterminer les Sarrasins, et d'avance célébrant leurs conquêtes ; de toutes parts retentissait le cri de guerre des croisés : Dieu le veut ! Dieu le veut !

Les pères conduisaient leurs enfants et leur faisaient jurer de vaincre ou de mourir pour Jésus-Christ. Les guerriers s'arrachaient des bras de leurs épouses et de leurs familles et promettaient de revenir victorieux. Les femmes, les vieillards, dont la faiblesse restait sans appui, accompagnaient leurs fils ou leurs époux dans la ville la plus voisine, et, ne pouvant se séparer des objets de leur affection, prenaient le parti de les suivre jusqu'à Jérusalem. Ceux qui restaient en Europe enviaient le sort des croisés et ne pouvaient retenir leurs larmes ; ceux qui allaient chercher leur mort en Asie, étaient pleins d'espérance et de joie.

Parmi les pèlerins partis des côtes de la mer on remarquait une foule d'hommes qui avaient quitté les îles de l'Océan. Leurs vêtements et leurs armes, qu'on n'avait jamais vus, excitaient la curiosité et la surprise. Ils parlaient une langue qu'on n'entendait point ; et pour montrer qu'ils étaient chrétiens, ils élevaient leurs deux doigts l'un sur l'autre en forme de croix. Entraînés par leur exemple et par l'esprit d'enthousiasme répandu partout, des familles, des villages entiers partaient pour la Palestine; ils étaient suivis par leurs humbles pénates; ils emportaient leurs provisions, leurs ustensiles, leurs meubles. Les plus pauvres marchaient sans prévoyance et ne pouvaient croire que celui qui nourrit les petits des oiseaux, laissât périr de misère des pèlerins revêtus de sa croix. Leur ignorance ajoutait à leur illusion, et prêtait à tout ce qu'ils voyaient un air d'enchantement et de prodige; ils croyaient sans cesse toucher au terme de leur pèlerinage. Les enfants des villageois, lorsqu'une ville ou un château se présentait à leurs yeux, demandaient *si c'était là Jérusalem*. Beaucoup de grands seigneurs qui avaient passé leur vie dans leurs donjons rustiques, n'en savaient guère plus que leurs vassaux; ils conduisaient avec eux leurs équipages de pêche et de chasse, et marchaient précédés d'une meute, ayant leur faucon sur le poing. Ils espéraient atteindre Jérusalem en faisant bonne chère, et montrer à l'Asie le luxe grossier de leurs châteaux.

Au milieu du délire universel, aucun sage ne fit entendre la voix de la raison; personne ne s'étonnait alors de ce qui fait aujourd'hui notre surprise. Ces scènes si étranges, dans lesquelles tout le monde était acteur, ne devaient être un spectacle que pour la postérité.

MICHAUD, *Histoire des Croisades.*

ODE.

(PARAPHRASE DU PSAUME XIX.)

Les cieux instruisent la terre
A révérer leur auteur:
Tout ce que leur globe enserre
Célèbre un Dieu créateur.
O quel sublime cantique,
Que ce concert magnifique
De tous les célestes corps!
Quelle grandeur infinie!
Quelle divine harmonie
Résulte de leurs accords!

De sa puissance immortelle
Tout parle, tout nous instruit.

Le jour au jour la révèle,
La nuit l'annonce à la nuit.
Ce grand et superbe ouvrage
N'est point pour l'homme un langage
Obscur et mystérieux.
Son adorable structure
Est la voix de la nature
Qui se fait entendre aux yeux.
  Dans une éclatante voûte
Il a placé de ses mains
Ce soleil qui, dans sa route,
Éclaire tous les humains.
  L'univers, à sa présence,
Semble sortir du néant.
Il prend sa course, il s'avance
Comme un superbe géant.
Bientôt sa marche féconde
Embrasse le tour du monde
Dans le cercle qu'il décrit;
Et, par sa chaleur puissante,
La nature languissante
Se ranime et se nourrit.
  O que tes œuvres sont belles,
Grand Dieu! quels sont tes bienfaits
Que ceux qui te sont fidèles,
Sous ton joug trouvent d'attraits!
Ta crainte inspire la joie;
Elle assure notre voie,
Elle nous rend triomphants;
Elle éclaire la jeunesse,
Et fait briller la sagesse
Dans les plus faibles enfants.

J. B. Rousseau.

LA BIBLE.

L'Écriture surpasse en naïveté, en vivacité, en grandeur, tous les écrivains de Rome et de la Grèce. Jamais Homère même n'a approché de la sublimité de Moïse dans ses cantiques, particulièrement le dernier, que tous les enfants des Israélites devaient apprendre par cœur. Jamais nulle ode grecque ou latine n'a pu atteindre à la hauteur des psaumes:

par exemple, celui qui commence ainsi : " *Le Dieu des dieux,* " *le Seigneur a parlé, et il a appelé la terre,*" surpasse toute imagination humaine. Jamais Homère ni aucun autre poète n'a égalé Isaïe peignant la majesté de Dieu aux yeux duquel " *les Royaumes ne sont qu'un grain de poussière ; l'univers* " *qu'une tente qu'on dresse aujourd'hui et qu'on enlève demain.*" Tantôt le prophète a toute la douceur et toute la tendresse d'une églogue, dans les riantes peintures qu'il fait de la paix ; tantôt il s'élève jusqu'à laisser tout au-dessous de lui. Mais qu'y a-t-il, dans l'antiquité profane, de comparable au tendre Jérémie, déplorant les maux de son peuple ; ou à Nahum, voyant de loin, en esprit, tomber la superbe Ninive sous les efforts d'une armée innombrable ? On croit voir cette armée, on croit entendre le bruit des armes et des chariots ; tout est dépeint d'une manière vive qui saisit l'imagination ; il laisse Homère loin derrière lui. Lisez encore Daniel, dénonçant à Balthazar la vengeance de Dieu toute prête à fondre sur lui ; et cherchez, dans les plus sublimes originaux de l'antiquité, quelque chose qu'on puisse leur comparer. Au reste, tout se soutient dans l'Écriture ; tout y garde le caractère qu'il doit avoir, l'histoire, le détail des lois, les descriptions, les endroits véhéments, les mystères, les discours de morale ; enfin, il y a autant de différence entre les poètes profanes et les prophètes, qu'il y en a entre le véritable enthousiasme et le faux. Les uns, véritablement inspirés, expriment sensiblement quelque chose de divin ; les autres, s'efforçant de s'élever au-dessus d'eux-mêmes, laissent toujours voir en eux la faiblesse humaine.

FÉNÉLON.—*Né en* 1651 ; *mort en* 1715.

De Fontanes le peint d'un seul vers :

Son goût fut aussi pur que son âme était belle.

LE COLPORTEUR VAUDOIS.*

Oh ! regardez, ma noble et belle dame,
Ces chaînes d'or, ces joyaux précieux.
Les voyez-vous, ces perles dont la flamme
Effacerait un éclair de vos yeux ?
Voyez encor ces vêtements de soie
Qui pourraient plaire à plus d'un souverain.

* Des vallées protestantes du Piémont.

Quand près de vous un heureux sort m'envoie,
Achetez donc au pauvre pèlerin !

La noble dame, à l'âge où l'on est vaine,
Prit les joyaux, les quitta, les reprit,
Les enlaça dans ses cheveux d'ébène,
Se trouva belle, et puis elle sourit.
—" Que te faut-il, vieillard ? des mains d'un page
Dans un instant tu vas le recevoir.
Oh ! pense à moi, si ton pèlerinage
Te reconduit auprès de ce manoir."

Mais l'étranger, d'une voix plus austère,
Lui dit : " Ma fille, il me reste un trésor
Plus précieux que les biens de la terre,
Plus éclatant que les perles et l'or.
On voit pâlir aux clartés dont il brille
Les diamants dont les rois sont épris.
Quels jours heureux luiraient pour vous, ma fille,
Si vous aviez ma *perle de grand prix !*"

—" Montre-la-moi, vieillard, je t'en conjure ;
Ne puis-je pas te l'acheter aussi ?
Et l'étranger, sous son manteau de bure,
Chercha longtemps un vieux livre noirci.
—" Ce bien, dit-il, vaut mieux qu'une couronne,
Nous l'appelons la *Parole de Dieu.*
Je ne vends pas ce trésor, je le donne ;
Il est à vous : le ciel vous aide ! adieu !"

Il s'éloigna. Bientôt la noble dame
Lut et relut le livre du Vaudois.
La vérité pénétra dans son âme,
Et du Sauveur elle comprit la voix ;
Puis, un matin, loin des tours crénelées,
Loin des plaisirs que le monde chérit,
On l'aperçut dans les humbles vallées
Où les Vaudois adoraient Jésus-Christ.

G. DE F

PRÉFACE D'ATHALIE,

TRAGÉDIE.

TOUT le monde sait que le royaume de Juda était composé des deux tribus de Juda et de Benjamin, et que les dix autres tribus qui se révoltèrent contre Roboam composaient le royaume d'Israël. Comme les rois de Juda étaient de la maison de David, et qu'ils avaient dans leur partage la ville et le temple de Jérusalem, tout ce qu'il y avait de prêtres et de lévites se retirèrent auprès d'eux, et leur demeurèrent toujours attachés: car, depuis que le temple de Salomon fut bâti, il n'était plus permis de sacrifier ailleurs; et tous ces autres autels qu'on élevait à Dieu sur des montagnes, appelés par cette raison dans l'Écriture les hauts-lieux, ne lui étaient point agréables. Ainsi le culte légitime ne subsistait plus que dans Juda. Les dix tribus, excepté un très petit nombre de personnes, étaient ou idolâtres, ou schismatiques.

Au reste, ces prêtres et ces lévites faisaient eux-mêmes une tribu fort nombreuse. Ils furent partagés en diverses classes pour servir tour-à-tour dans le temple, d'un jour de sabbat à l'autre. Les prêtres étaient de la famille d'Aaron; et il n'y avait que ceux de cette famille qui pussent exercer la sacrificature. Les lévites leur étaient subordonnés, et avaient soin, entre autres choses, du chant, de la préparation des victimes, et de la garde du temple. Ce nom de lévite ne laisse pas d'être donné quelquefois indifféremment à tous ceux de la tribu. Ceux qui étaient en semaine avaient, ainsi que le grand-prêtre, leur logement dans les portiques ou galeries dont le temple était environné, et qui faisaient partie du temple même. Tout l'édifice s'appelait en général le lieu saint; mais on appelait plus particulièrement de ce nom cette partie du temple intérieur où étaient le chandelier d'or, l'autel des parfums, et les tables des pains de proposition; et cette partie était encore distinguée du Saint des saints où était l'arche, et où le grand-prêtre seul avait droit d'entrer une fois l'année. C'était une tradition assez constante, que la montagne sur laquelle le temple était bâti était la même montagne où Abraham avait autrefois offert en sacrifice son fils Isaac.

RACINE.—*Né en* 1639; *mort en* 1699.

CHŒUR D'ATHALIE.

LE CHŒUR.

Tout l'univers est plein de sa magnificence :
Qu'on l'adore ce Dieu, qu'on l'invoque à jamais !
Son empire a des temps précédé la naissance.
Chantons, publions ses bienfaits.

UNE VOIX.

En vain l'injuste violence
Au peuple qui le loue imposerait silence :
Son nom ne périra jamais.
Le jour annonce au jour sa gloire et sa puissance ;
Tout l'univers est plein de sa magnificence.
Chantons, publions ses bienfaits.

UNE AUTRE.

Il donne aux fleurs leur aimable peinture ;
Il fait naître et mûrir les fruits ;
Il leur dispense avec mesure
Et la chaleur des jours et la fraîcheur des nuits ;
Le champ qui les reçut les rend avec usure.

UNE AUTRE.

Il commande au soleil d'animer la nature,
Et la lumière est un don de ses mains ;
Mais sa loi sainte, sa loi pure
Est le plus riche don qu'il ait fait aux humains.

UNE AUTRE.

O mont Sinaï, conserve la mémoire
De ce jour à jamais auguste et renommé,
Quand, sur ton sommet enflammé,
Dans un nuage épais le Seigneur enfermé
Fit luire aux yeux mortels un rayon de sa gloire
Dis-nous pourquoi ces feux et ces éclairs,
Ces torrents de fumée, et ce bruit dans les airs,
Ces trompettes et ce tonnerre.
Venait-il renverser l'ordre des éléments ?
Sur ses antiques fondements
Venait-il ébranler la terre ?

UNE AUTRE VOIX.

Il venait révéler aux enfants des Hébreux
De ses préceptes saints la lumière immortelle;
Il venait à ce peuple heureux
Ordonner de l'aimer d'une amour éternelle

LE CHŒUR.

O divine, ô charmante loi!
O justice, ô bonté suprême!
Que de raisons, quelle douceur extrême,
D'engager à ce Dieu son amour et sa foi!

UNE VOIX.

D'un joug cruel il sauva nos aïeux,
Les nourrit au désert d'un pain délicieux.
Des mers pour eux il entr'ouvrit les eaux;
D'un aride rocher fit sortir des ruisseaux.

UNE AUTRE VOIX.

Vous qui ne connaissez qu'une crainte servile,
Ingrats, un Dieu si bon ne peut-il vous charmer?
Est-il donc à vos cœurs, est-il si difficile
Et si pénible de l'aimer?
Vous voulez que ce Dieu vous comble de bienfaits,
Et ne l'aimer jamais!

TOUT LE CHŒUR.

O divine, ô charmante loi!
O justice, ô bonté suprême!
Que de raisons, quelle douceur extrême,
D'engager à ce Dieu son amour et sa foi!

RACINE, *Athalie*, Acte I, Sc. IV.

" L'élégant, le correct, l'harmonieux Racine ramena la poésie à son véritable esprit; la littérature française a dans *Athalie* le chef-d'œuvre le plus parfait qui ait jamais été écrit dans aucune langue."—LAHARPE.

SCÈNES DE L'AVARE.

COMÉDIE DE MOLIÈRE.

[QUEL chef-d'œuvre que l'*Avare* de Molière ! Chaque scène est une situation. Quoi de mieux conçu que le caractère de l'Avare ? C'est une de ses pièces où il y a le plus d'intentions et d'effets comiques. La scène où maître Jacques le cuisinier donne le menu d'un repas à son maître, qui veut l étrangler dès qu'il en est au rôti, et où maître Jacques le cocher s'attendrit sur les jeûnes de ses chevaux ; celle où Valère et Harpagon se parlent sans jamais s'entendre, l'un ne songeant qu'aux beaux yeux de son Élise, et l'autre ne concevant rien aux *beaux yeux de sa cassette ;* et bien d'autres encore, sont du comique le plus divertissant."—LAHARPE.]

PERSONNAGES.

HARPAGON, père de Cléante et d'Élise, et amoureux de Mariane.
ANSELME, père de Valère et de Mariane.
CLÉANTE, fils d'Harpagon, amant de Mariane.
ÉLISE, fille d'Harpagon.
VALÈRE, fils d'Anselme, et amant d'Élise.
MARIANE, fille d'Anselme.
FROSINE, femme d'intrigue.
MAÎTRE JACQUES, cuisinier et cocher d'Harpagon.
LA FLÈCHE, valet de Cléante.
DAME CLAUDE, servante d'Harpagon.
BRINDAVOINE, } laquais d'Harpagon.
LA MERLUCHE, }
UN COMMISSAIRE.

(La scène est à Paris, dans la maison d'Harpagon.)

HARPAGON, LA FLÈCHE.

Harp. Hors d'ici tout à l'heure, et qu'on ne réplique pas. Allons, que l'on détale de chez moi, maître juré filou, frai gibier de potence.

La Flè. Pourquoi me chassez-vous ?

Harp. C'est bien à toi, à me demander des raisons ! Sors vite, que je ne t'assomme.

La Flè. Qu'est-ce que je vous ai fait ?

Harp. Tu m'as fait, que je veux que tu sortes.

La Flè. Mon maître, votre fils, m'a donné ordre de l'attendre.

Harp. Va-t'en l'attendre dans la rue. Je ne veux point

voir sans cesse devant moi un espion qui fûrète de tous côtés pour voir s'il n'y a rien à voler.

La Flè. Comment voulez-vous qu'on fasse pour vous voler? Êtes-vous un homme volable, quand vous renfermez toutes choses, et faites sentinelle jour et nuit?

Harp. Je veux renfermer ce que bon me semble et faire sentinelle comme il me plaît. (*bas, à part.*) Je tremble qu'il n'ait soupçonné quelque chose de mon argent. (*haut.*) Ne serais-tu point homme à faire courir le bruit que j'ai chez moi de l'argent caché?

La Flè. Vous avez de l'argent caché?

Harp. Non, coquin, je ne dis pas cela. (*bas.*) J'enrage! (*haut.*) Je demande si malicieusement tu n'irais point faire courir le bruit que j'en ai.

La Flè. Hé! que nous importe que vous en ayez ou que vous n'en ayez pas, si c'est pour nous la même chose?

HARPAGON, *levant la main pour donner un soufflet à La Flèche.*

Tu fais le raisonneur! Je te donnerai de ce raisonnement-ci par les oreilles. Sors d'ici, encore une fois.

La Flè. Hé bien! je sors.

Harp. Attends. Ne m'emportes-tu rien?

La Flè. Que vous emporterais-je?

Harp. Viens-çà que je voie. Montre-moi tes mains.

La Flè. Les voilà.

Harp. Les autres.

La Flè. Les autres?

Harp. Oui.

La Flè. Les voilà. (*à part.*) Ah! qu'un homme comme cela mériterait bien ce qu'il craint! et que j'aurais de joie à le voler!

Harp. Hé?

La Flè. Quoi?

Harp. Qu'est-ce que tu parles de voler?

La Flè. Je dis que vous fouillez bien partout pour voir si je vous ai volé.

Harp. C'est ce que je veux faire.

(*Harpagon fouille dans les poches de La Flèche.*)

La Flè. (*à part.*) La peste soit de l'avarice et des avaricieux!

Harp. Comment? que dis-tu?

La Flè. Ce que je dis?

Harp. Oui. Qu'est-ce que tu dis d'avarice et d'avaricieux?

La Flè. Je dis que la peste soit de l'avarice et des avaricieux.

Harp. De qui veux-tu parler ?

La Flè. Des avaricieux.

Harp. Et qui sont-ils, ces avaricieux ?

La Flè. Des vilains et des ladres.

Harp. Mais qui est-ce que tu entends par-là ?

La Flè. De quoi vous mettez-vous en peine ?

Harp. Je me mets en peine de ce qu'il faut.

La Flè. Est-ce que vous croyez que je veux parler de vous ?

Harp. Je crois ce que je crois ; mais je veux que tu me dises à qui tu parles quand tu dis cela.

La Flè. Je parle....Je parle à mon bonnet.

Harp. Et moi, je pourrais bien parler à ton dos.

La Flè. M'empêcherez-vous de maudire les avaricieux ?

Harp. Non ; mais je t'empêcherai de jaser et d'être insolent : tais-toi.

La Flè. Je ne nomme personne.

Harp. Te tairas-tu ?

La Flè. Oui, malgré moi.

Harp. Ah ! ah !

La Flè. (*montrant à Harpagon une poche de son justaucorps.*) Tenez, voilà encore une poche. Êtes-vous satisfait ?

Harp. Allons, rends-le moi sans te fouiller.

La Flè. Quoi ?

Harp. Ce que tu m'as pris.

La Flè. Je ne vous ai rien pris du tout.

Harp. Assurément ?

La Flè. Assurément.

Harp. Adieu. Va-t'en. Je te le mets sur ta conscience au moins

SCÈNE SUIVANTE.

HARPAGON, FROSINE.

Harp. (*se croyant seul.*) Je ne sais si j'aurai bien fait d'avoir enterré dans mon jardin dix mille écus qu'on me rendit hier. Dix mille écus en or, chez soi, est une somme assez.....(*à part, apercevant Frosine.*) Hé bien ? qu'est-ce, Frosine ?

Fros. Oh ! monsieur, que vous vous portez bien ! et que vous avez là un vrai visage de santé !

Harp. Qui ? moi ?

Fros. Jamais je ne vous vis un teint si frais et si gaillard

Harp. Tout de bon ?

Fros. Comment ! vous n'avez de votre vie été si jeune que vous êtes, et je vois des gens de vingt-cinq ans qui sont plus vieux que vous.

Harp. Cependant, Frosine, j'en ai soixante bien comptés

Fros. Hé bien ! qu'est-ce que cela ? soixante ans ! C'est la fleur de l'âge, cela ; et vous entrez maintenant dans la belle saison de l'homme.

Harp. Il est vrai ; mais vingt années de moins pourtant ne me feraient point de mal, à ce que je crois.

Fros. Vous moquez-vous ? Vous n'avez pas besoin de cela, et vous êtes d'une pâte à vivre jusqu'à cent ans.

Harp. Tu le crois ?

Fros. Assurément : vous en avez toutes les marques. Tenez-vous un peu. Oh ! que voilà bien, entre vos deux yeux, un signe de longue vie !

Harp. Tu te connais à cela ?

Fros. Sans doute. Montrez-moi votre main. Ah ! quelle ligne de vie !

Harp. Comment ?

Fros. Ne voyez-vous pas jusqu'où va cette ligne-là ?

Harp. Hé bien ? qu'est-ce que cela veut dire ?

Fros. Je disais cent ans ; mais vous passerez les six vingts.

Harp. Est-il possible ?

Fros. Il faudra vous assommer, vous dis-je ; et vous mettrez en terre et vos enfants et les enfants de vos enfants.

Harp. Tant mieux. Comment va notre affaire ?

Fros. Faut-il le demander ? et me voit-on mêler de rien dont je ne vienne à bout ? J'ai surtout pour les mariages un talent merveilleux ; et je crois, si je me l'étais mis en tête, que je marierais le grand Turc avec la république de Venise. Il n'y avait pas de si grandes difficultés à cette affaire-ci. J'ai dit à la mère le dessein que vous aviez conçu pour Mariane, à la voir passer dans la rue, et prendre l'air à sa fenêtre.

Harp. Quelle réponse a-t-elle faite ?

Fros. Elle a reçu la proposition avec joie ; et quand je lui ai témoigné que vous souhaitiez fort que sa fille assistât ce soir au contrat de mariage qui doit se faire de la vôtre, elle y a consenti sans peine, et me l'a confiée pour cela.

Harp. C'est que je suis obligé, Frosine, de donner à souper au seigneur Anselme ; et je serai bien aise qu'elle soit du régal.

Fros. Vous avez raison. Elle doit après dîner rendre visite à votre fille, d'où elle fait son compte d'aller faire un tour à la foire, pour venir ensuite au souper.

Harp. Hé bien! elles iront ensemble dans mon carrosse que je leur prêterai.

Fros. Voilà justement son affaire.

Harp. Mais, Frosine, as-tu entretenu la mère touchant le bien qu'elle peut donner à sa fille? Lui as-tu dit qu'il fallait qu'elle fît quelque effort, qu'elle se saignât pour une occasion comme celle-ci? car encore n'épouse-t-on point une fille sans qu'elle apporte quelque chose.

Fros. Comment! c'est une fille qui vous apportera douze mille livres de rente.

Harp. Douze mille livres de rente?

Fros. Oui. Premièrement, elle est nourrie et élevée dans une grande épargne de bouche: c'est une fille accoutumée à vivre de salade, de lait, de fromage, et de pommes, et à laquelle, par conséquent, il ne faudra aucune des délicatesses qu'il faudrait pour une autre femme; et cela monte bien tous les ans à trois mille francs pour le moins. Outre cela, elle n'est curieuse que d'une propreté fort simple, et n'aime point les superbes habits, ni les riches bijoux, ni les meubles somptueux; et cet article-là vaut plus de quatre mille livres par an. De plus, elle a une aversion horrible pour le jeu; ce qui n'est pas commun aux femmes d'aujourd'hui; et j'en sais une de notre quartier qui a perdu vingt mille francs cette année. Mais n'en prenons rien que le quart. Cinq mille francs au jeu par an, quatre mille francs en habits et bijoux, cela fait neuf mille livres; et mille écus que nous mettons pour la nourriture: ne voilà-t-il pas par année vos douze mille francs bien comptés?

Harp. Oui, cela n'est pas mal; mais ce compte-là n'a rien de réel.

Fros. Pardonnez-moi. N'est-ce pas quelque chose de réel que de vous apporter en mariage une grande sobriété, l'héritage d'un grand amour de simplicité de parure, et l'acquisition d'un grand fonds de haine pour le jeu?

Harp. C'est une raillerie que de vouloir me constituer sa dot de toutes les dépenses qu'elle ne fera point. Je n'irai pas donner quittance de ce que je ne reçois pas; et il faut bien que je touche quelque chose.

Fros. Oh! monsieur, vous toucherez assez; elles m'ont parlé d'un certain pays où elles ont du bien dont vous serez le maître.

Harp. Il faudra voir cela. Mais, Frosine, il y a encore une chose qui m'inquiète. La fille est jeune, comme tu vois; j'ai peur qu'un homme de mon âge ne soit pas de son goût.

Fros. Ah! que vous la connaissez mal! C'est encore une particularité que j'avais à vous dire. Elle a une aversion épouvantable pour tous les jeunes gens, et n'a de l'amour que pour les vieillards.

Harp. Elle?

Fros. Oui, elle. Je voudrais que vous l'eussiez entendue parler là-dessus. Elle ne peut souffrir du tout la vue d'un jeune homme. Elle veut au moins qu'on soit sexagénaire; et il n'y a pas quatre mois encore, qu'étant près d'être mariée, elle rompit tout net le mariage, sur ce que son amant fit voir qu'il n'avait que cinquante-six ans, et qu'il ne prit point de lunettes pour signer le contrat.

Harp. Sur cela seulement?

Fros. Oui, et surtout elle est pour les nez qui portent des lunettes.

Harp. Certes, tu me dis là une chose toute nouvelle.

Fros. Cela va plus loin qu'on ne vous peut dire. On lui voit dans sa chambre quelques tableaux et quelques estampes. Mais que pensez-vous que ce soit? des Adonis? des Pâris et des Apollons? Non: de beaux portraits de Saturne, du roi Priam, du vieux Nestor, et du bon père Anchise sur les épaules de son fils.

Harp. Cela est admirable! Voilà ce que je n'aurais jamais pensé; et je suis bien aise d'apprendre qu'elle est de cette humeur. Dis-moi un peu: Mariane ne m'a-t-elle point encore vu? N'a-t-elle point pris garde à moi en passant?

Fros. Non; mais nous nous sommes fort entretenues de vous; je lui ai fait un portrait de votre personne; et je n'ai pas manqué de lui vanter votre mérite, et l'avantage que ce lui serait d'avoir un mari comme vous.

Harp. Tu as bien fait, et je t'en remercie.

Fros. J'aurais, monsieur, une petite prière à vous faire. J'ai un procès que je suis sur le point de perdre, faute d'un peu d'argent; (*Harpagon prend un air sérieux*) et vous pourriez facilement me procurer le gain de ce procès, si vous aviez quelques bontés pour moi....Vous ne sauriez croire le plaisir qu'elle aura de vous voir. (*Harpagon reprend un air gai.*) La joie éclatait dans ses yeux au récit de vos qualités; et je l'ai mise enfin dans une impatience extrême de voir ce mariage entièrement conclu.

Harp. Tu m'as fait grand plaisir, Frosine ; et je t'en ai, je l'avoue, toutes les obligations du monde.

Fros. Je vous prie, monsieur, de me donner le petit secours que je vous demande. (*Harpagon reprend encore son air sérieux.*) Cela me remettra sur pied, et je vous en serai éternellement obligée.

Harp. Adieu ! Je vais achever mes dépêches.

Fros. Je vous assure, monsieur, que vous ne sauriez jamais me soulager dans un plus grand besoin.

Harp. Je mettrai ordre que mon carrosse soit tout prêt pour vous mener à la foire.

Fros. Je ne vous importunerais pas si je ne m'y voyais forcée par la nécessité.

Harp. Et j'aurai soin qu'on soupe de bonne heure, pour ne vous point faire malades.

Fros. Ne me refusez pas la grâce que je vous sollicite. Vous ne sauriez croire, monsieur, le plaisir que....

Harp. Je m'en vais. Voilà qu'on m'appelle. Au revoir.

SCÈNE SUIVANTE.

HARPAGON, CLÉANTE, ÉLISE, VALÈRE ; DAME CLAUDE, *tenant un balai ;* MAÎTRE JACQUES, BRINDAVOINE, LA MERLUCHE.

Harp. Allons, venez çà tous, que je vous distribue mes ordres pour ce soir et règle à chacun son emploi. Approchez, dame Claude ; commençons par vous. Bon, vous voilà les armes à la main. Je vous commets au soin de nettoyer partout ; et surtout, prenez garde de frotter les meubles trop fort, de peur de les user. Outre cela, je vous constitue, pendant le souper, au gouvernement des bouteilles ; et s'il s'en écarte quelqu'une, et qu'il se casse quelque chose, je m'en prendrai à vous, et le rabattrai sur vos gages.

Maî. Jacq. (*à part.*) Châtiment politique !

Harp. (*à dame Claude.*) Allez. Vous, Brindavoine, et vous, La Merluche, je vous établis dans la charge de rincer les verres, et de donner à boire, mais seulement lorsque l'on aura soif, et non pas selon la coutume de certains impertinents laquais qui viennent provoquer les gens, et les faire aviser de boire lorsqu'on n'y songe pas. Attendez qu'on vous en demande plus d'une fois, et vous ressouvenez de porter toujours beaucoup d'eau.

Maî. Jacq. (*à part.*) Oui, le vin pur monte à la tête.

La Merl. Quitterons-nous nos souquenilles, monsieur ?

Harp. Oui, quand vous verrez venir les personnes, et gar

dez-vous bien de gâter vos habits. (*à Élise.*) Pour vous, ma fille, vous aurez l'œil sur ce que l'on desservira, et prendrez garde qu'il ne s'en fasse aucun dégât. Cela sied bien aux filles. Mais cependant préparez-vous à bien recevoir ma prétendue, qui doit venir vous visiter, et vous mener avec elle à a foire. Entendez-vous ce que je vous dis ?

Élise. Oui, mon père.

SCÈNE SUIVANTE.

HARPAGON, VALÈRE, MAÎTRE JACQUES.

Harp. Valère, aide-moi à ceci. Oh ça ! maître Jacques, approchez-vous ; je vous ai gardé pour le dernier.

Maî. Jacq. Est-ce à votre cocher, monsieur, ou bien à votre cuisinier, que vous voulez parler ? car je suis l'un et l'autre.

Harp. C'est à tous les deux.

Maî. Jacq. Mais auquel des deux le premier ?

Harp. Au cuisinier.

Maî. Jacq. Attendez donc, s'il vous plaît.

(*Maître Jacques ôte sa casaque de cocher, et paraît vêtu en cuisinier.*)

Harp. Quelle cérémonie est-ce là ?

Maî. Jacq. Vous n'avez qu'à parler.

Harp. Je me suis engagé, maître Jacques, à donner ce soir à souper.

Maî. Jacq. (*à part.*) Grande merveille !

Harp. Dis-moi un peu, nous feras-tu bonne chère ?

Maî. Jacq. Oui, si vous me donnez bien de l'argent.

Harp. Toujours de l'argent ! Il semble qu'ils n'aient rien autre chose à dire ; de l'argent ! de l'argent ! de l'argent ! Ah ! ils n'ont que ce mot à la bouche, de l'argent ! Toujours parler d'argent !

Val. Je n'ai jamais vu de réponse plus impertinente que celle-là. Voilà une belle merveille que de faire bonne chère avec bien de l'argent ! c'est une chose la plus aisée du monde, et il n'y a si pauvre esprit qui n'en fît bien autant. Mais pour agir en habile homme, il faut parler de faire bonne chère avec peu d'argent.

Maî. Jacq. Bonne chère avec peu d'argent ! Vous nous obligerez de nous faire voir ce secret, et de prendre mon office de cuisinier.

Harp. Taisez-vous. Qu'est-ce qu'il nous faudra ?

Maî. Jacq. Voilà monsieur votre intendant qui vous fera bonne chère pour peu d'argent.

Harp. Ah! je veux que tu me répondes.

Maî. Jacq. Combien serez-vous de gens à table?

Harp. Nous serons huit ou dix; mais il ne faut prendre que huit. Quand il y a à manger pour huit, il y en a bien pour dix.

Val. Cela s'entend.

Maî. Jacq. Hé bien! il faudra quatre grands potages et cinq assiettes....Potages....Entrées.

Harp. Comment! voilà pour traiter une ville tout entière.

Maî. Jacq. Rôt....

Harp. (*mettant la main sur la bouche de maître Jacques.*) Ah! traître, tu manges tout mon bien.

Maî. Jacq. Entremets....

Harp. (*mettant encore la main sur la bouche de maître Jacques.*) Encore!

Val. (*à maître Jacques.*) Est-ce que vous avez envie de faire crever tout le monde? et monsieur a-t-il invité des gens pour les assassiner à force de mangeaille? Allez-vous-en lire un peu les préceptes de la santé, et demander aux médecins s'il y a rien de plus préjudiciable à l'homme que de manger avec excès.

Harp. Il a raison.

Val. Apprenez, maître Jacques, vous et vos pareils, que pour se bien montrer ami de ceux que l'on invite, il faut que la frugalité règne dans les repas qu'on donne, et que, suivant le dire d'un ancien, *il faut manger pour vivre, et non pas vivre pour manger.*

Harp. Ah! que cela est bien dit! approche, que je t'embrasse pour ce mot. Voilà la plus belle sentence que j'aie entendue de ma vie: *il faut vivre pour manger, et non pas manger pour vi*....Non, ce n'est pas cela. Comment est-ce que tu dis?

Val. Qu'*il faut manger pour vivre, et non pas vivre pour manger.*

Harp. (*à maître Jacques.*) Oui. Entends-tu? (*à Valère.*) Qui est le grand homme qui a dit cela?

Val. Je ne me souviens pas maintenant de son nom.

Harp. Souviens-toi de m'écrire ces mots; je veux les faire graver en lettres d'or sur la cheminée de ma salle.

Val. Je n'y manquerai pas: et pour votre souper, vous n'avez qu'à me laisser faire, je réglerai tout cela comme il faut.

Harp. Fais donc.

Maî. Jacq. Tant mieux, j'en aurai moins de peine.

Harp. (*à Valère.*) Il faudra de ces choses dont on ne mange guère, et qui rassasient d'abord ; quelque bon haricot bien gras, avec quelque pâté bien garni de marrons.

Val. Reposez-vous sur moi.

Harp. Maintenant, maître Jacques, il faut nettoyer mon carrosse.

Maî. Jacq. Attendez. Ceci s'adresse au cocher. (*Maître Jacques remet sa casaque.*) Vous dites... ?

Harp. Qu'il faut nettoyer mon carrosse, et tenir mes chevaux tout prêts pour conduire à la foire....

Maî. Jacq. Vos chevaux, monsieur ! Ils ne sont point du tout en état de marcher. Je ne vous dirai point qu'ils sont sur la litière, les pauvres bêtes n'en ont point ; et ce serait mal parler : de plus vous leur faites observer des jeûnes si austères, que ce ne sont plus rien que des idées ou des fantômes de chevaux.

Harp. Les voilà bien malades ! ils ne font rien.

Maî. Jacq. Et pour ne faire rien, monsieur, est-ce qu'il ne faut rien manger ? Il leur vaudrait bien mieux, les pauvres animaux, de travailler beaucoup, et de manger de même. Cela me fend le cœur, de les voir ainsi exténués ; car enfin j'ai une tendresse pour mes chevaux, qu'il me semble que c'est moi-même quand je les vois pâtir ; je m'ôte tous les jours pour eux les choses de la bouche ; et c'est être, monsieur, d'un naturel trop dur, que de n'avoir nulle pitié de son prochain.

Harp. Le travail ne sera pas grand d'aller jusqu'à la foire.

Maî. Jacq. Non, monsieur, je n'ai point le courage de les mener, et je ferais conscience de leur donner des coups de fouet en l'état où ils sont. Comment voudriez-vous qu'ils traînassent un carrosse ? ils ne peuvent pas se traîner eux-mêmes.

Val. Monsieur, je prierai le voisin Picard de se charger de les conduire ; aussi bien nous fera-t-il ici besoin pour apprêter le souper.

Maî. Jacq. Soit. J'aime mieux encore qu'ils meurent sous la main d'un autre que sous la mienne.

Harp. Paix.

Maî. Jacq. Monsieur, je ne saurais souffrir les flatteurs ; et je suis fâché tous les jours d'entendre ce qu'on dit de vous : car enfin je me sens pour vous de la tendresse ; et, après mes chevaux, vous êtes la personne que j'aime le plus.

Harp. Pourrais-je savoir de vous, maître Jacques, ce que l'on dit de moi ?

Maî. Jacq. Oui, monsieur, si j'étais assuré que cela ne vous fâchât point.

Harp. Non, en aucune façon.

Maî. Jacq. Pardonnez-moi; je sais fort bien que je vous mettrais en colère.

Harp. Point du tout; au contraire; c'est me faire plaisir, et je suis bien aise d'apprendre comme on parle de moi.

Maî. Jacq. Monsieur, puisque vous le voulez, je vous dirai franchement qu'on se moque partout de vous: vous êtes la fable et la risée de tout le monde; et jamais on ne parle de vous que sous les noms d'avare, de ladre, et de vilain.

Harp. (*battant maître Jacques.*) Vous êtes un sot, un coquin, et un impudent.

Maî. Jacq. Hé bien! ne l'avais-je pas deviné? Vous n'avez pas voulu me croire. Je vous avais bien dit que je vous fâcherais de vous dire la vérité.

Harp. Apprenez à parler.

SCÈNE SUIVANTE.

CLÉANTE, LA FLÈCHE.

La Flè. (*sortant du jardin avec une cassette.*) Ah! monsieur, que je vous trouve à propos! Suivez-moi vite.

Clé. Qu'y a-t-il?

La Flè. Suivez-moi, vous dis-je; nous sommes bien.

Clé. Comment?

La Flè. Voici votre affaire.

Clé. Quoi?

La Flè. J'ai guigné ceci tout le jour.

Clé. Qu'est-ce que c'est?

La Flè. Le trésor de votre père, que j'ai attrapé.

Clé. Comment as-tu fait?

La Flè. Vous saurez tout. Sauvons-nous; je l'entends crier.

SCÈNE SUIVANTE.

HARPAGON, (*criant au voleur dès le jardin.*)

Au voleur! au voleur! à l'assassin! au meurtrier! Justice, juste ciel! Je suis perdu, je suis assassiné; on m'a coupé la gorge, on m'a dérobé mon argent. Qui peut-ce être? Qu'est-il devenu? Où est-il? Où se cache-t-il? Que ferai-je pour le trouver? Où courir? Ou ne pas courir? N'est-il point là? N'est-il point ici? Qui est-ce?

Arrête. (*à lui-même se prenant par le bras.*) Rends-moi mon argent, coquin...Ah! c'est moi...Mon esprit est troublé, et j'ignore où je suis, qui je suis, et ce que je fais. Hélas! mon pauvre argent, mon pauvre argent, mon cher ami, on m'a privé de toi! et, puisque tu m'es enlevé, j'ai perdu mon support, ma consolation, ma joie; tout est fini pour moi, et je n'ai plus que faire au monde! Sans toi il m'est impossible de vivre. C'en est fait; je n'en puis plus, je me meurs, je suis mort, je suis enterré. N'y a-t-il personne qui veuille me ressusciter, en me rendant mon cher argent, ou en m'apprenant qui l'a pris? Hé! que dites-vous? Ce n'est personne. Il faut, qui que ce soit qui ait fait le coup, qu'avec beaucoup de soin on ait épié l'heure; et l'on a choisi justement le temps que je parlais à mon traître de fils. Sortons. Je veux aller querir la justice, et faire donner la question à toute ma maison, à servantes, à valets, à fils, à fille, et à moi aussi. Que de gens assemblés! Je ne jette mes regards sur personne qui ne me donne des soupçons, et tout me semble mon voleur. Hé! de quoi est-ce qu'on parle là? de celui qui m'a dérobé? Quel bruit fait-on là-haut? est-ce mon voleur qui y est? De grâce, si l'on sait des nouvelles de mon voleur, je supplie que l'on m'en dise. N'est-il point caché là parmi vous? Ils me regardent tous, et se mettent à rire. Vous verrez qu'ils ont part, sans doute, au vol que l'on m'a fait. Allons vite, des commissaires, des archers, des prévôts, des juges, des potences, et des bourreaux. Je veux faire pendre tout le monde; et, si je ne retrouve mon argent, je me pendrai moi-même après.

SCÈNE SUIVANTE.

HARPAGON, UN COMMISSAIRE.

Le Com. Laissez-moi faire; je sais mon métier, Dieu merci. Ce n'est pas d'aujourd'hui que je me mêle de découvrir des vols; et je voudrais avoir autant de sacs de mille francs que j'ai fait pendre de personnes.

Harp. Tous les magistrats sont intéressés à prendre cette affaire en main; et, si l'on ne me fait retrouver mon argent, je demanderai justice de la justice.

Le Com. Il faut faire toutes les poursuites requises. Vous dites qu'il y avait dans cette cassette....

Harp. Dix mille écus bien comptés.

Le Com. Le vol est considérable.

Harp. Il n'y a point de supplice assez grand pour l'énormité de ce crime ; et, s'il demeure impuni, les choses les plu sacrées ne sont plus en sûreté.

Le Com. En quelles espèces était cette somme ?

Harp. En bons louis d'or et pistoles bien trébuchantes.

Le Com. Qui soupçonnez-vous de ce vol ?

Harp. Tout le monde ; et je veux que vous arrêtiez prisonniers la ville et les faubourgs.

Le Com. Il faut, si vous m'en croyez, n'effaroucher personne, et tâcher doucement d'attraper quelques preuves, afin de procéder après, par la rigueur, au recouvrement des deniers qui vous ont été pris.

SCÈNE SUIVANTE.

HARPAGON, LE COMMISSAIRE, MAÎTRE JACQUES.

MAÎTRE JACQUES, *dans le fond du théâtre, en se retournant du côté par lequel il est entré.*

Je m'en vais revenir : qu'on me l'égorge tout à l'heure ; qu'on me lui fasse griller les pieds ; qu'on me le mette dans l'eau bouillante ; et qu'on me le pende au plancher.

Harp. (*à maître Jacques.*) Qui ? celui qui m'a dérobé !

Maî. Jacq. Je parle d'un cochon de lait que votre intendant vient de m'envoyer, et je veux vous l'accommoder à ma fantaisie.

Harp. Il n'est pas question de cela, et voilà monsieur à qui il faut parler d'autre chose.

Le Com. (*à maître Jacques.*) Ne vous épouvantez point ; les choses iront dans la douceur.

Maî. Jacq. Monsieur est de votre souper ?

Le Com. Il faut ici, mon cher ami, ne rien cacher à votre maître.

Maî. Jacq. Ma foi, monsieur, je montrerai tout ce que je sais faire, et je vous traiterai du mieux qu'il me sera possible.

Harp. Ce n'est pas là l'affaire.

Maî. Jacq. Si je ne vous fais pas aussi bonne chère que je voudrais, c'est la faute de monsieur notre intendant, qui m'a rogné les ailes avec les ciseaux de son économie.

Harp. Traître ! il s'agit d'autre chose que de souper ; et je veux que tu me dises des nouvelles de l'argent qu'on m'a pris.

Maî. Jacq. On vous a pris de l'argent ?

Harp. Oui, coquin ; et je m'en vais te faire pendre si tu ne me le rends.

Le Com. (*à Harpagon.*) Ne le maltraitez point. Je vois

à sa mine qu'il est honnête homme, et que. sans se faire mettre en prison, il vous découvrira ce que vous voulez savoir. Oui, mon ami, si vous nous confessez la chose, il ne vous sera fait aucun mal, et vous serez récompensé comme il faut par votre maître. On lui a pris aujourd'hui son argent, et il n'est pas que vous ne sachiez quelque nouvelle de cette affaire.

Maî. Jacq. (*bas, à part.*) Voici justement ce qu'il me faut pour me venger de notre intendant. Depuis qu'il est entré céans, il est le favori et on n'écoute que ses conseils.

Harp. Qu'as-tu à ruminer?

Le Com. (*à Harpagon.*) Laissez-le faire; il se prépare à vous contenter; et je vous ai bien dit qu'il était honnête homme.

Maî. Jacq. Monsieur, si vous voulez que je vous dise les choses, je crois que c'est monsieur votre cher intendant qui a fait le coup.

Harp. Valère?

Maî. Jacq. Oui.

Harp. Lui, qui me paraît si fidèle?

Maî. Jacq. Lui-même. Je crois que c'est lui qui vous a dérobé.

Harp. Et sur quoi le crois-tu?

Maî. Jacq. Sur quoi?

Harp. Oui.

Maî. Jacq. Je le crois....sur ce que je le crois.

Le Com. Mais il est nécessaire de dire les indices que vous avez.

Harp. L'as-tu vu rôder autour du lieu où j'avais mis mon argent?

Maî. Jacq. Oui, vraiment. Où était-il, votre argent?

Harp. Dans le jardin.

Maî. Jacq. Justement. Je l'ai vu rôder dans le jardin. Et dans quoi est-ce que cet argent était?

Harp. Dans une cassette.

Maî. Jacq. Voilà l'affaire. Je lui ai vu une cassette.

Harp. Et cette cassette, comment est-elle faite? Je verrai bien si c'est la mienne.

Maî. Jacq. Comment elle est faite?

Harp. Oui.

Maî. Jacq. Elle est faite....Elle est faite comme une cassette.

Le Com. Cela s'entend. Mais dépeignez-la un peu, pour voir.

Maî. Jacq. C'est une grande cassette.

Harp. Celle qu'on m'a volée est petite.

Maî. Jacq. Hé oui, elle est petite, si on veut la prendre par-là : mais je l'appelle grande pour ce qu'elle contient.

Le Com. Et de quelle couleur est-elle ?

Maî. Jacq. De quelle couleur ?

Le Com. Oui.

Maî. Jacq. Elle est de couleur. . . .là, d'une certaine couleur. . . .Ne sauriez-vous m'aider à dire ?

Harp. Hé ?

Maî. Jacq. N'est-elle pas rouge ?

Harp. Non, grise.

Maî. Jacq. Hé, oui, gris-rouge, c'est ce que je voulais dire.

Harp. Il n'y a point de doute, c'est elle assurément. Écrivez, monsieur, écrivez sa déposition. Ciel ! à qui désormais se fier ? il ne faut plus jurer de rien ; et je crois, après cela, que je suis homme à me voler moi-même.

Maî. Jacq. (*à Harpagon.*) Monsieur, le voici qui revient. N'allez pas lui dire au moins que c'est moi qui vous ai découvert cela.

SCÈNE SUIVANTE.

HARPAGON, LE COMMISSAIRE, VALÈRE, MAÎTRE JACQUES.

Harp. Approche, viens confesser l'action la plus noire, l'attentat le plus horrible qui jamais ait été commis.

Val. Que voulez-vous, monsieur ?

Harp. Comment, traître ! tu ne rougis pas de ton crime !

Val. De quel crime voulez-vous donc parler ?

Harp. De quel crime je veux parler, infâme ! comme si tu ne savais pas ce que je veux dire ! C'est en vain que tu prétendrais le déguiser : l'affaire est découverte, et l'on vient de m'apprendre tout. Comment ! abuser ainsi de ma bonté, et s'introduire exprès chez moi pour me trahir, pour me jouer un tour de cette nature !

Val. Monsieur, puisqu'on vous a découvert tout, je ne veux point chercher de détours, et vous nier la chose.

Maî. Jacq. (*à part.*) Oh ! oh ! aurais-je deviné sans y penser ?

Val. C'était mon dessein de vous en parler, et je voulais attendre pour cela des conjonctures favorables ; mais puisqu'il est ainsi, je vous conjure de ne vous point fâcher, et de vouloir entendre mes raisons.

Harp. Et quelles belles raisons peux-tu me donner, voleur infâme ?

Val. Ah! monsieur, je n'ai pas mérité ces noms. Il est vrai que j'ai commis une offense envers vous; mais, après tout, ma faute est pardonnable.

Harp. Comment! pardonnable! un assassinat de la sorte!

Val. De grâce, ne vous mettez point en colère. Quand vous m'aurez ouï, vous verrez que le mal n'est pas si grand que vous le faites.

Harp. Le mal n'est pas si grand que je le fais! Quoi mon sang, mes entrailles!

Val. Votre sang, monsieur, n'est pas tombé dans de mauvaises mains. Je suis d'une condition à ne lui point faire de tort; et il n'y a rien en tout ceci que je ne puisse bien réparer.

Harp. C'est bien mon intention, et que tu me restitues ce que tu m'as pris.

Val. Votre honneur, monsieur, sera pleinement satisfait.

Harp. Il n'est pas question d'honneur là-dedans. Mais, dis-moi, qui t'a porté à cette action?

Val. Hélas! me le demandez-vous?

Harp. Oui, vraiment, je te le demande.

Val. Un dieu qui porte les excuses de tout ce qu'il fait faire: l'Amour.

Harp. L'Amour!

Val. Oui.

Harp. Bel amour; bel amour, ma foi! l'amour de mes louis d'or!

Val. Non, monsieur, ce ne sont point vos richesses qui m'ont tenté, ce n'est pas cela qui m'a ébloui; et je proteste de ne prétendre rien à tous vos biens, pourvu que vous me laissiez celui que j'ai.

Harp. Non, certainement, je ne te le laisserai pas. Mais voyez quelle insolence, de vouloir retenir le vol qu'il m'a fait!

Val. Appelez-vous cela un vol?

Harp. Si je l'appelle un vol! un trésor comme celui-là!

Val. C'est un trésor, il est vrai, et le plus précieux que vous ayez sans doute; mais ce ne sera pas le perdre que de me le laisser. Je vous le demande à genoux, ce trésor plein de charmes; et pour bien faire, il faut que vous me l'accordiez.

Harp. Je n'en ferai rien. Qu'est-ce à dire, cela?

Val. Nous nous sommes promis une foi mutuelle, et avons fait serment de ne nous point abandonner.

Harp. Le serment est admirable, et la promesse plaisante!

Val. Oui, nous nous sommes engagés d'être l'un à l'autre à jamais.

Harp. Je vous en empêcherai bien, je vous assure.

Val. Rien que la mort ne peut nous séparer.

Harp. C'est avoir bien envie de mon argent!

Val. Je vous ai déjà dit, monsieur, que ce n'était point l'intérêt qui m'avait poussé à faire ce que j'ai fait. Mon cœur n'a point agi par les ressorts que vous pensez, et un motif plus noble m'a inspiré cette résolution.

Harp. Vous verrez que c'est par charité chrétienne qu'il veut avoir mon bien. Mais j'y donnerai bon ordre; et la justice va me faire raison de tout.

Val. Vous en userez comme vous voudrez, et me voilà prêt à souffrir toutes les violences qu'il vous plaira: mais je vous prie de croire au moins que, s'il y a du mal, ce n'est que moi qu'il en faut accuser, et que votre fille, en tout ceci, n'est aucunement coupable.

Harp. Hé! Que nous brouilles-tu ici de ma fille?

Val. Je dis, monsieur, que j'ai eu toutes les peines du monde à la faire consentir à m'engager sa foi.

Harp. La foi de qui?

Val. De votre fille; et c'est seulement depuis hier qu'elle a pu se résoudre à nous signer mutuellement une promesse de mariage.

Harp. Ma fille t'a signé une promesse de mariage?

Val. Oui, monsieur, comme de ma part je lui en ai signé une.

Harp. O ciel! autre disgrâce!

Maî. Jacq. (*au commissaire.*) Écrivez, monsieur, écrivez.

Harp. Surcroît de désespoir! (*au commissaire.*) Allons, monsieur, faites le dû de votre charge, et dressez-lui-moi* son procès comme larron et comme suborneur.

Maî. Jacq. Comme larron et comme suborneur.

Val. Ce sont des noms qui ne me sont point dûs.

SCÈNE SUIVANTE.

HARPAGON, ANSELME, ÉLISE, MARIANE, VALÈRE, FROSINE, MAÎTRE JACQUES, LE COMMISSAIRE.

Harp. (*à Anselme.*) C'est là votre fils?

Ans. Oui.

---

* *Dressez-lui-*MOI. Ce pronom MOI n'est employé que pour donner plus d'énergie à l'expression, et on pourrait l'en retrancher sans changer le sens.

Harp. Je vous prends à partie pour me payer dix mille écus qu'il m'a volés.

Ans. Lui, vous avoir volé !

Harp. Lui-même.

Val. Qui vous dit cela ?

Harp. Maître Jacques.

Val. (*à maître Jacques.*) C'est toi qui le dis ?

Maî. Jacq. Vous voyez que je ne dis rien.

Harp. Oui, voilà monsieur le commissaire qui a reçu sa déposition.

Val. Pouvez-vous me croire capable d'une action si lâche ?

Harp. Capable ou non capable, je veux ravoir mon argent.

(*Harpagon voyant deux chandelles allumées en souffle une.*)

SCÈNE SUIVANTE.

HARPAGON, ANSELME, ÉLISE, MARIANE, CLÉANTE, VALÈRE, FROSINE, LE COMMISSAIRE, MAÎTRE JACQUES, LA FLÈCHE.

Clé. Ne vous tourmentez point, mon père, et n'accusez personne. J'ai découvert des nouvelles de votre affaire ; et je viens ici pour vous dire que, si vous voulez me laisser épouser Mariane, votre argent vous sera rendu.

Harp. Où est-il ?

Clé. Ne vous en mettez point en peine, il est en lieu dont je réponds, et tout ne dépend que de moi ; c'est à vous de me dire à quoi vous vous déterminez ; et vous pouvez choisir, ou de me donner Mariane, ou de perdre votre cassette.

Harp. N'en a-t-on rien ôté ?

Clé. Rien du tout. Voyez si c'est votre dessein de souscrire à ce mariage, et de joindre votre consentement à celui de sa mère, qui lui laisse la liberté de faire un choix.

Ans. Seigneur Harpagon, allons, consentez, ainsi que moi, à ce double hyménée.

Harp. Il faut pour me donner conseil que je voie ma cassette.

Clé. Vous la verrez saine et entière.

Harp. Je n'ai point d'argent à donner en mariage à mes enfants.

Ans. Hé bien, j'en ai pour eux ; que cela ne vous inquiète point.

Harp. Vous obligerez-vous à faire tous les frais de ces deux mariages ?

Ans. Oui, je m'y oblige. Êtes-vous satisfait ?

Harp. Oui, pourvu que pour les noces vous me fassiez faire un habit.

Ans. D'accord. Allons jouir de l'allégresse que cet heureux jour nous présente.

Le Com. Holà, messieurs, holà. Tout doucement, s'il vous plaît. Qui me paiera mes écritures ?

Harp. Nous n'avons que faire de vos écritures.

Le Com. Oui; mais je ne prétends pas, moi, les avoir faites pour rien.

Harp. (*montrant maître Jacques.*) Pour votre paiement, voilà un homme que je vous donne à pendre.

Maî. Jacq. Hélas! comment faut-il donc faire ? On me donne des coups de bâton pour dire vrai, et on me veut pendre pour mentir.

Ans. Seigneur Harpagon, il faut lui pardonner cette imposture.

Harp. Vous paierez donc le commissaire ?

Ans. Soit. Allons vite faire part de notre joie à votre mère.

Harp. Et moi, voir ma chère cassette.

Les lignes suivantes sont extraites du *Cours de Littérature* de Laharpe, ouvrage où respire la plus saine critique, et le goût le plus exquis.

"L'éloge d'un écrivain est dans ses ouvrages ; on pourrait dire que l'éloge de Molière est dans ceux des écrivains qui l'ont précédé et qui l'ont suivi, tant les uns et les autres sont loin de lui. Regnard, Dancourt, Dufrény, font rire, et étincellent d'esprit ; *le Joueur* et *le Légataire* sont d'excellentes comédies ; *le Glorieux, la Métromanie*, et *le Méchant*, ont des beautés d'un autre ordre ; mais rien de tout cela n'est Molière : il a un trait de physionomie qu'on n'attrape point : on le retrouve jusque dans ses moindres farces, qui ont toujours un fonds de vérité et de morale. Ses comédies bien lues, pourraient suppléer à l'expérience. Il plaît autant à la lecture qu'à la représentation, ce qui n'est arrivé qu'à Racine et à lui ; et même de toutes les comédies, celles de Molière sont à peu près les seules que l'on aime à relire."

LES ANIMAUX MALADES DE LA PESTE.

Un mal qui répand la terreur,
Mal que le ciel en sa fureur
Inventa pour punir les crimes de la terre,
La peste, (puisqu'il faut l'appeler par son nom,)
Capable d'enrichir en un jour l'Achéron,
Faisait aux animaux la guerre.

Ils ne mouraient pas tous, mais tous étaient frappés.
On n'en voyait point d'occupés
A chercher le soutien d'une mourante vie ;
Nul mets n'excitait leur envie :
Ni loups, ni renards n'épiaient
La douce et l'innocente proie :
Les tourterelles se fuyaient ;
Plus d'amour, partant plus de joie.
Le lion tint conseil, et dit : Mes chers amis,
Je crois que le ciel a permis
Pour nos péchés cette infortune :
Que le plus coupable de nous
Se sacrifie aux traits du céleste courroux ;
Peut-être il obtiendra la guérison commune.
L'histoire nous apprend qu'en de tels accidents
On fait de pareils dévouements.
Ne nous flattons donc point, voyons sans indulgence
L'état de notre conscience.
Pour moi, satisfaisant mes appétits gloutons,
J'ai dévoré force moutons.
Que m'avaient-ils fait ? nulle offense.
Même il m'est arrivé quelquefois de manger
Le berger.
Je me dévouerai donc, s'il le faut : mais je pense
Qu'il est bon que chacun s'accuse ainsi que moi ;
Car on doit souhaiter, selon toute justice,
Que le plus coupable périsse.
Sire, dit le renard, vous êtes trop bon roi ;
Vos scrupules font voir trop de délicatesse.
Eh bien ! manger moutons, canaille, sotte espèce,
Est-ce un péché ? Non, non : vous leur fîtes, seigneur
En les croquant, beaucoup d'honneur.
Et quant au berger, l'on peut dire
Qu'il était digne de tous maux,
Étant de ces gens-là qui sur les animaux
Se font un chimérique empire.
Ainsi dit le renard ; et flatteurs d'applaudir.
On n'osa trop approfondir
Du tigre, ni de l'ours, ni des autres puissances,
Les moins pardonnables offenses :
Tous les gens querelleurs, jusqu'aux simples mâtins
Au dire de chacun, étaient de petits saints.
L'âne vint à son tour, et dit : J'ai souvenance
Qu'en un pré de moines passant,

La faim, l'occasion, l'herbe tendre, et, je pense,
Quelque diable aussi me poussant,
Je tondis de ce pré la largeur de ma langue.
Je n'en avais nul droit, puisqu'il faut parler net.
A ces mots, on cria haro sur le baudet.
Un loup, quelque peu clerc, prouva par sa harangue
Qu'il fallait dévouer ce maudit animal,
Ce pelé, ce galeux, d'où venait tout leur mal.
Sa peccadille fut jugée un cas pendable.
Manger l'herbe d'autrui ! quel crime abominable !
Rien que la mort n'était capable
D'expier son forfait. On le lui fit bien voir.

Selon que vous serez puissant ou misérable,
Les jugements de cour vous rendront blanc ou noir.

LA FONTAINE.

"La plupart des fables de La Fontaine sont des scènes parfaites pour les caractères et le dialogue. Dans cette fable admirable des *Animaux malades de la peste,* quoi de plus parfait que la confession de l'âne ? Comme toutes les circonstances sont faites pour atténuer sa faute qu'il semble vouloir aggraver si bonnement !

En un pré de moines passant, &c.
. . . . . la largeur de ma langue.

Et ce cri qui s'élève :

Manger l'herbe d'autrui !

L'herbe d'autrui ! comment tenir à ces traits-là ? On en citerait mille de cette force. Mais il faut s'en rapporter au goût et à la mémoire de ceux qui aiment La Fontaine ; et qui ne l'aime pas ?"—LAHARPE.

CHARLES XII. A BENDER.

(1713.—*Charles XII. cerné à Bender par les Turcs, se défend héroïquement avec soixante Suédois dans une maison où il s'était barricadé avec eux.*)

LES Suédois, étant enfin maîtres de la maison, refermèrent et barricadèrent encore les fenêtres. Ils ne manquaient point d'armes : une chambre basse, pleine de mousquets et de poudre, avait échappé à la recherche tumultueuse des janissaires ; on s'en servit à propos : les Suédois tiraient à travers les fenêtres, presque à bout portant, sur cette multitude de Turcs dont ils tuèrent deux cents, en moins d'un demi-quart d'heure.

Le canon tirait contre la maison ; mais les pierres étant fort molles, il ne faisait que des trous et ne renversait rien.

Le kan des Tartares et le bacha, qui voulaient prendre le Roi en vie, honteux de perdre du monde et d'occuper une armée entière contre soixante personnes, jugèrent à propos de mettre le feu à la maison pour obliger le Roi de se rendre. Ils firent lancer sur le toit, contre les pierres et contre les fenêtres, des flèches entortillées de mèches allumées : la maison fut en flammes en un moment ; le toit tout embrasé était près de fondre sur les Suédois. Le roi donna tranquillement ses ordres pour éteindre le feu : trouvant un petit baril plein de liqueur, il prend le baril lui-même, et, aidé de deux Suédois, il le jette à l'endroit où le feu était le plus violent ; il se trouva que ce baril était rempli d'eau-de-vie ; mais la précipitation inséparable d'un tel embarras empêcha d'y penser. L'embrasement redoubla avec plus de rage : l'appartement du Roi était consumé ; la grande salle où les Suédois se tenaient était remplie d'une fumée affreuse mêlée de tourbillons de feu qui entraient par les portes des appartements voisins ; la moitié du toit était abîmée dans la maison même ; l'autre tombait en dehors en éclatant dans les flammes.

Un garde, nommé Walberg, osa dans cette extrémité crier qu'il fallait se rendre : " Voilà un étrange homme, dit le Roi, qui s'imagine qu'il n'est pas plus beau d'être brûlé que d'être prisonnier." Un autre garde, nommé Rosen, s'avisa de dire que la maison de la chancellerie, qui n'était qu'à cinquante pas, avait un toit de pierres et était à l'épreuve du feu, qu'il fallait faire une sortie, gagner cette maison et s'y défendre. " Voilà un vrai Suédois," s'écria le Roi ; il embrassa ce garde, et le créa colonel sur-le-champ. " Allons, mes amis," dit-il, " prenez avec vous le plus de poudre et de plomb que vous pourrez, et gagnons la chancellerie, l'épée à la main."

Les Turcs, qui cependant entouraient cette maison toute embrasée, voyaient avec une admiration mêlée d'épouvante que les Suédois n'en sortaient point ; mais leur étonnement fut encore plus grand lorsqu'ils virent ouvrir les portes, et le Roi et les siens fondre sur eux en désespérés. Charles et ses principaux officiers étaient armés d'épées et de pistolets : chacun tira deux coups à la fois, à l'instant que la porte s'ouvrit, et, dans le même clin-d'œil, jetant leurs pistolets et s'armant de leurs épées, ils firent reculer les Turcs plus de cinquante pas ; mais le moment d'après cette petite troupe fut entourée. Le Roi, qui était en bottes, selon sa coutume, s'embarrassa dans ses éperons et tomba. Vingt et un janissaires se précipitent aussitôt sur lui ; il jette en l'air son épée pour s'épargner la douleur de la rendre. Les Turcs l'emmenèrent au quartier du bacha, les uns le tenaient sous les jambes, les autres sous les bras, comme on porte un malade que l'on craint d'incommoder.

Au moment que le Roi se vit saisi, la violence de son tempérament et la fureur où un combat si long et si terrible avait dû le mettre firent place tout à coup à la douceur et à la tranquillité ; il ne lui échappa pas un mot d'impatience, pas un coup-d'œil de colère ; il regardait les janissaires en souriant, et ceux-ci le portaient en criant ALLA avec une indignation mêlée de respect. Ses officiers furent pris au même temps, et dépouillés par les Turcs et par les Tartares. Ce fut le 12 février de l'an 1713 qu'arriva cet étrange événement qui eut encore des suites singulières.*

VOLTAIRE.

Observation.—Ce récit, où un grand spectacle est offert au lecteur sous les traits les plus simples, est un modèle de diction et de style qu'on ne saurait trop recommander à ceux qui veulent s'exercer dans l'art si difficile de bien écrire l'histoire.

BATAILLE DE SEMPACH. (1386.)

LÉOPOLD, duc d'Autriche, suivi d'une armée formidable, d'une troupe nombreuse de chevaliers de la plus haute noblesse et de troupes auxiliares de tous ses États, marcha depuis Bade par l'Argovie, contre Sempach, pour châtier avec une verge de fer les citoyens de cette petite ville, à cause de leur attachement aux Confédérés. Il voulait ensuite fondre sur Lucerne. Arrivé près de Sempach, il trouva les bannières des Suisses rassemblées sur une colline devant la ville. Sans attendre son infanterie, il fit mettre pied à terre aux chevaliers, au nombre de plusieurs mille, parce qu'il craignait que les chevaux ne produisissent de la confusion dans un combat sur une colline, et leur ordonna de serrer leurs rangs e de s'avancer, semblable à un mur de fer, lances baissées, contre la petite armée des Suisses. La noblesse poussa des cris de joie ; mais le baron Jean de Hasembourg s'écria : "L'orgueil n'est bon à rien." Léopold répondit : "Je veux triompher ou mourir."

---

* De Bender, Charles XII. fut transféré à *Andrinople*, puis à *Démotica*, d'où il s'enfuit à l'aide d'un déguisement. Il fut tué d'une balle dans la tête au siége de *Frédéricshall* le 30 novembre 1718.

C'était le temps de la moisson. Le soleil était haut et ardent. Les Suisses tombèrent à genoux et firent leur prière puis ils se relevèrent; 400 hommes de Lucerne, 900 des Waldstettes,* 100 de Glaris et de Zug, tous se précipitèrent avec fureur contre l'armée de fer, mais en vain; elle fut inébranlable. Les Suisses tombaient l'un après l'autre; déjà soixante d'entre eux nageaient dans leur sang. Tous chancelaient.

"Je vais ouvrir un chemin à la liberté!" crie subitement une voix de tonnerre; "Fidèles et chers Confédérés, prenez soin de ma femme et de mes enfants." Voilà ce que dit Arnold de Winkelried, chevalier du canton d'Underwald. Il embrasse autant de lances autrichiennes qu'il peut, les enfonce dans sa poitrine et tombe. Les Confédérés se précipitent par-dessus son corps dans l'ouverture de la muraille de fer, écrasant tout sous leurs coups terribles; les casques et les brassards volent en éclats sous les massues; les cuirasses brillantes se teignent de sang. Trois fois la principale bannière de l'Autriche échappe à des mains mourantes, trois fois on la relève ensanglantée. La terre est jonchée des cadavres des nobles. Le duc lui-même mord la poussière; un homme de Schwitz l'a frappé. La terreur parcourt les rangs des chevaliers; ils crient qu'on fuie et demandent leurs chevaux; mais leurs gens et leurs chevaux ont déjà pris la fuite, saisis d'épouvante. Les malheureux chevaliers, accablés de leurs cuirasses lourdes et rendues brûlantes par l'ardeur du soleil, commencent à fuir; les Confédérés volent sur leurs pas. Plusieurs centaines de comtes, de barons, et de chevaliers, périrent avec des milliers de leurs valets.—Telle fut l'issue de la bataille de Sempach, livrée le 9 juillet 1386; tel fut le glorieux résultat de l'héroïsme et du martyre d'Arnold de Winkelried.

HENRI ZSCHOKKE.

BATAILLE DE HASTINGS.

PAR M. AUGUSTIN THIERRY.

[EN 1066, l'Angleterre fut envahie par Guillaume, duc de Normandie. Cet événement, le plus remarquable de l'histoire d'Angleterre, fait le sujet d'un ouvrage publié en 1825 par M. Augustin Thierry, sous le titre

* *Waldstettes*, c'est-à-dire *Etats des forêts:* cette partie de la Suisse forme aujourd'hui quatre cantons: *Lucerne, Uri, Schwitz*, et *Underwald*, qui, dans le moyen-âge, étaient couverts de forêts.

d'*Histoire de la conquête de l'Angleterre par les Normands.* Ce livre que des juges compétents ont rangé, dès sa publication, au nombre des chefs-d'œuvre de la littérature française, est le fruit de dix ans de travail et d'études laborieuses qui ont coûté, dit-on, la vue à M. Thierry.]

Sur le terrain qui porta depuis, et qui aujourd'hui porte encore le nom de *Lieu de la bataille*, les lignes des Anglo-Saxons occupaient une longue chaîne de collines fortifiées de tous côtés par un rempart de pieux et de claies d'osier.

Dans la nuit du 13 octobre, Guillaume* fit annoncer aux Normands que le lendemain serait jour de combat. Des prêtres et des religieux qui avaient suivi en grand nombre l'armée envahissante, attirés, comme les soldats, par l'espoir du butin, se réunirent pour faire des oraisons et chanter des litanies, pendant que les gens de guerre préparaient leurs armes et leurs chevaux. Le temps qui resta aux aventuriers après ce premier soin, ils l'employèrent à faire la confession de leurs péchés, et à recevoir les sacrements. Dans l'autre armée, la nuit se passa d'une manière toute différente : les Saxons se divertissaient avec grand bruit, et chantaient leurs vieux chants nationaux, en vidant, autour de leurs feux, des cornes remplies de bière et de vin.

Au matin, dans le camp normand, l'évêque de Bayeux célébra la messe et bénit les troupes, armé d'un haubert sous son rochet ; puis il monta un grand coursier blanc, prit une lance et fit ranger sa brigade de cavaliers. Toute l'armée se divisa en trois colonnes d'attaque : à la première étaient les gens-d'armes venus du comté de Boulogne et du Ponthieu,† avec la plupart des hommes engagés personnellement pour une solde ; à la seconde se trouvaient les auxiliaires bretons, manceaux et poitevins ;‡ Guillaume, en personne, commandait la troisième, formée des recrues de Normandie. En tête de chaque corps de bataille marchaient plusieurs rangs de fantassins à légère armure, vêtus d'une casaque matelassée, et portant des arcs longs d'un corps d'homme ou des arbalètes d'acier. Le Duc montait un cheval espagnol qu'un riche

---

* *Guillaume-le-Conquérant*, duc de Normandie, né à Falaise en 1007, partit de Saint-Valery, le 30 septembre 1066, avec une flotte de 300 vaisseaux et une armée de 60,000 hommes, pour conquérir l'Angleterre, au trône de laquelle il n'avait d'autre droit qu'un prétendu testament d'*Edouard-le-Confesseur*. Il mourut en 1087.

† *Ponthieu*, petit pays à l'ouest de la Picardie ; *Abbeville* en était la capitale.

‡ Les *Manceaux*, habitants du Maines ; *Poitevins*, ceux du Poitou.

Normand lui avait amené d'un pèlerinage à Saint-Jacques-de-Galice. Il tenait suspendues à son cou les plus révérées d'entre les reliques, sur lesquelles Harold avait juré,* et l'étendard bénit par le Pape était porté à côté de lui par un jeune homme appelé Toustain-le-Blanc.

L'armée se trouva bientôt en vue du camp saxon, au nord-ouest de Hastings. Les prêtres et les moines qui l'accompagnaient se détachèrent, et montèrent sur une hauteur voisine, pour prier et regarder le combat. Un Normand, appelé Taillefer, poussa son cheval en avant du front de bataille, et entonna le chant des exploits, fameux dans toute la Gaule, de Charlemagne et de Roland.† En chantant, il jouait de son épée, la lançait en l'air avec force, et la recevait dans sa main droite ; les Normands répétaient ses refrains ou criaient *Dieu aide ! Dieu aide !*

A portée de trait, les archers commencèrent à lancer leurs flèches, et les arbalétriers leurs carreaux ;‡ mais la plupart des coups furent amortis par le haut parapet des redoutes saxonnes. Les fantassins, armés de lances, et la cavalerie, s'avancèrent jusqu'aux portes des redoutes, et tentèrent de les forcer. Les Anglo-Saxons, tous à pied autour de leur étendard planté en terre, et formant derrière leurs redoutes une masse compacte et solide, reçurent les assaillants à grands coups de hache, qui, d'un revers, brisaient les lances et coupaient les armures de maille. Les Normands, ne pouvant pénétrer dans les redoutes, ni en arracher les palissades, se replièrent, fatigués d'une attaque inutile, vers la division que commandait Guillaume. Le duc alors fit avancer de nouveau tous ses archers, et leur ordonna de ne plus tirer droit devant eux, mais de lancer leurs traits en haut, pour qu'ils descendissent par dessus le rempart du camp ennemi. Beaucoup d'Anglais furent blessés, la plupart au visage, par suite de cette manœuvre ; Harold lui-même eut l'œil crevé d'une flèche, et il n'en continua pas moins de commander et de combattre. L'attaque des gens de pied et de cheval recommença de près, aux cris de : Notre-Dame ! Dieu aide ! Dieu aide !

Mais les Normands furent repoussés à l'une des portes du camp, jusqu'à un grand ravin recouvert de broussailles et d'herbes, où leurs chevaux trébuchèrent et où ils tombèrent

---

* Ces reliques étaient des ossements sacrés. Guillaume avait en outre au doigt un cheveu de saint Pierre, enchâssé dans un diamant.

† *Roland*, prétendu neveu de Charlemagne, était préfet des frontières de Bretagne. Il périt en héros à l'affaire de Roncevaux, en 778.

‡ Le *carreau* d'arbalète était une flèche dont le fer avait quatre pans.

pêle-mêle, et périrent en grand nombre. Il y eut un moment de peur panique dans l'armée d'outremer; le bruit courut que le Duc avait été tué, et, à cette nouvelle, la fuite commença. Guillaume se jeta lui-même au devant des fuyards et leur barra le passage, les menaçant et les frappant de sa lance; puis, se découvrant la tête: " Me voilà," leur cria-t-il; " regardez-moi; je vis encore, et je vaincrai avec l'aide de Dieu."

Les cavaliers retournèrent aux redoutes; mais ils ne purent davantage en forcer les portes ni faire brèche. Alors le Duc s'avisa d'un stratagème pour faire quitter aux Anglais leur position et leurs rangs; il donna l'ordre à mille cavaliers de s'avancer, et de fuir aussitôt. La vue de cette déroute simulée fit perdre aux Saxons leur sang-froid; ils coururent tous à la poursuite, la hache suspendue au cou. A une certaine distance, un corps, posté à dessein, joignit les fuyards qui tournèrent bride; et les Anglais, surpris dans leur désordre, furent assaillis de tous côtés à coups de lances et d'épées dont ils ne pouvaient se garantir, ayant les deux mains occupées à manier leurs grandes haches. Quand ils eurent perdu leurs rangs, les clôtures des redoutes furent enfoncées, cavaliers et fantassins y pénétrèrent; mais le combat fut encore vif, pêle-mêle, et corps à corps. Guillaume eut son cheval tué sous lui; le roi Harold et ses deux frères tombèrent morts au pied de leur étendard, qui fut arraché et remplacé par le drapeau envoyé de Rome. Les débris de l'armée anglaise, sans chef et sans drapeau, prolongèrent la lutte jusqu'à la fin du jour, tellement que les combattants des deux partis ne se reconnaissaient plus qu'au langage.

Observation générale.—Le style simple et serré de ce récit est dépourvu d'ornements mais non d'attraits; l'historien est exact sans richesse énergique sans emphase.

ARMEMENT ET DESTRUCTION DE L'ARMADA.

(1588.)

La prise d'Anvers avait habitué Philippe II à user de ces moyens qui étonnent l'imagination des hommes. Les refus qu'il avait éprouvés de la reine Elisabeth, le désespoir de ne plus régner sur un pays où, de concert avec son épouse Marie, il avait élevé tant de pieux bûchers, la jalousie qu'excitaient en lui les premières entreprises de la marine anglaise, les exploits et les découvertes de Drake, de Davis, et de Frobisher le besoin d'ôter à la Hollande le seul allié qui lui restât fidèle, enfin la mission qu'il croyait avoir reçue du ciel de combattre partout l'hérésie, lui firent équiper une flotte qui pouvait remplir d'épouvante les deux hémisphères. Les préparatifs de cette flotte occupèrent pendant trois ans tous les peuples soumis à la domination de Philippe. Il s'attacha surtout à donner à ses vaisseaux une grandeur effrayante, et cependant les plus puissants de ces navires étaient inférieurs aux vaisseaux du troisième ordre de la marine de nos jours. On construisait encore cette flotte que déjà les Espagnols lui donnaient le surnom d'*Invincible*. Ces opérations devaient être secondées par un armement que faisait en Flandre le vainqueur des Pays-Bas. De nombreux bâtiments de transport devaient conduire en Angleterre le prince de Parme, avec les trente mille combattants qu'il venait d'illustrer par ses conquêtes. L'Armada était forte de cent cinquante gros vaisseaux, munie des plus abondantes provisions ; elle portait vingt mille soldats et huit mille matelots ; enfin elle pouvait lancer le feu de trois mille canons.

En vain Philippe II. avait-il fait répandre le bruit qu'un si vaste armement était destiné pour les Indes Orientales : Elisabeth connaissait trop la haine, l'ambition, et le fanatisme de son vieux ennemi, pour douter un moment que l'Angleterre seule fût menacée. C'était cet extrême danger qui l'avait déterminée à trancher les jours de son infortunée rivale. Elisabeth, importunée par le remords d'une décision cruelle, saisit l'occasion qui lui était offerte de sauver la gloire et l'indépendance de son pays. Aidée de son vigilant ministre Walsingham et plus encore des ressources de son économie et de l'amour de son peuple, elle parvint en peu de temps à porter à plus de quatre-vingts vaisseux une marine qui n'en comptait que vingt-huit. Ils n'étaient comparables en rien pour leurs dimensions aux puissantes masses de la marine espagnole ; mais ils avaient l'avantage d'être gouvernés par des marins beaucoup plus habiles. La reine disposa ses forces de terre de manière à pouvoir parer aux effets de la perte d'une bataille navale. Les généraux avaient reçu l'ordre de se retirer lentement devant les troupes espagnoles, de brûler le pays à leur approche, et de leur opposer partout un désert. Le patriotisme des Anglais était si exalté qu'eux-mêmes s'apprêtaient à dévaster leurs foyers et leurs champs. On avait vu la reine se présenter à cheval au camp de Tilbury, et jurer de mourir les armes à la main. L'audacieux Drake alla jusque dans le port de Lisbonne brûler quelques vaisseaux de l'Armada.

Enfin cette flotte mit à la voile le 29 mai de Lisbonne. Une violente tempête dont elle fut assaillie le lendemain, la força de rentrer dans le port. Elle répara promptement ses dommages, et le 5 juin elle remit à la mer. Le duc de Médina Sidonia, qui la commandait, avait reçu l'instruction de longer de près les côtes de France pour aller chercher le duc de Parme à Dunkerque et à Nieuport; mais arrivé à Calais le 19 juin, cet amiral conçut, d'après un faux rapport, l'espérance d'aller brûler la flotte anglaise dans le port de Plymouth; il s'engagea imprudemment dans le canal. Le lord Effingham, qui commandait la flotte anglaise, vint avec ses petits vaisseaux défier cette flotte qui, disposée en forme de croissant, couvrait un espace de sept milles. Le combat était à peine engagé que les Anglais s'aperçurent combien les vaisseaux de leurs ennemis étaient pesamment et maladroitement gouvernés. Ils redoublèrent de précision et de rapidité dans leurs manœuvres. Sur le bruit du combat, d'autres vaisseaux, que des seigneurs avaient équipés à leurs frais, vinrent rejoindre la flotte anglaise. Ces citadelles mouvantes, qui de loin avaient inspiré tant d'effroi, attaquées de près, subissaient par l'épaisseur de leurs flancs tous les ravages de l'artillerie, tandis que leurs canons placés trop haut passaient dessus la tête des Anglais. On ne prit que deux vaisseaux espagnols; mais presque tous étaient endommagés. Huit bâtiments armés en brûlots achevèrent de les disperser. Le prince de Parme ne crut point devoir venir au secours des Espagnols avec des bâtiments de transport qui n'étaient nullement armés. Un combat de ce genre fut pour l'Angleterre ce que la bataille de Salamine avait été pour la délivrance de la Grèce. Mais ce furent les tempêtes qui achevèrent la défaite de la flotte espagnole. Tous les vaisseaux perdirent leurs ancres au passage des Orcades. Les marins inexpérimentés cédèrent à la fureur des vents et des vagues. La moitié des navires vinrent se briser sur les îles de l'Ecosse ou sur les côtes de l'Irlande; e reste regagna dans un désordre affreux les ports de l'Espagne. Philippe II. reçut avec quelque constance d'âme, ou plutôt avec une résignation étudiée, la nouvelle d'un événement qui rompait le cours de ses projets d'ambition et de haine. Il s'agenouilla et rendit grâce à la Providence de ce qu'elle n'avait pas étendu plus loin cette calamité. Un tyran qui jusque-là n'avait pardonné aucun mauvais succès, consola lui-même le duc de Médina Sidonia, et lui adressa ces paroles obligeantes : "Je vous avais chargé de combattre mes ennemis, mais non les éléments." Bientôt les prêtres de l'Espagne trouvèrent une explication pour ce terrible fléau. Le ciel, disaient-ils, avait puni la nation de trop d'indulgence pour les Maures.

CHARLES LACRETELLE.

LOUIS XI. ET PHILIPPE DE COMINES.*

Louis. On dit que vous avez écrit mon histoire.

Philippe. Il est vrai, sire, et j'ai parlé en bon domestique.

Louis. Mais on assure que vous avez raconté bien des choses dont je me serais passé volontiers.

Philippe. Cela peut être ; mais en gros j'ai fait de vous un portrait fort avantageux. Voudriez-vous que j'eusse été un flatteur perpétuel, au lieu d'être un historien ?

Louis. Vous deviez parler de moi comme un sujet comblé des grâces de son maître.

Philippe. C'est le moyen de n'être cru de personne. La reconnaissance n'est pas ce qu'on cherche dans une histoire : au contraire, c'est ce qui la rend suspecte.

Louis. Pourquoi faut-il qu'il y ait des gens qui aient le démangeaison d'écrire ? Il faut laisser les morts en paix et ne point flétrir leur mémoire.

Philippe. La vôtre était étrangement noircie : j'ai tâché d'adoucir les impressions déjà faites ; j'ai relevé toutes vos bonnes qualités ; je vous ai déchargé de toutes les choses odieuses : que pouvais-je faire de mieux ?

Louis. Ou vous taire, ou me défendre en tout. On dit que vous avez représenté toutes mes grimaces, toutes mes contorsions lorsque je parlais tout seul, toutes mes intrigues avec de petites gens. On dit que vous avez parlé du crédit de mon prévôt, de mon médecin, de mon barbier, et de mon tailleur : vous avez étalé mes vieux habits. On dit que vous n'avez pas oublié mes petites dévotions, surtout à la fin de mes jours, mon empressement à ramasser des reliques, à me faire frotter depuis la tête jusqu'aux pieds de l'huile de la sainte ampoule, et à faire des pèlerinages, par où je prétendais toujours avoir été guéri. Vous avez fait mention de ma petite Notre-Dame de plomb, que je baisais, dès que je voulais faire

* **Louis XI**, prince habile et cruel, régna sur la France de 1461 à 1483.

un mauvais coup ; enfin de la croix de saint Lo, par laquelle je n'osais jurer sans vouloir garder mon serment, parce que j'aurais cru mourir dans l'année, si j'y avais manqué. Tout cela est fort ridicule.

Philippe. Tout cela n'est-il pas vrai ? Pouvais-je le taire ?

Louis. Vous pouviez n'en rien dire.

Philippe. Vous pouviez n'en rien faire.

Louis. Mais cela était fait, et il ne fallait pas le dire.

Philippe. Mais cela était fait, et je ne pouvais pas le cacher à la postérité.

Louis. Quoi ! ne peut-on pas cacher certaines choses ?

Philippe. Et croyez-vous qu'un roi puisse être caché après sa mort, comme vous cachiez certaines intrigues pendant votre vie ? Je n'aurais rien sauvé par mon silence, et je me serais déshonoré. Contentez-vous que je pouvais dire bien pis, et être cru ; et je ne l'ai pas voulu faire.

Louis. Quoi ! l'histoire ne doit-elle pas respecter les rois ?

Philippe. Les rois ne doivent-ils pas respecter l'histoire et la postérité, à la censure de laquelle ils ne peuvent échapper ? Ceux qui veulent qu'on ne parle pas mal d'eux n'ont qu'une seule ressource, qui est de bien faire.

FÉNÉLON.

LOUIS XI.*

Heureux villageois, dansons :
Sautez, fillettes
Et garçons !
Unissez vos joyeux sons,
Musettes
Et chansons !

Notre vieux roi, caché dans ces tourelles,
Louis, dont nous parlons tout bas,
Veut essayer, au temps des fleurs nouvelles,
S'il peut sourire à nos ébats.

Quand sur nos bords on rit, on chante, on aime
Louis se retient prisonnier.

* On sait que ce roi, retiré au Plessis-les-Tours, avec Tristan, confident et exécuteur de ses cruautés, voulait voir quelquefois les paysans danser devant les fenêtres de son château.

Il craint les grands, et le peuple, et Dieu même,
  Surtout il craint son héritier.

Voyez d'ici briller cent hallebardes,
  Aux feux d'un soleil pur et doux.
N'entend-on pas le *Qui vive* des gardes,
  Qui se mêle au bruit des verroux ?

Il vient ! il vient ! Ah ! du plus humble chaume
  Ce roi peut envier la paix :
Le voyez-vous, comme un pâle fantôme,
  A travers ces barreaux épais ?

Dans nos hameaux, quelle image brillante
  Nous nous faisions d'un souverain !
Quoi ! pour le sceptre une main défaillante !
  Pour la couronne un front chagrin !

Malgré nos chants, il se trouble, il frissonne :
  L'horloge a causé son effroi :
Ainsi toujours il prend l'heure qui sonne
  Pour un signal de son beffroi.

Mais notre joie, hélas ! le désespère :
  Il fuit avec son favori.
Craignons sa haine, et disons qu'en bon père
  A ses enfants il a souri.

Heureux villageois, dansons :
  Sautez, fillettes
    Et garçons !
Unissez vos joyeux sons,
    Musettes
  Et chansons !

BÉRANGER.—*Né vers la fin du siècle dernier.*

MORT DE TURENNE.

LETTRE DE Mme DE SÉVIGNÉ À M. DE GRIGNAN.

Paris, le 31 juillet 1675

C'EST a vous que je m'adresse, mon cher comte, pour vous écrire une des plus fâcheuses pertes qui pussent arriver en France ; c'est celle de M. de Turenne, dont je suis assurée que vous serez aussi touché et aussi désolé que nous le sommes ici. Cette nouvelle arriva lundi à Versailles. Le roi en a été affligé, comme on doit l'être de la mort du plus grand capitaine et du plus honnête homme du monde. Toute la cour fut en larmes. On était prêt à aller se divertir à Fontainebleau ; tout a été rompu. Jamais un homme n'a été regretté si sincèrement : tout ce quartier où il a logé, tout Paris, et tout le peuple, était dans le trouble et dans l'émotion ; chacun parlait et s'attroupait pour regretter ce héros. Je vous envoie une très bonne relation de ce qu'il a fait quelques jours avant sa mort.

Il monta à cheval le samedi à deux heures, après avoir mangé, et comme il avait bien des gens avec lui, il les laissa tous à trente pas de la hauteur où il voulait aller, et dit au petit d'Elbeuf : "Mon neveu, demeurez là, vous ne faites que tourner autour de moi, vous me feriez reconnaître." M. d'Hamilton, qui se trouva près de l'endroit où il allait, lui dit : "Monsieur, venez par ici ; on tirera du côté où vous allez." —"Monsieur, lui dit-il, vous avez raison ; je ne veux point du tout être tué aujourd'hui, cela sera le mieux du monde." Il eut à peine tourné son cheval, qu'il aperçut Saint-Hilaire, le chapeau à la main, qui lui dit : "Monsieur, jetez les yeux sur cette batterie que je viens de faire placer là." M. de Turenne revint, et, dans l'instant, sans être arrêté, il eut le bras et le corps fracassés du même coup qui emporta le bras et la main qui tenait le chapeau de Saint-Hilaire. Ce gentilhomme, qui le regardait toujours, ne le voit point tomber ; le cheval l'emporte où il avait laissé le petit d'Elbeuf ; il était penché sur l'arçon : dans ce moment le cheval s'arrête ; le héros tombe entre les bras de ses gens ; il ouvre deux fois de grands yeux et la bouche, et demeure tranquille pour jamais : songez qu'il était mort, et qu'il avait une partie du cœur emportée. On crie, on pleure : M. d'Hamilton fait cesser ce bruit, et ôter le petit d'Elbeuf, qui s'était jeté sur ce corps, qui ne voulait pas le quitter, et qui se pâmait de crier. On couvre le corps d'un manteau ; on le porte dans une haie : on le garde à petit bruit ; un carrosse vient, on l'emporte dans sa tente. Ce fut là que M. de Lorge, M. de Roye, et beaucoup d'autres pensèrent mourir de douleur ; mais il fallut se faire violence, et songer aux grandes affaires qu'on avait sur les bras. On lui a fait un service militaire dans le camp, où les larmes et les cris faisaient le véritable deuil : tous les officiers avaient pourtant des écharpes de crêpe ; tous les tambours en étaient couverts ; ils ne battaient qu'un coup ; les piques traînantes et les mousquets renversés ; mais ces cris de toute une armée ne peuvent pas se représenter sans que l'on n'en soit ému.

Écoutez, je vous prie, une chose qui est, à mon sens, fort belle : il me semble que je lis l'histoire romaine. Saint-Hilaire, lieutenant-général de l'artillerie, fit prier M. de Turenne, qui allait d'un autre côté, de se détourner un instant pour venir voir une batterie : c'était comme s'il eût dit : Monsieur, arrêtez-vous un peu, car c'est ici que vous devez être tué. Un coup de canon vient donc, et emporte le bras de Saint-Hilaire, qui montrait cette batterie, et tue M. de Turenne : le fils de Saint-Hilaire se jette à son père, et se met à crier et à pleurer. *Taisez-vous, mon enfant,* lui dit-il, *voyez* (en lui montrant M. de Turenne raide mort), *voilà ce qu'il faut pleurer éternellement, voilà ce qui est irréparable ;* et sans faire nulle attention sur lui, se met à crier et à pleurer cette grande perte.

DERNIERS TEMPS DE LA LIBERTÉ GRECQUE.

PAR BOSSUET.

[Bossuet (Jacques-Bénigne), évêque de Meaux, né en 1627, mort en 1704, le plus éloquent des orateurs de la chaire française, est aussi un des plus grands historiens modernes. Chargé de l'éducation du Dauphin, fils de Louis XIV, il écrivit pour ce jeune prince un *Discours sur l'histoire universelle,* qui forme, avec ses *Oraisons funèbres* la principale base de sa réputation littéraire.]

Il ne fut pas mal-aisé aux Perses de dompter l'Asie mineure, et même les colonies grecques que la mollesse de l'Asie avait corrompues.

Mais quand ils vinrent à la Grèce même, ils trouvèrent ce qu'ils n'avaient jamais vu, une milice réglée, des chefs entendus, des soldats accoutumés à vivre de peu, des corps endurcis au travail, que la lutte et les autres exercices ordinaires dans ce pays rendaient adroits ; des armées médiocres à la vérité, mais semblables à ces corps vigoureux où il semble que tout soit nerf, et où tout est plein d'esprits ; au reste si bien commandées et si souples aux ordres de leurs généraux, qu'on eût cru que les soldats n'avaient tous qu'une même âme, tant on voyait de concert dans leurs mouvements.

Mais ce que la Grèce avait de plus grand était une politique ferme et prévoyante, qui savait abandonner, hasarder et défendre, ce qu'il fallait ; et, ce qui est plus grand encore, un courage que l'amour de la liberté et celui de la patrie rendaient invincible.

Les Grecs, naturellement pleins d'esprit et de courage, avaient été cultivés de bonne heure par des rois et des colonies venues d'Égypte, qui, s'étant établies dans les premiers temps en divers endroits du pays, avaient répandu partout cette excellente police* des Égyptiens. C'est de là qu'ils avaient appris les exercices du corps, la lutte, la course à cheval et sur des chariots, et les autres exercices, qu'ils portèrent à leur perfection par les glorieuses couronnes des jeux olympiques.

Mais ce que les Égyptiens leur avaient appris de meilleur était à se rendre dociles, et à se laisser former par les lois pour le bien public. Ce n'étaient pas des particuliers qui ne songent qu'à leurs affaires, et ne sentent les maux de l'état qu'autant qu'ils en souffrent eux-mêmes ou que le repos de leur famille en est troublé : les Grecs étaient instruits à se regarder et à regarder leur famille comme partie d'un plus grand corps, qui était le corps de l'état. Les pères élevaient leurs enfants dans cet esprit, et les enfants apprenaient dès le berceau à regarder la patrie comme une mère commune à qui ils appartenaient plus encore qu'à leurs parents. Le mot de civilité, ne signifiait pas seulement parmi les Grecs la douceur et la déférence mutuelle qui rend les hommes sociables : l'homme civil n'était autre chose qu'un bon citoyen qui se regarde toujours comme membre de l'état, qui se laisse conduire par les lois, et conspire avec elles au bien public, sans rien entreprendre sur personne. Les anciens rois que la Grèce avait eus en divers pays, un Minos, un Cécrops, un Thésée, un Codrus, un Témène, un Cresphonte, un Eurystène, un Patrocle, et les autres semblables, avaient répandu cet esprit dans toute la nation. Ils furent tous populaires, non point en flattant le peuple, mais en procurant son bien, et en faisant régner la loi.

Que dirai-je de la sévérité des jugements ? Quel plus grave tribunal y eut-il jamais que celui de l'aréopage, si révéré dans toute la Grèce, qu'on disait que les dieux mêmes y avaient comparu ? Il a été célèbre dès les premiers temps, et Cécrops apparemment l'avait fondé sur le modèle des tribunaux de l'Égypte. Aucune compagnie n'a conservé si

* *Police* signifiait alors *institution politique.*

longtemps la réputation de son ancienne sévérité, et l'éloquence trompeuse en a toujours été bannie.

Les Grecs, ainsi policés peu à peu, se crurent capables de se gouverner eux-mêmes, et la plupart des villes se formèrent en républiques. Mais de sages législateurs qui s'élevèrent en chaque pays, un Thalès, un Pythagore, un Pittacus, un Lycurgue, un Solon, un Philolas, et tant d'autres que l'histoire marque, empêchèrent que la liberté ne dégénérât en licence. Des lois simplement écrites et en petit nombre tenaient les peuples dans le devoir, et les faisaient concourir au bien commun du pays.

L'idée de liberté qu'une telle conduite inspirait était admirable ; car la liberté que se figuraient les Grecs était une liberté soumise à la loi, c'est-à-dire à la raison même reconnue par tout le peuple. Ils ne voulaient pas que les hommes eussent du pouvoir parmi eux. Les magistrats, redoutés durant le temps de leur ministère, redevenaient des particuliers qui ne gardaient d'autorité qu'autant que leur en donnait leur expérience. La loi était regardée comme la maîtresse : c'était elle qui établissait les magistrats, qui réglait leur pouvoir, et qui enfin châtiait leur mauvaise administration.

Enfin la Grèce était charmée de son gouvernement, et les citoyens s'affectionnaient d'autant plus à leur pays qu'ils le conduisaient en commun, et que chaque particulier pouvait parvenir aux premiers honneurs.

Ce que fit la philosophie pour conserver l'état de la Grèce n'est pas croyable. Plus ces peuples étaient libres, plus il était nécessaire d'y établir, par de bonnes raisons, les règles des mœurs et celles de la société. Pythagore, Thalès, Anaxagore, Socrate, Architas, Platon, Xénophon, Aristote, et une infinité d'autres, remplirent la Grèce de ces beaux préceptes. Il y eut des extravagants qui prirent le nom de philosophes : mais ceux qui étaient suivis étaient ceux qui enseignaient à sacrifier l'intérêt particulier et même la vie à l'intérêt général et au salut de l'état ; et c'était la maxime la plus commune des philosophes, qu'il fallait ou se retirer des affaires publiques ou n'y regarder que le bien public.

Pourquoi parler des philosophes ? les poètes mêmes, qui étaient dans les mains de tout le peuple, les instruisaient plus encore qu'ils ne les divertissaient. Le plus renommé des conquérants regardait Homère comme un maître qui lui apprenait à bien régner. Ce grand poète n'apprenait pas moins à bien obéir, et à être bon citoyen. Lui et tant d'autres poètes, dont les ouvrages ne sont pas moins graves qu'ils sont agréables, ne célèbrent que les arts utiles à .a vie humaine, ne respirent que le bien public, la patrie, la société, et cette admirable civilité que nous avons expliquée.

Quand la Grèce ainsi élevée regardait les Asiatiques avec leur délicatesse, avec leur parure, et leur beauté semblable à celle des femmes, elle n'avait que du mépris pour eux. Mais leur forme de gouvernement, qui n'avait pour règle que la volonté du prince, maîtresse de toutes les lois, et même des plus sacrées, lui inspirait de l'horreur ; et l'objet le plus odieux qu'eût toute la Grèce était les barbares.

Cette haine était venue aux Grecs dès les premiers temps, et leur était devenue comme naturelle. Une des choses qui faisaient aimer la poésie d'Homère est qu'il chantait les victoires et les avantages de la Grèce sur l'Asie. Du côté de l'Asie était Vénus, c'est-à-dire les plaisirs, les folles amours, et la mollesse : du côté de la Grèce était Junon, c'est-à-dire la gravité avec l'amour conjugal, Mercure avec l'éloquence, Jupiter et la sagesse politique. Du côté de l'Asie était Mars, impétueux et brutal, c'est-à-dire la guerre faite avec fureur : du côté de la Grèce était Pallas, c'est-à-dire l'art militaire et la valeur conduite par esprit. La Grèce, depuis ce temps, avait toujours cru que l'intelligence et le vrai courage était* son partage naturel : elle ne pouvait souffrir que l'Asie pensât à la subjuguer ; et en subissant ce joug, elle eût cru assujettir la vertu à la volupté, l'esprit au corps, et le véritable courage à une force insensée, qui consistait seulement dans la multitude.

La Grèce était pleine de ces sentiments, quand elle fut attaquée par Darius, fils d'Hystaspe, et par Xerxès, avec des armées dont la grandeur paraît fabuleuse, tant elle est énorme. Aussitôt chacun se prépare à défendre sa liberté. Quoique toutes les villes de Grèce fissent autant de républiques, l'intérêt commun les réunit, et il ne s'agissait entre elles que de voir qui ferait le plus pour le bien public. Il ne coûta rien aux Athéniens d'abandonner leur ville au pillage et à l'incendie ; et après qu'ils eurent sauvé leurs vieillards et leurs femmes avec leurs enfants, ils mirent sur des vaisseaux tous ceux qui étaient capables de porter les armes. Pour arrêter quelques jours l'armée persienne à un passage difficile, et pour lui faire sentir ce que c'était que la Grèce, une poignée de Lacédémoniens courut avec son roi à une mort assu

---

* *Etait;* ce singulier se justifie par l'union des deux sujets, qui ne représentent ensemble qu'une idée complexe, celle du *courage intelligent.*

rée, contents en mourant d'avoir immolé à leur patrie un nombre infini de ces barbares, et d'avoir laissé à leurs compatriotes l'exemple d'une hardiesse inouïe. Contre de telles armées et une telle conduite, la Perse se trouva faible, et éprouva plusieurs fois, à son dommage, ce que peut la discipline contre la multitude et la confusion, et ce que peut la valeur conduite avec art contre une impétuosité aveugle.

Il ne restait à la Perse tant de fois vaincue que de mettre la division parmi les Grecs; et l'état même où ils se trouvaient par leurs victoires rendait cette entreprise facile. Comme la crainte les tenait unis, la victoire et la confiance rompit l'union. Accoutumés à combattre et à vaincre, quand ils crurent n'avoir plus à craindre la puissance des Perses, ils se tournèrent les uns contre les autres. Mais il faut expliquer un peu davantage cet état des Grecs et ce secret de la politique persienne.

Parmi toutes les républiques dont la Grèce était composée, Athenès et Lacédémone étaient sans comparaison les principales. On ne peut avoir plus d'esprit qu'on en avait à Athènes, ni plus de force qu'on en avait à Lacédémone. Athènes voulait le plaisir: la vie de Lacédémone était dure et laborieuse. L'une et l'autre aimaient la gloire et la liberté: mais à Athènes la liberté tendait naturellement à la licence; et contrainte par des lois sévères à Lacédémone, plus elle était réprimée au dedans, plus elle cherchait à s'étendre en dominant au dehors.

Athènes voulait aussi dominer, mais par un autre principe: l'intérêt se mêlait à la gloire. Ses citoyens excellaient dans l'art de naviguer; et la mer où elle régnait l'avait enrichie. Pour demeurer seule maîtresse de tout le commerce, il n'y avait rien qu'elle ne voulût assujettir, et ses richesses, qui lui inspiraient ce désir, lui fournissaient le moyen de le satisfaire. Au contraire à Lacédémone l'argent était méprisé. Comme toutes ses lois tendaient à en faire une république guerrière, la gloire des armes était le seul charme dont les esprits de ses citoyens fussent possédés. Dès-là naturellement elle voulait dominer; et plus elle était au-dessus de l'intérêt, plus elle s'abandonnait à l'ambition.

Lacédémone, par sa vie réglée, était ferme dans ses maximes et dans ses desseins. Athènes était plus vive, et le peuple y était trop maître: la philosophie et les lois faisaient à la vérité de beaux effets dans des naturels si exquis; mais la raison toute seule n'était pas capable de les retenir. Un sage Athénien, et qui connaissait admirablement le naturel de son pays, nous apprend que la crainte était nécessaire à ces esprits trop vifs et trop libres, et qu'il n'y eut plus moyen de les gouverner, quand la victoire de Salamine les eut rassurés contre les Perses.

Alors deux choses les perdirent : la gloire de leurs belles actions, et la sûreté où ils croyaient être. Les magistrats n'étaient plus écoutés ; et comme la Perse était affligée par une excessive sujétion, Athènes, dit Platon, ressentit les maux d'une liberté excessive.

Ces deux grandes républiques, si contraires dans leurs mœurs et dans leur conduite, s'embarrassaient l'une l'autre dans le dessein qu'elles avaient d'assujettir toute la Grèce ; de sorte qu'elles étaient toujours ennemies, plus encore par la contrariété de leurs intérêts que par l'incompatibilité de leur caractère.

Les villes grecques ne voulaient la domination ni de l'une ni de l'autre ; car, outre que chacune souhaitait pouvoir conserver sa liberté, elles trouvaient l'empire de ces deux républiques trop fâcheux.

Celui de Lacédémone était dur : on remarquait dans son peuple je ne sais quoi de farouche. Un gouvernement trop rigide et une vie trop laborieuse y rendaient les esprits trop fiers, trop austères et trop impérieux ; joint qu'il fallait se résoudre à n'être jamais en paix sous l'empire d'une ville qui, étant formée pour la guerre, ne pouvait se conserver qu'en la continuant sans relâche. Ainsi les Lacédémoniens voulaient commander, et tout le monde craignait qu'ils ne commandassent.

Les Athéniens étaient naturellement plus doux et plus agréables. Il n'y avait rien de plus délicieux à voir que leur ville, où les fêtes et les jeux étaient perpétuels, où l'esprit, où la liberté et les passions donnaient tous les jours de nouveaux spectacles. Mais leur conduite inégale déplaisait à leurs alliés, et était encore plus insupportable à leurs sujets. Il fallait essuyer les bizarreries d'un peuple flatté, c'est-à-dire, selon Platon, quelque chose de plus dangereux que celles d'un prince gâté par la flatterie.

Ces deux villes ne permettaient point à la Grèce de demeurer en repos. Vous avez vu la guerre du Péloponèse et les autres toujours causées ou entretenues par les jalousies de Lacédémone et d'Athènes : mais ces mêmes jalousies qui troublaient la Grèce la soutenaient en quelque façon, et l'empêchaient de tomber dans la dépendance de l'une ou de l'autre de ces républiques.

Les Perses aperçurent bientôt cet état de la Grèce. Ainsi tout le secret de leur politique était d'entretenir ces jalousies, et de fomenter ces divisions. Lacédémone, qui était la plus ambitieuse, fut la première à les faire entrer dans les querelles des Grecs. Ils y entrèrent dans le dessein de se rendre maîtres de toute la nation; et, soigneux d'affaiblir les Grecs les uns par les autres, ils n'attendaient que le moment de les accabler tous ensemble. Déjà les villes de Grèce ne regardaient dans leurs guerres que le roi de Perse, qu'elles appelaient le grand roi, ou le roi par excellence, comme si elles se fussent déjà comptées pour sujettes.

Mais il n'était pas possible que l'ancien esprit de la Grèce ne se réveillât à la veille de tomber dans la servitude et entre les mains des barbares. De petits rois grecs entreprirent de s'opposer à ce grand roi, et de ruiner son empire. Avec une petite armée, mais nourrie dans la discipline que nous avons vue, Agésilas, roi de Lacédémone, fit trembler les Perses dans l'Asie mineure, et montra qu'on pouvait les abattre. Les seules divisions de la Grèce arrêtèrent ses conquêtes.

Il arriva dans ces temps-là que le jeune Cyrus, frère d'Artaxerxe, se révolta contre lui. Il avait dans ses troupes dix mille Grecs, qui seuls ne purent être rompus dans la déroute universelle de son armée. Il fut tué dans la bataille, et, à ce qu'on dit, de la main d'Artaxerxe. Nos Grecs se trouvèrent sans protecteur au milieu des Perses et aux environs de Babylone; cependant Artaxerxe victorieux ne put ni les obliger à poser volontairement les armes, ni les y forcer: ils conçurent le hardi dessein de traverser en corps d'armée tout son empire pour retourner en leur pays, et ils en vinrent à bout. Toute la Grèce vit alors plus que jamais qu'elle nourrissait une milice invincible à laquelle tout devait céder, et que ses seules divisions la pouvaient soumettre à un ennemi trop faible pour lui résister quand elle serait unie.

Philippe, roi de Macédoine, également habile et vaillant, ménagea si bien les avantages que lui donnait contre tant de villes et de républiques divisées un royaume petit à la vérité, mais uni, et où la puissance royale était absolue, qu'à la fin, moitié par adresse, moitié par force, il se rendit le plus puissant de la Grèce, et obligea tous les Grecs à marcher sous ses étendards contre l'ennemi commun. Il fut tué dans ces conjonctures; mais Alexandre son fils succéda à son royaume et à ses desseins.

Il trouva les Macédoniens non-seulement aguerris, mais encore triomphants, et devenus par tant de succès presque aussi supérieurs aux autres Grecs en valeur et en discipline que les autres Grecs étaient au-dessus des Perses et de leurs semblables.

Darius, qui régnait en Perse de son temps, était juste, vaillant, généreux, aimé de ses peuples, et ne manquait ni d'esprit ni de vigueur pour exécuter ses desseins. Mais si vous le comparez avec Alexandre : son esprit, avec ce génie perçant et sublime : sa valeur, avec la hauteur et la fermeté de ce courage invincible qui se sentait animé par les obstacles ; avec cette ardeur immense d'accroître tous les jours son nom, qui lui faisait préférer à tous les périls, à tous les travaux, et à mille morts, le moindre degré de gloire ; enfin, avec cette confiance qui lui faisait sentir au fond de son cœur que tout devait lui céder comme à un homme que sa destinée rendait supérieur aux autres ; confiance qu'il inspirait non-seulement à ses chefs, mais encore aux moindres de ses soldats, qu'il élevait par ce moyen au-dessus des difficultés et au-dessus d'eux-mêmes : vous jugerez aisément auquel des deux appartenait la victoire. Et si vous joignez à ces choses les avantages des Grecs et des Macédoniens au-dessus de leurs ennemis, vous avouerez que la Perse, attaquée par un tel héros et par de telles armées, ne pouvait plus éviter de changer de maître. Ainsi vous découvrirez en même temps ce qui a ruiné l'empire des Perses, et ce qui a élevé celui d'Alexandre.

Pour lui faciliter la victoire, il arriva que la Perse perdit le seul général qu'elle pût opposer aux Grecs ; c'était Memnon, rhodien. Tant qu'Alexandre eut en tête un si fameux capitaine, il put se glorifier d'avoir vaincu un ennemi digne de lui. Au lieu de hasarder contre les Grecs une bataille générale, Memnon voulait qu'on leur disputât tous les passages, qu'on leur coupât les vivres, qu'on allât les attaquer chez eux, et que par une attaque vigoureuse on les forçât à venir défendre leur pays. Alexandre y avait pourvu, et les troupes qu'il avait laissées à Antipater suffisaient pour garder la Grèce. Mais sa bonne fortune le délivra tout d'un coup de cet embarras ; au commencement d'une diversion qui déjà inquiétait toute la Grèce, Memnon mourut, et Alexandre mit tout à ses pieds.

Ce prince fit son entrée dans Babylone, avec un éclat qui surpassait tout ce que l'univers avait jamais vu : et, après avoir vengé la Grèce, après avoir subjugué avec une promptitude incroyable toutes les terres de la domination persienne, pour assurer de tous côtés son nouvel empire, ou plutôt pour contenter son ambition, et rendre son nom plus fameux que celui de Bacchus, il entra dans les Indes, où il poussa ses conquêtes plus loin que ce célèbre vainqueur. Mais celui que les déserts, les fleuves et les montagnes n'etaient pas capables d'arrêter, fut contraint de céder à ses soldats rebutés qui lui demandaient du repos. Réduit à se contenter des superbes monuments qu'il laissa sur les bords de l'Araspe, il ramena son armée par une autre route que celle qu'il avait tenue, et dompta tout le pays qu'il trouva sur son passage. Il revint à Babylone craint et respecté, non pas comme un conquérant, mais comme un dieu.

Mais cet empire formidable qu'il avait conquis ne dura pas plus longtemps que sa vie, qui fut fort courte. A l'âge de trente-trois ans, au milieu des plus vastes desseins qu'un homme eût jamais conçus, et avec les plus justes espérances d'un heureux succès, il mourut sans avoir eu le loisir d'établir solidement ses affaires, laissant un frère imbécile, et des enfants en bas âge, incapables de soutenir un si grand poids. Mais, ce qu'il y avait de plus funeste pour sa maison et pour son empire est qu'il laissait des capitaines à qui il avait appris à ne respirer que l'ambition et la guerre. Il prévit à quels excès ils se porteraient quand il ne serait plus au monde : pour les retenir, et de peur d'en être dédit, il n'osa nommer ni son successeur ni le tuteur de ses enfants ; il prédit seulement que ses amis célèbreraient ses funérailles avec des batailles sanglantes, et il expira dans la fleur de son âge, plein des tristes images de la confusion qui devait suivre sa mort.

En effet, vous avez vu le partage de son empire, et la ruine affreuse de sa maison : son ancien royaume, la Macédoine, tenu par ses ancêtres depuis tant de siècles, fut envahi de tous côtés comme une succession vacante ; et après avoir été longtemps la proie du plus fort, il passa enfin à une autre famille. Ainsi ce grand conquérant, le plus renommé et le plus illustre qui fut jamais, a été le dernier roi de sa race. S'il fût demeuré paisible dans la Macédoine, la grandeur de son empire n'aurait pas tenté ses capitaines ; et il eût pu laisser à ses enfants le royaume de ses pères ; mais parce qu'il avait été trop puissant, il fut cause de la perte de tous les siens : et voilà le fruit glorieux de tant de conquêtes.

Sa mort fut la seule cause de cette grande révolution. car il faut dire à sa gloire que si jamais homme a été capable de soutenir un si vaste empire, quoique nouvellement conquis, ç'a été sans doute Alexandre, puisqu'il n'avait pas moins d'esprit que de courage. Il ne faut donc point imputer à ses fautes, quoiqu'il en ait fait de grandes, la chute de sa famille, mais à la seule mortalité ; si ce n'est qu'on veuille dire qu'un homme de son humeur, et que son ambition engageait toujours à entreprendre, n'eût jamais trouvé le loisir d'établir les choses.

Quoi qu'il en soit, nous voyons par son exemple, qu'outre les fautes que les hommes pourraient corriger, c'est-à-dire celles qu'ils font par emportement ou par ignorance, il y a un faible irrémédiable inséparablement attaché aux desseins humains, et c'est la mortalité. Tout peut tomber en un moment par cet endroit-là : ce qui nous force d'avouer que comme le vice le plus inhérent, si je puis parler de la sorte, et le plus inséparable des choses humaines, c'est leur propre caducité, celui qui sait conserver et affermir un état a trouvé un plus haut point de sagesse que celui qui sait conquérir et gagner des batailles.

PÉRICLÈS, UN GREC MODERNE, UN RUSSE.*

Périclès. J'ai quelques questions à vous faire. Minos m'a dit que vous étiez Grec.

Le Grec. Minos vous a dit la vérité : j'étais le très humble esclave de la sublime Porte.

Périclès. Que parlez-vous d'esclave ? Un Grec esclave !

Le Grec. Un Grec peut-il être autre chose ?

Le Russe. Il a raison : Grec et esclave, c'est la même chose.

Périclès. Juste ciel ! que je plains mes pauvres compatriotes !

Le Grec. Ils ne sont pas si à plaindre que vous vous l'imaginez ; pour moi j'étais assez content de ma situation : je cultivais un petit coin de terre que le pacha de Romélie avait eu la bonté de me donner ; et pour cela je payais un tribut à sa Hautesse.

Périclès. Un tribut ! voilà un étrange mot dans la bouche d'un Grec ! Mais, dites-moi, en quoi consistait cette marque humiliante de servitude ?

Le Grec. A abandonner une partie du fruit de mon travail, et quelques-uns de mes enfants.

---

* Périclès, à qui Athènes dut quelques-uns de ses plus beaux monuments, et qui a donné son nom à l'un des grands siècles des arts, gouverna sa patrie vers l'an 440 avant J. C.

Périclès. Comment, lâche, tu livrais tes propres enfants à l'esclavage ! Vit-on jamais les contemporains de Miltiade, d'Aristide et de Thémistocle....

Le Grec. Voilà des noms que je n'entendis nommer de ma vie. Ces gens-là étaient-ils bostangis, capigibachis, ou pachas à trois queues ?

Périclès. (*au Russe.*) Quels sont ces titres ridicules et barbares dont le son vient déchirer mes oreilles ? Je me suis sans doute adressé à quelque grossier Béotien, ou à un Spartiate imbécile. (*au Grec.*) Vous avez sans doute entendu parler de Périclès ?

Le Grec. De Périclès ! point du tout...attendez...N'est-ce pas le nom d'un solitaire fameux ?

Périclès. Qu'est-ce donc que ce solitaire ? Était-ce la première personne de l'État ?

Le Grec. Bon ! Ces gens-là n'ont rien de commun avec l'État, ni l'État rien de commun avec eux.

Périclès. Par quel moyen ce Périclès est-il donc devenu fameux ? A-t-il, comme moi, livré des batailles et fait des conquêtes pour sa patrie ? A-t-il érigé quelques grands monuments aux Dieux, ou formé quelques établissements utiles au public ? A-t-il protégé les arts et encouragé le mérite ?

Le Grec. Non ; l'homme dont je veux parler ne savait ni lire ni écrire ; il habitait dans une cabane où il vivait de racines. La première chose qu'il faisait dès le matin était de se déchirer les épaules à coups de fouet : il offrait à Dieu ses flagellations, ses veilles, ses jeûnes et son ignorance.

Périclès. Et vous croyez que la réputation de ce moine peut égaler la mienne ?

Le Grec. Assurément : nous autres Grecs nous révérons sa mémoire autant que celle d'aucun homme.

Périclès. O destinée !....Mais, dites-moi, ma mémoire n'est-elle pas toujours en vénération à Athènes, dans cette ville où j'ai introduit la magnificence et le bon goût ?

Le Grec. C'est ce que je ne saurais vous dire. J'habitais un endroit qu'on appelle *Sétines :* c'est un misérable village, qui tombe en ruines, mais qui, à ce que j'ai ouï dire, fut autrefois une ville magnifique.

Périclès. Ainsi vous connaissez aussi peu la fameuse et superbe ville d'Athènes que les noms de Thémistocle et de Périclès ? Il faut que vous ayez vécu en quelque endroit souterrain, dans un quartier inconnu de la Grèce.

Le Russe. Point du tout, il vivait dans Athènes même.

Périclès. Comment ! il vivait dans Athènes, et il ne me

connaît point! Il ne sait pas même le nom de cette ville fameuse!

Le Russe. Des milliers d'hommes habitent actuellement dans Athènes, et n'en savent pas plus que lui. Cette cité jadis si opulente et si fière, n'est aujourd'hui qu'un pauvre et sale bourg appelé Sétines.

Périclès. Puis-je croire ce que vous me dites là?

Le Russe. Tel est l'effet des ravages du temps, et des inondations des barbares, plus destructeurs encore que le temps.

Périclès. Je sais très bien que les successeurs d'Alexandre subjuguèrent la Grèce; mais Rome ne lui rendit-elle pas la liberté? Je n'ose pousser plus loin mes recherches, de crainte d'apprendre que ma patrie retomba dans l'esclavage.

Le Russe. Elle a, depuis ce temps-là, changé plusieurs fois de maîtres. Pendant un certain période, la Grèce a partagé avec les Romains l'empire du monde, empire que ces deux puissances réunies n'ont pu conserver; mais, pour ne parler que de la Grèce, elle a subi tour à tour le joug des Français, des Vénitiens, et des Turcs.

Périclès. Voilà trois nations barbares qui me sont absolument inconnues.

Le Russe. Je reconnais bien un ancien Grec à ce langage. Tous les étrangers étaient à vos yeux des barbares, sans en excepter même les Égyptiens, à qui vous deviez le germe de toutes vos connaissances. J'avoue qu'anciennement les Turcs ne connaissaient guère que l'art de conquérir, et qu'aujourd'hui ils ne savent guère que celui de garder leurs conquêtes; mais les Vénitiens et surtout les Français, ont égalé vos Grecs à plus d'un égard, et les ont surpassés à beaucoup d'autres.

Périclès. Voila une fort belle peinture; mais je crains bien qu'il n'y entre un peu de vanité. Dites-moi, mon ami, n'êtes-vous pas Français?

Le Russe. Point du tout, je suis Russe.

Périclès. A coup sûr les habitants de la terre entière ont changé de noms depuis que j'habite dans l'Élysée: je n'ai pas plus entendu parler des Russes que des Français, des Vénitiens que des Turcs. Cependant les connaissances que vous montrez me font présumer que votre nation est très ancienne. Ne serait-elle pas un reste des Égyptiens dont vous disiez tout à l'heure de si belles choses?

Le Russe. Non, je ne connais ce peuple que par vos historiens: pour notre nation, elle descend des Scythes et des Sarmates

Périclès. Est-il possible qu'un descendant des Sarmates et des Scythes connaisse mieux l'état de l'ancienne Grèce que ne le connaît un Grec moderne ?

Le Russe. Il y a tout au plus cinquante ans que nous avons entendu parler des Égyptiens, des Grecs et des Sarmates ; un de nos souverains s'étant trouvé un homme de génie, forma le dessein de bannir l'ignorance de ses États, et l'on vit s'y élever rapidement les arts et les sciences, des académies et des spectacles. Nous avons étudié l'histoire de tous les peuples, et notre histoire a mérité l'attention des autres peuples.

Périclès. J'avoue que pour produire ces sortes de métamorphoses, il ne faut dans un prince que la volonté et le courage ; mais il est plus vrai encore que j'ai perdu bien du temps ; j'espérais avoir rendu mon nom immortel, et je vois qu'il est déjà oublié dans mon propre pays.

Le Russe. Je vous dirai, pour vous consoler, qu'il est connu dans le mien, et c'est à quoi je suis bien sûr que vous ne vous attendiez pas.

Périclès. J'en conviens : cependant je ne peux m'empêcher de regretter qu'Athènes ait oublié tout ce que j'ai fait pour elle. Allons, je vais me consoler avec Osiris, Minos, Lycurgue, Solon, et tous ces législateurs et fondateurs d'empires, dont les actions et les maximes sont, comme les miennes, plongées dans l'oubli. Je vois que la science est un astre qui peut n'éclairer qu'une partie du globe à la fois, mais qui répand sa lumière successivement sur chacune d'elles. Le jour tombe chez une nation, dans l'instant où il se lève sur une autre.

VOLTAIRE.

ROME ET CARTHAGE.

ROME, pareille à l'aigle, son redoutable symbole, étend largement ses ailes, déploie puissamment ses serres, saisit la foudre et s'envole. Carthage est le soleil du monde, c'est sur Carthage que se fixent ses yeux. Carthage est maîtresse des océans, maîtresse des nations. C'est une ville magnifique, pleine de splendeur et d'opulence, toute rayonnante des arts étranges de l'Orient. C'est une société complète, finie, achevée, à laquelle rien ne manque du travail, du temps et des hommes. Enfin, la métropole de l'Afrique, est à l'apogée de sa civilisation : elle ne peut plus monter, et chaque progrès désormais se. in déclin. Rome au contraire n'a rien. Elle est à demi sauvage, à demi barbare. Elle a son éducation ensemble et sa fortune à faire. Tout devant elle : rien derrière.

Quelque temps les deux peuples existent de front. L'un se repose dans sa splendeur, l'autre grandit dans l'ombre. Mais peu à peu l'air et la place leur manquent à tous deux pour se développer. Rome commence à gêner Carthage. Il y a longtemps que Carthage importune Rome. Assises sur les deux rives opposées de la Méditerranée, les deux cités se regardent en face. Cette mer ne suffit plus pour les séparer. L'Europe et l'Afrique pèsent l'une sur l'autre. Comme deux nuages surchargés d'électricité, elles se côtoient de trop près. Elles vont se mêler dans la foudre. Ici est la péripétie* de ce grand drame. Quels acteurs sont en présence ! deux races, celle-ci de marchands et de marins, celle-là de laboureurs et de soldats ; deux peuples, l'un régnant par l'or, l'autre par le fer ; deux républiques, l'une théocratique, l'autre aristocratique ; Rome et Carthage ; Rome avec son armée, Carthage avec sa flotte ; Carthage, vieille, riche, rusée ; Rome, jeune, pauvre et forte ; le passé et l'avenir ; l'esprit de découverte et l'esprit de conquête ; le génie des voyages et du commerce, le démon de la guerre et de l'ambition ; l'Orient et le Midi d'une part, l'Occident et le Nord de l'autre ; enfin, deux mondes, la civilisation d'Afrique et la civilisation d'Europe.

Toutes deux se mesurent des yeux. Leur attitude avant le combat est également formidable. Rome, déjà à l'étroit dans ce qu'elle connaît du monde, ramasse toutes ses forces et tous ses peuples. Carthage, qui tient en laisse l'Espagne, l'Armorique, et cette Bretagne que les Romains croyaient au fond de l'univers, Carthage a déjà jeté son ancre d'abordage sur l'Europe.

La bataille éclate. Rome copie grossièrement la marine de sa rivale. La guerre s'allume d'abord dans la péninsule et dans les îles. Rome heurte Carthage dans cette Sicile où déjà la Grèce a rencontré l'Égypte, dans cette Espagne où plus tard lutteront encore l'Europe et l'Afrique, l'Orient et l'Occident, le Midi et le Septentrion.

Peu à peu le combat s'engage, le monde prend feu. Les Colosses s'attaquent corps à corps, ils se prennent, se quittent, se reprennent. Ils se cherchent et se repoussent. Carthage franchit les Alpes ; Rome passe les mers. Les deux peuples,

---

* *Péripétie*, dénoûment. On prononce *Péripécie*.

personnifiés en deux hommes, Annibal et Scipion, s'étreignent et s'acharnent pour en finir. C'est un duel à outrance, un combat à mort. Rome chancelle, elle pousse le cri d'angoisse: *Annibal ad portas!...* Mais elle se relève, épuise ses forces pour un dernier coup, se jette sur Carthage et l'efface du monde.

VICTOR HUGO.—*Né à Besançon, en* 1802.

Observation.—Cette personnification de Rome et de Carthage présente à l'imagination un spectacle d'une singulière grandeur et d'un puissant intérêt. Quelle énergie de pinceaux! Quelle couleur pittoresque dans l'expression! Quel vaste coup-d'œil jeté sur les événements de ce monde!

RÉGULUS.

PAR M. DE CHATEAUBRIAND.

[CHATEAUBRIAND (*François Auguste*, vicomte de), naquit en 1769, à Combourg, près de Saint-Malo, et mourut à Paris en 1848. Comme littérateur il appartint tout entier à la nouvelle école. Le *Génie du Christianisme*, 1802, et les *Martyrs*, 1808, sont regardés comme ses chefs-d'œuvre. Sa prose est mille fois plus poétique que la plupart des vers.]

APRÈS avoir combattu tour à tour Agathocle en Afrique et Pyrrhus en Sicile, les Carthaginois en vinrent aux mains avec la république romaine. La cause de la première guerre punique fut légère; mais cette guerre amena Régulus aux portes de Carthage.

Les Romains, ne voulant point interrompre le cours des victoires de ce grand homme, ni envoyer les consuls Fulvius et M. Emilius prendre sa place, lui ordonnèrent de rester en Afrique en qualité de proconsul. Il se plaignit de ces honneurs; il écrivit au sénat, et le pria instamment de lui ôter le commandement de l'armée: une affaire importante aux yeux de Régulus demandait sa présence en Italie. Il avait un champ de sept arpents à Pupinium: le fermier de ce champ étant mort, le valet du fermier s'était enfui avec les bœufs et les instruments du labourage. Régulus représentait aux sénateurs que, si sa ferme demeurait en friche, il lui serait impossible de faire vivre sa femme et ses enfants. Le sénat ordonna que le champ de Régulus serait cultivé aux frais de la république; qu'on tirerait du trésor l'argent nécessaire pour racheter les objets volés, et que les enfants et la femme du proconsul seraient, pendant son absence, nourris aux dépens du peuple romain. Dans une juste admiration de cette simplicité, Tite-Live s'écrie: "Oh combien la vertu est préférable aux richesses! Celles-ci passent avec ceux qui les possèdent; la pauvreté de Regulus est encore en vénération."

Régulus, marchant de victoire en victoire, s'empara bientôt de Tunis; la prise de cette ville jeta la consternation parmi les Carthaginois; ils demandèrent la paix au proconsul. Le laboureur romain prouva qu'il était plus facile de conduire la charrue après avoir remporté des victoires, que de diriger d'une main ferme une prospérité éclatante; le véritable grand homme est surtout fait pour briller dans le malheur; il semble égaré par le succès et paraît comme étranger à la fortune. Régulus proposa aux ennemis des conditions si dures qu'ils se virent forcés de continuer la guerre.

Pendant ces négociations, la destinée amenait au travers des mers un homme qui devait changer le cours des événements. Un Lacédémonien, nommé Xanthippe, vient retarder la chute de Carthage: il livre bataille aux Romains sous les murs de Tunis, détruit leur armée, fait Régulus prisonnier, se rembarque et disparaît sans laisser d'autres traces dans l'histoire.

Régulus, conduit à Carthage, éprouva les traitements les plus inhumains; on lui fit expier les durs triomphes de sa patrie. Ceux qui traînaient avec tant d'orgueil des rois tombés du trône, des femmes, des enfants en pleurs, pouvaient-ils espérer que l'on respectât dans les fers un citoyen de Rome!

La fortune redevint favorable aux Romains. Carthage demanda une seconde fois la paix; elle envoya des ambassadeurs en Italie: Régulus les accompagnait. Ses maîtres lui firent donner sa parole qu'il reviendrait prendre ses chaînes, si les négociations n'avaient pas une heureuse issue: on espérait qu'il plaiderait fortement en faveur d'une paix qui devait lui rendre sa patrie.

Régulus, arrivé aux portes de Rome, refusa d'entrer dans la ville. Il y avait une ancienne loi qui défendait à tout étranger d'introduire dans le sénat les ambassadeurs d'un peuple ennemi. Régulus, se regardant comme un envoyé des Carthaginois, fit revivre en cette occasion l'antique usage. Les sénateurs furent donc obligés de s'assembler hors des murs de la cité. Régulus leur déclara qu'il venait de la part de ses maîtres, demander au peuple romain la paix ou l'échange des prisonniers.

Les ambassadeurs de Carthage, après avoir exposé l'objet de leur mission, se retirèrent. Régulus voulut les suivre: mais les sénateurs le prièrent de rester à la délibération.

Pressé de dire son avis, il représenta fortement toutes les raisons que Rome avait de continuer la guerre contre Carthage. Les sénateurs, admirant sa fermeté, désiraient sauver un tel citoyen: le grand pontife soutenait qu'on pouvait le dégager des serments qu'il avait faits.

"Suivez les conseils que je vous ai donnés, dit l'illustre captif, d'une voix qui étonna l'assemblée, et oubliez Régulus: je ne demeurerai point dans Rome après avoir été l'esclave de Carthage. Je n'attirerai point sur vous la colère des dieux. J'ai promis aux ennemis de me remettre en leurs mains si vous rejetez la paix: je tiendrai mon serment. On ne trompe point Jupiter par de vaines expiations; le sang des taureaux et des brebis ne peut effacer un mensonge, et le sacrilége est puni tôt ou tard.

"Je n'ignore point le sort qui m'attend; mais un crime flétrirait mon âme: la douleur ne brisera que mon corps. D'ailleurs il n'est point de maux pour celui qui sait les souffrir: s'ils passent les forces de la nature, la mort vous en délivre. Pères conscrits, cessez de me plaindre, j'ai disposé de moi, et rien ne pourra me faire changer de sentiment. Je retourne à Carthage, je fais mon devoir, et je laisse faire aux dieux."

Régulus mit le comble à sa magnanimité: afin de diminuer l'intérêt qu'on prenait à sa vie, et pour se débarrasser d'une compassion inutile, il dit aux sénateurs que les Carthaginois lui avaient fait boire un poison lent avant de sortir de prison. "Ainsi, ajouta-t-il, vous ne perdez de moi que quelques instants, qui ne valent pas la peine d'être achetés par un parjure." Il se leva, s'éloigna de Rome sans proférer une parole de plus, tenant les yeux attachés à la terre, et repoussant sa femme et ses enfants, soit qu'il craignît d'être attendri par leurs adieux, soit que, comme esclave carthaginois, il se trouvât indigne des embrassements d'une matrone romaine. Il finit ses jours dans d'affreux supplices, si toutefois le silence de Polybe et de Diodore ne balance pas le récit des historiens latins. Régulus fut un exemple mémorable de ce que peuvent sur une âme courageuse la religion du serment et l'amour de la patrie.

ANNIBAL.

Pour former les hommes à de grands desseins, il n'y a point d'autre école que l'histoire. Pour savoir ce qu'un homme peut faire, il faut voir ce que les hommes ont fait. Mais il ne faut pas s'arrêter à ceux que la force des choses, ou une destinée particulière a fait triompher, et qui, menés comme par la main, n'ont trouvé que des chemins ouverts et des portes qui se brisaient devant eux. Leur conduite, leurs desseins, leurs succès, ne leur appartiennent point. Tandis que le peuple s'étonne de leur fortune ou de leur habileté, le sage lève les yeux, et reconnaît le bras supérieur qui les conduit à des fins imprévues. Ces miracles de prospérité ne sont point destinés à nous servir de modèles. Ce qu'il faut étudier, c'est l'homme aux prises avec les difficultés et le malheur; car le véritable génie et la vertu propre de la nature humaine, c'est la patience. Le mérite supérieur ne se mesure donc point sur la grandeur des succès, mais sur celle des obstacles; et si l'on cherche, dans l'histoire, quel est l'homme qui, dans la position la plus difficile, a trouvé le plus de ressources en lui-même, et conçu les plus grandes choses, on verra que c'est *Annibal.*

Ses campagnes, considérées sous un aspect purement militaire, n'offriraient qu'une instruction et un intérêt médiocres. Un art qui a peu de principes fixes, et qui est exposé à varier sans cesse par de nouvelles découvertes, dépossède les anciens de la plus grande partie de leur gloire. Si Annibal n'avait su que le métier de la guerre, on ne daignerait pas en parler non plus qu'on ne parle de Pyrrhus qu'il estimait tant dans cette partie. Mais ce qui mérite de nous occuper, ce sont les vues grandes et généreuses qui l'animaient, ce sont les efforts incroyables qu'il fit pour sauver sa malheureuse ville qui se précipitait d'elle-même vers sa ruine. On aura toujours les yeux sur ces traits de constance et de dévouement qui ont fait de sa vie un long sacrifice, parce que les principes de ces vertus ne varient jamais, et que les hommes de tous les temps auront besoin de ces exemples.

Il me semble qu'il y a une sorte de stupidité à louer les exploits militaires sans en distinguer le motif. Il y a des succès impies et des victoires plus honteuses que des défaites. Vingt batailles gagnées auraient pu mettre Annibal au rang des premiers capitaines, sans en faire un grand homme. Mais il faut voir en lui autre chose qu'un général d'armée. Il est ridicule de dire que c'est le passage des Alpes qui l'a rendu immortel. Ce passage n'est qu'un trait brillant d'audace, qui entrait dans le plan le plus vaste, le plus hardi et néanmoins le plus sage qui ait jamais été conçu. Ce sont toutes les circonstances de ce dessein qu'il faut approfondir, et on reconnaîtra la vérité de ce que dit Montesquieu : *Quand on examine bien cette foule d'obstacles qui se présentèrent devant Annibal, et que cet homme extraordinaire surmonta tous, on a le plus beau spectacle que nous ait fourni l'antiquité.*

La plupart de ceux qui ont exécuté quelque chose de considérable dans leur nation, y ont trouvé des desseins tout formés qu'ils ont suivis, ou des préparatifs qu'ils ont mis en œuvre. Alexandre succéda aux projets de Philippe. César trouva le chemin frayé par Sylla. Ce que Pepin exécuta contre Astolphe dans la Lombardie, tourna les yeux de Charlemagne de ce côté et fit renaître l'empire d'Occident. L'agrandissement de la France sous Louis XIV., fut préparé par Richelieu, et le projet de s'étendre jusqu'au Rhin remonte au traité de Westphalie. Frédéric éleva la Prusse avec la belle armée et les richesses amassées par le roi Guillaume. La position d'Annibal n'offre rien de semblable. Carthage, qui ne voyait dans la guerre que l'intérêt de son commerce, n'était pas capable d'entendre les desseins de Rome. Elle ne songeait qu'à s'enrichir quand il fallait s'assurer de vivre. Amilcar et Asdrubal, qui n'étaient que de bons généraux, s'étaient épuisés dans la guerre d'Espagne ; mais quand Annibal parut sur la scène, il vit du premier coup-d'œil où il fallait les coups décisifs ; et il comprit que l'une ou l'autre république devait périr. Cette pensée régla tous ses desseins.

Que ceux qui lui font un crime d'avoir rompu la trêve faite avec Lutatius, décident donc d'abord s'il entendit mal la politique romaine. Car, si cette trêve ne fut conclue que pour donner aux Romains le temps d'accabler les Gaulois, et d'attaquer ensuite Carthage avec plus de force et de sécurité, n'était-il pas de son devoir de les prévenir ? Il sied bien à Tite-Live de parler de la foi punique, lorsque Rome se faisait un principe constant de ne traiter avec un ennemi que pour le détruire par la paix plus sûrement que par la guerre ! C'est ainsi que Flaminius fit présent aux Grecs d'une liberté plus redoutable que la servitude. C'est encore ainsi qu'on donna la paix à Jugurtha pour le dépouiller, et qu'on profita de son affaiblissement pour recommencer la guerre. Tantôt les Romains abusaient des conditions, tantôt ils corrompaient les mots. Carthage apprit trop bien à les connaître dans la suite, et elle dut se souvenir avec amertume des leçons de son Annibal, lorsqu'elle se vit ruinée de fond en comble malgré le traité. Les Romains se jouant sur une équivoque de leur langue, dirent qu'ils avaient bien promis de conserver la cité, mais non pas la ville.—Ils abusèrent plus cruellement d'une autre expression. Les Étoliens s'étant abandonnés à leur foi, ils prétendirent que cela leur donnait le droit de les exterminer, et de les priver même de la sépulture. Voilà quelle était la foi romaine, dont Annibal avait une juste idée, aussi bien que des desseins que soutenait ce caractère. C'était donc une guerre d'extermination qu'il fallait faire à un peuple qui s'avançait avec une telle méthode à la conquête de tout l'univers.

De telles guerres ne pourraient avoir lieu chez les grandes nations modernes (tant qu'elles demeureront civilisées). On combat pour de faibles intérêts, pour de médiocres jalousies; mais on combat avec plus d'art que de fureur. On se contente d'affaiblir son ennemi, sans chercher sa ruine; et la politesse et le droit des gens adoucissent les horreurs inévitables de la guerre. Chez les anciens, les haines étaient implacables, et les rivalités éternelles; les moindres batailles étaient de mêlées très sanglantes où les soldats se mesuraient de près. Les affaires se décidaient par des armes plus sûres et plus meurtrières que notre artillerie; et les guerres ne finissaient communément que par l'extinction de l'un ou l'autre parti. C'est ce qui est marqué par cette expression qui leur est familière: *pugnatum est usque ad internecionem.*

Le plan de la seconde guerre punique était donc fondé sur une connaissance exacte de toutes ces choses; et Rome y aurait succombé, si le génie de Carthage se fût trouvé à la hauteur d'un pareil dessein. On ne peut considérer sans être saisi d'admiration, tout ce qu'il a fallu d'intrépidité et de grandeur d'âme à un jeune homme de vingt-cinq ans, pour embrasser un projet qui devait non-seulement lui attirer sur les bras toutes les forces de ses ennemis, mais même l'exposer aux cris de sa propre nation, dont il allait déconcerter toutes les idées. Et ce n'était pas assez de l'avoir conçu, il fallait créer tous les moyens d'exécution. Il employa trois ans à achever la conquête de l'Espagne, et il forma trois grandes armées. L'une devait couvrir l'Afrique, la seconde gardait les conquêtes, et la troisième marchait sous ses ordres.

Il importe de faire attention à la singulière composition de cette armée. Peut-on se flatter de connaître tout le génie d'Annibal, si l'on ne remarque qu'il sut mener à la victoire les plus mauvaises troupes du monde, et que son armée lui devait tout ce que les autres généraux doivent à leur armée ? Il avait, à la vérité, une cavalerie supérieure, à cause de la bonté des chevaux numides, et, dans toutes ses manœuvres, il ne manqua jamais de prendre des positions propres à en tirer avantage. Mais c'est l'infanterie qui porte le principal fardeau de l'armée, surtout dans le système militaire des anciens Or, celle d'Annibal était composée de soldats de toutes les nations, qui n'avaient pas la même discipline, ni la même tactique, ni les mêmes armes; c'étaient pour la plupart des mercenaires, attachés à leurs drapeaux par la seule espérance du pillage ; et en effet, après la reprise de Capoue, un parti d'Espagnols et de Numides passa dans le camp des Romains. Voilà les troupes qu'Annibal menait contre les légions les plus aguerries et les mieux disciplinées.

Il part enfin des bords de l'Èbre, franchit les Pyrénées, traverse toute la Gaule méridionale, passe les Alpes, fond sur l'Italie, renverse tout ce qui se présente, et quatre batailles rangées le mettent aux portes de Rome. Une telle promptitude, au milieu de tant d'obstacles de toute espèce, tenait du prodige. Sa marche, à travers des chemins non frayés, et des nations barbares qui lui disputaient tous les passages, est la plus étonnante qu'on ait jamais exécutée. Il semble d'abord qu'elle devait faire échouer son entreprise ; mais quand on songe qu'avant d'attaquer Rome il fallait vaincre de telles difficultés, et triompher de la nature même dans des montagnes inaccessibles, on voit qu'Annibal connaissait bien les choses humaines. Tant de périls et de travaux devaient ruiner ses soldats ou les rendre invincibles. Plus de la moitié de son armée y périt, mais ce qui lui restait était éprouvé, et la conquête de l'Italie ne lui parut qu'un jeu.

Quatre défaites avaient mis Rome au désespoir, et c'en était fait de la ville éternelle, si Carthage, plus attentive à ses destinées, ou plus soigneuse de sa gloire, eût envoyé les forces nécessaires. On veut qu'Annibal ait dû prendre Rome après la bataille de Cannes ; c'est qu'on souhaiterait qu'il l'eût fait. Mais bien des raisons y mettaient obstacle. . . .

Il n'en était pas de Rome, comme il en serait aujourd'hui d'une capitale telle que Londres ou Paris si elle voyait l'ennemi à ses portes. C'était une ville toute guerrière dont le désespoir se tournait en force ; et les légions qu'elle mit sur pied après tant de désastres, la manière dont elle rejeta dans la Sicile les débris de ses défaites, comme s'ils n'étaient plus dignes de la défendre, font bien voir les ressources de sa belliqueuse population. D'un autre côté, Annibal, avec une armée affaiblie par ses victoires, devait se ménager la retraite et garder ses places conquises, ce qui divisait ses forces. Il fallait donc attendre les secours qu'il demandait pour porter le dernier coup à un ennemi désespéré. Il ne lui était pas permis de rien hasarder dans une position où il ne pouvait être vaincu impunément. Lorsqu'on porte la guerre au centre du pays ennemi, on se réduit à vaincre ou à périr.*

Aussi, pour tenter ces moyens extrêmes, il faut une extrême nécessité, car c'est la force de la situation qui fait faire aux hommes des choses fortes.

Mais tout ce que fit Annibal ne put ouvrir les yeux de Carthage. On peut juger de son aveugle ignorance par le raisonnement que fit Hannon dans le sénat: "Annibal, dit-il, est vainqueur, et il nous demande du secours! Que ferait-il de plus s'il était vaincu?" Une ville qui écoutait de tels sophismes devait périr. Mais il faut déplorer le sort d'un si grand homme, d'avoir trouvé dans sa patrie un génie plus fatal et plus contraire à ses desseins que Rome ne pouvait l'être. C'est ce qui lui arracha des larmes, lorsqu'il se vit forcé de quitter cette terre où il avait tant de fois vaincu les Romains, pour aller au secours de ceux qui l'avaient abandonné.

"Ce n'est pas Rome, dit-il, qui a vaincu Annibal, c'est le sénat de Carthage qui aura cette gloire. Scipion triomphera moins qu'Hannon de mon retour. Mes ennemis ont enfin trouvé le secret d'accabler ma maison sous les ruines de Carthage."

Cette situation est aussi instructive qu'intéressante. Fallait-il un autre exemple que celui de Carthage pour apprendre ce qu'est un gouvernement conduit par une assemblée de discoureurs? Celui de Rome montre le prix de la confiance qu'il faut savoir accorder aux grands hommes. Rome, dit Bossuet, crut voir quelque chose de divin dans la jeunesse de Scipion, elle s'y confia et son attente ne fut point trompée.

---

* En parlant de Capoue, il faut aussi répondre à ceux qui prétendent que ce général y laissa corrompre son armée. Ce qui prouva qu'il ne commit point cette faute, c'est qu'avec cette armée si énervée, il fit ce qu'il y a jamais eu de plus extraordinaire, et ce qui exige plus de talent, de courage, et de conduite que les campagnes les plus brillantes; ce fut de soutenir, pendant seize ans, une guerre étrangère au centre du pays ennemi; et à la fin d'un si long terme, il se trouvait si peu affaibli, si peu découragé, qu'il ne quitta l'Italie qu'en frémissant d'indignation de se voir arracher le fruit de ses exploits.

Annibal, qui connaissait tout le faible de son gouvernement, lui cacha ses desseins, soit pour assurer le secret de sa marche, soit plutôt pour laisser à son pays, en cas de malheur le moyen de rejeter sur lui toute la responsabilité de cette guerre, selon la coutume de ces temps.

Le plan d'Annibal était donc aussi généreux pour son pays que juste et plein de vigueur contre les Romains. Il sentit que le succès seul pouvait le faire approuver, et il ne répondit aux injures d'Hannon que par des victoires. Pendant qu'on osait proposer de le livrer aux Romains, il méditait d'aller les chercher lui-même presque dans leur ville ; et lorsqu'on le vit exécuter ce dessein avec tant de promptitude, lorsqu'après avoir détruit quatre grandes armées, il sembla qu'il n'avait plus qu'à prendre Rome, il était temps alors d'ouvrir les yeux ; il était temps de songer à prendre de la confiance dans un homme qui n'en demandait que par des prodiges : et comment ne pas voir qu'il y allait du salut de toute la nation, et que si Rome se relevait d'un tel coup, elle ne pardonnerait jamais à un ennemi de l'avoir mise si bas ? Cependant Annibal ne fut pas soutenu ; on lui refusa et les recrues et l'argent qu'il demandait, comme s'il avait pu faire une guerre si active sans frais et sans pertes.

Ce défaut de conduite paraît incroyable ; et quand on songe qu'Annibal vainqueur de l'Espagne, de la Gaule, des Alpes, de l'Italie, Annibal aux portes de Rome excitait moins d'admiration que d'envie à Carthage, peut-on se défendre de mépriser ces gouvernements faibles et inquiets, toujours condamnés aux tourments de la jalousie ?

Rome fut ingrate envers son Scipion : mais il est vrai que, dans ses malheurs, elle fit paraître un plus beau caractère ; et, par un contraste bien étonnant, elle accueillait et félicitait Varron, quoique vaincu, pendant que Carthage délaissait Annibal victorieux. Si l'on conçoit ce que des sentiments si divers devaient mettre dans les âmes de part et d'autre, on verra bien que le succès de la guerre n'eut point d'autre cause. Quelques années plus tard, Carthage abandonnée aux flammes par les ordres d'un général romain, fut punie de son ingratitude envers Annibal plus cruellement qu'il n'appartenait à un Romain même de le souhaiter. Scipion Emilien qui la brûlait ne put s'empêcher de pleurer sur une ville si intéressante par son antiquité, et qui contenait sept cent mille citoyens parmi lesquels elle ne trouvait plus d'Annibal. L'exemple terrible de Carthage est une de ces leçons que la Providence seule sait donner. Dans la conduite générale des sociétés, les lois de l'ordre sont inflexibles, et les fautes des gouvernements jamais impunies. . . .

On sait ce qu'Annibal fit à Zama, et comment il épuisa les dernières ressources de son génie pour sauver une nation qui avait épuisé sa fortune et mis le comble à ses fautes. Il eut au moins la gloire de donner la paix à une ville qui n'avait pas su faire la guerre, et une paix dont il fut la première victime. Il termina par cet acte de dévouement une carrière de peine et de sacrifices. Ce sera une honte éternelle pour les Romains d'avoir hâté le dernier soupir d'un si grand homme, et ce sera une gloire éternelle pour Annibal d'avoir fait trembler Rome jusqu'à son dernier soupir.

M. Delalot.

BÉLISAIRE.

Bélisaire* s'acheminait, en mendiant, vers un vieux château en ruine, où sa famille l'attendait. Il avait défendu à son conducteur de le nommer sur la route ; mais l'air de noblesse répandu sur son visage et dans toute sa personne suffisait pour intéresser. Arrivé le soir dans un village, son guide s'arrêta à la porte d'une maison qui, quoique simple, avait quelque apparence.

Le maître du logis rentrait, avec sa bêche à la main. Le port, les traits de ce vieillard fixèrent son attention. Il lui demanda ce qu'il était. Je suis un vieux soldat, répondit Bélisaire. Un soldat! dit le villageois, et voilà votre récompense! C'est le plus grand malheur d'un souverain, dit Bélisaire, de ne pouvoir payer tout le sang qu'on verse pour lui. Cette réponse émut le cœur du villageois : il offrit l'asile au vieillard.

Je vous présente, dit-il à sa femme, un brave homme, qui soutient courageusement la plus dure épreuve de la vertu. Mon camarade, ajouta-t-il, n'ayez pas honte de l'état où vous êtes, devant une famille qui connaît le malheur. Reposez-vous : nous allons souper. En attendant, dites-moi, je vous prie, dans quelles guerres vous avez servi. J'ai fait la guerre d'Italie contre les Goths, dit Bélisaire ; celle d'Asie contre les Perses, celle d'Afrique contre les Vandales et les Maures.

---

* Bélisaire, mort en 565, général de l'empereur Justinien, sauva plusieurs fois l'empire. On prétend, que Justinien le dépouilla de ses biens et lui fit crever les yeux, et que le héros fut réduit à mendier son pain.

A ces derniers mots, le villageois ne put retenir un profond soupir. Ainsi, dit-il, vous avez fait toutes les campagnes de Bélisaire ?—Nous ne nous sommes point quittés.—L'excellent homme ! Quelle égalité d'âme ! Quelle droiture ! Quelle élévation ! Est-il vivant ? car, dans ma solitude, il y a plus de vingt-cinq ans que je n'entends parler de rien.—Il est vivant.—Ah ! que le ciel bénisse et prolonge ses jours.—S'il vous entendait, il serait bien touché des vœux que vous faites pour lui !—Et comment dit-on qu'il est à la cour ? tout puissant ? adoré sans doute ?—Hélas ! vous savez que l'envie s'attache à la prospérité.—Ah ! que l'empereur se garde bien d'écouter les ennemis de ce grand homme. C'est le génie tutélaire et vengeur de son empire.—Il est bien vieux !—N'importe ; il sera dans les conseils ce qu'il était dans les armées ; et sa sagesse, si on l'écoute, sera peut-être encore plus utile que ne l'a été sa valeur. D'où vous est-il connu ? demanda Bélisaire attendri. Mettons-nous à table, dit le villageois : ce que vous demandez nous mènerait trop loin.

Bélisaire ne douta point que son hôte ne fût quelque officier de ses armées, qui avait eu à se louer de lui. Celui-ci, pendant le souper, lui demanda des détails sur les guerres d'Italie et d'Orient, sans lui parler de celle d'Afrique. Bélisaire, par des réponses simples, le satisfit pleinement. Buvons, lui dit son hôte vers la fin du repas, buvons à la santé de votre général ; et puisse le ciel lui faire autant de bien qu'il m'a fait de mal en sa vie !—Lui ! reprit Bélisaire, il vous a fait du mal !—Il a fait son devoir, et je n'ai pas à m'en plaindre. Mais, mon ami, vous allez voir que j'ai dû apprendre à compatir au sort des malheureux. Puisque vous avez fait les campagnes d'Afrique, vous avez vu le roi des Vandales, l'infortuné Gelimer, mené par Bélisaire en triomphe à Constantinople, avec sa femme et ses enfants ; c'est ce Gelimer qui vous donne l'asile, et avec qui vous avez soupé. Vous, Gelimer, s'écria Bélisaire ! et l'empereur ne vous a pas fait un état plus digne de vous ! Il l'avait promis.—Il a tenu parole ; il m'a offert des dignités ; mais je n'en ai pas voulu. Quand on a été roi et qu'on cesse de l'être, il n'y a de dédommagement que le repos et l'obscurité.—Vous Gelimer !—Oui, c'est moi-même qu'on assiégea, s'il vous en souvient, sur la montagne de *Papua*. J'y souffris des maux inouïs. L'hiver, la famine, le spectacle effroyable de tout un peuple réduit au désespoir, et prêt à dévorer ses enfants et ses femmes, l'infatigable vigilance du bon Pharas, qui, en m'assiégeant, ne cessait de me conjurer d'avoir pitié de moi-même et des miens, enfin, ma juste confiance en la vertu de votre général, me firent lui rendre les armes. Avec quel air simple et modeste il me reçut! Quels devoirs il me fit rendre! Quels ménagements, quels respects il eut lui-même pour mon malheur! Il y a bientôt six lustres que je vis dans cette solitude; il ne s'est pas écoulé un jour que je n'aie fait des vœux pour lui.

Je reconnais bien là, dit Bélisaire, cette philosophie qui sur la montagne où vous aviez tant à souffrir, vous faisait chanter vos malheurs, qui vous fit sourire avec dédain en paraissant devant Bélisaire, et qui, le jour de son triomphe, vous fit garder ce front inaltérable, dont l'empereur fut étonné. Mon camarade, reprit Gelimer, la force et la faiblesse d'esprit tiennent beaucoup à la manière de voir les choses. J'ai été le plus voluptueux des rois de la terre; et du fond de mon palais, où je nageais dans les délices, des bras du luxe et de la mollesse, j'ai passé tout à coup dans les cavernes du Maure, où, couché sur la paille, je vivais d'orge grossièrement pilée, et à demi cuite sous la cendre, réduit à un tel excès de misère, qu'un pain, que l'ennemi m'envoya par pitié, fut un présent inestimable. De là je tombai dans les fers, et fus promené en triomphe. Après cela, vous m'avouerez qu'il faut mourir de douleur, ou s'élever au-dessus des caprices de la fortune.

Vous avez dans votre sagesse, lui dit Bélisaire, bien des motifs de consolation, mais je vous en promets un nouveau, avant de nous séparer.

Chacun d'eux, après cet entretien, alla se livrer au sommeil.

Gelimer, dès le point du jour, avant d'aller cultiver son jardin, vint voir si le vieillard avait bien reposé. Il le trouva debout, son bâton à la main, prêt à se remettre en voyage. Quoi! lui dit-il, vous ne voulez pas donner quelques jours à vos hôtes? Cela m'est impossible, répondit Bélisaire: j'ai une femme et une fille qui gémissent de mon absence. Adieu, ne faites point d'éclat sur ce qui me reste à vous dire: ce pauvre aveugle, ce vieux soldat, Bélisaire enfin, n'oubliera jamais l'accueil qu'il a reçu de vous.—Que dites-vous? Qui, Bélisaire?—C'est Bélisaire qui vous embrasse!—O juste ciel! s'écriait Gelimer, éperdu et hors de lui-même, Bélisaire dans sa vieillesse, Bélisaire aveugle est abandonné! On a fait pis, dit le vieillard: en le livrant à la pitié des hommes, on a commencé par lui crever les yeux. Ah! dit Gelimer, avec un cri de douleur et d'effroi, est-il possible? Et quels sont les monstres?.... Les envieux, dit Bélisaire. Ils m'ont accusé d'aspirer au trône, quand je ne pensais qu'au tombeau. On les a crus, on m'a mis dans les fers. Le peuple enfin s'est révolté et a demandé ma délivrance. Il a fallu céder au peuple; mais en me rendant la liberté, on m'a privé de la lumière.—Et Justinien l'avait ordonné!—C'est là ce qui m'a été sensible. Vous savez avec quel zèle et quel amour je l'ai servi. Je l'aime encore, et je le plains d'être assiégé par des méchants qui déshonorent sa vieillesse. Mais toute ma constance m'a abandonné quand j'ai appris qu'il avait lui-même prononcé l'arrêt. Ceux qui devaient l'exécuter n'en avaient pas le courage; mes bourreaux tombaient à mes pieds. C'en est fait, je n'ai plus, grâce au ciel, que quelques moments à être aveugle et pauvre. Daignez, dit Gelimer, les passer avec moi, ces derniers moments d'une si belle vie. Ce serait pour moi, dit Bélisaire, une douce consolation; mais je me dois à ma fille, et je vais mourir dans ses bras. Adieu.

Gelimer l'embrassait, l'arrosait de ses larmes, et ne pouvait se détacher de lui. Il fallut enfin le laisser partir; et Gelimer le suivant des yeux: O prospérité! disait-il, ô prospérité! qui peut donc se fier à toi? Le héros, le juste, le sage Bélisaire!...Ah! c'est pour le coup qu'il faut se croire heureux en bêchant son jardin. Et, tout en disant ces mots, le roi des Vandales reprit sa bêche.

Marmontel.—*Né en* 1728; *mort en* 1799.

NAPOLÉON.

Avec ses passions et malgré ses erreurs, Napoléon est, à tout prendre, le plus grand homme de guerre des temps modernes. Il a porté dans les combats un courage stoïque, une ténacité profondément calculée, un esprit fécond en inspirations soudaines, qui déconcertaient par des ressources inespérées les plans de l'ennemi. Qu'on se garde d'attribuer une longue suite de succès à la puissance organique des masses qu'il a mises en mouvement. L'œil le plus exercé aurait peine à y découvrir autre chose que des éléments de désordre. Qu'on ne dise pas non plus qu'il fut capitaine heureux parce qu'il était monarque puissant. De toutes ses campagnes, les plus mémorables sont: la campagne de l'Adige, où, général de la veille, commandant une armée peu nombreuse, et, dans le commencement, mal ordonnée, mal outillée, il se plaça de prime-abord* plus haut que Turenne, et à côté de Frédéric ; et la campagne de France en 1814, où, réduit à une poignée de soldats harassés, il combattait à un contre dix.

Napoléon possédait à un degré éminent les facultés du métier des armes : tempérant et robuste, veillant et dormant à volonté, paraissant à l'improviste où on l'attendait le moins, il ne dédaignait pas les détails auxquels se rattachent parfois des résultats importants. Souvent la main qui venait de tracer des règles pour le gouvernement de plusieurs millions d'hommes, rectifiait l'état de situation inexact d'un régiment, ou écrivait d'où l'on devait tirer deux cents conscrits, et dans quel magasin on prendrait leurs souliers. Interlocuteur patient et facile, il interrogeait à fond ; il savait écouter, talent rare chez les grands de la terre. Il a porté dans les combats un courage froid et impassible ; jamais esprit plus profondément méditatif ne fut plus fécond en illuminations rapides et soudaines. En devenant empereur, il ne cessa pas d'être soldat. Si, avec le progrès de l'âge, son activité diminua, c'est que les forces physiques étaient moindres.

Dans les jeux mêlés de calcul et de hasard, on court toujours des risques d'autant plus grands, qu'on veut obtenir de plus grands avantages. C'est là précisément ce qui rend si funeste aux nations la trompeuse science des conquérants. Napoléon, quoique naturellement aventureux, ne manquait ni de suite, ni de méthode, et n'usait ni ses soldats, ni ses trésors là où suffisait l'autorité de son nom. Ce qu'il pouvait obtenir par les négociations ou par la feinte, il ne le demandait pas à la force des armes. L'épée tirée du fourreau ne fut ensanglantée que lorsqu'il était impossible d'arriver au but par une manœuvre. Toujours prêt à combattre, habituellement il choisissait l'occasion et le terrain. Il a donné quarante batailles pour huit ou dix qu'il a reçues. D'autres généraux l'ont égalé dans l'art de disposer les troupes sur le terrain. Quelques-uns ont donné une bataille aussi bien que lui. On en citerait plusieurs qui l'ont mieux reçue. Il les a surpassés tous dans la manière de diriger une campagne offensive. Les guerres d'Espagne et de Russie ne prouvent rien contre son génie. Ce n'est pas avec les règles de Montécuculli et de Turenne manœuvrant sur la Renchen qu'il faut juger de telles entreprises. Les uns guerroyaient pour avoir tel ou tel quartier d'hiver ; l'autre, pour conquérir le

* De prime-abord, locution adverbiale pour *du* ou *au premier abord*, signifie ici, subitement, tout d'un coup.

monde. Il lui fallait souvent mon pas seulement gagner une bataille, mais la gagner de telle façon qu'elle épouvantât l'Europe et amenât des résultats gigantesques. Ainsi les vues politiques intervenaient sans cesse dans la génie stratégique, et pour l'apprécier tout entier, il ne faut pas se renfermer dans les limites de l'art de la guerre. Cet art ne se compose pas seulement de détails techniques, il a aussi sa philosophie. Pour trouver dans cette région élevée un rival à Napoléon, il faudrait remonter aux temps où les institutions féodales n'avaient pas encore rompu l'unité des nations antiques. Les seuls fondateurs de religion ont exercé sur leurs sectaires une autorité comparable à celle qui le rendit maître absolu de son armée. Cette puissance morale lui est devenue funeste pour avoir voulu s'en prévaloir, même contre l'ascendant de la force matérielle, et parce qu'elle l'a entraîné à mépriser des règles positives dont la longue violation ne reste pas impunie.

LE GÉNÉRAL FOY.—*Né en* 1775 ; *mort en* 1825.

LE MEUNIER DE SANS-SOUCI.

PAR ANDRIEUX.

L'HOMME est bien variable, et ces malheureux rois,
Dont on dit tant de mal, ont du bon quelquefois.
J'en conviendrai sans peine, et ferai mieux encore,
J'en citerai pour preuve un trait qui les honore.
Il est de ce héros, de Frédéric second,
Qui, tout roi qu'il était, fut un penseur profond,
Redouté de l'Autriche, envié de Versailles,
Cultivant les beaux-arts au sortir des batailles,
D'un royaume nouveau la gloire et le soutien,
Grand roi, bon philosophe, et fort mauvais chrétien.
Il voulait se construire un agréable asile,
Où, loin d'une étiquette arrogante et futile,
Il pût, non végéter, boire et courir des cerfs,
Mais des faibles humains méditer les travers ;
Et, mêlant la sagesse à la plaisanterie,
Souper avec d'Argens, Voltaire, et Lamettrie.
Sur le riant coteau par le prince choisi,
S'élevait le moulin du meunier *Sans-Souci.*
Le vendeur de farine avait pour habitude
D'y vivre au jour le jour, exempt d'inquiétude ;

Et, de quelque côté que vînt souffler le vent,
Il y tournait son aile, et s'endormait content.
Fort bien achalandé, grâce à son caractère,
Le moulin prit le nom de son propriétaire;
Et des hameaux voisins, les filles, les garçons
Allaient à *Sans-Souci* pour danser aux chansons.
Sans-Souci!...ce doux nom d'un favorable augure
Devait plaire aux amis des dogmes d'Epicure.
Frédéric le trouva conforme à ses projets,
Et du nom d'un moulin honora son palais.
Hélas! est-ce une loi sur notre pauvre terre
Que toujours deux voisins auront entre eux la guerre,
Que la soif d'envahir et d'étendre ses droits
Tourmentera toujours les meuniers et les rois?
En cette occasion le roi fut le moins sage;
Il lorgna du voisin le modeste héritage.
On avait fait des plans, fort beaux sur le papier,
Où le chétif enclos se perdait tout entier.
Il fallait, sans cela, renoncer à la vue,
Rétrécir les jardins, et masquer l'avenue.
Des bâtiments royaux l'ordinaire intendant
Fit venir le meunier, et, d'un ton important:
"Il nous faut ton moulin; que veux-tu qu'on t'en donne?
— Rien du tout; car j'entends ne le vendre à personne.
Il vous faut, est fort bon...mon moulin est à moi...
Tout aussi bien, au moins, que la Prusse est au roi.
— Allons, ton dernier mot, bon homme, et prends-y garde.
— Faut-il vous parler clair?—Oui.—C'est que je le garde
Voilà mon dernier mot." Ce refus effronté
Avec un grand scandale au prince est raconté.
Il mande auprès de lui le meunier indocile;
Presse, flatte, promet: ce fut peine inutile,
Sans-Souci s'obstinait. "Entendez la raison,
Sire, je ne peux pas vous vendre ma maison:
Mon vieux père y mourut, mon fils y vient de naître;
C'est mon Potsdam, à moi. Je suis tranchant-peut-être:
Ne l'êtes-vous jamais? Tenez, mille ducats,
Au bout de vos discours, ne me tenteraient pas.
Il faut vous en passer, je l'ai dit, j'y persiste."
Les rois malaisément souffrent qu'on leur résiste.
Frédéric un moment par l'humeur emporté:
"Parbleu! de ton moulin c'est bien être entêté;
Je suis bon de vouloir t'engager à le vendre:
Sais-tu que sans payer je pourrais bien le prendre?

Je suis le maître.—Vous!...de prendre mon moulin?
Oui, si nous n'avions pas des juges à Berlin."
Le monarque, à ce mot, revient de son caprice.
Charmé que sous son règne on crût à la justice,
Il rit, et se tournant vers quelques courtisans:
"Ma foi, messieurs, je crois qu'il faut changer nos plans
Voisin, garde ton bien; j'aime fort ta réplique."
Qu'aurait-on fait de mieux dans une république?
Le plus sûr est pourtant de ne pas s'y fier:
Ce même Frédéric, juste envers un meunier,
Se permit maintefois telle autre fantaisie:
Témoin ce certain jour qu'il prit la Silésie;
Qu'à peine sur le trône, avide de lauriers,
Epris du vain renom qui séduit les guerriers,
Il mit l'Europe en feu. Ce sont là jeux de prince:
On respecte un moulin, on vole une province.

Lettre de Voltaire à Mme Denis, sa nièce.

Potsdam, le 13 octobre 1750.

Nous voilà dans la retraite de Potsdam: le tumulte des fêtes est passé, mon âme en est plus à son aise. Je ne suis pas fâché de me trouver auprès d'un roi qui n'a ni cour ni conseil. Il est vrai que Potsdam est habité par des moustaches et des bonnets de grenadier; mais, Dieu merci, je ne les vois point. Je travaille paisiblement dans mon appartement au son du tambour. Je me suis retranché les dîners du roi; il y a trop de généraux et trop de princes. Je ne pouvais m'accoutumer à être toujours vis-à-vis d'un roi en cérémonie, et à parler en public. Je soupe avec lui en plus petite compagnie. Le souper est plus court, plus gai, et plus sain. Je mourrais au bout de trois mois, de chagrin et d'indigestion, s'il fallait dîner tous les jours avec un roi en public.

On m'a cédé, ma chère enfant, en bonne forme, au roi de Prusse. Mon mariage est donc fait; sera-t-il heureux? je n'en sais rien. Je n'ai pas pu m'empêcher de dire *oui*. Il fallait bien finir par ce mariage, après des coquetteries de tant d'années. Le cœur m'a palpité à l'autel. Je compte venir, cet hiver prochain, vous rendre compte de tout, et peut-être vous enlever. Il n'est plus question de mon voyage d'Italie. Je vous ai sacrifié sans remords le saint-père et la ville souveraine; j'aurais dû peut-être vous sacrifier Potsdam. Qui m'aurait dit, il y a sept ou huit mois, quand j'arrangeais ma maison avec vous à Paris, que je m'établirais à trois cents lieues dans la maison d'un autre ? et cet autre est un maître. Il m'a bien juré que je ne m'en repentirais pas. Il vous a comprise, ma chère enfant, dans une espèce de contrat qu'il a signé avec moi, et que je vous enverrai ; mais viendrez-vous gagner votre douaire de quatre mille livres ?

Il est plaisant que les mêmes gens de lettres de Paris qui auraient voulu *m'exterminer* il y a un an, crient actuellement contre mon éloignement, et l'appellent désertion. Il semble qu'on soit fâché d'avoir perdu sa victime. J'ai très mal fait de vous quitter ; mon cœur me le dit tous les jours plus que vous ne pensez ; mais j'ai très bien fait de m'éloigner de ces messieurs-là.

Je vous embrasse avec tendresse et avec douleur

LE ROI ALPHONSE.

Certain roi qui régnait sur les rives du Tage,
Et que l'on surnomma *le Sage*,
Non parce qu'il était prudent,
Mais parce qu'il était savant,
Alphonse fut surtout un habile astronome ;
Il connaissait le ciel bien mieux que son royaume,
Et quittait souvent son conseil
Pour la lune ou pour le soleil.
Un soir qu'il retournait à son observatoire,
Entouré de ses courtisans,
Mes amis, disait-il, enfin j'ai lieu de croire
Qu'avec mes nouveaux instruments
Je verrai cette nuit des hommes dans la lune.
Votre majesté les verra,
Répondait-on ; la chose est même trop commune :
Elle doit voir mieux* que cela.
Pendant tous ces discours, un pauvre, dans la rue,
S'approche, en demandant humblement, chapeau bas,
Quelques maravédis ; le roi ne l'entend pas,
Et sans le regarder son chemin continue.†

---

* *Mieux*, pour *quelque chose de mieux*.
† Inversion inusitée.

Le pauvre suit le roi, toujours tendant la main,
Toujours renouvelant sa prière importune ;
Mais les yeux vers le ciel, le roi, pour tout refrain,
Répétait : Je verrai des hommes dans la lune.
Enfin le pauvre le saisit
Par son manteau royal, et gravement lui dit :
Ce n'est pas de là-haut, c'est des lieux où nous sommes
Que Dieu vous a fait souverain.
Regardez à vos pieds : là vous verrez des hommes,
Et des hommes manquant de pain.

FLORIAN.

RÈGLES GÉNÉRALES

DE LA

VERSIFICATION FRANÇAISE.

On compte ordinairement cinq sortes de vers français. C'est par le nombre des syllabes qu'on les distingue.

1°. Ceux de douze syllabes, comme :

Dans le ré-duit ob-scur d'u-ne al-co-ve en-fon-cée
S'é-lè-ve un lit de plu-me à grands frais a-mas-sée.

Ces vers s'appellent *alexandrins, héroïques,* ou *grands vers.*

2°. Ceux de dix syllabes, comme :

Du peu qu'il a le sage est sa-tis-fait.

3°. Ceux de huit syllabes, comme :

L'hy-po-crite, en frau-des fer-tile,
Dès l'en-fan-ce est pé-tri de fard ;
Il sait co-lo-rer a-vec art
Le fiel que sa bou-che dis-tille.

4°. Ceux de sept syllabes, comme :

Grand Dieu ! vo-tre main ré-clame
Les dons que j'en ai re-çus,
El-le vient cou-per la trame
Des jours qu'el-le m'a tis-sus.

5°. Ceux de six syllabes, comme :

A soi-même o-di-eux
Le sot de tout s'ir-rite :
En tous lieux il s'é-vite,
Et se trouve en tous lieux.

Les vers qui ont moins de six syllabes ne sont guère d'usage que pour la poésie lyrique et quelques petites pièces badines.

DE LA CÉSURE.

La césure est un repos qui coupe le vers en deux parties ou hémistiches.

Ce repos doit être à la sixième syllabe dans les grands vers, et à la quatrième dans ceux de dix syllabes.

Il n'y a que les vers de douze et de dix syllabes qui aient une césure.

Pour que la césure soit bonne, il faut que le sens autorise le repos; ainsi, dans les vers suivants, la césure est défectueuse.

N'oublions pas les grands - bienfaits de la patrie.
Faites voir un regret - sincère de vos fautes.

La césure ne vaut rien dans ces exemples, parce que le sens exige que le mot où est la césure, et celui qui le suit, soient prononcés tout de suite et sans pause.

Mais la césure est bonne dans les vers suivants:

Ses chanoines vermeils - et brillants de santé
S'engraissaient d'une longue - et sainte oisiveté.

Ici la césure est bonne, parce qu'on peut faire une petite pause après un substantif suivi de plusieurs adjectifs, ou entre plusieurs adjectifs qui suivent ou qui précèdent un substantif.

Les vers de dix et de douze syllabes sont, comme tous les autres, assujettis aux règles dont il nous reste à parler,

DE LA RIME.

La rime est l'uniformité de sons dans les syllabes qui terminent deux vers qui se correspondent. La rime se divise en masculine et en féminine, d'où les vers sont appelés *masculins* ou *féminins*. La rime féminine est celle où la dernière syllabe du vers se termine par un *e* muet, soit seul, soit suivi de la lettre *s* ou de *nt* dans les troisièmes personnes du pluriel des verbes. Il faut excepter de la règle qui regarde les troisièmes personnes des verbes qui finissent par *ent*, les imparfaits et les conditionnels où la terminaison *aient* donne une rime masculine.

Les vers féminins ont une syllabe de plus que les masculins; mais comme l'*e* muet sonne faiblement dans la syllabe qui termine le vers, cette syllabe est comptée pour rien.

La rime masculine est celle qui finit par une autre lettre que l'*e* muet, ou seul, ou suivi d'une *s*, ou enfin de *nt*.

Les rimes tant masculines que féminines se divisent en rimes riches et en rimes suffisantes. La rime masculine est riche lorsque la consonne qui sert d'appui à la voyelle ou à la diphthongue de la dernière syllabe est la même dans les deux vers ; exemple :

Mains.	Sénateurs.	Respectueux.	Stérilité.
Humains.	Adulateurs.	Majestueux.	Fertilité.

La rime masculine est suffisante, lorsque la dernière voyelle ou diphthongue des deux mots rend un même son, comme :

Joie.	Amours.	Moi.	Valeureux.
Voie.	Discours.	Loi.	Vœux.

La rime féminine est riche, lorsque la consonne qui sert d'appui à la voyelle ou à la diphthongue de l'avant-dernière syllabe est la même dans les deux vers, comme :

Languissante.	Homme.	Fumante.	Tendresse.
Puissante.	Somme.	Écumante.	Allégresse.

La rime féminine est toujours suffisante lorsque, retranchant l'*e* muet des mots, ce qui reste fait une bonne rime masculine. Notre langue a des lettres analogues, c'est-à-dire qui présentent le même son ou des sons à peu près semblables. Nos lettres analogues sont : *c g k q* — *d t* — *s x z* — *f ph*. On pourra donc faire rimer *flanc* avec *sang*, *froc* avec *coq*, *grand* avec *ignorant*, *plaît* avec *laid*, *épais* avec *paix*, *assez* avec *compassé*, *étoffe* avec *philosophe*, *griffe* avec *logogriphe*.

Des rimes qu'il faut éviter. **1°**. Une voyelle longue ne rime pas bien avec sa brève, comme : *préface* et *grâce*, non plus que *fiers* et *foyers*. 2°. Un mot simple avec son composé, à moins que leur signification ne soit différente, comme : *droite* et *adroite*, *jus* et *verjus*.

Un mot ne peut rimer avec lui-même que lorsqu'il est pris dans deux acceptions différentes, comme *livres* (ouvrages) et *livres* (poids, ou monnaie).

Les rimes sont appelées *suivies* lorsque après deux rimes masculines il s'en trouve deux féminines, puis deux masculines, et ainsi de suite. Les rimes sont appelées *entremêlées* ou *croisées* lorsqu'une rime masculine est séparée de celle qui y répond, par une ou deux rimes féminines ; ou lorsque entre une rime féminine et sa semblable, il se trouve une ou deux rimes masculines.

On appelle vers *libres* ceux qui n'ont aucune uniformité ni pour le nombre des syllabes, ni pour le mélange des rimes.

DE L'ÉLISION.

Quand dans un vers la dernière syllabe d'un mot est terminée par un *e* muet *seul*, et que le mot qui suit commence par une voyelle ou par un *h* non aspiré, cette syllabe s'élide, c'est-à-dire, se confond dans la prononciation avec la première syllabe du mot suivant, et ne compte que pour une seule ; mais si le mot est terminé par un *e* muet suivi d'un autre mot qui commence par une consonne ou par un *h* aspiré, l'*e* muet ne s'élide pas, et conséquemment compte pour un syllabe.

Telles sont les règles fondamentales de la versification française, que nous avons cru devoir rappeler à la mémoire de nos jeunes lecteurs.

VOCABULARY,

FRENCH AND ENGLISH.

ABBREVIATIONS.

s. m. Substantive masculine.
s. f. Substantive feminine.
s. m. pl. Substantive masculine plural.
s. f. pl. Substantive feminine plural.
adj. Adjective.
adj. poss. Adjective possessive.
adj. dem. Adjective demonstrative.
art. Article.
pron. Pronoun.
pron. pers. Pronoun personal.
pron. poss. Pronoun possessive.
pron. dem. Pronoun demonstrative.
pron. rel. Pronoun relative.
v. a. Verb active.
v. r. Verb reflected, or reciprocal.
v. impers. Verb impersonal.
part. Participle.
part. adj. Participial adjective.
adv. Adverb.
prep. Preposition.
conj. Conjunction.
interj. Interjection.

[OBSERVATIONS.—The letters *e*, *se*, &c., following a French adjective, participle, or substantive, denote the feminine form.

Words spelled alike in French and English, and of the same signification in both languages,—as *justice*, *nation*, *Paris*,—are generally omitted in this Vocabulary.]

A, *or* à, (with a grave accent,) prep. *to, at, in.*
Abaissement, s. m. *depression, lowering, abasement.*
Abaisser, v. a. *to let fall, lower.*
s'Abaisser, v. r. *to stoop, humble one's self.*
Abandon, s. m. *abandonment.*
Abandonner, v. a. *to give up, abandon.*
Abattre, v. a. *to pull down, to prostrate.*
Abattu, e, part. adj. *broken down; dejected, afflicted.*
Abbaye, s. f. *abbey.*
Abbé, s. m. *an abbe, an ecclesiastic.*
Abcès, s. m. *an abscess, a tumor.*
Abeille, s. f. *bee, honey-bee.*
Abîme, s. m. *abyss.*
Abimer, v. a. *to swallow up, destroy.*

Abondamment, adv. *plentifully abundantly.*
Abondance, s. f. *abundance.*
Abondant, e, adj. *abundant.*
Abonder, v. n. *to abound.*
Abord, s. m. *access, entrance, approach.*
d'Abord, adv. *first, at first, at once.*
Abordage, s. m. *the boarding of a ship.*
Aborder, v. n. *to land;* v. a. *to accost.*
Aboutir, v. n. *to touch, border upon.*
Aboyer, v. n. *to bark, like a dog.*
Abrégé, s. m. *abridgment.*
Abréger, v. a. *to abridge, shorten.*
Abri, s. m. *shelter;* à l'abri, *sheltered.*
Absinthe, s. f. *wormwood.*
Absolu, e, adj. *absolute.*

Absolument, adv. *quite, absolutely, precisely.*
Absorber, v. a. *to absorb.*
Abus, s. m. *abuse.*
Abuser, v. a. *to abuse, deceive, cheat.*
Académicien, s. m. *academician.*
Académie, s. f. *academy.*
Acajou, s. m. *mahogany.*
Accabler, v. a. *to load, overburden, crush.*
Accepter, v. a. *to accept, receive.*
Acception, s. f. *acceptation.*
Accès, s. m. *access; fit, paroxysm.*
Accessoire, s. m. *an accessary, appendage.*
Accident, s. m. *accident, undulation of the soil.*
Accommoder, v. a. *to use, fit, dress, arrange, manage.*
Accompagner, v. a. *to accompany.*
s'Accomplir, v. r. *to be accomplished, fulfilled.*
Accord, s. m. *agreement, harmony;* de bon accord, *in peace.*
Accord, (être,) *to be agreed;* d'accord, *agreed, I will.*
Accorder, v. a. *to grant; to tune.*
s'Accorder, v. r. *to agree.*
Accoster, v. a. *to accost, come up to.*
Accourir, v. n. *to run to, to hasten.*
Accoutumer, v. a. *to accustom.*
Accrédité, e, part. adj. *in repute, esteemed.*
s'Accrocher, v. r. *to catch hold, hitch.*
Accroire (faire), v. n. *to make believe, persuade.*
Accroître, v. a. *to increase, augment.*
Accueil, s. m. *reception, welcome.*
Accueillir, v. a. *to welcome, receive.*
Accusateur, s. m. *an accuser.*
Accuser, v. a. *to accuse.*
Achalander, v. n. *to get custom;* fort bien achalandé, *well provided with customers.*
Acharné, e, part. adj. *enraged, furious.*
Acharnement, s. m. *rage, fury.*
Acharner, v. a. *to provoke, exasperate.*
s'Acheminer, v. r. *to start, set forward.*
Achéron, s. m. *Acheron, the river of hell.*
Acheter, v. a. *to buy, purchase.*
Achevé, e, part. *finished, perfect accomplished, complete.*
Achever, v. a. *to finish, complete.*
Acier, s. m. *steel.*
Acquérir, v. a. *to acquire.*
Acquiescer, v. n. *to acquiesce.*
Acquis, e, part. *acquired.*
Acquit, s. m. *acquittance, discharge*
Acquitter, v. a. *to acquit, discharge*
Acte, s. m. *act, action, deed.*
Acteur, s. m. *actor, player.*
Actif, ve, adj. *active.*
Action, s. f. *action;* action de grâce, *thanksgiving.*
Activité, s. f. *activity, briskness.*
Actuel, le, adj. *existing, present, actual.*
Actuellement, adv. *actually, now, at this time.*
Adieu, pl. adieux, s. m. *adieu.*
Adjectif, s. m. *adjective.*
Adjuger, v. a. *to adjudge, award.*
Admettre, v. a. *to admit, receive.*
Administration, s. f. *management, administration.*
Admirable, adj. *admirable, excellent.*
Admirablement, adv. *admirably.*
Admirateur, s. m. *admirer.*
Admirer, v. a. *to admire, wonder at.*
Adopter, v. a. *to adopt.*
Adoré, e, part. *adored, worshipped.*
Adorer, v. a. *to adore, worship.*
Adoucir, v. a. *to soften.*
Adresse, s. f. *dexterity, ingenuity, direction, address.*
Adresser, v. a. *to address.*
s'Adresser, v. r. *to address one's self, to apply.*
Adroit, e, adj. *dexterous, skilful.*
Adroitement, adv. *adroitly, dexterously.*
Adulateur, s. m. *flatterer, parasite.*
Advenir, *or* avenir, v. n. *to happen.*
Adverbial, e, adj. *adverbial.*
Adversaire, s. m. *an adversary, antagonist.*
Affaiblir, v. a. *to enfeeble, weaken.*
s'Affaiblir, v. r. *to grow weak, abate.*
Affaiblissement, s. m. *enfeebling, weakening.*

Affaire, s. f. *business, affair, action, fight, cause* or *suit.*
Affamé, e, part. *famished, starved.*
Affecté, e, adj. *affected, studied.*
Affecter, v. a. *to affect, feign.*
Affectionné, e, adj. *affectionate.*
s'Affectionner, v. r. *to be fond of, to addict one's self.*
Affermir, v. a. *to strengthen.*
Affiche, s. f. *bill or paper posted in public places.*
Afficher, v. a. *to post up, set up a bill.*
Affiler, v. a. *to sharpen, whet, make glib.*
Affinité, s. f. *affinity, resemblance.*
Affligé, e, adj. *afflicted, grieved.*
Affliger, v. a. *to afflict, grieve.*
Affluer, v. n. *to flow, come together, abound.*
Affranchir, v. a. *to free, to set free.*
Affreux, se, adj. *hideous, frightful.*
Affubler, v. a. *to muffle, cover up.*
Affût, (être à l',) *to be on the watch.*
Afin de, prep. *to, in order to.*
Afin que, conj. *that, in order that.*
Africain, e, adj. & s. *African, an African.*
Afrique, s. f. *Africa.*
Agathocle, s. m. *Agathocles.*
Age, s. m. *age, years;* bas âge, *infancy.*
Agé, e, adj. *aged, old.*
s'Agenouiller, v. r. *to kneel down.*
Agésilas, s. m. *Agesilaus.*
Aggraver, v. a. *to aggravate, increase.*
Agilité, s. f. *nimbleness, agility.*
Agir, v. n. *to act.*
s'Agir, v. impers. *to concern, to be in question.*
Agiter, v. a. *to agitate, shake.*
Agneau, s. m. *lamb.*
Agonie, s. f. *agony.*
Agrandir, v. a. *to enlarge.*
Agrandissement, s. m. *elevation, rise, growth.*
Agréable, adj. *pleasant, agreeable.*
Agréablement, adv. *agreeably.*
Agréer, v. a. *to accept, receive kindly.*
Agrément, s. m. *agreeableness, charm, allurement.*
Agreste, adj. *rustic, rural*
Aguerri, e, adj. *disciplined, inured to war.*
Ah! interj. *ah! alas!*
Aide, s. f. *aid, help.*
Aides, s f. pl. *taxes, excise.*
Aider, v. a. *to aid, assist, help.*
Aïe! interj. *O! O dear!*
Aïeux, s. m. pl. *forefathers.*
Aigle, s. m. & f. *eagle.*
Aigreur, s. f. *sharpness, sourness.*
Aiguille, s. f. *needle.*
Aile, s. f. *wing.*
Ailé, e, adj. *winged.*
Ailleurs, adv. *elsewhere.* D'ailleurs *besides.*
Aimable, adj. *amiable, lovely.*
Aimer, v. a. *to love, to like.*
Aîné, aînée, s. m. & f. *eldest, first-born.*
Ainsi, adv. *thus, so.*
Ainsi que, *like, as well as.*
Air, s. m. *air, look; appearance, tune; sky; wind.*
Aire, s. f. *granary.*
Ais, s. m. *board, plank.*
Aise, adj. & s. *glad; ease;* j'en suis bien aise, *I am very glad of it.*
Aisé, e, adj. *easy, ready, free, wealthy.*
Aisément, adv. *easily, readily, freely.*
Ajonc, s. m. *thorn-broom.*
Ajouter, v. a. *to add, join.*
Ajustement, s. m. *dress, attire, agreement.*
Ajuster, v. a. *to adjust.*
Alarme, s. f. *fear, fright, alarm.*
Alarmer, v. a. *to alarm, fright.*
Albinos, s. m. *albino, white negro.*
Alchimie, s. f. *alchymy.*
Alchimiste, s. m. *alchymist.*
Alentour, adv. *about, round about.*
Alerte, adj. *vigilant, brisk, sprightly.*
Alexandre, s. m. *Alexander.*
Alexandrie, s. m. *Alexandria.*
Alexandrin, adj. *Alexandrine.*
Algèbre, s. f. *algebra.*
Alger, s. m. *Algiers.*
Alguazil, s. m. *a Spanish magistrate.*
Algue, s. f. *alga, sea-weed.*
Aliment, s. m. *food, aliment.*

Allécher, v. a. *to allure, entice.*
Allée, s. f. *a walk, an alley, passage;* allée et retour, *going and coming.*
Allégorie, s. f. *fable, allegory.*
Allégresse, s. f. *mirth, gayety.*
Alléguer, v. n. *to allege, quote.*
Allemagne, s. f. *Germany.*
Allemand, e, s. & adj. *German.*
Aller, v. n. *to go, to fit;* s'en Aller, v. r. *to go away.*
Allié, s. m. *ally.*
Allonger, v. a. *to lengthen, stretch out.*
Allons, interj. *come! go! away!*
Allumer, v. a. *to light, kindle.*
Allure, s. f. *gait, pace.*
Almanach, s. m. *almanack.*
Aloès, s. m. *aloes, (tree and plant).*
Alors, adv. *then, at that time.*
Alphonse, s. m. *Alphonso.*
Altérer, v. a. *to alter, change, impair; to cause thirst.*
Alternativement, adv. *alternately.*
Altesse, s. f. *highness.*
Amande, s. f. *an almond.*
Amant, s. m. *lover, suitor.*
Amasser, v. a. *to amass, heap up.*
Amateur, s. m. *amateur, lover.*
Ambassade, s. f. *embassy.*
Ambassadeur, s. m. *ambassador.*
Ambitieux, se, adj. *ambitious.*
Ambition, s. f. *ambition.*
Ambroise, s. m. *Ambrose.*
Ambroisie, s. f. *ambrosia.*
Ame, s. f. *soul, mind, spirit.*
Améliorer, v. a. *to improve.*
Amende, s. f. *fine, penalty.*
Amener, v. a. *to bring, to lead.*
Amèrement, adv. *bitterly.*
Américain, e, adj. & s. *American.*
Amérique, s. f. *America.*
Amertume, s. f. *bitterness.*
Ami, amie, s. m. & f. *a friend.*
Amiral, s. m. *admiral.*
Amitié, s. f. *friendship, intimacy.*
Amorce, s. f. *priming (of fire-arms).*
Amorcer, v. a. *to allure, to entice.*
Amorti, e, part. *quenched, deadened.*
Amortir, v. a. *to quench, extinguish, deaden.*
Amour, s. m. *love, Cupid;* folles amours, *foolish inclinations.*
Amoureux, se, adj. *in love, smitten.*
Amour-propre, s. m. *self-love.*
Amphithéâtre, s. m. *amphitheatre.*
Amplement, adv. *fully, copiously.*
Ampoule, s. f. *ampulla, a vial containing the oil used at the coronation of kings.*
Amulette, s. m. *amulet, (a preventive worn about the neck.)*
Amusant, e, adj. *amusing.*
Amuser, v. a. *to amuse, entertain.*
An, s. m. *year, twelvemonth.*
Analogue, adj. *analogous.*
Analyser, v. a. *to analyze.*
Anatomie, s. f. *anatomy.*
Anaxagore, s. m. *Anaxagoras.*
Ancêtres, s. m. pl. *ancestors.*
Anchise, s. m. *Anchises.*
Ancien, ne, adj. & s. *ancient, old.*
Anciennement, adv. *anciently, formerly.*
Ancre, s. f. *anchor.*
Andalouse, s. m. & f. an *Andalusian.*
Andalousie, s f. *Andalusia.*
André, s. m. *Andrew.*
Andromède, s. f. *Andromeda.*
Ane, s. m. *ass, ignorant fool.*
Anéantir, v. a. *to annihilate.*
Anémone, s. f. *the anemone, the wind-flower.*
Ange, s. m. *angel.*
Anglais, e, adj. & s. m. & f. *English, Englishman, Englishwoman.*
Angleterre, s. f. *England.*
Angoisse, s. f. *anguish.*
Animal, pl. animaux, s. m. *animal.*
Animer, v. a. *to animate.*
Annales, s. f. pl. *annals.*
Anneau, s. m. *ring.*
Année, s. f. *year.*
Annibal, s. m. *Hannibal.*
Annoncer, v. a. *to announce, advertise, foretell.*
Antagoniste, s. m. *adversary, antagonist.*
Anthropophage, s. m. *cannibal.*
Antichambre, s. f. *antechamber*
Anticiper, v. a. *to anticipate.*
Antique, adj. *ancient, old.*
Antiquité, s. f. *antiquity.*
Antoine, s. m. *Anthony.*

Anvers, s. m. *Antwerp.*
Anxiété, s. f. *anxiety.*
Août, s. m. *August; harvest.*
Apaiser, v. a. *to appease, pacify.*
Apathie, s. f. *apathy.*
Apercevoir, v. a. *to perceive.*
Apercu, e, part. *perceived.*
Aplanir, v. a. *to level, smooth.*
Apogée, s. m. *apogee, highest point.*
Apollon, s. m. *Apollo.*
Apologue, s. m. *apologue, fable.*
Apoplexie, s. f. *apoplexy.*
Aposter, v. a. *to appoint, suborn, bribe.*
Apothicaire, s. m. *apothecary.*
Apôtre, s. m. *apostle.*
Apparaître, v. n. *to appear.*
Appareil, s. m. *train, retinue, furniture.*
Apparemment, adv. *likely, probably, apparently.*
Apparence, s. f. *appearance.*
Appartement, s. m. *room, apartment.*
Appartenir, v. n. *to belong to, to appertain.*
Appas, s. m. pl. *charms, attractions.*
Appauvrir, v. a. *to impoverish.*
Appel, s. m. *appeal.*
Appelé, e, part. *called.*
Appeler, v. a. *to call, name.*
Appétit, s. m. *appetite.*
Applaudir, v. a. *to applaud, praise.*
Applaudissement, s. m. *applause, praise.*
Appliquer, v. a. *to apply.*
Appointements, s. m. pl. *salary.*
Apporter, v. a. *to bring.*
Apprécier, v. a. *to appraise, value, appreciate.*
Apprendre, v. a. *to learn; to inform, to teach.*
Apprenti, s. m. *apprentice.*
Apprentissage, s. m. *apprenticeship.*
Apprêt, s. m. *seasoning, preparation.*
Apprêter, v. a. *to get ready, prepare.*
Appris, e, part. *learned, acquired.*
Apprivoiser, v. a. *to tame.*
Approche, s. f. *approach.*
Approcher, v. a. *to approach.*
Approfondir, v. a. *to search into, to examine.*

14

Approuver, v. a. *to approve.*
Appui, s. m. *prop, stay, support.*
s'Appuyer, v. r. *to lean, rest.*
Apre, adj. *rough; eager, fierce greedy.*
Après, prep. *after, afterwards* d'après, *according to.*
Après-dinée, s. f. *after dinner, afternoon.*
Après-dîner, s. m. *afternoon.*
Après-midi, s. f. *afternoon.*
Aquéduc, s. m. *aqueduct.*
Aquilon, s. m. *north wind.*
Arabe, adj. & s. m. & f. *Arabian.*
Arabie, s. f. *Arabia.*
Araignée, s. f. *spider;* toile d'araignée, *cobweb.*
Arbalète, s. f. *crossbow.*
Arbalétrier, s. m. *crossbowman, archer.*
Arbitre, s. m. *arbiter, judge.*
Arbre, s. m. *tree.*
Arbre à pain, *bread-fruit tree.*
Arbrisseau, s. m. *shrub, small tree.*
Arbuste, s. m. *a shrub.*
Arc, s. m. *bow, hand-bow.*
Arc-en-ciel, s. m. *rainbow.*
Arche, s. f. *ark, arch (of a bridge)*
Archer, s. m. *thief-taker.*
Archevêché, s. m. *archbishopric.*
Archevêque, s. m. *archbishop.*
Architas, s. m. *Archytas.*
Architecte, s. m. *architect.*
Arçon, s. m. *saddle-bow.*
Ardent, e, adj. *hot, burning.*
Ardeur, s. f. *ardor, fervency, heat.*
Ardoise, s. m. *slate.*
Arène, s. f. *sand, gravel; arena.*
Aréopage, s. m. *Areopagus.*
Argent, s. m. *silver; money.*
Argenterie, s. f. *silver-plate.*
Argot, s. m. *cant, cant words.*
Aride, adj. *arid, sterile.*
Arioste, s. m. *Ariosto.*
Aristarque, s. m. *Aristarchus.*
Aristide, s. m. *Aristides.*
Aristocratique, adj. *aristocratic.*
Aristophane, s. m. *Aristophanes.*
Aristote, s. m. *Aristotle.*
Armada, [Spanish], s. f. *a large fleet of ships.*
Arme, s. f. *arm* or *weapon.*
Armé, e, adj. *armed.*
Armée, s. f. *army.*

Armement, s. m. *arming, equipment, fitting out of a ship.*
Armer, v. a. *to arm.*
Armoire, s. f. *chest of drawers, clothes-press.*
Armoiries, s. f. pl. *coat of arms.*
Armoricain, e, adj. *Armorican.*
Armorier, v. a. *to adorn with a coat of arms.*
Armorique, s. m. *Armorica.*
Armure, s. f. *armor.*
Armurier, s. m. *armorer, gunsmith.*
Arpent, s. m. *an acre.*
Arpenter, v. a. *to survey land.*
Arracher, v. a. *to pull off, pull up, tear from, provoke, draw.*
Arrangement, s. m. *arrangement, scheme, project.*
Arranger, v. a. *to arrange, set in order.*
Arrêt, s. m. *decree, decision, judgment;* en arrêt, *at rest.*
Arrêter, v. a. *to stop, detain, arrest; to decree; to choose.*
Arrière, adv. *behind;* en arrière, *backward.*
Arrière-neveu, s. m. *the son of one's nephew;* mes arrière-neveux, *my latest posterity.*
Arrivée, s. f. *arrival.*
Arriver, v. n. *to arrive, to happen.*
Arrogance, s. f. *presumption, arrogance.*
Arrogant, e, adj. *haughty, assuming.*
Arrondi, e, part. *rounded.*
Arroser, v. a. *to sprinkle, to water.*
Art, s. m. *art, science.*
Artaxerxe, s. m. *Artaxerxes.*
Article, s. m. *article, clause, item.*
Artificieux, se, adj. *cunning, crafty.*
Artillerie, s. f. *artillery, ordnance.*
Artiste, s. m. *artist;* adj. *artistic, skilful.*
Artistement, adv. *artistically.*
Ascendant, s. m. *ascendency, power, influence.*
Asiatiques (les), s. m. pl. *the Asiatics.*
Asie, s. f. *Asia;* Asie mineure, *Asia Minor.*
Asile, s. m. *asylum.*
Aspect, s. m. *sight, aspect.*
Aspiré, e, part *aspirated.*
Aspirer, v. n. *to aspire, to aim at to aspirate.*
Assaillir, v. a. *to assault, assail.*
Assaisonner, v. a. *to season, to spice*
Assassinat, s. m. *assassination, murder, homicide.*
Assassiner, v. a. *to murder.*
Assaut, s. m. *assault, onset.*
Assemblée, s. f. *assembly, company*
Assembler, v. a. *to assemble.*
s'Asseoir, v. r. *to sit down.*
Asservir, v. a. *to subject, enslave.*
Assesseur, s. m. *assessor, judge's assistant.*
Assez, adv. *enough; rather; quite pretty;* assez bien, *well enough, indifferently.*
Assidu, e, adj. *assiduous, diligent.*
Assiéger, v. a. *to besiege, to lay siege to.*
Assiette, s. f. *plate.*
Assigner, v. a. *to assign, summon, to settle.*
Assis, e, part. *seated, sitting.*
Assises, s. f. pl. *assizes; sessions.*
Assister, v. n. *to be present;* v. a. *to assist.*
Associer, v. a. *to associate.*
Assommer, v. a. *to knock down, to kill.*
Assourdir, v. a. *to deafen, make deaf, to darken.*
Assujettir, v. a. *to subdue, overcome, to subject.*
s'Assujettir, v. r. *to subject one's self, to submit.*
Assuré, e, adj. *certain, sure.*
Assurément, adv. *assuredly.*
Assurer, v. a. *to assure, affirm, to secure.*
Astre, s. m. *star, planet, heavenly body.*
Astrologue, s. m. *astrologer.*
Astronome, s. m. *astronomer.*
Atelier, s. m. *shop, workshop, study.*
Athènes, s. f. *Athens.*
Athénien, ne, adj. & s. *Athenian.*
Atome, s. m. *atom, least mote.*
Atours, s. m. pl. *attire, dress (of women).*
Attache, s. f. *string, tie, leash;* mettre un chien à l'attache, *to tie up a dog.*
Attachement, s. m. *attachment.*

Attacher, v. a. *to tie, fasten, attach.*
s'Attacher, v. r. *to labor, apply one's self, to attach itself.*
Attaque, s. f. *attack.*
Attaquer, v. a *to attack, charge, assault.*
Attardé, e, adj. *belated, delayed.*
Atteindre, v. n. *to reach, attain.*
Atteint, e, part. *affected, troubled.*
Atteinte, s. f. *stroke, blow.*
Atteler, v. a. *to put horses to a coach, &c.*
Attenant, e, adj. *adjoining, contiguous.*
en Attendant, adv. *in the mean time.*
Attendre, v. a. *to expect, wait, wait for; to stop.*
Attendri, e, part. *affected.*
Attendrir, v. a. *to make tender, to soften.*
s'Attendrir, v. r. *to be moved to pity.*
Attentat, s. m. *outrage, wicked attempt.*
Attente, s. f. *expectation, hope.*
Attentif, ve, adj. *attentive.*
Attention, s. f. *attention, diligence.*
Attentivement, adv. *attentively.*
Atténuer, v. a. *to weaken, excuse.*
Atterrer, v. a. *to overthrow, strike down.*
Attester, v. a. *to attest.*
Attirail, s. m. *train, baggage, implements.*
Attirer, v. a. *to attract, draw.*
Attiser, v. a. *to stir up.*
Attrait, s. m. *charm, attraction.*
Attraper, v. a. *to catch, entrap, to nab, to hook.*
Attrayant, e, adj. *attractive, charming.*
Attribuer, v. a. *to attribute, ascribe.*
Attribut, s. m. *attribute.*
Attrister, v. a. *to grieve, make sad.*
Attrouper, v. a. *to assemble.*
Au, masc. def. art. sing. *to the, from the, at the, in the, by the, with the.*
Aubépine, s. f. *hawthorn.*
Auberge, s. f. *inn, eating-house.*
Aubergiste, s. m. & f. *inn-keeper.*
Aucun, e, adj. *any, any one, no none, no one, not any.*
Aucunement, adv. *in nowise.*
Audace, s. f. *audacity, presumption*
Audacieux, se, adj. *audacious, daring.*
Auditeur, s. m. *hearer, auditor.*
Auditoire, s. m. *auditory.*
Augmenter, v. a. *to increase, augment.*
Augure, s. m. *augury, omen.*
Auguste, adj. *august, venerable, sacred.*
Auguste, s. m. *Augustus.*
Aujourd'hui, adv. *to-day, nowadays.*
Aumône, s. f. *alms, charity.*
Aumônier, s. m. *almoner.*
Aune, s. f. *an ell;* s. m. *alder-tree*
Auner, v. a. *to measure by the ell.*
Auparavant, adv. *before, previously.*
Auprès, prep. *near, near by.*
Auquel, le, pron. rel. *to which, at which.*
Aurore, s. f. *aurora, morning.*
Aussi, adv. *also, as, so.*
Aussi bien que, *as well as, as much as.*
Aussitôt, adv. *immediately, forth with.*
Austère, adj. *grave, austere.*
Austérité, s. f. *austerity.*
Autant, adv. *as much, as many, &c*
d'Autant plus, *so much the more.*
Autel, s. m. *altar.*
Auteur, s. m. *author.*
Automate, s. m. *automaton.*
Automne, s. m. & f. *autumn.*
Autoriser, v. a. *to authorize.*
Autorité, s. f. *authority, power.*
Autour de, prep. *about, roundabout.*
Autre, adj. & pron. *other;* part et d'autre, *on both sides.*
Autrefois, adv. *formerly.*
Autrement, adv. *otherwise.*
Autriche, s. f. *Austria.*
Autrichien, ne, adj. & s. *Austrian.*
Autrui, s. m. *others, other people.*
Auvergnat, adj. *belonging to Auvergne.*
Aux, masc. def. art. plur. *to the, in the, from the, by the.*
Auxiliaire, adj. & s. *auxiliary, sub sidiary.*

Auxquels, auxquelles, pron. rel. *to which.*
Avaler, v. a. *to swallow down.*
Avaleur, s. m. *one that swallows.*
d'Avance, adv. *beforehand.*
Avancement, s. m. *progress, promotion.*
Avancer, v. a. *to advance.*
Avant, avant de, avant que, prep. *before;* avant peu, avant qu'il soit peu, *soon.*
Avant, en avant, adv. *forward.*
Avant-dernier, ère, s. m. & f. *the last but one, penultimate.*
Avantage, s. m. *advantage, benefit.*
Avantageusement, adv. *advantageously.*
Avantageux, se, adj. *advantageous, profitable.*
Avant-garde, s. f. *vanguard.*
Avare, adj. & s. *avaricious; a miser.*
Avaricieux, se, adj. *avaricious, covetous.*
Avec, prep. *with.*
Aveline, s. f. *filbert.*
Avenir, s. m. *the future.*
Avenir, *or* advenir, v. n. *to happen.*
Aventure, s. f. *adventure, event;* d'aventure, *by chance.*
Aventureux, se, adj. *venturesome, venturous.*
Aventurier, ère, s. m. & f. *fortune-hunter, adventurer.*
Avertir, v. a. *to warn, inform.*
Avertissement, s. m. *admonition, advice.*
Aveu, s. m. *confession, acknowledgment.*
Aveugle, adj. *blind.*
Aveuglement, s. m. & adv. *blindness; blindly.*
Avide, adj. *greedy, eager.*
Avidité, s. f. *avidity, greediness.*
Avis, s. m. *opinion, judgment, advice.*
Aviser, v. a. *to advise, warn, caution.*
s'Aviser, v. r. *to think of.*
Avocat, s. m. *counsellor, barrister.*
Avoine, s. f. *oats.*
Avoir, v. a. *to have; to possess;* qu'avez-vous? *what is the matter? what ails you?*
Avouer v. a. *to own, confess.*
Avril, s. m. *April.*
Azuré, e, adj. *azure-colored* la voûte azurée, *the azure skies.*

B.

Babil, s. m. *prattling, chat.*
Babillard, s. m. *prattler, babbler.*
Babiller, v. n. *to prattle, chat.*
Babylone, s. m. *Babylon.*
Bacha, s. m. *bashaw a Turkish title.*
Bachelier, s. m. *a bachelor, young man.*
Badaud, e, s. m. & f. *silly man or woman.*
Badauderie, s. f. *silliness, folly.*
Bade, s. m. *Baden.*
Badin, e, adj. *frolicsome, waggish.*
Badiner, v. n. *to jest, trifle; to frolic, to sport, to romp.*
Bafouer, v. a. *to laugh at one.*
Bagage, s. m. *luggage, baggage.*
Bagatelle, s. f. *trifle, toy.*
Bague, s. f. *ring.*
Baguette, s. f. *stick, wand.*
Bah! interj. *bah!*
Bai, e, adj. *bay, of a chestnut color;* cheval bai, *a bay horse.*
Baie, s. f. *berry.*
Baigner, se baigner, v. a. & r. *to bathe; to wash.*
Bailli, s. m. *bailiff.*
Baïonnette, s. f. *bayonet.*
Baisement, s. m. *kissing.*
Baiser, v. a. *to kiss.*
Baiser, s. m. *a kiss.*
Baisser, v. a. & n. *to cast down, lower; to flag, to sink.*
Baisser, s. m. *setting, going down.*
Bal, s. m. *ball, dancing.*
Baladin, e, s. m. & f. *stage-dancer*
Balai, s. m. *broom.*
Balancer, v. n. *to hesitate, to counterbalance.*
Balayer, v. a. *to sweep, whisk off.*
Balbutier, v. n. *to stutter stammer*
Balcon, s. m. *balcony.*
Baleine, s. f. *whale.*
Balle, s. f. *ball.*
Ballet, s. m. *ballet, interlude.*
Ballon, s. m. *balloon, foot-ball.*
Ballot, s m. *bale.*

Bananier, s. m. *banana-tree.*
Banc, s. m. *bank, bench.*
Bande, s. f. *band, strip; company, force.*
Bandit, s. m. *robber, bandit.*
Banlieue, s. f. *precincts or liberties of a town; extent of country dependent on a city.*
Bannière, s. f. *banner, standard.*
Bannir, v. a. *to exile, banish.*
Banquette, s. f. *causeway, bank.*
Banquier, s. m. *banker.*
Baptême, s. m. *baptism.*
Baptiser, v. a. *to baptize, christen.*
Baquet, s. m. *tub, bucket, trough.*
Baragouin, s. m. *gibberish.*
Barbade, s. m. *Barbadoes.*
Barbare, s. & adj. *a barbarian, a savage; barbarous, cruel.*
Barbarie, s. f. *barbarity, cruelty.*
Barbe, s. f. *beard;* faire la barbe, *to trim the beard, shave.*
Barbet, s. m. *shagged dog.*
Barbier, s. m. *barber.*
Barbouiller, v. a. *to daub, besmear.*
Barcelonne, s. f. *Barcelona.*
Barde, s. m. *bard, poet.*
Baril, s. m. *barrel, small cask.*
Barque, s. f. *bark, great boat.*
Barreau, s. m. *window-bar.*
Barrer, v. a. *to bar, stop.*
Barricader, v. a. *to barricade.*
Barriere, s. f. *gate.*
Bas, s. m. *stocking; bottom, lower part;* de haut en bas, *from top to bottom.*
Bas, se, adj. *low, mean;* adv. *in a low voice, aside.* En bas, à bas, adv. *down, below, off;* là-bas, *yonder.*
Basilique, adj. *basilic, church.*
Basse-cour, s. f. *poultry-yard.*
Bassement, adv. *meanly, pitifully.*
Bassesse, s. f. *meanness, baseness.*
Bassin, s. m. *basin.*
Bât, s. m. *pack-saddle.*
Bataille, s. f. *battle, fight.*
Bateau, s. m. *boat;* bateau à vapeur, *steamboat.*
Bâti, e, part. *built, shaped.*
Bâtiment, s. m. *ship, vessel.*
Bâtiment, s. m. *building, edifice.*
Bâtir, v. a. *to build.*
Batiste, s. f. *cambric.*
Bâton, s. m. *staff, cudgel, stick.*
Battement, s. m. *beating, clapping stamping.*
Batterie, s. f. *battery.*
Batteur, s. m. *beater.*
Battre, v. a. *to beat, strike, conquer*
se Battre, v. r. *to fight.*
Battu, e, part. *beaten, beat.*
Baudet, s. m. *ass, stupid fellow.*
Baume, s. m. *balm, balsam.*
Bavard, e, s. m. & f. *prattler boaster.*
Béant, e, adj. *gaping.*
Beau, pl. beaux, adj. *fine, fair beautiful.* Vous avez beau, *it is in vain for you.* Tout beau! *hold! hold there!* Beau premier, *the first (he met with).*
Beaucoup, adv. *much, a great deal, many.*
Beau-père, s. m. *father-in-law.*
Beauté, s. f. *beauty, elegance.*
Bec, s. m. *beak, bill.*
Bêchant, part. *digging with spade.*
Bêche, s. f. *spade.*
Bêcher, v. a. *to dig with a spade.*
Beffroi, s. m. *belfry, alarm-bell watch-tower.*
Bégayer, v. n. *to stutter, stammer.*
Beignet, s. m. *fritter.*
Bel, belle, adj. fem. of beau, *fine, beautiful.*
Bêler, v. n. *to bleat.*
Belette, s. f. *weasel.*
Bélisaire, s. m. *Belisarius.*
Bélître, s. m. *rascal, scoundrel.*
Belles-lettres, s. f. pl. *literature, letters.*
Belle-sœur, s. f. *sister-in-law.*
Belliqueux, euse, adj. *warlike, bellicose.*
Benedictin, e, adj. & s. *Benedictine, pertaining to the order or monks of St. Benedict.*
Bénédiction, s. f. *blessing.*
Bénéfice, s. m. *benefice, living.*
Benêt, s. m. *booby, simpleton.*
Béni, e, part. of bénir, *blest.*
Bénin, igne, adj. *gentle, benign.*
Bénir, v. a. *to bless, to praise.*
Bénit, e, part. of bénir *hallowed, consecrated.*
Benoît, s. m. *Benedict.*

Béotien, ne, adj. & s. *Bœotian; stupid.*
Berceau, s. m. *cradle, arbor, bower.*
Bercer, v. a. *to rock.*
Berger, s. m. *shepherd, swain.*
Bergère, s. f. *shepherdess, lass.*
Bergerie, s. f. *sheepfold.*
Berline, s. f. *sort of coach.*
Besogne, s. f. *business, work, labor.*
Besoin, s. m. *need, want.*
Bétail, s. m. *cattle.*
Bête, s. f. *beast, animal; brute, silly fellow.*
Beurre, s. m. *butter.*
Bévue, s. f. *mistake, blunder, oversight.*
Bibliothécaire, s. m. *librarian.*
Bibliothèque, s. f. *library.*
Biblique, adj. *Biblical.*
Bien, adv. *well; indeed; much; very much; many; easily.* Bien que, *though, although.*
Bien, s. m. *estate; good; property; fortune.*
Bienfaisance, s. f. *beneficence.*
Bienfait, s. m. *benefit; favor, advantage.*
Bienfaiteur, trice, s. m. & f. *benefactor, benefactress.*
Bienséance, s. f. *propriety, decency.*
Bientôt, adv. *soon, very soon.*
Bienveillance, s. f. *kindness, benevolence.*
Bien-venu, e, adj. *welcome.*
Bière, s. f. *beer; coffin, bier.*
Biffer, v. a. *to cancel, blot out.*
Bijou, s. m. *jewel, trinket; pretty house.*
Bijoutier, s. m. *jeweller.*
Bijoutière, s. f. *jeweller's wife.*
Bilieux, se, adj. *bilious, choleric.*
Billet, s. m. *small letter, note, bill, billet.*
Bisaïeul, s. m. *great-grandfather.*
Biscaye, s. *Biscay, a province of Spain.*
Bise, s. f. *north wind.*
Bissac, s. m. *little wallet.*
Bizarre, adj. *odd, extravagant.*
Bizarrerie, s. f. *oddness, caprice, whim.*
Blâme, s. m. *blame, reproach.*
Blâmer, v. a. *to blame, find fault with.*
Blanc, blanche, adj. *white, clean.*
Blancheur, s. f. *whiteness.*
Blason, s. m. *blazon, heraldry.*
Blasonner, v. a. *to blazon.*
Blasphémer, v. a. *to blaspheme.*
Blé, s. m. *corn, wheat.*
Blême, adj. *pale, wan, pallid.*
Blesser, v. a. *to hurt* or *wound.*
Blessure, s. f. *hurt, wound.*
Bleu, e, adj. *blue.*
Bleuâtre, adj. *bluish.*
Blond, e, adj. *fair, light.*
Bocage, s. m. *grove.*
Bocal (pl. bocaux), *a chemical glass.*
Bœuf, s. m. *beef; ox.*
Boire, v. a. *to drink;* s. m. *drink.*
Bois, s. m. *wood, forest.*
Boisé, e, adj. *woody, abounding with woods.*
Bohémiens (les), s. pl. *the gipsies.*
Boisson, s. f. *drink, beverage.*
Boîte, s. f. *case, box.*
Boiter, v. n. *to limp, be lame.*
Boiteux, euse, adj. *lame, halt, cripple.*
Bon, ne, adj. *good, useful;* tout de bon, *seriously, in earnest.*
Bonbon, s. m. *sugar-plum, sweetmeat.*
Bonheur, s. m. *happiness, good fortune.*
Bonnement, adv. *plainly, honestly ingenuously.*
Bonnet, s. m. *cap, bonnet;* bonnet de nuit, *night-cap.*
Bonsoir, s. m. *good evening, good night.*
Bonté, s. f. *goodness, kindness.*
Bonzes, s. m. & f. pl. *Chinese priests.*
Bord, s. m. *brink, edge, brim, bank,* à bord, *on board;* plein jusqu'au bord, *brimfull.*
Bordeaux, s. m. *Bordeaux-wine.*
Border, v. a. *to edge, bind, border.*
Borgne, adj. *blind of one eye.*
Borne, s. f. *bound, limit; stone post.*
Borné, e, adj. *narrow, mean.*
Borner, v. a. *to confine, limit, bound.*
Bosquet, s. m. *grove, thicket.*
Bosse, s. f. *bruise, swelling.*
Bossette, s. f. *stud of a horse's bit.*
Bossu, e, adj. *hump-backed.*

Bostangi, s. m. *Turkish soldier.*
Botanique, s. f. *botany.*
Botte, s. f. *boot; thrust or pass (in fencing).*
Botté, e, adj. *booted.*
Bouche, s. f. *mouth.*
Bouchée, s. f. *mouthful.*
Boucher, s. m. *butcher.*
Boucherie, s. f. *shambles, market;* viande de boucherie, *butcher's meat.*
Boucle, s. f. *buckle.*
Bouclier, s. m. *buckler, shield.*
Boudin, s. m. *pudding.*
Boue, s. f. *mud, dirt, mire.*
Bouffée, s. f. *puff, gust.*
Bouffonnerie, s. f. *buffoonery, jesting.*
Bouger, v. n. *to budge, stir.*
Bougie, s. f. *wax candle.*
Bouillant, e, adj. *boiling, scalding.*
Bouilli, s. m. *dish of boiled meat.*
Bouillir, v. n. *to boil, bubble up.*
Bouillon, s. m. *broth.*
Bouillonner, v. n. *to boil, bubble up.*
Boule, s. f. *bowl, ball*; boule de neige, *snow-ball.*
Boulet, s. m. *bullet, ball.*
Boulevard, boulevart, s. m. *bulwark, fortress.*
Bouleverser, v. a. *to overturn.*
Bouquet, s. m. *nosegay; cluster;* un bouquet de bois, *a cluster of lofty trees.*
Bouquin, s. m. *old book.*
Bouquinerie, s. f. *heap of old, worm-eaten books.*
Bourdonnement, s. m. *buzz, humming.*
Bourg, s. m. *borough, market-town.*
Bourgeois, e, adj. *of or belonging to a citizen.*
Bourgeois, s. m. *tradesman, citizen.*
Bourgeoise, s. f. *citizen's wife.*
Bourgeoisie, s. f. *citizens, common people (collectively).*
Bourreau, s. m. *hangman. executioner.*
Bourrer, v. a. *to flog, beat, maul, thrash.*
Bourrique, s. f. *ass, jackass.*
Bourse, s. f. *purse; the exchange.*
Boussole, s. f. *mariner's compass.*
Bout, s. m. *end, extremity;* venir à bout de, *to accomplish.*
Bouteille, s. f. *bottle.*
Boutique, s. f. *shop.*
Boutiquier, s. m. *shopkeeper.*
Boutonner, v. a. *to button.*
Boutonnière, s. f. *button-hole.*
Bouts-rimés, s. m. pl. *rhymes given in order to be filled up, and made into verses.*
Braconnier, s. m. *poacher.*
Branche, s. f. *branch, bough, twig.*
Branler, v. a. *to shake.*
Bras, s. m. *arm.*
Brassard, s. m. *bracelet, covering for the arms.*
Brave, s. m. *brave man, bully swaggerer.*
Brave, adj. *brave, valiant.*
Braver, v. a. *to brave, resist.*
Brebis, s. f. *sheep.*
Brèche, s. f. *breach, opening.*
Bref, brève, adj. *brief, short;* adv. *in short.*
Bretagne, s. f. *Britain, Brittany;* la Grande-Bretagne, *Great Britain.*
Breton, ne, adj. & s. *of Brittany Briton.*
Breuvage, s. m. *drink, beverage.*
Bréviaire, s. m. *breviary.*
Briarée, s. m. *Briareus.*
Bribe, s. f. *piece, scrap.*
Brick, s. m. *brig.*
Bride, s. f. *bridle.*
Brigand, s. m. *robber.*
Brillant, e, adj. *bright, brilliant.*
Briller, v. n. *to shine, glitter.*
Brin, s. m. *sprig, piece.*
Brise, s. f. *breeze, fresh wind.*
Briser, v. a. *to break, bruise;* vinrent se briser, *went to pieces.*
Britannique, adj. *British.*
Broche, s. f. *spit.*
Brochure, s. f. *pamphlet.*
Broder, v. a. *to embroider.*
Brodeur, s. m. *embroiderer.*
Brosse, s. f. *brush.*
Brouette, s. f. *wheelbarrow.*
Brouillamini, s. m. *disorder, confusion.*
Brouiller, v. a. *to embroil, confuse, jumble, confound.*
se Brouiller (avec quelqu'un), v. r. *to fall out with some one.*

Broussailles, s. f. pl. *briers, brambles.*
Bruire, v. n. *to rustle, make a noise, roar.*
Bruit, s. m. *noise, report.*
Brûler, v. a. *to burn.*
Brûlot, s. m. *fireship*
Brûlure, s. f. *a burn.*
Brun, e, adj. *brown, dark, dusky.*
Brunir, v. a. *to make brown or dark.*
Brusque, adj. *abrupt, sudden.*
Brusquement, adv. *bluntly, abruptly, hastily.*
Bruyant, e, adj. *blustering, noisy.*
Bruyère, s. f. *heath, furze.*
Bu, e, part. *drunk, drank.*
Bucéphale, s. m. *Bucephalus.*
Bûcher, s. m. *woodpile, funeral-pile, pyre.*
Bucolique, adj. *pastoral, bucolic.*
Buffet, s. m. *cupboard, sideboard.*
Buffle, s. m. *buff-leather.*
Buis, s. m. *box-tree, box.*
Bure, s. f. *coarse cloth.*
Bureau, s. m. *desk, office, court.*
But, s. m. *end, object, aim.*
Butin, s. m. *spoil, booty.*
Buveur, se, s. m. & f. *drinker, tippler.*

C.

C' for ce, adj. dem. *this, that, it.*
Ça, pron. dem. (contraction of *cela*) *that.*
Çà, adv. *hither, here;* çà et là, *here and there.*
Cabaliste, s. m. *cabalist, one skilled in traditions.*
Cabane, s. f. *cottage, hut.*
Cabaret, s. m. *tavern.*
Cabine, s. f. *cabin (of a vessel).*
Cabinet, s. m. *closet, study, cabinet.*
Cabriolet, s. m. *one-horse chaise.*
Cacao, s. m. *cocoa-nut.*
Cachemirien, s. m. *Cashmerian.*
Cacher, v. a. *to hide, conceal.*
Cachet, s. m. *a seal.*
Cacheter, v. a. *to seal, seal up.*
Cadavre, s. m. *corpse, carcass.*
Cadi, s. m. *justice of the peace among the Turks.*
Cadre, s. m. *roll; frame for pictures.*
Caducité, s. f. *weakness, decay*
Café, s. m. *coffee; coffee-house.*
Cagneux, se, adj. *crooked.*
Cahier, s. m. *copy-book.*
Cahot, s. m. *jolt, shock.*
Caille, s. f. *quail.*
Caillon, s. m. *flint, flint-stone.*
Caisse, s. f. *box, chest, trunk.*
Calabrais, s. m. *Calabrian.*
Calabre, s. f. *Calabria.*
Calamité, s. f. *calamity.*
Calcul, s. m. *calculation.*
Calculé, e, part. *calculated, studied.*
Calculer, v. a. *to calculate, reckon*
Cale, s. f. *the hold of a vessel.*
Calèche, s. f. *calash.*
Calédonie, s. f. *Caledonia.*
Calfater, v. a. *to calk.*
Calme, adj. *calm, still, smooth*
Calmer, v. a. *to calm, appease.*
Calomnie, s. f. *calumny.*
Calomnier, v. a. *to calumniate.*
Camarade, s. m. *comrade, companion.*
Camard, e, adj. & s. *flat-nosed person.*
Camp, s. m. *camp.*
Campagnard, s. m. *country clown.*
Campagne, s. f. *country; the fields; land; campaign; Campagnia.*
Camper, v. n. *to encamp.*
Canaille, s. f. *mob, rabble.*
Canal, s. m. *canal, channel, aqueduct.*
Candidat, s. m. *candidate.*
Canif, s. m. *penknife.*
Cannes, s. *Cannæ.*
Canne, s. f. *cane, walking-stick* canne à sucre, *sugar-cane.*
Canon, s. m. *cannon;* coup de canon, *cannon-ball.*
Canonicat, s. m. *canonry, prebend.*
Canonnier, s. m. *gunner.*
Cantine, s. f. *canteen, case for bottles.*
Cantique, s. m. *canticle, spiritua song.*
Canton, s. m. *canton, district.*
Capacité, s. f. *capacity, skill.*
Capigi-bachi, s. m. *chief porter o the Grand-Seignior.*
Capitaine, s. m. *captain.*
Capitale, s. f. *capital.*
Capitole, s. m. *capitol.*

Caporal, s. m. *corporal.*
Capoue, s. *Capua.*
Caprice, s. m. *caprice, whim.*
Capricieux,se,adj. *capricious,fickle.*
Captif, ve, adj. & s. *captive.*
Capucinade, s. f. *a paltry sermon.*
Caquet, s. m. *talk, prattling, gab.*
Caqueter, v. n. *to prattle, chat.*
Car, conj. *for, as, because.*
Caractère, s. m. *character, disposition.*
Caravane, s. f. *caravan.*
Caresse, s. f. *caress.*
Caresser, v. a. *to caress.*
Carminé, e, adj. *colored with carmine.*
Carnassier, e, adj. *greedy, carnivorous.*
Caron, s. m. *Charon (the boatman of the Styx).*
Carotte, s. f. *carrot.*
Carpe, s. f. *carp, a species of fish.*
Carpeau, s. m. *little carp.*
Carpillon, s. m. *small carp.*
Carré, s. m. *square, quadrangle.*
Carreau, s. m. *ground, floor, pavement; arrow, bolt.*
Carrière, s. f. *career, course;* donner carrière, *to give full scope.*
Carrosse, s. m. *carriage, coach.*
Carte, s. f. *map, chart, card.*
Carthaginois, e, adj. & s. *Carthaginian.*
Carton, s. m. *pasteboard.*
Cas, s. m. *case, fact, deed;* faire cas de, *to value.*
Casaque, s. f. *surtout, riding-coat.*
Casque, s. m. *helmet, head-piece.*
Casser, v. a. *to break.*
Cassette, s. f. *casket, box.*
Castillan, e, adj. & s. m. & f. *of Castile, Castilian.*
Castor, s. m. *castor, beaver.*
Catacombes, s. f. pl. *catacombs.*
Cathédrale, s. f. *cathedral.*
Caucase, s. m. *Caucasus.*
Cause, s. f. *cause, fact, principle;* à cause, *because, on account.*
Causer, v. a. *to cause, speak, converse.*
Cavalerie, s. f. *cavalry, horse.*
Cavalier, s. m. *horseman, gentleman.*
Cavalier, e, adj. *genteel, gallant, free.*
Cavalièrement, adj. *cavalierly, gentlemanlike.*
Cave, s. f. *cellar.*
Caverne, s. f. *cavern, cave.*
Cayougas (les), *the Cayuga Indians.*
Ce, adj. dem. *this, that, it.* Ce qui, ce que, *that which, what.*
Céans, adv. *within this house, here within.*
Ceci, pron. dem. *this.*
Céder, v. a. *to cede, give up, yield.*
Ceint, e, part. *girded, encompassed*
Ceinture, s. f. *waist, girdle.*
Cela, pron. dem. *that.*
Célèbre, adj. *celebrated, famous.*
Célébrer, v. a. *to celebrate, solemnize.*
Célébrité, s. f. *celebrity.*
Céler, v. a. *to hide, conceal.*
Céler (se faire), *to deny one's self.*
Céleste, adj. *heavenly, celestial.*
Célibataire, s. m. *bachelor.*
Celle, pron. f. *she, that;* celles, pl *those;* celle-là, *that.*
Celtique, adj. *Celtic.*
Celui, pron. dem. *that, he.*
Celui-ci, pron. dem. *this, the latter* celui-là, *that, the former.*
Cendre, s. f. *ashes.*
Censeur, s. m. *fault-finder, critic*
Censure, s. f. *criticism.*
Cent, num. adj. *a hundred.*
Centaine, s. f. *a hundred.*
Centaure, s. m. *centaur.*
Cépée, s. f. *stump.*
Cependant, adv. *nevertheless, meanwhile, however.*
Céphalique, adj. *cephalic.*
Cerceau, s. m. *hoop.*
Cercle, s. m. *circle.*
Cercueil, s. m. *coffin.*
Cérémonie, s. f. *ceremony.*
Cérès, s. f. *Ceres, goddess of agriculture.*
Cerf, s. m. *stag, hart.*
Cerise, s. f. *cherry.*
Cerné, e, part. *surrounded.*
Certain, e, adj. *certain, sure.*
Certainement, adv. *certainly.*
Certes, adv. *certainly, truly, indeed.*
Certitude, s. f. *certainty.*
Cervantes, s. m. *Cervantes.*
Cerveau, s. m. *the brain.*

Cervelle, s. f. *brains.*
Ces, dem. pron. pl. *these, those.*
Cesse, s. f. *intermission, cessation;* sans cesse, *incessantly.*
Cesser, v. n. *to cease, leave off.*
C'est-à-dire, *that is to say.*
Césure, s. f. *Cæsura, pause* or *rest.*
Cet, cette, dem. adj. *this, that.*
Ceux, pron. dem. *those;* ceux-ci, *these.*
Chacun, e, pron. *each, every one.*
Chagrin, s m. *vexation, disappointment.*
Chagrin, e, adj. *chagrined, vexed, fretted.*
Chagriner, v. a. *to vex, grieve, trouble.*
Chaîne, s. f. *chain, cord.*
Chair, s. f. *flesh.*
Chaire, s. f. *pulpit, chair;* en chaire, *from the pulpit.*
Chaise, s. f. *chair.*
Chaleur, s. f. *heat, warmth, passion.*
Chaloupe, s. f. *boat, launch.*
Chambellan, s. m. *chamberlain.*
Chambre, s. f. *room, chamber.*
Chameau, s. m. *camel.*
Champ, s. m. *field, ground;* sur le champ, *immediately;* maison des champs, *country-house.*
Champ clos, s. m. *camp, list.*
Champagne, s. f. *champaign wine.*
Champêtre, adj. *rural, rustic.*
Chanceler, v. n. *to reel, falter.*
Chancelière, s. f. *foot-muff.*
Chancellerie, s. f. *place occupied by a chancellor,* or *his court.*
Chandelier, s. m. *candlestick.*
Chandelle, s. f. *candle.*
Changement, s. m. *change.*
Changer, v. a. *to change.*
Chanoine, s. m. *canon, prebendary.*
Chanson, s. f. *song, idle story.*
Chant, s. m. *song, chant, singing.*
Chanter, v. a. & n. *to sing, chant, celebrate.*
Chanteur, se, s. m. & f. *singer.*
Chantre, s. m. *chanter, chorister.*
Chape, s. f. *priest's cloak, churchman's cope.*
Chapeau, s. m. *hat.*
Chapitre, s. m. *chapter.*
Chapon, s m. *capon.*
Chaque, adj. *every, each.*
Char, s. m. *chariot, car.*
Charbon, s. m. *coal, charcoal.*
Charbonnier, s. m. *collier.*
Chardon, s. m. *thistle, teasel.*
Charge, s. f. *charge, appointment expense, burden, load;* être charge, *to be a burden.*
Chargé, e, part. adj. *laden, bearing charged.*
Charger, v. a. *to charge, to take charge, to load, burden.*
Chariot, s. m. *wagon, chariot.*
Charité, s. f. *charity.*
Charlatan, s. m. *mountebank, quack.*
Charmant, e, adj. *beautiful, charming.*
Charme, s. m. *charm, attraction.*
Charmé, e part. *pleased, charmed.*
Charmer, v. a. *to charm, enchant.*
Charrette, s. f. *cart.*
Charrettée, s. f. *cart-load.*
Charrue, s. f. *plough.*
Charybde, s. m. *Charybdis.*
Chasse, s. f. *chase, hunting, hunt.*
Chasser, v. a. *to chase, hunt, pursue, drive away.*
Chasseur, s. m. *hunter, sportsman.*
Chat, s. m. *a cat;* chat en poche, *a pig in a poke.*
Château, s. m. *castle, palace;* châteaux en Espagne, *castles in the air.*
Châtier, v. a. *to chastise, punish.*
Châtiment, s. m. *chastisement, punishment.*
Chaud, e, adj. *hot, warm.*
Chaudement, adv. *briskly, hotly, warmly, eagerly.*
Chaudière, s. f. *caldron.*
Chaudron, s. m. *caldron, kettle.*
se Chauffer, v. r. *to warm one's self.*
Chaume, s. m. *thatch, thatched hut.*
Chaumière, s. f. *cottage, hut.*
Chauve-souris, s. f. *bat.*
Chaux, s. f. *lime.*
Chef, s. m. *chief.*
Chef d'œuvre, s. m. *master-piece.*
Chemin, s. m. *way, road;* grand chemin, *highway;* courir les grands chemins, *to take to the highway;* faire chemin, *to travel;* se mettre en chemin, *to begin a journey.*
Chemin de fer, *railroad.*

Cheminée, s. f. *chimney, fire-place, mantel-piece.*
Chemise, s. f. *shirt, shift.*
Chêne, s. m. *oak.*
Chènevière, s. f. *hemp-field.*
Cher, chère, adj. *dear.*
Chercher, v. a. *to seek, fetch, look for, endeavor.*
Chère, s. f. *entertainment, cheer.*
Chérir, v. a. *to cherish, love.*
Chétif, ve, adj. *poor, mean, pitiful.*
Cheval, plu. chevaux, s. m. *horse, horses;* à cheval, *horseback.*
Chevaleresque, adj. *knightly, chivalrous.*
Chevalerie, s. f. *chivalry, knight-errantry.*
Chevalier, s. m. *knight;* chevalier errant, *knight-errant.*
Chevelure, s. f. *hair, head of hair.*
Chevet, s. m. *bolster;* au chevet du lit, *at the bed's head.*
Cheveu, x, s. m. *hair.*
Chèvre-feuille, s. m. *honey-suckle.*
Chevreuil, s. m. *roe-buck.*
Chez, prep. *at, to, among, with, at one's house;* chez moi, *at my house;* chez elle, *at her house;* chez lui, *at his house.*
Chicane, s. f. *chicanery, cavil, quirk.*
Chien, ne, s. m. & f. *dog.*
Chiffon, s. m. *rag.*
Chiffonner, v. a. *to rumple, tumble.*
Chiffonnier, e, s. m. & f. *rag-man* or *woman, rag-picker.*
Chiffre, s. m. *cipher, figure, number.*
Chimère, s. f. *chimera, idle fancy.*
Chimérique, adj. *chimerical, fanciful.*
Chimique, adj. *chemical.*
Chimiste, s. m. *chemist.*
Chine, s. f. *China.*
Chirurgien, s. m. *surgeon.*
Choc, s. m. *shock, onset.*
Chœur, s. m. *chorus, choir.*
Choisi, e, adj. *select;* part. *selected, chosen.*
Choisir, v. a. *to select, choose.*
Choix, s. m. *choice.*
Chômer, v. n. *to keep a holiday.*
Choquer, v. a. *to offend, disgust, displease.*
Chose, s. f. *thing;* choses de la bouche, *food.*
Chou, s. m. *cabbage*
Choucroute, s. f. *sour-krout.*
Chrétien, ne, adj. & s. m. & f. *Christian.*
Christianisme, s. m. *Christianity.*
Chronique, s. f. *chronicle, history.*
Chute, s. f. *fall, misfortune.*
Cicatrice, s. f. *scar, cicatrice.*
Cicatriser, v. a. *to cicatrise, heal.*
Cicéron, s. m. *Cicero.*
Ciel, pl. cieux, s. m. *heaven, the sky.*
Cierge, s. m. *wax taper, candle.*
Cigale, s. f. *grasshopper, cicada.*
Cigare, s. m. *cigar.*
Cigogne, s. f. *stork.*
Cime, s. f. *top* or *ridge of a mountain, tree,* &c.
Cimetière, s. m. *cemetery, church-yard.*
Cinq, num. adj. *five.*
Cinquante, num. adj. *fifty.*
Cinquième, num. adj. *fifth.*
Cirage, s. m. *the waxing of any thing.*
Circé, s. f. *Circe, an enchantress.*
se Circonscrire, v. r. *to live retired.*
Circonscrit, e, part. *circumscribed.*
Circonstance, s. f. *circumstance.*
Circulaire, adj. *round, circular.*
Circuler, v. n. *to circulate, move, stir.*
Cirque, s. m. *circus.*
Ciseaux, s. m. pl. *scissors.*
Citadelle, s. f. *tower, citadel.*
Citadin, e, s. m. & f. *citizen.*
Cité, s. f. *city, town.*
Citer, v. a. *to cite, summon, quote.*
Citoyen, ne, s. m. & f. *a citizen.*
Citron, s. m. *citron, lemon.*
Citronnier, s. m. *lemon-tree.*
Ciudad-réal, s. *Ciudad Real, a city of Spain.*
Civilement, adv. *civilly, courteously.*
Civiliser, v. a. *to civilize*
Civilité, s. f. *civility, courtesy.*
Claie, s. f. *sticks woven together hurdle.*
Clair, e, adj. *clear;* adv. *clearly plainly.*
Clairière, s. f. *glade, an opening in a wood.*

Clairement, adv. *clearly, plainly.*
Clairon, s. m. *clarion, trumpet.*
Clameur, s. f. *clamor, outcry.*
Claquer, v. a. *to snap (a whip).*
Clarté, s. f. *clearness, perspicuity, light.*
Classe, s. f. *class, rank.*
Classique, adj. *classic, classical.*
Classiques, s. m. pl. *classics.*
Clef, s. f. *key.*
Clémence, s. f. *clemency.*
Clerc, s. m. *clerk, scholar.*
Client, e, s. m. & f. *client, patient.*
Climat, s. m. *climate.*
Clin (d'œil), s. m. *twinkling of an eye.*
Cloche, s. f. *bell.*
Clocher, s. m. *steeple, belfry.*
Clocher, v. n. *to halt, limp.*
Clos, e, adj. *closed, shut;* la nuit close, *dark night.*
Clôture, s. f. *enclosure, fence.*
Coadjuteur, s. m. *assistant, coadjutor.*
Coche, s. m. *coach.*
Cocher, s. m. *coachman.*
Cochet, s. m. *cockerel, young cock.*
Cochon, s. m. *hog;* cochon de lait, *pig.*
Coco, s. m. *cocoa, cocoa-nut.*
Cocotier, s. m. *cocoa-tree.*
Cœur, s. m. *heart, stomach, courage.*
Coffre, s. m. *trunk, chest, box.*
Coffre-fort, s. m. *strong-box.*
Coffret, s. m. *little trunk,* or *chest.*
Coiffer, v. a. *to dress the head.*
Coiffure, s. f. *head-dress.*
Coin, s. m. *corner.*
Colère, s. f. *anger, passion, rage.*
Collation, s. f. *luncheon, collation.*
Collége, s. m. *college.*
Collet, s. m. *collar.*
Collier, s. m. *necklace, collar.*
Colline, s. f. *hill, knoll.*
Colombe, s. f. *dove, pigeon.*
Colombier, s. m. *pigeon-house.*
Colonie, s. f. *colony.*
Colonne, s. f. *column.*
Coloré, e, adj. *colored.*
Colorer, v. a. *to color, varnish.*
Colosse, s. m. *Colossus.*
Colporteur, s. m. *hawker, pedler.*
Combat, s. m. *fight, engagement, combat.*
Combattant, s. m. *combatant, fighting man.*
Combattre, v. a. *to fight.*
Combien, adv. *how much, how many.*
Comble (pour), *to complete;* (au) *at the summit;* mettre le comble, *to fill the measure.*
Combler, v. a. *to load, heap up.*
Côme, s. m. *Como.*
Comédie, s. f. *play, comedy.*
Comestible, adj. & s. *eatable.*
Comète, s. f. *comet.*
Comique, adj. & s. *comical, ludicrous, comic.*
Commandement, s. m. *command order, charge.*
Commander, v. a. *to command, order.*
Comme, adv. *like, as, how;* comme il faut, *truly, properly.*
Commencement, s. m. *beginning, commencement.*
Commencer, v. a. *to begin, enter upon.*
Commensal, pl. commensaux, s. m. *messmate.*
Comment, adv. *how.*
Commérage, s. m. *gossiping.*
Commerçant, s. m. *merchant, trader.*
Commerce, s. m. *trade, commerce.*
Commère, s. f. *gossip, gossiping housewife.*
Commettre, v. a. *to commit, do, perpetrate.*
Commis, s. m. *clerk.*
Commissaire, s. m. *commissary manager.*
Commode, adj. *convenient, easy.*
Commodément, adv. *conveniently.*
Commodité, s. f. *convenience.*
Commun, e, adj. *common, public.*
Communément, adv. *commonly, ordinarily.*
Communiquer, v. a. *to communicate, impart.*
Compagne, s. f. *female companion.*
Compagnie, s. f. *company.*
Compagnon, s. m. *companion.*
Comparaison, s. f. *comparison.*
Comparaître, v. n. *to appear.*
Comparer, v. a. *to compare.*
Comparu, e, part. *appeared.*

Compassé, e, adj. *formal, precise.*
Compatir, v. n. *to compassionate, to sympathize.*
Compatissant, e, adj. *compassionate, indulgent.*
Compatriote, s. m. & f. *compatriot.*
Compère, s. m. *companion, fellow.*
Complainte, s. f. *complaint, lamentation.*
Complaisance, s. f. *complacency, condescension, compliance.*
Complaisant, e, adj. *complacent, obliging.*
Complet, ète, adj. *perfect, complete.*
Complètement, adv. *completely.*
Complexe, adj. *complex.*
Complice, s. m. & f. *accomplice.*
Complimenter, v. n. *to compliment.*
se Comporter, v. r. *to behave.*
Composé, e, part. adj. *composed, compound.*
Composer, v. a. *to compose, write.*
Compote, s. f. *sort of preserve, stew.*
Comprendre, v. a. *to understand, to comprehend, to comprise.*
Compris, e, part. *included.*
Comptabilité, s. f. *accountability.*
Comptant (argent), s. m. *ready money.*
Compte, s. m. *account;* à bon compte, *cheap.*
Compter, v. a. *to count, reckon, intend.*
Compter sur, v. a. *to rely upon.*
Comptoir, s. m. *counter.*
Comte, s. m. *an earl* or *count.*
Comté, s. m. *county, shire, earldom.*
Comtesse, s. f. *countess.*
Concerner, v. a. *to concern, regard, belong to.*
Concert (de), adv. *in concert, jointly.*
Concevoir, v. a. *to conceive, apprehend.*
Concierge, s. m. & f. *keeper of a house, prison,* &c.
Concitoyen, s. m. *fellow-citizen.*
Conclu, e, part. *concluded.*
Conclure, v. a. *to conclude, end.*
Concourir, v. n. *to concur.*
Concours, s. m. *concourse, meeting, concurrence.*
Conçu, e, part. *conceived.*
Condemner, v. a. *to condemn.*
Condition, s. f. *state, condition* condition, *on condition.*
Conditionné, e, adj. (bien), *good marketable.*
Conditionnel, le, adj. *conditional.*
Conducteur, rice, s. m. & f. *leader conductor, guide.*
Conduire, v. a. *to manage, conduct drive.*
Conduit, e, part. *conducted, managed.*
Conduite, s. f. *behavior conduct.*
Confection, s. f. *confection; making completing,* or *finishing.*
Confédérés (les), s. m. *confederates allies.*
Confesser, v. a. *to confess.*
Confesseur, s. m. *confessor.*
Confiance, s. f. *confidence, trust.*
Confidemment, adv. *confidently.*
Confidence, s. f. *confidence, intimacy.*
Confident, s. m. *confidant, trusty friend.*
Confier, v. a. *to intrust.*
Confiner, v. a. *to confine, shut up.*
Confirmer, v. a. *to confirm.*
Conflit, s. m. *conflict, contention.*
se Confondre, v. r. *to be confounded, abashed.*
Conforme, adj. *conformable.*
Confrère, s. m. *fellow-member, brother.*
Confrontation, s. f. *confronting.*
Confus, e, adj. *confounded, confused.*
Congé, s. m. *leave, furlough.*
Congédier, v. a. *to dismiss, discharge.*
Conjoncture, s. f. *juncture, period conjuncture, occurrence, time.*
Conjuration, s. f. *plot, conspiracy.*
Conjurer, v. a. *to conjure, entreat.*
Connaissance, s. f. *knowledge, acquaintance.*
Connaisseur, s. m. *connoisseur, a judge.*
Connaître, v. a. *to know, be acquainted with.*
se Connaître à *or* en, v. r. *to understand, be skilled.*
Connu, e, part. *known.*
Conquérant, e s. m. & f. *conqueror.*
Conquérir, v. a. *to conquer.*

Conquête, s. f. *conquest.*
Conquis, e, part. of conquérir, *conquered.*
Consacrer, v. a. *to consecrate, to hallow.*
Conscience, s. f. *conscience;* en conscience, *indeed.*
Conscrit, s. m. *conscript, soldier.*
Conseil, s. m. *counsel, advice.*
Conseiller, v. a. *to advise, counsel.*
Consentement, s. m. *consent, assent.*
Consentir, v. n. *to consent, yield.*
Conséquemment, adv. *consequently.*
Conséquent (par), adv. *consequently.*
Conservation, s. f. *preservation, defence.*
Conserver, v. a. *to preserve, keep.*
Considérable, adj. *notable, considerable, remarkable.*
Considération, s. f. *consideration.*
Considérer, v. a. *to consider, esteem, respect, to look at.*
Consister, v. n. *to consist.*
Consoler, v. a. *to console, comfort.*
Consommé, e, adj. *perfect, complete.*
Consommer, v. a. *to consummate, consume.*
Consonne, s. f. *consonant.*
Conspiration, s. f. *conspiracy.*
Conspirer, v. n. *to conspire, concur.*
Constamment, adv. *steadfastly, continually, constantly.*
Constance, s. f. *constancy.*
Constant, e, adj. *constant, steady; certain, unquestionable;* il est constant, *it is certain.*
Constater, v. a. *to prove, verify.*
Constituer, v. a. *to constitute, make.*
Construire, v. a. *to build, construct.*
Consulter, v. a. *to consult, advise with.*
Consumer, v. a. *to consume, waste.*
Conte, s. m. *story, tale, fable.*
Contemplatif, ve, adj. *contemplative, musing.*
Contempler, v. a. *to contemplate.*
Contemporain, s. m. *contemporary.*
Contenance, s. f. *countenance.*
Contenir, v. a. *to contain.*
Content, e, adj. *pleased, happy.*
Contentement, s. m. *content.*
Contenter, v. a. *to content, please.*
Contenu, s. m. *contents.*
Conter, v. a. *to tell, relate.*
Contestation, s. f. *contest.*
Continent, s. m. *continent, main land.*
Continu, e, adj. *continuous, uninterrupted.*
Continuel, le, adj. *continual, constant.*
Continuellement, adv. *continually.*
Continuer, v. a. *to continue, pursue.*
Contorsion, s. f. *contortion, distortion.*
Contour, s. m. *contour, figure.*
Contracter, v. a. *to contract.*
Contraindre, v. a. *to constrain, force, compel.*
Contraint, e, part. *cramped, constrained.*
Contrainte, s. f. *constraint, force.*
Contraire, adj. & s. *contrary;* au contraire, *on the contrary.*
Contrariété, s. f. *disagreement.*
Contraste, s. m. *contrast.*
Contrat, s. m. *contract.*
Contre, prep. *against; for.*
Contrebande, s. f. *smuggling; contraband;* introduire en contrebande, *to smuggle.*
Contrebandier, s. m. *smuggler.*
Contredit, s. m. *answer, controversy;* sans contredit, *most certainly.*
Contrée, s. f. *country.*
Contrevent, s. m. *outside shutter, blind.*
Contribuer, v. a & n. *to contribute.*
Convaincre, v. a. *to convince, convict.*
Convaincu, e, part. *convinced, convicted, conscious.*
Convenable, adj. *suitable, proper necessary.*
Convenablement, adv. *conveniently suitably.*
Convenir, v. n. *to agree, to suit, to become, to own.*
Convenu, e, part. *agreed.*
Convier, v. a. *to invite.*
Convive, s. m. *guest, companion.*
Copie, s. f. *copy.*
Copier, v. a. *to copy.*
Copiste, s. m. *copyist.*
Coq, s. m. *cock.*
Coque, s. f. *shell.*
Coquetterie, s. f. *coquetry*

Coquille, s. f. *shell.*
Coquin, e, s. m. & f. *rogue, jade.*
Cor, s. m. *corn (on the foot).*
Corbeau, s. m. *raven.*
Corde, s. f. *cord, rope, string.*
Cordial, e, adj. *cordial, hearty.*
Cordon, s. m. *string, cord.*
Cordonnier, s. m. *shoemaker.*
Corne, s. f. *horn.*
Cornemuse, s. f. *bagpipe.*
Corps, s. m. *body.*
Correspondance, s. f. *correspondence.*
Correspondre, v. a. *to correspond.*
Corriger, v. a. *to correct.*
Corrompre, v. a. *to corrupt.*
Corsaire, s. m. *privateer.*
Cortége, s. m. *retinue.*
Costume, s. m. *dress, costume.*
Côte, s. f. *rib, extraction, loins, coast, seacoast.*
Côte-à-côte, adv. *side by side.*
Côté, s. m. *side, way.*
Coteau, s. m. *hillock, little hill.*
Côtelette, s. f. *cutlet, chop.*
Cotillon, s. m. *petticoat, cotillon.*
Coton, s. m. *cotton.*
Côtoyer, v. a. *to coast along.*
Cou, s. m. *neck.*
Couché, e, part. *lying.*
Coucher, v. n. *to lie, to lie down, to sleep.*
se Coucher, v. r. *to go to bed.*
Coucher, s. m. *bed, bedding.*
Coucou, s. m. *cuckoo.*
Coude, s. m. *elbow.*
Coudrier, s. m. *hazel-nut* or *filbert tree.*
Couler, v. n. *to flow, to run.*
Couleur, s. f. *color.*
Couleuvre, s. f. *adder.*
Coup, s. m. *stroke, blow;* encore un coup, *once more;* coup de vin, *glass of wine;* pour le coup, *now, this time;* coup d'œil, *glance;* tout à coup, tout d'un coup, *suddenly.*
Coupable, adj. & s. *guilty culprit.*
Coupe, s. f. *cup.*
Couper, v. a. *to cut, to break.*
se Couper, v. r. *to be cut,* or *broken.*
Cour, s. f. *yard, court;* habit de cour, *court-dress.*
Courageusement, adv. *firmly.*
Courageux, se, adj. *courageous, valiant.*
Couramment, adv. *readily, easily.*
Courber, v. a. *to bend, to bow.*
Courir, v. n. *to run, to flock, to chase.*
Couronne, s. f. *crown, diadem.*
Couronné, e, part. *crowned.*
Couronner, v. a. *to crown.*
Courrier, s. m. *courier, messenger.*
Cours, s. m. *course.*
Course, s. f. *course, journey, walk, ramble, running.*
Coursier, s. m. *steed, courser.*
Court, adv. *short;* tout court, *suddenly.*
Court, e, adj. *short.*
Courtisan, s. m. *courtier, parasite.*
Courtois, e, adj. *courteous, kind.*
Courtoisie, s. f. *courtesy, civility.*
Couru, e, part. of courir, *run.*
Cousin, e, s. m. & f. *cousin.*
Coussin, s. m. *cushion, pillow.*
Coussinet, s. m. *pad.*
Cousu, e, adj. *sewed, stitched;* cousu d'or, *lined with gold.*
Couteau, s. m. *knife.*
Coutelas, s. m. *short sword, cutlass.*
Coûter, v. r. *to cost.*
Coûteux, se, adj. *expensive, costly.*
Coutume, s. f. *custom, habit.*
Couvée, s. f. *brood, nest of eggs.*
Couvert, s. m. *a plate with a knife and fork; cloth, cover;* mettre le couvert, *to lay the cloth.*
Couvert, e, part. *covered.*
Couverture, s. f. *blanket, cover.*
Couvrir, v. a. *to cover.*
Craindre, v. a. *to fear.*
Crainte, s. f. *fear.*
Créancier, s. m. *creditor.*
Créateur, s. m. *Creator.*
Créature, s. f. *creature, person.*
Crédule, adj. *credulous.*
Crédulité, s. f. *credulity.*
Créer, v. a. *to create.*
Crénelé, e, adj. *embattled, notched, indented.*
Crêpe, s. m. *crape.*
Crépuscule, s. m. *twilight.*
Cresphonte, s. m. *Cresphontes.*
Creuser, v. a. & n. *to dig, plough, make hollow;* creuser le cerveau, *to rack one's brains.*

Creux, se, adj. *hollow.*
Crever, v. a. *to burst, to put out,* crever les yeux, *to put out the eyes.*
Cri, s. m. *cry, shriek.*
Criant, e, adj. *crying, shameful.*
Crier, v. n. *to shout, to cry out.*
Criminel, le, adj. & s. *criminal.*
Crise, s. f. *crisis, trial.*
Crit, s. m. *poniard among the Malays.*
Critique, adj. *critical, captious.*
Critique, s. m. *critic.*
Critique, s. f. *criticism.*
Critiquer, v. a. *to criticise.*
Croasser, v. n. *to croak, caw.*
Croire, v. a. *to believe, think.*
Croisade, s. f. *crusade.*
Croisé, s. m. *crusader.*
Croisé, e, part. *crossed, mixed.*
Croiser, v. a. *to cross.*
Croissant. s. m. *crescent.*
Croître, v. n. *to grow.*
Croix, s. f. *cross.*
Croquer, v. a. *to eat greedily, to pilfer.*
Crosse, s. f. *butt-end of a musket; club.*
Crotte, s. f. *dirt.*
Crotté, e, part. *bedraggled, mudded.*
Crotter, v. a. *to dirty, muddy.*
Croupe, s. f. *top, ridge, buttocks;* mettre en croupe, *to take one up behind on horseback.*
Croyable, adj. *credible.*
Cru, e, part. of croire, *believed, thought.*
Cruauté, s. f. *cruelty, barbarity.*
Cruel, le, adj. *cruel, barbarous.*
Cruellement, adv. *cruelly.*
Cueillir, v. a. *to gather.*
Cuiller, s. f. *spoon.*
Cuir, s. m. *leather.*
Cuirasse, s. f. *cuirass, coat of mail.*
Cuirassier, s. m. *cuirassier, soldier armed with a cuirass.*
Cuire, v. a. *to cook, to boil, to bake, to roast.*
Cuit, e, part. *baked, roasted, cooked, done.*
Cuisant, e, adj. *bitter, sharp.*
Cuisine, s. f. *kitchen.*
Cuisinier, ère, s. m. & f. *cook.*
Cuivre, s. m. *copper.*
Culbuter, v. a. & n. *to tumble.*
Culotte, s. f. *breeches.*
Culte, s. m. *worship.*
Cultiver, v. a. *to cultivate.*
Culture, s. f. *culture, cultivation improvement.*
Cupidité, s. f. *cupidity.*
Cure, s. f. *care, trouble.*
Curé, s. m. *parson, rector.*
Curieux, se, adj. *curious.*
Curiosité, s. f. *curiosity.*
Cuve, s. f. *great tub.*
Cyclope, s. m. *Cyclop.*
Cymbale, s. f. *cymbal.*

D.

D' for de, prep. *of, from.*
Dague, s. f. *dagger.*
Daigner, v. n. *to deign, condescend.*
Dame, s. f. *lady.*
Dame-jeanne, s. f. *large bottle, demijohn.*
Danger, s. m. *danger.*
Dangereusement, adv. *dangerously.*
Dangereux, se, adj. *dangerous.*
Dans, prep. *in, within.*
Danse, s. f. *dance, dancing.*
Danser, v. a. *to dance.*
Danseur, s. m. *dancer.*
Danseuse, s. f. *female dancer.*
Dater, v. a. & n. *to date.*
Dauphin, s. m. *dauphin (a name given to the eldest son of the kings of France).*
Davantage, adv. *more.*
De, prep, *of, from, with, by.*
Déballer, v. a. *to unpack.*
Débarquer, v. n. *to land.*
Débarrasser, v. a. *to disembarrass, get rid of.*
Débat, s. m. *debate, strife, wrangling, dispute, controversy, quarrel.*
Débauche, s. f. *debauchery.*
Débit, s. m. *sale, market;* de meilleur débit, *more saleable.*
Débiteur, s. m. *debtor.*
Déboîter, v. a. *to dislocate.*
Debout, adv. *standing;* en le remettant debout, *placing him again on his feet.*
Débris, s. m. pl. *remains.*
Débuter, v. n. *to begin, to lead.*

Deçà, delà, adv. *up and down, this side and the other.*
Décembre, s. m. *December.*
Décharge, s. f. *discharge.*
Décharger, v. a. *to unload, discharge, acquit.*
Déchirer, v. a. *to tear, lacerate, torment, revile.*
Décider, v. a. *to decide, resolve.*
Décisif, ve, adj. *decisive.*
Déclarer, v. a. *to declare.*
Déclin, s. m. *decline.*
Déconcerté, e, part. *disconcerted.*
Déconcerter, v. a. *to disconcert.*
Décorer, v. a. *to decorate.*
Découper, v. a. *to carve, cut into figures.*
Découragé, e, par. *dispirited, discouraged.*
Découvert, e, part. *uncovered, discovered, open.*
Découverte, s. f. *discovery.*
Découvrir, v. a. *to discover, uncover, find out, disclose, reveal.*
Décrépit, e, adj. *decrepid, crazy.*
Décrier, v. a. *to cry down.*
Décrire, v. a. *to describe.*
Dédaigner, v. a. & n. *to disdain, scorn.*
Dédaigneusement, adv. *disdainfully.*
Dédain, s. m. *disdain, scorn.*
Dedans, en dedans, au dedans, adv. *in, within.*
Dédit, e, part. *disowned.*
Dédommagement, s. m. *indemnifying, recompense.*
Dédommager, v. a. *to indemnify.*
Déduire, v. a. *to deduce.*
Déesse, s. f. *goddess.*
Défaillance, s. f. *fainting-fit.*
Défaillant, e, adj. *fainting, weak.*
Défaire, v. a. *to throw off.*
Défaite, s. f. *defeat.*
Défaut, s. m. *defect, fault, failing.*
Défectueux, se, adj. *defective, imperfect.*
Défendre, v. a. *to defend, hinder, forbid.*
Défendu, e, part. *forbidden.*
Défense, s. f. *defence.*
Défenseur, s. m. *defender, protector.*
Déférence, s. f. *deference.*
Défi, s. m. *challenge.*
Défiance, s. f. *distrust, mistrust.*
Défiant, e, adj. *distrustful.*
Défier, v. a. *to defy, challenge.*
se Défier, v. r. *to distrust, mistrust.*
Défrayer, v. a. *to defray, bear the charges.*
Défricher, v. a. *to till, cultivate.*
Défunt, e, adj. & s. *deceased, late.*
Dégager, v. a. *to disengage.*
Dégarnir, v. a. *to strip.*
Dégat, s. m. *waste, ravage.*
Dégénérer, v. n. *to degenerate.*
Dégoût, s. m. *disgust, disrelish.*
Dégoûté, e, part. *disgusted, weary of.*
Dégoûter, v. a. *to disgust.*
Degré, s. m. *degree.*
Déguenillé, e, adj. *tattered, in rags.*
Déguisement, s. m. *disguise.*
Déguiser, v. a. *to disguise.*
Dehors, en dehors, au dehors, adv. & prep. *out, without.*
Déjà, adv. *already.*
Déjeuner, v. n. *to breakfast.*
Déjeuner, s. m. *breakfast.*
Delà, au delà, prep. *beyond.*
Délai, s. m. *delay.*
Delaisser, v. a. *to forsake.*
Délasser, v. a. *to relax, refresh.*
Délibérer, v. a. *to deliberate.*
Délicat, e, adj. *delicate.*
Délicatesse, s. f. *delicacy, niceness dainty.*
Délices, s. f. pl. *delight, pleasure.*
Délicieusement, adv. *delicately.*
Délicieux, se, adj. *delicious.*
Délier, v. a. *to untie.*
Délire, s. m. *delirium.*
Délivrance, s. f. *deliverance.*
Délivrer, v. a. *to relieve, deliver.*
Demain, adv. *to-morrow.*
Demande, s. f. *request, petition.*
Demander, v. a. *to ask, demand.*
Démangeaison, s. f. *itching, desire.*
Démarche, s. f. *step.*
Démarrer, v. a. & n. *to unmoor.*
Démêler, v. a. *to unravel, to distinguish.*
Déménager, v. a. & n. *to remove (one's furniture).*
Démenti, s. m. *lie.*
Démentir, v. a. *to give the lie.*
Demeure, s. f. *dwelling, abode.*
Demeurer, v. n. *to remain, to live.*

Demi, e, adj. *half.*
à Demi, adv. *almost, half.*
Demi-casque, s. m. *half-helmet.*
Demi-solde, s. f. *half-pay; one who receives half-pay.*
Demoiselle, s. f. *young lady.*
Démonstratif, ve, adj. *demonstrative.*
Démonstration, s. f. *demonstration, proof.*
Démonté, e, part. *confounded.*
se Démonter, v. r. *to be confounded.*
Denier, s. m. *twelfth part of a sou.*
Dénonçant, part. *denouncing.*
Dénoncer, v. a. *to denounce.*
Dénoûment, s. m. *conclusion, unfolding.*
Denrée, s. f. *provisions, ware.*
Dent, s. f. *tooth;* mal aux dents, *toothache.*
Dentiste, s. m. *dentist.*
Départ, s. m. *departure.*
Dépêche, s. f. *dispatch, letter.*
Dépêcher, v. a. *to dispatch, expedite.*
se Dépêcher, v. r. *to make haste.*
Dépeindre, v. a. *to describe.*
Dépendant, e, adj. *dependant.*
Dépendre, v. n. *to depend upon.*
Dépens, s. m. pl. *expense, charge.*
Dépense, s. f. *expense, charge.*
Dépenser, v. a. *to spend.*
en Dépit de, prep. *in spite of.*
Déplacer, v. a. *to displace, misplace.*
Déplaire, v. a. *to displease.*
Déplier, v. a. *to unfold, open.*
Déplorant, part. *deploring.*
Déplorer, v. a. *to deplore, bewail.*
Déployer, v. a. *to spread, display.*
Déposer, v. a. *to depose, set down.*
Dépositaire, s. m. *depositary.*
Déposséder, v. a. *to dispossess, to deprive.*
Dépôt, s. m. *deposit, trust.*
Dépouille, s. f. *spoil, booty.*
Dépouiller, v. a. *to strip.*
se Dépouiller, v. r. *to part with.*
Dépourvu, e, adj. *destitute;* au dépourvu, *unawares.*
Depuis, adv. & prep. *since, from, after, for;* depuis peu, *lately.*
Député, s. m. *deputy.*
Déraciner, v. a. *to root up.*
Déranger, v. a. *to disarrange, disorder, disturb.*
Déréglé, e, adj. *disorderly, irregular.*
Dériver, v. n. *to get clear of the shore; to derive.*
Dernier, ère, adj. *last.*
Dernièrement, adv. *lately.*
Dérober, v. a. *to rob, steal, to conceal.*
Déroger, v. n. *to detract, derogate deviate.*
Déroute, s. f. *rout, defeat.*
Derrière, prep. *behind.*
par Derrière, adv. *backward, behind.*
Derviche, dervis, s. m. *dervise, Turkish monk.*
Des, art. pl. *of the, from the; some, several.*
Dès, prep. *from, since, at.*
Dès-là, adv. *hence.*
Dès que, conj. *when, as soon as, since.*
Désabuser, v. a. *to undeceive, to disabuse.*
Désagréable, adj. *disagreeable.*
Désagrément, s. m. *discomfort, unpleasantness.*
Désappointement, s. m. *disappointment.*
Désarmer, v. a. *to disarm.*
Désastre, s. m. *disaster, mishap.*
Descendant, s. m. *descendant.*
Descendre, v. n. *to descend, to fall into, to put down, let down, go down; to land, to stop.*
Désert, e, adj. *desert, solitary.*
Déserter, v. n. *to desert, run away.*
Désespéré, e, part. adj. *despaired of, desperate;* en désespérés, *like desperate men.*
Désespérer, v. a. *to drive to despair.*
Désespoir, s. m. *despair.*
Deshabiller, v. a & n. *to undress, strip.*
Déshonneur, s. m. *dishonor.*
Déshonoré, e, part. adj. *disgraced dishonored.*
Déshonorer, v. a. *to dishonor, to disgrace.*
Désigner, v. a. *to designate, to denominate, to mention.*
Désintéressé, e, adj. *disinterested.*
Désir, s. m. *desire, wish.*
Désirer, v. a. *to desire, to wish.*

Désobéissance, s. f. *disobedience.*
Désolé, e, adj. *desolate, grieved.*
Désordre, s. m. *disorder, confusion.*
Désormais, adv. *henceforth, hereafter.*
Desquels, pron. rel. *of which.*
Dessécher, v. a. *to dry up, wither.*
Dessein, s. m. *design, intention;* à dessein, adv. *designedly.*
Dessert, s. m. *dessert, fruit.*
Desservir, v. a. & n. *to take away, to clear the table.*
Dessin, s. m. *drawing, draught, design.*
Dessous, adv. & prep. *underneath, under;* au dessous, *below.*
Dessus, prep. & adv. *upon, above, over;* au dessus, *above, beyond;* par-dessus, *over, over and above, besides;* là-dessus, *thereupon, upon that.*
Destin, s. m. *destiny, fate.*
Destinée, s. f. *destiny, fate.*
Destiner, v. n. *to design, intend, destine.*
Destructeur, adj. & s. m. *destructive, destroyer.*
Détachement, s. m. *detachment.*
Détacher, v. a. *to untie, unfasten, break off, detach.*
Détail, s. m. *retail; particulars; exact account, detail.*
Détaler, v. n. *to scamper away.*
Dételer, v. a. *to detach, unharness.*
se Déterminer, v. r. *to resolve, determine.*
Détestable, adj. *detestable, wretched.*
Détester, v. a. *to detest, abhor.*
Détour, s. m. *circumlocution, excuse, subterfuge.*
Détourner, v. a. *to disturb, hinder; to turn aside, to turn into a new channel.*
Détresse, s. f. *distress.*
Détroit, s. m *strait, narrow passage.*
Détruire, v. a *to destroy.*
Détruit, e, part. *destroyed.*
Dette, s. f. *debt.*
Deuil, s. m. *sorrow, grief, mourning.*
Deux, num. adj. *two;* tous deux, *both;* à deux de jeu, *even.*
Dévaler, v. a. & n. *to let down, lower.*

Devant, prep. *before;* au-devant, *in advance;* par devant, *before, in front;* ci-devant, *former, formerly.*
Dévaster, v. a. *to ruin, devastate.*
Développement, s. m. *unfolding opening of a plant.*
Développer, v. a. *to unfold, develop.*
Devenant, part. *becoming.*
Devenir, v. n. *to become;* qu'est-il devenu? *what has become of it,* or *him?*
Devenu, e, part. *become.*
Deviner, v. a. *to guess, to foretell to divine, presage.*
Devise, s. f. *device, motto.*
Dévoiler, v. a. *to unveil, reveal; to disclose, discover.*
Devoir, s. m. *duty;* se mettre en devoir, *to endeavor.*
Devoir, v. a. *to owe, to be.*
Dévorer, v. a. *to devour, eat up.*
Dévotement, adv. *devoutly, religiously.*
Dévoué, e, part. *devoted.*
Dévouement, s. m. *devotion, submission.*
Dévouer, v. a. *to devote, sacrifice.*
Diable, s. m. *devil.*
Diagnostique, s. m. *diagnosis, symptoms.*
Dialectique, s. f. *dialectics, logic.*
Diamant, s. m. *diamond.*
Diète, s. f. *diet, abstinence.*
Dieu, pl. dieux, s. m. *God, gods.*
Différence, s. f. *difference, variety, distinction.*
Différent, e, adj. & s. m. *different, various; difference, controversy.*
Difficile, adj. *difficult.*
Difficulté, s. f. *difficulty.*
Diffus, e, adj. *diffuse, prolix.*
Digérer, v. a. & n. *to digest.*
Digne, adj. *worthy.*
Dignement, adv. *worthily, with dignity.*
Dignité, s. f. *dignity, worth.*
Dilater, v. a. *to dilate.*
Diligence, s. f. *swift carriage lili gence, haste.*
Dimanche, s. m. *Sunday.*
Dîme, s. f. *church tithe.*
Diminuer, v. a. & n. *to lessen, diminish.*

Dindon, s. m. *turkey-cock.*
Dîner, v. n. *to dine.*
Dîner, s. m. *dinner.*
Diodore, s. m. *Diodorus.*
Diphthongue, s. f. *diphthong*
Diplomate, s. m. *diplomatist.*
Diplôme, s. m. *diploma.*
Dire, v. a. *to tell, to say, to indicate* c'est-à-dire, *that is to say.*
Dire, s. m. *saying, words.*
Directement, adv. *in a direct manner.*
Diriger, v. a. *to direct.*
Discerner, v. a. *to distinguish.*
Discipliné, e, part. *disciplined.*
Discoureur, s. m. *declaimer.*
Discourir, v. n. *to discourse, to treat.*
Discours, s. m. *discourse, speech, conversation.*
Discret, ète, adj. *discreet, prudent.*
Disette, s. f. *scarcity.*
Disgrâce, s. f. *misfortune, disgrace.*
Disparaître, v. n. *to disappear.*
Dispenser, v. a. *to dispense, bestow.*
Disperser, v. a. *to disperse, scatter.*
Disposer, v. a. *to dispose, arrange.*
se Disposer, v. r. *to get ready.*
Disposition, s. f. *preparation, state, disposition.*
Dispute, s. f. *dispute, quarrel.*
Disputer, v. n. *to dispute.*
Dissimuler, v. n. *to disguise, dissemble.*
Dissiper, v. a. *to dissipate, dispel.*
Dissolvant, s. m. *dissolvent.*
Distiller, v, a. *to distil.*
Distinguer, v. a. *to distinguish.*
Distribuer, v. a. *to distribute.*
Dit, e, part. *said, styled, called.*
Divers, e, adj. *various, several.*
Diversement, adv. *variously, differently.*
Divertir, v. a. *to divert, amuse.*
Divertissant, e, adj. *amusing, diverting.*
Divertissement, s. m. *diversion.*
Divin, e, adj. *divine.*
Divinement, adv. *divinely.*
Diviser, v. a. *to divide.*
se Diviser, v. r. *to be divided.*
Dix, num. adj. *ten.*
Dix-huit, num. adj. *eighteen.*
Dixième, num. adj. *tenth;* s. m. *tenth part.*
Dix-sept, num. adj. *seventeen.*
Dix-septième, num. adj. *seventeenth*
Docile, adj. *docile, tractable.*
Docilement, adv. *with docility.*
Docte, adj. *learned, erudite.*
Docteur, s. m. *doctor.*
Dogmatiser, v. a. *to dogmatize.*
Dogme, s. m. *dogma, doctrine.*
Dogue, s. m. *bull-dog, mastiff.*
Doigt, s. m. *finger.*
Domestique, s. m. & f. *domestic, servant.*
Domination, s. f. *dominion, power rule.*
Dominer, v. a. & n. *to govern, rule*
Dominicain, s. m. *Dominican,* or *white friar.*
Dommage, s. m. *pity, loss, damage.*
Dompter, v. a. *to conquer, subdue.*
Don, s. m. *gift.*
Donation, s. f. *donation, gift;* faire donation, *to make over by deed of gift.*
Donc, conj. *then, therefore.*
Donjon, s. m. *turret, tower,* or *platform in the midst of a castle.*
Donnée, s. f. *datum;* pl. *data.*
Donner, v. a. *to give, to fall upon, to charge, to plunge, to look.*
Dont, pron. rel. *of which, of whom, whose, with which.*
Doré, e, adj. *gilt, golden.*
Dorénavant, adv. *henceforth, in future.*
Dorer, v. a. *to gild.*
Dormant, part. *sleeping.*
Dormir, v. n. *to sleep.*
Dormir, s. m. *sleep.*
Dos, s. m. *back.*
Dot, s. f. *dowry.*
Douaire, s. m. *dowry.*
Douane, s. f. *custom-house.*
Douanier, s. m. *officer of customs.*
Doublement, adv. *doubly.*
Doubler, v. a. *to line (a garment).*
Douce, adj. fem. of doux, & s. f. *smooth, easy, mild, sweet.*
Doucement, adv. *gently, softly, slowly.*
Doucet, te, s. m. & f. *an abigail, an affectedly modest person.*
Douceur, s. f. *delight, mildness, sweetness.*

Douleur, s. f. *grief, sorrow, pain.*
Douloureux, se, adj. *painful, mournful, sorrowful.*
Doute, s. m. *doubt.*
Douter, v. a. *to doubt.*
Douteux, se, adj. *doubtful, dubious.*
Douvres, s. m. *Dover.*
Doux, fem. douce, adj. *sweet, mild, soft.*
Douzaine, s. f. *dozen.*
Douze, num. adj. *twelve.*
Dragon, s. m. *dragoon.*
Dramatique, adj. *dramatic.*
Drame, s. m. *drama.*
Drap, s. m. *cloth.*
Drapeau, s. m. *standard, stand of colors.*
Draper, v. a. *to clothe, to make the drapery.*
Drapier, s. m. *draper.*
Dresser, v. a. *to raise, to draw up, to erect.*
Drogue, s. f. *drug, stuff.*
Droguet, s. m. *drugget.*
Droit, s. m. *equity, law, right, claim, tax;* le droit des gens, *the law of nations;* de droit, *by right.*
Droit, adv. *straight, straight on.*
Droit, e, adj. *right, straight.*
à Droite, à droit, adv. *on the right hand.*
Droiture, s. f. *uprightness, integrity.*
Drôle, s. m. *fellow, varlet, knave.*
Drôlerie, s. f. *drollery, buffoonery, jest.*
Dromadaire, s. m. *dromedary.*
Druidique, adj. *Druidical.*
Du, art. def. m. *of the, from the;* art. part. *some.*
Dû, s. m. *what is due* or *owing.*
Dû, e, part. *owed, ought, due;* aurait dû, *ought to have.*
Duc, s. m. *a duke.*
Duché, s. m. *dukedom, duchy.*
Duchesse, s. f. *duchess.*
Dunkerque, s. *Dunkirk.*
Dupe, s. f. *dupe.*
Duquel, pron. rel. m. *of which.*
Dur, e, adj. *hard, tough.*
Durant, prep. *during.*
Durée, s. f. *durability, duration.*
Durement, adv. *rudely, roughly.*
Durer, v. n. *to last endure.*
Duvet, s. m. *down.*

E.

Eau, s. f. *water.*
Eau-de-vie, s. f. *brandy.*
Ébat, s. m. *pastime, sport.*
Ébène, s. f. *ebony.*
Ébloui, e, part. *dazzled.*
Ébranler, v. a. *to shake.*
Ébre, s. *Ebro (a river of Spain).*
Écarlate, s. f. *scarlet.*
Écarté, e, adj. *distant.*
Écarter, v. a. *to drive away, to remove, to put aside.*
s'Écarter, v. r. *to retire, to withdraw, to be lost.*
Ecclésiastique, s. m. *clergyman.*
Échange, s. m. *exchange, barter.*
Échanger, v. a. *to exchange.*
Échapper, v. n. *to escape, to let fall.*
Écharpe, s. f. *scarf.*
Échasses, s. f. pl. *stilts.*
s'Échauder, v. r. *to burn one's fingers.*
Échauffer, v. n. *to grow hot, angry.*
Échelle, s. f. *ladder.*
Échouer, v. n. *to prove abortive, to shipwreck.*
Écija, s. *a city of Andalusia.*
Éclabousser, v. a. *to splash, to dash mud about.*
Éclair, s. m. *lightning, flash.*
Éclairer, v. a. *to enlighten, to light.*
Éclat, s. m. *lustre, display, noise; splinter, shiver.*
Éclat de rire, *burst of laughter.*
Éclater, v. n. *to burst out, to shine, to sparkle.*
Éclatant, e, adj. *bright, showy striking, radiant.*
Éclipser, v. a. *to eclipse.*
Éclore, v. n. *to be hatched.*
Éclos, e, part. of éclore, *hatched.*
École, s. f. *school.*
Écolier, s. m. *scholar.*
Éconduire, v. a. *to dismiss.*
Économe, adj. *frugal, economical.*
Économie, s. f. *economy.*
Écorce, s. f. *bark.*
Écornifleur, s. m. *spunger, parasite* (figuratively) *shark, fox.*
Écossais, e, adj. *Scotch.*
Écosse, s. f. *Scotland.*
s'Écouler, v. r. *to slip away, to pass*
Écouter, v. a. *to hear, to listen to.*

Écraser, v. a. *to crush, overwhelm.*
s'Écrier, v. r. *to cry out, exclaim.*
Écrire, v. a. *to write.*
Écrit, s. m. *writing.*
Écrit, e, part. *written.*
Écritoire, s. f. *inkstand.*
Écriture, s. f. *writing, Scripture;* l'Écriture sainte, *the Holy Scriptures.*
Écrivain, s. m. *writer.*
Écu, s. m. *shield, buckler, crown-piece.*
Écumant, e, adj. *foaming.*
Écumer, v. a. & n. *to skim, to foam.*
Écureuil, s. m. *squirrel.*
Écurie, s. f. *stable.*
Écuyer, s. m. *esquire, attendant.*
Édition, s. f. *edition, impression.*
Édouard, s. m. *Edward.*
Éducation, s. f. *education.*
Effacer, v. a. *to efface.*
Effaroucher, v. a. *to frighten, scare.*
Effectivement, adv. *really, in effect.*
Effet, s. m. *effect, article of property;* en effet, *in fact, really.*
Efficace, adj. *efficacious.*
Efficacité, s. f. *efficacy.*
s'Efforcer, v. r. *to strive, endeavor.*
Effort, s. m. *effort, attempt.*
Effrayant, e, adj. *tremendous, fearful.*
Effrayer, v. a. *to frighten.*
s'Effrayer, v. r. *to be afraid.*
Effroi, s. m. *terror, dread, fright.*
Effronté, e, adj. *bold, impudent.*
Effroyable, adj. *frightful.*
Effronterie, s. f. *effrontery.*
Effusion, s. f. *overflowing, effusion.*
Égal, s. m. *equal, one of equal rank.*
Égal, e, pl. égaux, adj. *equal.*
Également, adv. *equally.*
Égaler, v. a. & n. *to equal.*
Égalité, s. f. *equality, uniformity, evenness.*
Égard, s. m. *account, regard, respect;* à l'égard de, *as to;* à votre égard, *towards you.*
Égarer, v. a. *to bewilder, mislead.*
s'Égarer, v. r. *to lose one's way.*
Églantier, s. m. *eglantine, sweet-brier.*
Église, s. f. *church, temple.*
Églogue, s. f. *eclogue, pastoral poem.*
Égoïste, s. m. & f. *egotist.*
Égorger, v. a. *to cut the throat, to butcher.*
Égypte, s. f. *Egypt.*
Égyptien, ne, s. m. & f. *Egyptian.*
Eh, *or* he, interj. *ah! alas! ha!* eh bien! *well! what! what of it,* &c.
s'Élancer, v. r. *to shoot, spring forward.*
Élargir, v. a. *to widen, stretch.*
Électeur, s. m. *elector.*
Électricité, s. f. *electricity.*
Élégant, s. m. *fop, fopling.*
Élément, s. m. *element, rudiment, first principle.*
Élévation, s. f. *elevation, advancement.*
Élève, s. m. *pupil.*
Élevé, e, part. adj. *high, lofty brought up, elevated, raised.*
Élever, v. a. *to bring up; to raise, to erect, to elevate.*
s'Élever, v. r. *to rise, ascend.*
s'Élider, v. r. *to be elided, cut off.*
Élision, s. f. *elision, suppression of a vowel.*
Elle, pron. pers. *she, it, her;* plu. elles, *they, them.*
Éloge, s. m. *eulogy, praise.*
Éloigné, e, part. adj. *distant, far remote.*
Éloignement, s. m. *absence, estrangement, aversion.*
s'Éloigner, v. r. *to go away, to retire.*
Éluder, v. a. *to elude, to evade.*
Élysée, s. m. *Elysium.*
Émailler, v. a. *to enamel.*
s'Embarquer, v. r. *to embark.*
Embarras, s. m. *perplexity, difficulty, distress, trouble.*
Embarrassant, e, adj. *embarrassing*
Embarrassé, e, part. *embarrassed, puzzled.*
Embarrasser, v. a. *to embarrass, puzzle.*
s'Embarrasser, v. r. *to trouble, to entangle one's self.*
Embaumer, v. a. *to embalm.*
s'Embéguiner, v. r. *to be infatuated* or *bewitched.*
Embellir, v. a. *to embellish, to beautify, to grace.*
Emblématique, adj *emblematical.*

Embonpoint, s. m. *fleshiness, good plight of the body.*
Embrasement, s. m. *conflagration, fire.*
Embraser, v. a. *to set on fire.*
Embrassade, s. m. *embrace, hug.*
Embrassement, s. m. *embrace.*
Embrasser, v. a. *to embrace, to grasp.*
Embrocher, v. a. *to put upon the spit.*
s'Embusquer, v. r. *to lie in ambush.*
Émerveiller, v. a. *to astonish, surprise.*
s'Émerveiller, v. r. *to be astonished, surprised; to be in raptures.*
Émilien, s. m. *Æmilianus.*
Éminemment, adv. *eminently, in the highest degree.*
Emmener, v. a. *to take, to lead, to carry away.*
Émotion, s. f. *emotion, discomposure.*
Émouvoir, v. a. *to move, to affect.*
s'Émouvoir, v. r. *to be moved, raised.*
s'Emparer, v. r. *to take possession, to subdue, to seize.*
Empaqueter, v. a. *to wrap up, to pack up.*
Empêchement, s. m. *disturbance, hindrance.*
Empêcher, v. a. *to prevent, to hinder.*
Empereur, s. m. *emperor.*
Emphase, s. f. *emphasis.*
Empirique, s. m. *empiric, quack.*
Emplette, s. f. *purchase.*
Emplir, v. a. *to fill, to fill up.* (*See* Remplir.)
Emploi, s. m. *office, employment, use.*
Employé, s. m. *a salaried officer.*
Employer, v. a. *to employ, to use.*
Empoigner, v. a. *to seize, to grasp.*
Empoisonner, v. a. *to poison.*
Empoisonneur, s. m. *poisoner, corrupter.*
Emporté, e, part. *carried away, shot off.*
Emportement, s. m. *transport, rage, anger.*
Emporter, v. a. *to remove, to carry, to carry off.*
s'Emporter, v. r. *to be angry.*
Empressé, e, adj. *eager, earnest, in haste, busy.*
Empressement, s. m. *haste, eagerness.*
s'Empresser, v. r. *to hasten, to be eager.*
Emprunt, s. m. *borrowing, loan.*
Emprunter, v. a. *to borrow.*
Ému, e, part. of émouvoir, *moved, disturbed.*
En, prep. *in, at, out of, through.*
En, adj. *like, as;* vivre en roi, *to live like a king.*
En, pron. *of him, of her, of it, of them; for him, for her, &c.; with him, with her, &c.; about him, about her, &c.; thence, from thence; some, any.*
Encaisser, v. a. *to pack up.*
Enchaîner, v. a. *to enchain, captivate.*
Enchanté, e, part. *glad, delighted, enchanted.*
Enchantement, s. m. *enchantment.*
Enchanter, v. a. *to enchant, delight.*
Enchanteur, enchanteresse, s. m. & f. *magician, enchanter.*
Enchanteur, enchanteresse, adj. *enchanting, bewitching.*
Enchâsser, v. a. *to enshrine, to set in gold, &c.*
Enclos, s. m. *enclosure.*
Encombre, s. m. *accident, encumbrance.*
Encore, encor, adv. *yet, again, also still.*
Encourager, v. a. *to encourage.*
Encourir, v. a. *to incur, fall under*
Encre, s. f. *ink.*
Encyclopédie, s. f. *encyclopædia.*
Endommagé, e, part. *damaged, hurt*
Endormi, e, part. adj. *fallen asleep sleepy.*
Endormir, v. a. *to put to sleep.*
s'Endormir, v. r. *to fall asleep.*
Endosser, v. a. *to put on.*
Endroit, s. m. *place, spot, passage.*
Endurant, e, adj. *patient, passive.*
Endurcir, v. a. *to harden, to indurate.*
Endurer, v. a. *to endure, to suffer.*
Énergie, s. f. *energy, vigor.*
Énergique, adj. *energetic, forcible.*
Énervé, e, part. *enervated, weakened.*
Enfance, s. f. *infancy, childhood.*
Enfant, s. m. & f. *child.*

Enfanter, v. a. *to bring forth.*
Enfer, s. m. *hell.*
Enfermer, v. a. *to shut in, to enclose.*
Enfin, adv. & conj. *in fine, in short, at last, at length, upon the whole, to conclude, in a word, lastly, finally.*
Enflammé, e, adj. *on fire, blazing.*
s'Enfler, v. r. *to swell.*
Enfoncé, e, part. adj. *open, hollow, sunken.*
Enfoncer, v. a. *to thrust, drive, plunge, to pull, thrust down.*
s'Enfuir, v. r. *to run away.*
Engageant, e, adj. *engaging, charming, attractive.*
Engager, v. a. *to engage, to induce, to pledge.*
Englouti, e, part. *swallowed up, devoured.*
Engourdissement, s. m. *numbness, dulness.*
Engrais, s. m. *fattening, fodder; manure.*
Engraisser, v. a. *to fatten.*
Énigme, s. f. *riddle, enigma.*
Enivrer, v. a. *to inebriate, to infatuate, to intoxicate.*
Enjôler, v. a. *to wheedle, to cajole.*
Enjôleur, se, s. m. & f. *wheedler.*
Enjoué, e, adj. *cheerful, mirthful.*
Enjouement, s. m. *cheerfulness, gayety, merriment.*
Enlacer, v. a. *to entwine, to entangle, to twist.*
Enlever, v. a. *to lift up, to carry off, to take away.*
Ennemi, e, adj. & s. m. & f. *enemy, adversary.*
Ennui, s. m. *dulness tediousness, weariness.*
Ennuyer, v. a. *to weary, to tire.*
s'Ennuyer, v. r. *to be weary* or *tired.*
Ennuyeux, se, adj. *tedious, wearisome.*
Énorme, adj. *enormous, huge.*
Énormité, s. f. *hugeness, vastness, enormity.*
Enragé, s. m. *madman.*
Enrager, v. n. *to be mad, enraged.*
Enrichir, v. a. *to enrich.*
Ensanglanter, v. a. *to make bloody, to imbrue in blood.*
Enseigne, s. f. *sign.*
Enseigner, v. a. *to teach, to instruct.*
Ensemble, adv. *together, one with another.*
Ensemble, s. m. *the whole piece of work.*
Enserrer, v. a. *to shut up, to enclose*
Ensevelir, v. a. *to bury.*
Ensuite, adv. *then, afterwards.*
Entamer, v. a. *to broach, to open.*
Entasser, v. a. *to heap up.*
Entendre, v. n. *to intend, to mean.*
Entendre, v. a. *to hear, to understand.*
Entendu, e, part. *heard, understood; skilful, wise.*
Enter, v. a. *to graft, to ingraft.*
Enterrer, v. a. *to inter, to bury.*
Entêté, e, adj. *obstinate, prepossessed.*
Enthousiasme, s. m. *enthusiasm.*
Entier, e, adj. *entire, whole, complete.*
Entièrement, adv. *entirely.*
Entonner, v. a. *to begin to sing.*
Entortiller, v. a. *to confuse, confound, entangle; to wrap, envelop.*
Entouré, e, part. *surrounded.*
Entourer, v. a. *to surround.*
Entrailles, s. f. pl. *entrails, bowels.*
Entraîner, v. a. *to drag, to drag along; to mislead, to hurry.*
Entre, prep. *between, in, among;* entr'autres, *among others.*
Entrecoupé, e, part. *intersected, interrupted.*
Entrée, s. f. *entrance; course of dishes.*
Entremêlé, e, part. *mixed.*
s'Entremêler, v. r. *to mix together.*
Entremets, s. m. *dainty dish.*
Entreprendre, v. a. *to undertake, to encroach, to invade.*
Entreprise, s. f. *attempt, enterprise.*
Entrer, v. n. *to enter, to go in.*
s'Entretenir, v. r. *to converse with, to support, to maintain, to sustain.*
Entretenu, e, part. *sustained.*
Entretien, s. m. *conversation, maintenance, support.*
Entrevoir, v. a. *to have a glimpse of*
Entrevue, s. f. *interview.*
Entr'ouvert, e, part. *half-opened.*

Entr'ouvrir, v. a. *to open half way, to rive, to divide.*
Envahi, e, part. *invaded.*
Envahir, v. a. *to invade, to usurp.*
Envahissant, e, part. *invading.*
Envelopper, v. a. *to wrap up, to envelop.*
Envers, prep. *towards.*
Envie, s. f. *envy, wish, desire;* avoir envie, *to wish, to desire.*
Envié, e, part. *envied.*
Envier, v. a. *to envy.*
Envieux, se, adj. & s. *jealous, envious.*
Environ, prep. *about, thereabouts.*
Environs, s. m. pl. *environs, neighborhood, adjacent parts.*
Environné, e, part. *encompassed, surrounded.*
Environner, v. a. *to surround, to environ.*
Envisager, v. a. *to face, to look at.*
s'Envoler, v. r. *to fly away.*
Envoyé, s. m. *an envoy, a nuncio.*
Envoyer, v. a. *to send.*
Épais, e, adj. *thick, coarse.*
Épaisseur, s. f. *thickness.*
Épandre, v. a. *to pour out, to shed.*
Épargne, s. f. *savingness, parsimony.*
Épargner, v. a. *to spare, to save.*
Éparpiller, v. a. *to scatter.*
Épaté, e, adj. *broad, flat.*
Épaule, s. f. *shoulder.*
Épée, s. f. *sword;* coup d'épée, *sword-thrust.*
Éperdu, e, adj. *confounded, dismayed.*
Éperon, s. m. *spur.*
Épi, s. m. *ear of corn.*
Épicerie, s. f. *spices, groceries.*
Épicier, s. m. *grocer.*
Épicure, s. m. *Epicurus.*
Épier, v. a. *to watch, to spy.*
Épine, s. f. *thorn.*
Épines, s. f. pl. *troubles, difficulties.*
Épingle, s. f. *pin.*
Épistolaire, adj. *epistolary.*
Épitaphe, s. f. *epitaph.*
Épître, s. f. *letter, epistle.*
Époque, s. f. *period, epoch.*
Épouse, s. f. *spouse, wife, bride.*
Épouser, v. a. *to marry, to wed.*
Épouvantable, adj. *dreadful, frightful.*
Épouvante, s. f. *terror, dismay.*
Épouvanter, v. a. *to frighten.*
s'Épouvanter, v. r. *to be frightened.*
Époux, s. m. *husband;* pl. *couple, man and wife.*
Épreuve, s. f. *proof, trial;* à l'épreuve du feu, *fire-proof.*
Épris, e, adj. *taken, charmed, smitten.*
Éprouvé, e, part. *proved, experienced tested.*
Éprouver, v. a. *to experience, to test, to try.*
Épuiser, v. a. *to empty to exhaust.*
Équateur, s. m. *equator.*
Équilibre, s. m. *equilibrium.*
Équipage, s. m. *equipage, gear crew.*
Équipé, e, part. *fitted out.*
Équiper, v. a. *to fit out, to equip.*
Équitation, s. f. *horsemanship.*
Équivoque, adj. & s. *doubtful, equivocal; ambiguity, double meaning.*
Ère, s. f. *era, epoch.*
Ériger, v. a. *to erect, to set up, to pretend.*
Ermitage, s. m. *hermitage, convent.*
Ermite, s. m. *hermit, anchoret.*
Errant, e, adj. *wandering;* chevalier errant, *knight-errant;* chevalerie errante, *knight-errantry.*
Erratum, s. m. *list of errors.*
Errer, v. n *to wander.*
Erreur, s. f. *error, mistake.*
Escalier, s. m. *staircase.*
Escarpé, e, adj. *steep.*
Esclavage, s. m. *slavery.*
Esclave, s. m. & f. *slave.*
Escopette, s. f. *sort of carabine.*
Escorte, s. f. *escort, guard, convoy.*
Escorter, v. a. *to guard, to escort.*
Escroquer, v. a. *to spunge, to steal.*
Escroquerie, s. f. *spunging, sharping, knavery.*
Esculape, s. m. *Esculapius.*
Espace, s. m. *space, distance.*
Espagne, s. f. *Spain.*
Espagnol, e, adj. & s. *Spanish, Spaniard.*
Espaliers, s. m. pl. *dwarf-trees, planted in rails; espaliers.*

Esparcette, *or* éparcet, s. m. & f. *a species of hay-grass.*
Espèce, s. f. *kind, species, nature; money.*
Espérance, s. f. *hope, expectation.*
Espérer, v. a. & n. *to hope, to hope for, to expect.*
Espion, s. m. *spy, informer.*
Espoir, s. m. *hope.*
Esprit, s. m. *wit, mind, senses, spirit.*
Esquif, s. m. *skiff, boat, yawl.*
Esquisse, s. f. *sketch.*
s'Esquiver, v. r. *to steal away.*
Essai, s. m. *experiment, essay, trial, attempt.*
Essaim, s. m. *swarm.*
Essayer, v. a. *to try.*
Essor, s. m. *flight.*
Essuyer, v. a. *to wipe away, to dry up, to bear, to endure.*
Estampe, s. f. *engraving, print.*
Estime, s. f. *esteem, respect.*
Estimer, v. a. *to esteem, to estimate.*
Estomac, s. m. *stomach.*
Estropier, v. a. *to lame, to cripple.*
Et, conj. *and.*
Étable, s. f. *stable.*
Établir, v. a. *to establish, to settle.*
Établissement, s. m. *establishment.*
Étage, s. m. *story, floor.*
Étaler, v. a. *to display.*
État, s. m. *state, case, condition.*
Été, s. m. *summer.*
Éteindre, v. a. *to quench, to extinguish.*
s'Éteindre, v. r. *to be extinguished, to go out.*
Étendard, s. m. *standard, banner.*
Étendre, v. a. *to spread, to stretch out, to extend.*
Étendu, e, part. *extended.*
Étendue, s. f. *extent, capacity, discernment.*
Éternel, le, adj. *eternal.*
Éternellement, adv. *eternally.*
Éterniser, v. a. *to immortalize.*
Éternité, s. f. *eternity.*
Étienne, s. m. *Stephen.*
Étincelant, e, adj. *sparkling, brilliant.*
Étinceler, v. n. *to sparkle, to gleam.*
Étiquette, s. f. *etiquet, ceremony.*
Étoffe, s. f. *stuff, cloth.*
Étoile, s. f. *star.*
Étolien, ne, adj. & s. *Ætolian.*
Étonnant, e, adj. *amazing, astonishing.*
Étonné, e, part. *amazed, astonished.*
Étonnement, s. m. *astonishment.*
Étonner, v. a. *to astonish, to amaze.*
s'Étonner, v. r. *to be astonished.*
Étouffer, v. a. *to choke, to smother.*
Étourderie, s. f. *imprudence, giddiness, thoughtlessness.*
Étourdi, e, part. *stunned, giddy.*
à l'Étourdie, adv. *desperately.*
Étourdir, v. a. *to stun, to make dizzy.*
s'Étourdir (sur), v. r. *to shake off the thought of.*
Étourdissant, e, adj. *stunning.*
Étrange, adj. *strange, queer, odd, foreign.*
Étrangement, adv. *strangely.*
Étranger, ère, adj. & s. *strange foreign, unknown; stranger, foreigner.*
Étrangler, v. a. *to strangle, to choke.*
Être, v. auxil. *to be, to dwell, to lie, to exist, to make, to keep, to prove.*
Être, s. m. *being, existence.*
Étreindre, v. a. *to bind, to grasp.*
Étroit, e, adj. *straight, narrow, close; intimate.*
à l'Étroit, adv. *in a narrow compass.*
Étude, s. f. *study, application, learning.*
Étudiant, s. m. *student, scholar.*
Étudier, v. a. *to study.*
Européen, ne, adj. *European.*
Eurystène, s. m. *Eurysthenes.*
Eux, pron. pers. *they, them.*
Évaluer, v. a. *to estimate the value of.*
Évangile, s. m. *the Gospel.*
Évanoui, e, adj. *swooned, senseless.*
s'Évanouir, v. r. *to swoon, faint away; to disappear, to vanish.*
Évanouissement, s. m. *swoon, fainting-fit, syncope.*
Éveiller, v. a. *to awaken, to call, to rouse up.*
Événement, s. m. *event, incident.*
Éventail, s. m. *a fan.*

Évêque, s. m. *a bishop.*
s'Évertuer, v. r. *to labor, to strive, to study.*
Éviter, v. a. *to avoid, to shun.*
Exact, e, adj. *exact, punctual.*
Exactement, adv. *exactly.*
Exactitude, s. f. *accuracy, punctuality.*
Exagération, s. f. *exaggeration.*
Exalté, e, part. *exalted.*
Examen, s. m. *examination, search.*
Examiner, v. a. *to examine.*
Excellence, s. f. *excellence, excellency;* par excellence, *emphatically.*
Excellent, e, adj. *excellent, perfect.*
Exceller, v. n. *to excel.*
Excepté, prep. *except.*
Excepter, v. a. *to except.*
Excès, s. m. *excess, waste, debauchery.*
à l'Excès, adv. *excessively.*
Excessif, ve, adj. *excessive.*
Exciter, v. a. *to excite, to provoke.*
Excommunié, e, s. m. & f. *an excommunicated person.*
Excuser, v. a. *to excuse, to apologize.*
Exécuter, v. a. *to execute, to perform.*
Exécuteur, s. m. *executor, performer.*
Exemplaire, s. m. *copy.*
Exemple, s. m. *example, precedent.*
Exercé, e, part. *practised, exercised.*
Exercer, v. a. *to exercise.*
Exercice, s. m. *exercise.*
Exhalaison, s. f. *exhalation.*
Exhaler, v. a. *to exhale.*
Exhorter, v. a. *to exhort.*
Exiger, v. a. *to exact to require.*
Exiler, v. a. *to exile, to banish.*
Exister, v. n. *to exist.*
Exotique, adj. *exotic, foreign.*
Expédier, v. a. *to write out, to dispatch.*
Expéditif, ve, adj. *expeditious.*
Expert, e, adj. *expert, skilful.*
Expier, v. a. *to expiate, to atone for.*
Expirer, v. n. *to expire, to die.*
Explication, s. f. *explanation, explication.*
Expliquer, v. a. *to explain.*
Exploit, s. m. *exploit, achievement.*
Exploiter, v. a. *to work.*
Exposer, v. a. *to expose, to exhibit.*
Exprès, adv. *purposely, on purpose.*
Expressif, ve, adj. *significant, expressive.*
Exprimer, v. a. *to express.*
Exquis, e, adj. *delightful, exquisite.*
Extase, s. f. *ecstasy, rapture.*
s'Extasier, v. r. *to fall into an ecstasy, a trance,* or *rapture.*
Exténué, e, part. *emaciated, lean.*
Extérieur, e, adj. & s. *exterior, external.*
Exterminer, v. a. *to exterminate.*
Extrait, e, part. *extracted.*
Extraordinaire, adj. *extraordinary, unusual.*
Extravagant, e, adj. & s. *extravagant, foolish, visionary.*
Extravaguer, v. n. *to rave, to talk foolishly.*
Extrême, adj. *extreme, very great.*
Extrêmement, adv. *extremely.*
Extrémité, s. f. *extremity.*

F.

Fabriquer, v. a. *to manufacture.*
Fabuleux, se, adj. *fabulous.*
Fabuliste, s. m. *composer of fables.*
Face, s. f *face, surface.*
Fâché, e adj. *sorry, angry, displeased.*
Fâcher, v. a. *to vex, to make angry.*
se Fâcher, v. r. *to be angry.*
Fâcheux, se, adj. *grievous, troublesome.*
Facile, adj. *easy, facile.*
Facilement, adv. *easily, freely.*
Facilité, s. f. *ease, readiness.*
Faciliter, v. a. *to facilitate.*
Façon, s. f. *manner, fashion, form, mode, garb, guise, air;* en aucune façon, *not at all.*
Façonner, v. a. *to fashion, to form.*
Faculté, s. f. *faculty.*
Fade, adj. *silly, witless.*
Fagot, s. m. *fagot.*
Faible, adj. *weak, feeble, faint.*
Faible, s. m. *weakness, feebleness.*
Faiblement, adv. *faintly, weakly.*
Faiblesse, s. f. *weakness, feebleness, languor.*
Faillir, v. n. *to fail, to be bankrupt.*
Faim, s. f. *hunger;* avoir faim, *to be hungry.*
Fainéant, s. m. *idler, lazy fellow.*

Faire, v. a. *to do, to make, to act, to imitate, to counterfeit;* nous n'avons que faire, *we have nothing to do with;* grand bien vous fasse, *much good may it do you.*
Faire faire, v. a. *to cause to be done* or *made.*
Faiseur, s. m. *maker, doer, performer.*
Fait, e, part. *done, made;* c'en était fait de, *it would have been all over with.*
Fait, e, adj. *full-grown, accomplished.*
Fait, s. m. *fact, act, deed, action, case; what fits one, what suits him;* pour vous mettre au fait, *to give you a true notion;* homme fait, *an accomplished, well-educated man.*
Faîte, s. m. *top, pinnacle.*
Faix, s. m. *load, burden.*
Falloir, v. impers. *to be necessary* or *needful.*
Fameux, se, adj. *famous.*
Familiariser, v. a. *to familiarize.*
Familiarité, s. f. *familiarity.*
Familier, e, adj. *familiar.*
Familièrement, adv. *familiarly.*
Famille, s. f. *family.*
Fanal, pl. fanaux, s. m. *lantern;* tours à fanaux, *light-houses.*
Fanatique, adj. & s. *fanatical, fanatic.*
Fanatisme, s. m. *fanaticism.*
Faneur, faneuse, s. m. & f. *haymaker.*
Fanfare, s. f. *flourish of a trumpet.*
Fantaisie, s. f. *whim, fantasy.*
Fantasque, adj. & s. *humorous, odd.*
Fantassin, s. m. *foot-soldier, infantry.*
Fantastique, adj. *chimerical.*
Fantôme, s. m. *phantom, spectre.*
Faon, s. m. *fawn, young deer.*
Faquin, s. m. *blockhead, scoundrel.*
Farce, s. f. *farce, comedy.*
Farcir, v. a. *to stuff.*
Fard, s. m. *disguise, guile.*
Fardeau, s. m. *burden.*
Fariboles, s. f. pl. *idle tales, trifles.*
Farine, s. f. *flour.*
Far niente (faire rien) [Italian], (the do-nothing); *repose of mind and body.*
Farouche, adj. *severe, stern, savage.*
Fat, s. m. *coxcomb, dandy.*
Fatigué, e, adj. *tired, fatigued.*
Fatiguer, v. a. *to fatigue, to tire.*
Fatuité, s. f. *foppery, silliness.*
Faubourg, s. m. *suburb.*
Faucon, s. m. *falcon.*
Fausseté, s. f. *falsehood, duplicity.*
Faute, s. f. *fault, mistake; want, need;* faute de, par faute de, *for want of.*
Fauteuil, s. m. *arm-chair.*
Fauve, adj. *reddish-colored.*
Faux, fem. fausse, adj. *false.*
Faveur, s. f. *favor, aid, benefit.*
Favori, te, adj. & s. *favorite.*
Fécond, e, adj. *fruitful, productive.*
Fée, s. f. *fairy, goblin.*
Féerie, s. f. *the fairy art.*
Feindre, v. a. *to feign.*
Feinte, s. f. *artifice, dissimulation.*
Félicité, s. f. *felicity, happiness.*
Féliciter, v. a. *to congratulate.*
Femelle, adj. & s. f. *female.*
Féminin, e, adj. *feminine.*
Femme, s. f. *woman, wife;* femme de chambre, *chambermaid.*
Fendre, v. a. *to cleave, rend, break;* cela me fend le cœur, *it breaks my heart.*
Fenêtre, s. f. *window.*
Fente, s. f. *leak, crack, chink, crevice.*
Féodal, e, adj. *feudal.*
Fer, s. m. *iron; head of an arrow* or *spear.*
Fers, s. m. pl. *chains, fetters, horseshoes.*
Ferme, adj. *firm, steady;* terre ferme, *terra firma.*
Ferme, s. f. *farm, manor.*
Fermer, v. a. *to shut, to close.*
Fermeté, s. f. *firmness.*
Fermier, s. m. *farmer.*
Fermière, s. f. *farmer's wife.*
Féroce, adj. *ferocious, wild, cruel.*
Férocité, s. f. *ferocity, fierceness.*
Ferré, e, part. *shod;* ferré à glace, *frost-nailed; master of the subject.*
Ferrer, v. a. *to shoe (a horse).*
Fertile, adj. *fertile, productive.*
Fertilité, s. f. *fertility.*
Férule, s. f. *ferula, hand-clapper.*

Ferveur, s. f. *fervor, zeal.*
Festin, s. m. *feast, entertainment.*
Fête, s. f. *feast, festival;* jour de fête, *holiday.*
Fêter, v. a. *to keep holiday; to welcome, to caress.*
Feu, s. m. *fire, heat.*
Feu, e, adj. *late, defunct, deceased, old.*
Feuillage, s. m. *foliage.*
Feuille, s. f. *leaf, sheet, bill.*
Feuillet, s. m. *leaf, page.*
Feuilleter, v. a. *to turn over leaves.*
Feuilleton, s. m. *supplement* or *appendix to a newspaper.*
Fève, s. f. *bean.*
Février, s. m. *February.*
Fi, interj. *fy! fy upon it!*
Fiancée, s. f. *a betrothed maid; the bride.*
Fidèle, adj. *faithful, true.*
Fidèlement, adv. *faithfully.*
Fidélité, s. f. *fidelity.*
Fiel, s. m. *gall; bitterness, hatred, rancor.*
se Fier, v. r. *to trust to, to rely.*
Fier, e, adj. *proud, haughty, noble.*
Fièrement, adv. *boldly, haughtily.*
Fierté, s. f. *pride, haughtiness.*
Fièvre, s. f. *fever.*
Fifre, s. m. *fifer, fife.*
Figue, s. f. *fig.*
Figuier, s. m. *fig-tree.*
Figure, s. f. *face, figure, person.*
se Figurer, v. r. *to figure, to conceive, to imagine;* figurez-vous, *figure to yourself.*
Fil, s. m. *thread.*
Filer, v. a. *to spin.*
Filiation, s. f. *descent.*
Fille, s. f. *daughter, girl;* petite-fille, *grand-daughter.*
Fillette, s. f. *young lass* or *girl.*
Filou, s. m. *thief, pickpocket.*
Fils, s. m. *son, child;* petit-fils, *grand-son;* beau-fils, *son-in-law.*
Fin, s. m. *end, design, intention, gist, chief point;* faire le fin, *to carry it cunningly.*
Fin, s. f. *end, conclusion, term;* à la fin, *at last, at length.*
Fin, e, adj. *fine, ingenious, cunning.*
Finement, adv. *adroitly, ingeniously.*
Finesse, s. f. *fineness, subtlety.*
Fini, e, part. *finished, ended, surmounted.*
Finir, v. a. & n. *to finish, to cease to end.*
Fiole, s. f. *phial.*
Firman, s. m. *firman, ordinance of the Grand Seignior.*
Fixe, adj. *fixed, steady.*
Fixer, v. a. *to fix.*
Flairer, v. a. *to smell, to scent (said of hounds).*
Flamand, e, adj. *Flemish.*
Flambeau, s. m. *flambeau, taper.*
Flamme, s. f. *flame, blaze, glow.*
Flanc, s. m. *side, flank.*
Flandre, s. f. *Flanders.*
Flatté, e, part. *flattered.*
Flatter, v. a. *to flatter, to cajole.*
Flatterie, s. f. *flattery, adulation.*
Flatteur, flatteuse, adj. & s. m. & f. *fawning, flattering, flatterer.*
Fléau, s. m. *scourge, plague.*
Flèche, s. f. *arrow, bolt, shot.*
Flétrir, v. a. *to dry up, to tarnish.*
Fleur, s. f. *flower.*
Fleuret, s. m. *foil (for fencing).*
Fleurir, v. n. *to flourish, to blossom, to blow.*
Fleuve, s. m. *a river, a great river.*
Florissant, e, adj. *flourishing.*
Flot, s. m. *wave, billow, surge;* à flots, *in torrents.*
Flottant, e, adj. *floating.*
Flotte, s. f. *fleet, navy.*
Fluer, v. n. *to flow, to run.*
Flûte, s. f. *a flute.*
Foi, s. f. *faith, credit, belief.*
Foin, s. m. *hay, grass.*
Foire, s. f. *fair, market;* jour de foire, *market-day.*
Fois, s. f. *time, bout;* une fois, *once,* deux fois, *twice;* trois fois, *three times;* à la fois, tout à la fois, *at once, all at once.*
Fol, folle, adj. *foolish, mad.* (*See* Fou.)
Folâtre, adj. *playful, sportive.*
Folie, s. f. *folly, madness.*
Fomenter, v. a. *to foment, to cherish, to feed.*
Fond, s. m. *bottom, farther end, extremity, most interior part, inmost recess, main point;* à fond, *to the bottom.*

de Fond en comble, adv. *utterly, wholly.*
Fondamental, e, adj. *fundamental.*
Fondateur, s. m. *founder.*
Fondation, s. f. *foundation.*
Fondé, e, part. *founded.*
Fondement, s. m. *foundation.*
Fonder, v. a. *to found, to establish.*
Fondre, v. a. & n. *to fall, to sink, to melt; to rush, to pounce.*
Fonds, s. m. *land, soil, ground; fund, funds, stock.*
Fontaine, s. f. *spring, stream.*
Force, s. f. *strength, force;* à force, *by dint of.*
Force, adj. *plenty of, a great deal of, a great many.*
Forcer, v. a. *to force, to compel.*
Forêt, s. f. *forest, wood.*
Forfait, s. m. *crime, offence.*
Formalité, s. f. *formality, form in law.*
Forme, s. f. *form, pattern, crown of a hat;* dans les formes, *according to the rules.*
Formé, e, adj. *grown up.*
Former, v. a. *to form, to make, to train up.*
Formidable, adj. *terrible, frightful.*
Fort, s. m. *fort, stronghold; height, extremity.*
Fort, adv. *very, extremely, much, very well, very much.*
Fort, e, adj. *strong, stout, vigorous.*
Fortement, adv. *strongly, firmly.*
Forteresse, s. f. *fortress, citadel, fortified place.*
Fortifié, e, part. *fortified, strengthened.*
Fortifier, v. a. *to fortify, to strengthen.*
Fortune, s. f. *fortune, luck, chance.*
Fortuné, e, adj. *fortunate, happy.*
Fosse, s. f. *grave, hole, pit.*
Fossé, s. m. *ditch, trench, dike.*
Fossette, s. f. *chuck-farthing; dimple.*
Fou, fol, folle, adj. & s. *mad, foolish, out of one's wits; madman, fool.*
Foudre, s. f. *thunderbolt, thunder, lightning.*
Fouet, s. m. *whip.*
Fougère, s. f. *fern, a plant always green.*
Fougue, s. f. *fury, heat, passion.*
Fouiller, v. a. *to dig the ground, to search, to examine.*
Foule, s. f. *crowd, multitude.*
Fouler, v. a. *to trample on, to tread*
Fourbe, s. m. *cheat, impostor.*
Fourberie, s. f. *imposture, knavery.*
Fourchette, s. f. *fork, table-fork.*
Fourmi, s. f. *ant, pismire.*
Fourmilière, s. f. *swarm, crowd of people; ant-hill.*
Fourmiller, v. n. *to swarm.*
Fourneau, s. m. *furnace, stove.*
Fourni, e, part. *stocked, furnished.*
Fournir, v. a. *to furnish, to provide.*
Fourreau, s. m. *scabbard, sheath.*
Fourrer, v. a. *to thrust in; to fur,* or *line with fur.*
Fourreur, s. m. *furrier.*
Foyer, s. m. *hearth, fireside, habitation.*
Fracas, s. m. *crash, clatter, tumult.*
Fracasser, v. a. *to break in pieces, to shatter, to destroy.*
Fragile, adj. *frail, brittle.*
Fraîcheur, s. f. *coolness, freshness.*
Frais, fraîche, adj. *fresh, sweet, cool.*
Frais, s. m. pl. *expenses, charges.*
Fraise, s. f. *strawberry; lamb* or *calf's caul.*
Framboise, s. f. *raspberry.*
Franc, s. m. *a French coin, worth about nineteen cents.*
Franc, franche, adj. *frank, true, sincere.*
Français, e, adj. & s. *French, Frenchman, French woman;* à la Française, *in the French style.*
Franchement, adv. *frankly, freely.*
Franchir, v. a. *to leap over, to scale.*
Franchise, s. f. *frankness, sincerity.*
François, s. m. *Francis (a man's name).*
Françoise, s. f. *Frances (a woman's name).*
Frappant, e, adj. *striking, affecting.*
Frappé, e, part. *struck.*
Frapper, v. a. *to strike, to hit, to knock.*
Fraude, s. f. *fraud, deceit.*
Frayé, e, adj. *cleared, beaten,* routes frayées, *beaten roads.*

Frayeur, s. f. *fright, dread, fear.*
Fredaine, s. f. *mad prank, frolic.*
Fredon, s. m. *trilling, quavering.*
Frégate, s. f. *frigate.*
Frémir, v. n. *to tremble, to quake.*
Frémissement, s. m. *quaking, trembling.*
Frénésie, s. f. *phrenzy, madness.*
Fréquemment, adv. *frequently.*
Fréquent, e, adj. *frequent, common.*
Fréquenter, v. a. *to frequent, to keep company with.*
Frère, s. m. *brother; friar.*
Fretin, s. m. *fry, young fish, trash.*
Friand, e, adj. *dainty.*
Friandise, s. f. *dainty, daintiness.*
Friche, s. f. *fallow-ground, untilled;* en friche, *fallow.*
Fripier, s. m. *dealer in old clothes.*
Fripon, s. m. *knave, cheat.*
Frire, v. a. *to fry.*
Friser, v. a. *to curl, to frizzle.*
Frisson, s. m. *shivering.*
Frissonner, v. n. *to tremble, to shiver.*
Frit, e, adj. *fried.*
Friture, s. f. *a fried dish; fried fish.*
Frivole, adj. *frivolous; desultory.*
Froc, s. m. *a monk's habit.*
Froid, e, adj. & s. *cold;* avoir froid, *to be cold.*
Fromage, s. m. *cheese.*
Front, s. m. *forehead, front;* de front, *face to face.*
Frontière, s. f. *frontier.*
Frotter, v. a. *to rub.*
Frugalement, adv. *frugally, temperately.*
Frugalité, s. f. *economy, temperance.*
Fruit, s. m. *fruit.*
Fruitier, s. m. *fruit-tree.*
Fruitière, s. f. *fruit-woman.*
Fuir, v. n. *to fly, to flee, to escape.*
Fuite, s. f. *flight, escape.*
Fumant, e, adj. *smoking.*
Fumée, s. f. *smoke, fume.*
Fumer, v. a. & n. *to smoke.*
Fumeux, se, adj. *smoky, fumy.*
Funèbre, adj. *funeral, funereal.*
Funérailles, s. f. pl. *funeral.*
Funeste, adj. *fatal, doleful.*
Fureter, v. n. *to ferret, to search.*
Fureur, s. f. *fury, madness.*
Furie, s f. *fury age.*
Furieusement, adv. *extremely, desperately.*
Furieux, se, adj. *furious.*
Fusil, s. m. *musket, gun.*
Fusiller, v. a. *to shoot.*
Futaie, s. f. *forest of lofty trees.*
Futile, adj. *worthless, vain.*
Futur, e, adj. *future.*
Fuyard, s. m. *fugitive, runaway.*

G

Gabelle, s. f. *excise on salt.*
Gage, s. m. *salary;* gages, *wages.*
Gager, v. a. *to bet, to wager, to hire.*
Gagner, v. a. *to gain, to get.*
Gai, e, adj. *gay, lively.*
Gaillard, e, adj. *brisk, jolly, merry*
Gaîment, gaiement, adv. *gayly.*
Gaîté, gaieté, s. f. *gayety, cheerfulness.*
Galant, e, adj. & s. *polite, genteel, elegant; gallant, spark.*
Galère, s. f. *galley.*
Galerie, s. f. *gallery, corridor.*
Galeux, se, adj. & s. *scabby; scurvy fellow.*
Galice, s. f. *Gallicia.*
Galien, s. m. *Galen.*
Galimatias, s. m. *nonsense, balderdash.*
Gallicisme, s. m. *Gallicism, French idiom,* or *turn of expression.*
Galop, s. m. *gallop.*
Galoper, v. n. *to gallop.*
Gambade, s. f. *gambol.*
Gambader, v. n. *to gambol, to skip.*
Gamelle, s. f. *wooden bowl, porringer;* vivre à la gamelle, *to eat out of the same dish.*
Gant, s. m. *glove.*
Garantir, v. a. *to guarantee, to warrant; to defend, to protect.*
Garçon, s. m. *boy, lad; bachelor.*
Garde, s. m. *guard, keeper.*
Garde, s. f. *care, guard;* n'avoir garde de, *to take care not to;* en garde, Monsieur, en garde *Parry, Sir, parry;* prendre garde, *to take care, to notice, to observe.*
Garde-robe, s. f. *wardrobe.*
Garder, v. a. *to keep.*
se Garder, v. r. *to beware.*

Gardien, ne, s. m. & f. *keeper, guardian.*
Garnir, v. a. *to furnish, to trim.*
Garnison, s. f. *garrison.*
Garnisoner, v. a. *to garrison, fortify.*
Gâté, e, adj. *spoiled.*
Gâteau, s. m. *cake.*
Gâter, v. a. *to spoil.*
Gauche, adj. *left; awkward;* à gauche, *on the left.*
Gaule, s. f. *Gaul.*
Gaulois, s. m. pl. *Gauls*
Gazon, s. m. *green turf.*
Géant, s. m. *giant.*
Gémir, v. n. *to lament, to sigh.*
Gémissement, s. m. *groan, mourning.*
Gendarme, gens-d'armes, s. m. *horseman in armor, soldiers.*
se Gendarmer, v. r. *to bluster.*
Gendre, s. m. *son-in-law.*
Géner, v. a. *to annoy, constrain, trouble.*
Général, pl. généraux, s. m. *general, chief.*
Géneral, e, adj. *general, universal.*
Généreusement, adv. *generously.*
Généreux, se, adj. *generous.*
Générosité, s. f. *generosity.*
Genêt, s. m. *the broom-plant.*
Genève, s. *Geneva.*
Génevois, e, adj. *Genevan.*
Génie, s. m. *genius, familiar spirit, goblin.*
Génisse, s. f. *heifer.*
Genou, x, s. m. *knee,* se mettre à genoux, *to kneel down.*
Genre, s. m. *kind; style of writing.*
Gens, s. m. & f. pl. *people; servants, attendants;* les petites gens, *the common people.*
Gentil, le, adj. *pretty, neat, genteel.*
Gentilhomme, s. m. *gentleman.*
Gentilhommière, s. f. *small country-house of a gentleman.*
Germain, e, adj. *german;* cousin-germain, *first cousin.*
Germe, s. m. *germ.*
Geste, s. m. *gesture, action.*
Gibecière, s. f. *game-bag.*
Gibier, s. m. *game.*
Gigantesque, adj. *gigantic; of a great height.*
Gigot, s. m. *leg of mutton.*
Gilet, . m. *waistcoat, vest.*
Girafe, s. f. *giraff.*
Gisant, e, adj. (*from* Gésir), *lying extended.*
Glacer, v. a. *to freeze, congeal.*
Glaces, s. f. pl. *ice-creams.*
Gladiateur, s. m. *gladiator.*
Glisser, v. a. & n. *to slip* or *slide.*
Gloire, s. f. *glory, fame, honor.*
Glorieux, se, adj. & s. *glorious proud; boaster.*
se Glorifier, v. r. *to glory, to boast.*
Gloser, v. a. *to comment* or *gloss to find fault, censure, criticise.*
Glouton, ne, adj. *gluttonous.*
Gluau, x, s. m. *a twig covered with a glutinous substance, to catch birds.*
Gobelet, s. m. *goblet, cup.*
Goguenard, e, adj. & s. *bantering buffoon.*
Goguenarderie, s. f. *low jest.*
Golfe, s. m. *gulf.*
Gonfler, v. n. *to swell.*
Gorge, s. f. *throat; bill; narrow passage between mountains.*
Gorgone, s. f. *Gorgon.*
Gourde, s. f. *gourd.*
Gourmade, s. f. *cuff, fisty-cuff.*
Gourmand, e, adj. & s. *gormandizer; gourmand; epicure.*
Gourmer, v. a. *to cuff, to box.*
Goût, s. m. *taste, relish.*
Goûter, v. a. *to taste, relish, enjoy.*
Goutte, s. f. *drop; gout;* goutte à goutte, *drop by drop.*
Gouvernante, s. f. *housekeeper, governess.*
Gouvernement, s. m. *command, government.*
Gouverner, v. a. *to govern, rule.*
Gouverneur, s. m. *governor.*
Grâce, s. f. *grace, favor, thanks, pardon; divine favor;* de grâce, *pray!*
Gracieux, se, adj. *agreeable, graceful.*
Graduellement, adv. *gradually.*
Grain, s. m. *seed.*
Gramen, s. m. *a name given to several species of grass.*
Grammairien, s. m. *grammarian.*
Grand, s. m. *grandee, nobleman.*

Grand, e, adj. *grand, great, large, grown, tall.*
à la Grande, adv. *on a great scale, after the fashion of great lords.*
Grandeur, s. f. *size, greatness; excellency, dignity.*
Grandiose, adj. & s. f. *striking, imposing.*
Grandir, v. n. *to grow, grow large.*
Grand'maman, s. f. *grandmother.*
Grand-père, s. m. *grandfather.*
Grand-visir, s. m. *grand vizier.*
Grange, s. f. *barn.*
Grappe, s. f. *bunch, cluster;* grappe de raisin, *cluster of grapes.*
Gras, se, adj. *fat, rich.*
Gratter, v. a. *to scratch.*
Grave, adj. *grave, serious.*
Gravement, adv. *gravely.*
Graver, v. a. *to engrave.*
Gravité, s f. *gravity.*
Gré, s. m. *will, consent, fancy;* savoir bon gré, *to take it kindly.*
Grec, Grecque, adj. & s. *Greek.*
Grèce, s. f. *Greece.*
Grégoire, s. m. *Gregory.*
Grêle, s. f. *hail.*
Grenade, s. *Granada.*
Grenier, s. m. *granary, barn.*
Grenouille, s. f. *frog.*
Grève, s. f. *sandy beach* or *shore.*
Griffe, s. f. *claw.*
Griffon, s. m. *griffin.*
Grillade, s. f. *broiled meat.*
Griller, v. a. & n. *to broil, to roast.*
Grimace, s. f. *wry face, grimace.*
Grimper, v. n. *to climb.*
Gris, e, adj. *gray.*
Gronder, v. a. *to scold.*
Grondeur, s. m. *scolder, grumbler.*
Gros, s. m. *dram, eighth of an ounce.*
Gros, grosse, adj. *big, coarse; large, stout;* en gros, *wholesale, in general, on the whole.*
Groseille, s. f. *gooseberry.*
Grosseur, s. m. *large size.*
Grossier, e, adj. *coarse, uncouth; unpolished.*
Grossièrement, adv. *rudely, coarsely.*
Grossièreté, s. f. *grossness, coarseness.*
Grossir, v. a. *to increase.*
Grotesque, adj. *comical.*
Gué, s. m. *ford, fording-place.*
Guenille, s. f. *rag, tatter.*
Guère, adv. *but little; hardly; only; not much; seldom.*
Guéri, e, part. *cured, healed.*
Guérir, v. a. *to cure, to heal;* v. n *to amend, to be cured.*
Guérison, s. f. *cure, recovery.*
Guerre, s. f. *war.*
Guerrier, ère, adj. & s. *warlike, warrior.*
Guerroyer, v. a. *to make war.*
Guet, s. m. *watch;* au guet, *on the watch.*
Guêtres, s. f. pl. *spatterdashes, gaiters.*
Gueux, se, adj. *beggarly, poor.*
Guide, s. m. *guide, director.*
Guider, v. a. *to guide, conduct.*
Guigner, v. a. & n. *to leer, to peep, to have an eye or design upon a person or thing.*
Guillaume, s. m. *William.*
Guitare, s. f. *guitar.*

H.

Habile, adj. *clever, skilled, able.*
Habileté, s. f. *skill, address, ability.*
Habillé, e, part. *dressed.*
Habillement, s. m. *suit of clothes, clothing.*
Habiller, v. a. *to dress.*
Habit, s. m. *coat, dress, clothes.*
Habitant, s. m. *inhabitant.*
Habité, e, adj. *inhabited.*
Habiter, v. a. *to inhabit, live in.*
Habitude, s. f. *habit.*
Habitué, e, part. *accustomed, used.*
Habituellement, adv. *habitually.*
Habituer, v. a. *to accustom, use.*
Hache, s. f. *axe.*
Hai, interj. (expressing joy), *hey!*
Haie, s. f. *hedge.*
Haine, s. f. *hatred.*
Haïr, v. a. *to hate.*
Haleine, s. f. *breath;* en haleine, *at work, in exercise.*
Haleter, v. n. *to pant.*
Halicarnasse, nom prop. *Halicarnassus.*
Hallebarde, s f. *halberd, spear*
Halte, s. f. *halt.*
Hameau, s. m. *hamlet.*
Hameçon, s. m. *fish-hook*

Hannon, s. m. *Hanno.*
Hanter, v. a. & n. *to haunt, keep company with.*
Haranguer, v. a. & n. *to harangue, preach.*
Harassé, e, part. *harassed, fatigued.*
Hardes, s. f. pl. *clothes.*
Hardi, e, adj. *bold, confident.*
Hardiesse, s. f. *boldness, daring, confidence.*
Hardiment, adv. *boldly.*
Hareng, s. m. *herring.*
Haricot, s. m. *kidney-bean.*
Harmonie, s. f. *harmony.*
Harmonieux, se, adj. *melodious, agreeable.*
Harnais, s. m. *harness, armor.*
Haro (crier), *to raise a hue and cry.*
Hasard, s. m. *chance.*
Hasarder, v. a. *to venture.*
Hasardeux, se, adj. *bold, dangerous.*
Hâte, s. f. *haste.*
Hâter, v. a. *to hasten;* se hâter, *to make haste.*
Haubert, s. m. *hauberk, coat of mail.*
Hausser, v. a. *to raise.*
Haut, s. m. *height, top;* de haut en bas, *from top to bottom;* en haut, *up, above.*
Haut, e, adj. *high, tall; loud.*
Hautement, adv. *openly, plainly, boldly.*
Hautesse, s. f. *Highness.*
Hauteur, s. f. *pride; height, head.*
Hé! interj. *eh! ho!* hé bien! *well!*
Héberger, v. a. *to harbor, to lodge.*
Hébreu, x, adj. & s. *Hebrew.*
Heim! hem! interj. *Hem!*
Hélas! interj. *alas!*
Helvétie, s. f. *Helvetia, Switzerland.*
Helvétique, adj. *Helvetic, Swiss.*
Hémistiche, s. m. *hemistich, half-verse.*
Henri, s. m. *Henry.*
Herbe, s. f. *herb, grass.*
Herboriser, v. n. *to go about gathering herbs.*
Hercule, s. m. *Hercules.*
Hérésie, s. f. *heresy.*
Hérétique, adj. & s. *heretical, heretic.*
Hérissé, e, adj. *bristling.*
Héritage, s. m. *inheritance.*
Héritier, s. m. *heir.*
Hérodote, s. m. *Herodotus.*
Héroïque, adj. *heroical.*
Héroïquement, adv. *heroically.*
Héroïsme, s. m. *heroism.*
Héros, s. m. *hero.*
Hésiter, v. n. *to hesitate.*
Heu! interj. *good lack!*
Heure, s. f. *hour, o'clock;* tout à l'heure, *not long ago, immediately;* à la bonne heure, *well and good;* de bonne heure, *betimes, early.*
Heureusement, adv. *safely, happily.*
Heureux, se, adj. *happy, fortunate.*
Heurt, s. m. *knock.*
Heurter, v. a. & n. *to knock, hit, run against.*
Hibou, s. m. *owl.*
Hideux, se, adj. *hideous.*
Hier, adv. *yesterday.*
Hippocrate, s. m. *Hippocrates.*
Hirondelle, s. f. *swallow.*
Histoire, s. f. *history, story.*
Historien, s. m. *historian.*
Historiette, s. f. *pretty story.*
Historique, adj. *historical.*
Hiver, s. m. *winter.*
Ho! interj. *halloo! ho!*
Holà! interj. *ho there!*
Homélie, s. f. *homily, sermon.*
Homère, s. m. *Homer.*
Hommasse, adj. (said of women) *masculine, manly.*
Homme, s. m. *man;* homme de bien, *an honest man.*
Honnête, adj. *honest; genteel, decent.*
Honnêteté, s. f. *civility.*
Honneur, s. m. *honor.*
Honorable, adj. *honorable.*
Honorer, v. a. *to honor.*
Honte, s. f. *shame;* avoir honte, *to be ashamed.*
Honteux, se, adj. *timid, ashamed, shameful;* pauvres honteux, *the modest poor.*
Hôpital, s. m. *hospital.*
Horde, s. f. *horde.*
Horloge, s. f. *clock, time-piece.*
Horloger, s. m. *clock* or *watch maker.*
Horreur, s. f. *horror.*

Hors, prep. *out; off; but, saving* or *save, excepting; away;* hors d'état, *incapable.*
Hospice, s. m. *house, hospital.*
Hospitalier, e, adj. *hospitable.*
Hospitalité, s. f. *hospitality.*
Hôte, s. m. *landlord, host.*
Hôtel, s. m. *a nobleman's house, a palace.*
Hôtellerie, s. f. *inn, hostelry.*
Hôtesse, s. f. *hostess.*
Hotte, s. f. *scuttle, dorser.*
Houx, s. m. *holly.*
Huche, s. f. *meal-tub, bin.*
Huée, s. f. *halloo.*
Huile, s. f. *oil.*
Huit, num. adj. *eight.*
Huitième, num. adj. *eighth.*
Humain, e, adj. *human.*
Humanité, s. f. *humanity, civility;* les humanités, *the classics.*
Humblement, adv. *humbly.*
Humecter, v. a. *to moisten.*
Humeur, s. f. *humor, temper, fancy.*
Humide, adj. *wet.*
Humiliant, e, part. *humiliating.*
Humilier, v. a. *to humble.*
Hune, s. f. *top;* petit mât de hune, *fore-topmast.*
Hurler, v. n. *to howl, yell.*
Hussard, s. m. *hussar, cavalier.*
Hutte, s. f. *hut, cabin.*
Hydre, s. f. *hydra, water-serpent.*
Hydropique, adj. *dropsical.*
Hymen, s. m. *marriage, wedlock.*
Hypocondriaque, adj. *hypochondriacal.*
Hypocrite, adj. *hypocritical.*

I.

Ici, adv. *here;* d'ici, d'ici là, *hence, henceforward;* par ici, *this way.*
Idée, s. f. *idea.*
Ignoré, e, adj. *ignorant.*
Ignorer, v. a. *to be ignorant.*
Il, pron. *he, it;* pl. ils, *they.*
Ile, s. f. *island, isle.*
Iliade, s. f. *the Iliad of Homer.*
Illustre, adj. *illustrious.*
Illustrer, v. a. *to adorn, make illustrious.*
Image, s. f. *image.*
Imaginaire adj. *imaginary.*
Imaginer, v. a. *to imagine.*
Iman, s. m. *iman, Turkish priest.*
Imbécile, adj. & s. *silly, simpleton*
Imitateur, s. m. *imitator.*
Imiter, v. a. *to imitate.*
Immédiatement, adv. *immediately.*
Immémorial, e, adj. *out of mind, immemorial.*
Immense, adj. *immense, vast.*
Immobile, adj. *immovable.*
Immodestie, s. f. *immodesty.*
Immoler, v. a. *to immolate, sacrifice.*
Immortaliser, v. a. *to immortalize.*
Immortel, le, adj. *immortal.*
Imparfait, e, adj. *imperfect.*
Impassible, adj. *impassible, incapable of suffering.*
Impatience, s. f. *impatience.*
Impatient, e, adj. *impatient, anxious.*
s'Impatienter, v. r. *to be impatient, to fret.*
Impératif, s. m. *imperative mood, in grammar.*
Impériale, s. f. *roof of a carriage.*
Impérieux, se, adj. *haughty.*
Impertinent, e, adj. *impertinent silly.*
Impétueux, se, adj. *impetuous.*
Impétuosité, s. f. *fury, violence.*
Impie, adj. *impious, wicked.*
Impitoyable, adj. *pitiless.*
Implorer, v. a. *to implore, beg.*
Importance, s. f. *consequence, importance.*
Important, e, adj. *useful, important.*
Importer, v. n. *to signify, matter* n'importe, *no matter.*
Importun, e, adj. *troublesome, importunate.*
Importuner, v. a. *to importune, trouble, incommode.*
Importunité, s. f. *trouble, importunity.*
Imposant, e, adj. *imposing.*
Imposer, v. a. *to impose, put upon.*
Impossible, adj. *impossible.*
Impôt, s. m. *impost, tax.*
Imprimer, v. a. *to print, imprint.*
Impropre, adj. *improper.*
Improviser, v. n. *to make extemporary verses.*
Imposteur, s. m. *impostor.*
Imprévu, e, part. *unforeseen.*
Imprudemment, adv. *imprudently.*

à l'Improviste, adv. *suddenly, unawares.*
Impudemment, adv. *pertly, impudently.*
Impuissance, s. f. *incapacity, inability.*
Impunément, adv. *with impunity.*
Impuni, e, adj. *unpunished.*
Imputer, v. a. *to impute.*
Inaltérable, adj. *unalterable.*
Inappréciable, adj. *invaluable.*
Inattendu, e, adj. *unlooked-for.*
Incapable, adj. *incapable, unfit.*
Incendie, s. m. *conflagration, great fire.*
Incertain, e, adj. *uncertain.*
Incivil, e, adj. *impolite, uncivil.*
Incivilité, s. f. *rudeness, incivility.*
Incommode, adj. *troublesome.*
Incommoder, v. a. *to disturb, annoy.*
Incommodité, s. f. *inconvenience.*
Incompatibilité, s.f. *incompatibility.*
Incongruité, s. f. *impropriety.*
Inconnu, e, adj. & s. *unknown.*
Inconstance, s. f. *fickleness, inconstancy.*
Inconvenient, s. m. *inconvenience.*
Incrédule, adj. *incredulous.*
Incroyable, adj. *incredible.*
Inculte, adj. *uncultivated, wild.*
Inde, s. f. *India;* les Indes, *the Indies.*
Indépendamment, adv. *independently.*
Indépendance, s. f. *independence.*
Indépendant, e, adj. *independent.*
Index, s. m. *fore-finger.*
Indice, s. m. *sign, proof.*
Indien, ne, adj. & s. *Indian.*
Indifféremment, adv. *indifferently.*
Indigène, adj. *native, indigenous.*
Indigne, adj. *unworthy.*
Indiquer, v. a. *to indicate, point out.*
Indiscret, ète, adj. *indiscreet.*
Individu, s. m. *individual.*
Indocile, adj. *intractable, headstrong.*
Industrie, s. f. *industry.*
Inébranlable, adj. *immovable.*
Inégal, e, adj. *unequal.*
Inépuisable, adj. *inexhaustible.*
Inespéré, e, adj. *unhoped, unlooked-for.*
Inexact, e, adj. *inexact.*
Inexpérimenté, e, adj. *inexperienced*
Inexprimable, adj. *inexpressible.*
Infailliblement, adv. *infallibly.*
Infâme, s. m. & f. *infamous man or woman.*
Infamie, s. f. *disgrace, infamy.*
Infant, s. m. *infanta, a male child of the Spanish kings.*
Infanterie, s. f. *infantry, foot.*
Infatigable, adj. *indefatigable, unwearied.*
Infecté, e, part. *infected.*
Inférieur, e, adj. *lower, inferior.*
Infesté, e, part. *infested.*
Infidèle, adj. & s. *faithless, false disloyal.*
Infini, e, adj. *infinite;* à l'infini, *without end.*
Infiniment, adv. *infinitely.*
Infinité, s. f. *multitude.*
Infirme, adj. *infirm.*
Infirmerie, s. f. *infirmary.*
Infirmité, s. f. *infirmity, failing.*
Inflammatoire, adj. *inflammatory.*
Influent, e, adj. *influential.*
s'Informer, v. r. *to inquire.*
Infortune, s. f. *misfortune.*
Infortuné, e, adj. & s. *unfortunate.*
Ingénieux, se, adj. *ingenious.*
Ingénu, e, adj. *ingenuous, frank.*
Ingénuité, s. f. *ingenuousness.*
Ingénument, adv. *ingenuously.*
s'Ingérer, v. r. *to meddle.*
Ingrat, e, adj. & s. *ungrateful; ingrate.*
Inhabile, adj. *incapable, unapt.*
Inhabitable, adj. *uninhabitable.*
Inhumain, e, adj. *inhuman.*
Injonction, s. f. *command, injunction*
Injures, s. f. pl. *reproaches.*
Injurier, v. a. *to abuse.*
Injurieux, adj. *offensive, abusive.*
Injuste, adj. *unjust.*
Injustice, s. f. *injury, injustice.*
Innombrable, adj. *innumerable.*
Inondation, s. f. *inundation, deluge*
Inonder, v. a. *to inundate, overflow*
Inouï, e, adj. *unheard-of.*
Inquiet, e, adj. *uneasy, alarmed.*
Inquiéter, v. a. *to disturb, disquiet*
s'Inquiéter, v. r. *to be uneasy.*
Inquiétude, s. f. *uneasiness, disquiet*
Inquisiteur, s. m. *inquisitor.*
Inscrire, v. a. *to inscribe.*

Insensé, e, adj. *foolish, mad.*
Insensibilité, s. f. *insensibility.*
Insensiblement, adv. *insensibly.*
Inséparablement, adv. *inseparably.*
Insigne, adj. *notable, great, signal.*
Insinuant, e, adj. *insinuating.*
Insinuer, v. a. *to insinuate, infuse, instil.*
Insolence, s. f. *insolence*
Insouciance, s. f. *indifference.*
Inspirer, v. a. *to inspire.*
Instabilité, s. f. *instability, uncertainty.*
Installer, v. a. *to instal.*
Instamment, adv. *earnestly.*
Instance, s. f. *earnestness.*
Instant, s. m. *instant, moment;* à l'instant, *immediately.*
Instituteur, s. m. *tutor, teacher.*
Instructif, ve, adj. *instructive.*
Instruire, v. a. *to instruct, inform.*
Instruit, e, adj. *well-grounded; informed, instructed.*
Insulte, s. f. *insult.*
Insulter, v. a. *to insult, abuse.*
Insurgé, s. m. *insurgent, rebel.*
Insurmontable, adj. *insuperable.*
Intelligence, s. f. *knowledge, intelligence.*
Intendant, s. m. *steward.*
Intendant (ordinaire), s. m. *surveyor of buildings to his majesty.*
Intention, s. f. *design, purpose.*
Interdire, v. a. *to forbid, prohibit, interdict.*
Intéressant, e, adj. *interesting.*
Intéressé, e, adj. *interested, selfish.*
Intéresser, v. a. *to interest, engage.*
Intérêt, s. m. *interest.*
Intérieur, e, adj. & s. *interior; inner part.*
Interlocuteur, s. m. *interlocutor; one that takes part in a conversation.*
Interne, adj. *internal.*
Interroger, v. a. *to question.*
Interrompre, v. a. *to interrupt.*
Intervalle, s. m. *interval, space.*
Intervenir, v. n. *to intervene, interpose.*
Intime, adj. *intimate.*
Intitulé, e, part. *entitled.*
Intrépidité, s. f. *intrepidity.*
Intrinsèque, adj. *intrinsic.*
Introduire, v. a. *to introduce.*
Introduit, e, part. *introduced.*
Inusité, e, adj. *unusual, not used.*
Inutile, adj. *useless.*
Inutilement, adv. *uselessly, in vain*
Inventer, v. a. *to invent.*
Invention, s. f. *invention, discovery*
Invisible, adj. *invisible.*
Inviter, v. a. *to invite.*
Invoquer, v. a. *to invoke.*
Ionien, ne, adj. *Ionian.*
Irlande, s. f. *Ireland.*
Ironie, s. f. *irony.*
Irrité, e, adj. *irritated.*
Irriter, v. a. *to irritate, to provoke.*
Isaïe, s. m. *Isaiah.*
Isolé, e, adj. *solitary, isolated, standing by itself.*
Ispahan, s. *Ispahan, a city of Persia*
Issue, s. f. *issue, event.*
Italie, s. f. *Italy.*
Ithaque, s. f. *Ithaca.*
Itinéraire, s. m. *itinerary.*
Ivresse, s. f. *intoxication.*
Ivrogne, adj. & s. *drunken, drunkard.*

J.

Jabot, s. m. *shirt-bosom.*
Jacinthe, s. f. *hyacinth.*
Jacques, s. m. *James.*
Jadis, adv. *in old times, formerly.*
Jalousie, s. f. *jealousy.*
Jamais, adv. *never, ever;* à jamais, pour jamais, *for ever.*
Jambe, s. f. *leg.*
Jambon, s. m. *ham.*
Janissaire, s. m. *janizary.*
Janvier, s. m. *January.*
Jardin, s. m. *garden.*
Jardinage, s. m. *gardening.*
Jardinier, s. m. *gardener.*
Jaser, v. n. *to prate, prattle.*
Jasmin, s. m. *jasmine.*
Jaune, adj. & s. m. *yellow.*
Javelot, s. m. *spear* or *javelin, dart.*
Je, j', pron. pers. *I.*
Jean, s. m. *John;* Jeanne, s. f. *Jean.*
Jérémie, s. m. *Jeremiah.*
Jésuite, s. m. *Jesuit.*
Jeter, v. a. *to throw;* jeter à l'eau *to throw overboard.*
Jeu, s. m. *play, game, sport;* jeu de paume, *tennis.*

Jeudi, s. m. *Thursday.*
Jeune, adj. *young.*
Jeûne, s. m. *fast, fasting*
Jeunesse, s. f. *youth.*
Joie, s. f. *joy, pleasure.*
Joindre, v. a. *to join.*
Joint, e, part. *joined.*
Joli, e, adj. *pretty.*
Joncher, v. a. *to strew, cover.*
Jonction, s. f. *junction, to union.*
Jonquille, s. f. *jonquille, a flower.*
Joue, s. f. *cheek.*
Jouer, v. a. & n. *to play, to act, to cheat.*
se Jouer, v. r. *to sport, to play.*
Jouet, s. m. *plaything.*
Joueur, s. m. *player, gamester.*
Joug, s. m. *yoke, bondage.*
Jouir, v. n. *to enjoy.*
Jouissance, s. f. *enjoyment.*
Joujou, s. m. *plaything, toy.*
Jour, s. m. *day;* tous les jours, *every day;* de jour, *by day.*
Journée, s. f. *day.*
Jouvenceau, s. m. *lad, stripling.*
Joyau, x, s. m. *jewel.*
Joyeux, se, adj. *joyful, merry.*
Jucher, v. n. *to roost, to be at roost.*
Juda, s. m. *Judah.*
Judiciare, s. f. *judgment, sagacity.*
Judicieusement, adv. *judiciously.*
Juge, s. m. *judge; justice.*
Jugement, s. m. *sentence, judgment.*
Juger, v. a. *to judge, to decide.*
Juif, Juive, s. m. & f. *Jew, Jewess.*
Juillet, s. m. *July.*
Juin, s. m. *June.*
Julie, s. f. *Julia.*
Junon, s. f. *Juno.*
Jupon, s. m. *petticoat.*
Jurer, v. a. & n. *to swear.*
Jurisconsulte, s. m. *lawyer, counsellor.*
Juron, s. m. *oath.*
Jus, s. m. *juice.*
Jusque, prep. *till, until, to; as far as.*
Justaucorps, s. m. *close coat.*
Juste, adj. *just, right, equitable;* adv. *justly, precisely.*
Justement, adv. *just, exactly*
Justifier, v. a. *to justify.*
Justinien, s. m. *Justinian.*

K.

Kan, s. m. *khan, a Tartar captain*

L.

L' for le or la, art. def. *the;* pron. *him, her, it.*
La, art. f. s. *the;* pron. *her it.*
Là, adv. *there;* là-dessus, *thereupon.*
Labeur, s. m. *labor, work.*
Laborieux, se, adj. *laborious.*
Labourage, s. m. *husbandry.*
Labourer, v. a. *to till, to plough.*
Laboureur, s. m. *ploughman, husbandman, farmer.*
Lac, s. m. *lake.*
Lacédémone, s. *Lacedæmon.*
Lacédémonien, ne, adj. & s. *Lacedæmonian.*
Lacet, s. m. *cord to lace with.*
Lâche, adj. & s. *base, cowardly, poltroon.*
Lâcher, v. a. *to let loose, let go.*
Lâcheté, s. f. *cowardice, baseness.*
Ladre, s. m. *sordid wretch, sneaking fellow.*
Laid, e, adj. *ugly, homely.*
Laine, s. f. *wool.*
Laisse, s. f. *leash;* tenir en laisse, *to hold in leading-strings.*
Laisser, v. a. *to leave; to let; to allow; to fail;* ne laisse pas d'être donné, *is nevertheless given.*
Lait, s. m. *milk.*
Laitage, s. m. *milk-food, food made with milk.*
Laitière, s. f. *milk-maid.*
Lambeau, s. m. *shred, rag.*
Lame, s. f. *wave, surge, sea.*
Lampe, s. f. *lamp.*
Lance, s. f. *lance* or *spear.*
Lancer, v. a. & n. *to dart, to hurl, to throw, to discharge; to start.*
Lancier, s. m. *horseman bearing a lance; lancer.*
Lande, s. f. *a heath.*
Langage, s. m. *language.*
Langue, s. f. *tongue, language.*
Languir, v. n. *to languish, to linger*
Languissant, e, adj. *languishing.*
Lanterne, s. f. *lantern.*
Lanterner, v. n. *to dally, to trifle.*

Lapidaire, s. m. *lapidary.*
Lapidation, s. f. *stoning.*
Lapin, s. m. *rabbit.*
Laquais, s. m. *footman, servant.*
Laquelle, pron. rel. f. *which.*
Large, adj. & s. *broad, breadth ;* en long, en large, *in length and breadth ;* au large, *round about.*
Largement, adv. *broadly, largely.*
Largeur, s. f. *breadth, width.*
Larme, s. f. *tear.*
Larron, s. m. *thief, rogue.*
Las, lasse, adj. *tired, wearied.*
Lasser, v. a. *to tire, to weary.*
se Lasser, v. r. *to grow tired, to leave off.*
Latin, e, adj. & s. m. *Latin, the Latin tongue.*
Latine, adj. *lateen ;* voile latine, *a lateen sail, of triangular shape.*
Laurent, s. m. *Lawrence.*
Laurier, s. m. *the laurel.*
Laver, v. a. *to wash, to lave.*
Le, art. def. sing. *the.*
Le, pron. *him, it.*
Léandre, s. m. *Leander.*
Leçon, s. f. *lesson.*
Lecteur, s. m. *reader.*
Lecture, s. f. *reading.*
Légataire, s. m. & f. *legatee, one who receives a legacy.*
Léger, ère, adj. *slight, light, weak.*
Légèrement, adv. *lightly.*
Légèreté, s. f. *lightness, delicacy.*
Législateur, s. m. *legislator.*
Légitime, adj. *lawful, legitimate.*
Lendemain, s. m. *the next day.*
Lent, e, adj. *slow, heavy.*
Lentement, adv. *slowly.*
Lenteur, s. f. *slowness.*
Lentil, s. f. *lentil.*
Léopard, s. m. *leopard.*
Lequel, pron. rel. *which.*
Les, art. def. plu. *the.*
Les, pron. *them.*
Leste, adj. *spruce, fine, neat.*
Lestement, adv. *briskly, nimbly.*
Lettre, s. f. *letter ;* pl. *literature.*
Leur, pron. *their ; them, to them.*
Lever, s. m. *levee, rising ;* le lever du soleil, *sunrise.*
Lever, v. a. *to raise, levy remove.*
se Lever, v. r. *to rise.*
Lév[illegible], s. m. *Levite.*
Levraut, s. m. *leveret, hare.*
Lèvre, s. f. *lip.*
Lévrier, s. m. *greyhound.*
Liaison, s. f. *connection, binding joining.*
Liant, e, adj. *mild, affable.*
Libéral, e, adj. *liberal, free ; learned.*
Libérateur, s. m. *deliverer.*
Liberté, s. f. *liberty.*
Libre, adj. *free.*
Librement, adv. *freely.*
Licence, s. f. *license.*
Lichen, s. m. *a name given to a family of plants of the mushroom species.*
Lie, s. m. *dregs, lees.*
Liége, s. m. *cork.*
Liens, s. m. pl. *bonds, chains, ties.*
Lier, v. a. *to tie, to bind, to join, to engage in.*
Lierre, s. m. *ivy.*
Lieu, s. m. *place, cause, reason ;* au lieu, *instead ;* au lieu que *whereas.*
Lieue, s. f. *league (three miles).*
Ligne, s. f. *line, cord.*
Ligue, s. f. *league, confederacy.*
Lilas, s. m. *lilach.*
Limé, e, adj. *polished, finished.*
Limite, s. f. *limit.*
Limousin, s. m. *Limosin, a French province ; an inhabitant of that province.*
Limpide, adj. *limpid, clear.*
Linge, s. m. *linen.*
Lingot, s. m. *ingot, mass of metal.*
Liqueur, s. f. *liquor.*
Liquide, adj. *liquid, clear.*
Lire, v. a. *to read.*
Lisbonne, s. f. *Lisbon.*
Liste, s. f. *roll, list.*
Lit, s. m. *bed.*
Litanies, s. f. pl. *litany.*
Litière, s. f. *litter, straw.*
Littéraire, adj. *literary.*
Littérateur, s. m. *learned man, scholar.*
Littérature, s. f. *literature, learning.*
Livre, s. m. *a book ;* s. f. *pound, frank.*
Livrée, s. f. *livery.*
Livrer, v. a. *to deliver, to sell, to engage (in battle).*

Locution, s. f. *expression, phrase.*
Logement, s. m. *lodging, habitation.*
Loger, v. a. & n. *to lodge, to house, to reside.*
Logique, s. f. *logic.*
Logis, s. m. *habitation, dwelling, home.*
Logogriphe, s. m. *a riddle, an enigma.*
Loi, s. f. *law.*
Loin, adv. *far;* de loin, au loin, *at a distance.*
Loisir, s. m. *leisure, time.*
Lombardie, s. f. *Lombardy.*
Londres, s. m. *London.*
Long, s. m. *length;* en long, en large, *in length and breadth.*
Long, longue, adj. & s. *long, length;* le long de, *along.*
Longer, v. a. *to coast along.*
Longtemps, s. m. *long time.*
Longtemps, adv. *long, for a long time.*
Longueur, s. f. *length.*
Lorgner, v. a. *to ogle, to leer.*
Lorgnette, s. f. *spy-glass.*
Loriot, s. m. *a species of bird.*
Lorsque, conj. *when.*
Los, s. m. *praise.*
Loterie, s. f. *lottery.*
Louange, s. f. *praise, commendation.*
Louer, v. a. *to praise; to hire, to let out.*
se Louer, v. r. *to be pleased* or *satisfied.*
Louis, s. m. *a louis, a pound.*
Loup, s. m. *a wolf;* loup de mer, *sea-dog.*
Loup-garou, s. m. *a madman.*
Loupe, s. f. *magnifying-glass.*
Lourd, e, adj. *heavy.*
Loyer, s. m. *rent, hire.*
Lu, e, part. *read.*
Lucratif, ve, adj. *lucrative.*
Lugubre, adj. *sad, melancholy.*
Lui, pron. *he, him, to him, to her;* lui-même, *himself.*
Luire, v. n. *to shine, to glitter.*
Luisant, e, adj. *shining, glittering.*
Lumière, s. f. *light, information.*
Lundi, s. m. *Monday.*
Lune, s. f. *moon.*
Lunettes, s. f. pl. *spectacles, glasses to assist the sight.*
Lustre, s. m. *chandelier lustre lustrum, space of five years.*
Lutte, s. f. *wrestling, struggle.*
Lutter, v. n. *to wrestle, to struggle.*
Luxe, s. m. *luxury, splendor.*
Lycurgue, s. m. *Lycurgus.*
Lyrique, adj. *lyric, lyrical.*
Lys, s. m. *lily.*

M.

Ma, adj. poss. sing. fem. *my.*
Macédoine, s. f. *Macedon.*
Macédonien, ne, adj. & s. *Macedonian.*
Machine, s. f. *machine, trick, plot.*
Mâchoire, s. f. *jaw.*
Madame, s. f. *madam.*
Mademoiselle, s. f. *miss.*
Madrigal, s. m. *madrigal.*
Magasin, s. m. *warehouse.*
Magicien, ne, s. m. & f. *magician.*
Magique, adj. *magic, magical.*
Magister, s. m. *country schoolmaster*
Magistrat, s. m. *magistrate.*
Magnanimité, s. f. *magnanimity.*
Magnifique, adj. *magnificent.*
Magnifiquement, adv. *magnificently.*
Mai, s. m. *May.*
Maigre, adj. *lean, thin.*
Maille, s. f. *mail (armor).*
Main, s. f. *hand, handwriting;* venir aux mains, *to come to blows.*
Maint, e, adj. *many, many a,* or *an.*
Maintefois, adv. *many a time.*
Maintenant, adv. *now.*
Maintenir, v. a. *to maintain, to keep.*
Maintien, s. m. *external deportment, carriage.*
Mais, conj. *but.*
Maison, s. f. *house.*
Maître, s. m. *master, owner;* maître d'hôtel, *steward.*
Maîtresse, s. f. *mistress.*
Maîtriser, v. a. *to conquer, to subdue.*
Majesté, s. f. *majesty.*
Majestueux, se, adj. *majestic.*
Mal, pl. maux, s. m. *evil, harm, difficulty, disease, pain;* mal de mer, *sea-sickness;* mal à la tête, *headache.*
Mal, adv. *badly, ill.*
Malade, adj. & s. *sick, ill, patient*

Maladie, s. f. *malady, illness.*
Maladroitement, adv. *awkwardly, unskilfully.*
Mal-aise, s. m. *uneasiness.*
Mal-aisé, e, adj. *difficult.*
Malaisément, adv. *with difficulty.*
Malavisé, e, adj. & s. *ill-advised, silly.*
Mâle, adj. *male.*
Malfaisant, e, adj. *mischievous, hurtful.*
Malgré, prep. *in spite of, against one's will, notwithstanding.*
Malheur, s. m. *misfortune, misery, unhappiness; mischief.*
Malheureusement, adv. *unhappily, unfortunately, unluckily.*
Malheureux, se, adj. & s. *unhappy, unfortunate; wretched person.*
Malice, s. f. *malice, wickedness, roguery.*
Malicieusement, adv. *maliciously.*
Malicieux, se, adj. *malicious, mischievous.*
Malin, maligne, adj. *roguish, malignant.*
Malle, s. f. *trunk, box.*
Maltraiter, v. a. *to misuse, to abuse.*
Manant, s. m. *inhabitant of a country town.*
Mançanarès, s. *Manzanares, a river of Spain.*
Manceau, elle, adj. & s. *of Maine (an old French province, now Mayenne).*
Manche, s. f. *sleeve, handle;* avoir dans la manche, *to have at one's command.*
Manche (La), *the English Channel; La Mancha, a province of Spain.*
Manchette, s. m. *ruffle.*
Mander, v. a. *to acquaint, to advise, to order.*
Mangeaille, s. f. *eatables, victuals.*
Manger, v. a. *to eat.*
Manger, s. m. *eating.*
Manie, s. f. *mania.*
Manier, v. a. *to handle.*
Manière, s. f. *manner, way, style.*
de Manière que, de, adv. *so that, so as.*
Manifestement, adv. *clearly, plainly.*
Manne, s. f. *large basket.*
Manœuvre, s. f. *manœuvre, work.*
Manœuvrer, v. a. & n. *to manœuvre*
Manoir, s. m. *manor, mansion-house*
Manque, s. m. *lack, want.*
Manquer, v. a. & n. *to fail, to miss to be wanting, to lack.*
Manteau, s. m. *cloak.*
Marais, s. m. *marsh.*
Maraud, s. m. *knave, rascal.*
Maravédis, s. m. *maravedi, a small Spanish coin.*
Marbre, s. m. *marble.*
Marchand, e, s. m. & f. *merchant.*
Marchander, v. a. *to cheapen, to beat down.*
Marchandise, s. f. *goods, merchandise.*
Marche, s. f. *march, act of marching; cavalcade.*
Marché, s. m. *market, bargain.*
Marcher, v. n. *to walk, to march, to go;* marcher au pas, *to keep step.*
Mardi, s. m. *Tuesday.*
Maréchal, s. m. *marshal;* marécha ferrant, *farrier.*
Marguerite, s. f. *the daisy.*
Marguillier, s. m. *churchwarden.*
Mari, s. m. *husband.*
Mariage, s. m. *marriage.*
Marie, s. f. *Mary, Maria.*
Marié, s. m. *bridegroom.*
Mariée, s. f. *bride.*
Marier, v. a. *to marry.*
se Marier, v. r. *to be married.*
Mariés (les), s. m. pl. *newly married pair.*
Marin, s. m. *sailor.*
Marine, s. f. *navy, marine.*
Marmite, s. f. *pot.*
Marmiton, s. m. *scullion.*
Maroc, s. *Morocco.*
Maroufle, s. m. *scoundrel, rascal.*
Marque, s. f. *mark.*
Marquer, v. a. *to show, to tell, to mark.*
Marqueté, e, adj. *speckled.*
Marquis, s. m. *marquis.*
Marquisat, s. m. *marquisate.*
Marquise, s. f. *marchioness.*
Marraine, s. f. *godmother.*
Marri, e, adj. *sorry, troubled.*
Marron, s. m. *chestnut.*
Mars, s. m. *March.*
Marseille, s. *Marseilles.*

Marteau, s. m. *hammer, mallet.*
Martyre, s. m. *martyrdom.*
Mascarade, s. f. *masquerade, mask.*
Masculin, e, adj. *masculine.*
Masquer, v. a. *to mask, conceal.*
Masse, s. f. *mass, shapeless lump.*
Massue, s. f. *club.*
Mât, s. m. *mast;* petit mât de hune, *fore top-mast.*
Matelas, s. m. *mattress.*
Matelassé, e, adj. *quilted.*
Matelot, s. m. *sailor.*
Matériel, le, adj. *material.*
Matière, s. f. *substance, matter.*
Matin, s. m. *morning;* le matin, *in the morning;* de bon matin, adv. *early.*
Mâtin, s. m. *mastiff, large dog.*
Matinal s. m. *early riser.*
Matinée, s. f. *morning.*
Matineux, se, adj. *early-rising, that rises betimes.*
Matras, s. m. *matrass, a chemical vessel.*
Matrone, s. f. *matron.*
Maudire, v. a. *to curse.*
Maudit, e, adj. *cursed, accursed.*
Maure, adj. & s. *Moorish, Moor.*
Mausolée, s. m. *mausoleum.*
Mauvais, e, adj. *bad.*
Maux (pl. of mal), *evils, dangers.*
Maxillaire, adj. *belonging to the jaw.*
Maxime, s. f. *maxim.*
Me, m', pron. pers. *me, to me.*
Mécanique, s. f. *mechanics.*
Méchant, e, adj. & s. *wicked, mean, paltry.*
Mèche, s. f. *match, tinder.*
Méconnaître, v. a. *to forget.*
Mécontent, e, adj. *discontented.*
Mécontentement, s. m. *discontent.*
Médaille, s. f. *medal.*
Médecin, s. m. *physician.*
Médecine, s. f. *medicine.*
Médicamenter, v. a. *to physic.*
Médiocre, adj. *ordinary, indifferent.*
Médiocrement, adv. *indifferently, so so.*
Médiocrité, s. f. *mediocrity.*
Médisance, s. f. *slander.*
Méditatif, ve, adj. *thoughtful, meditative.*
Méditer, v. n. *to meditate.*
Méditerranée, s. f. *Mediterranean.*
Méfait, s. m. *misdeed.*
Mégarde, s. f. *oversight, mistake.*
Meilleur, e, adj. *better;* le meilleur *the best.*
Mélancolie, s. f. *melancholy.*
Mélancolique, adj. *melancholy.*
Mélange, s. m. *mixture.*
Mêlée, s. f. *fight, battle, fray.*
Mêler, v. a. *to join, to mix;* se mêler de, *to meddle with;* se mêler à, *to mingle with.*
Membre, s. m. *member, limb.*
Même, adj. *same, self; even;* mettre à même *to enable;* être à même, *to be able.*
de Même, adv. *in like manner.*
Mémoire, s. f. *memory.*
Mémoire, s. m. *memorandum, memoir, note.*
Menacer, v. a. *to threaten.*
Ménage, s. m. *family, household;* vivre de ménage, *to live economically.*
Ménagement, s. m. *regard, delicacy*
Ménager, v. a. *to manage, to husband, to spare.*
Mendiant, s. m. *beggar.*
Mendier, v. a. *to beg.*
Mené, e, part. *led, carried.*
Mener, v. a. *to lead, to take.*
Mensonge, s. m. *falsehood.*
Mentir, v. n. *to lie, to tell a lie.*
Menton, s. m. *chin.*
Menu, s. m. *bill of fare.*
Mépris, s. m. *contempt, scorn.*
Méprisable, adj. *contemptible.*
Méprise, s. f. *mistake.*
Mépriser, v. a. *to despise.*
Mer, s. f. *the sea.*
Mercenaire, adj. & s. *mercenary.*
Merci, s. f. *mercy, thanks; thank you;* Dieu merci, *God be thanked*
Mercredi, s. m. *Wednesday.*
Mercure, s. m. *Mercury.*
Mère, s. f. *mother.*
Méridienne, s. f. *meridian;* faire la méridienne, *to take a nap after dinner.*
Méridional, e, adj. *southern.*
Mérite, s. m. *merit.*
Mériter, v. a. *to merit, to deserve.*
Merveille, s. f. *wonder;* à merveille, *admirably, perfectly well.*
Merveilleux, se, adj. *wonderful.*

Mes, adj. pos. pl. *my*.
Mésestimer, v. a. *to disesteem*.
Messager, ère, s. m. & f. *messenger*.
Messe, s. f. *mass*.
Messieurs, s. m. pl. *gentlemen*.
Mesure, s. f. *measure, time;* à mesure, *as*.
Mesurer, v. a. *to measure*.
se Mesurer, v. r. *to vie with one another, to try strength*.
Métairie, s. f. *farm, manor*.
Métal (pl. métaux), s. m. *metal*.
Météore, s. m. *meteor*.
Méthode, s. f. *method, manner*.
Méthodiquement, adv. *methodically*.
Métier, s. m. *trade, business, pursuit*.
Métromanie, s. f. *mania for making verses*.
Métropole, s. f. *metropolis, capital city*.
Mets, s. m. pl. *provisions; dishes*.
Mettre, v. a. *to put, to put on; to place; to begin; to break in pieces, tear;* mettre à même, *to enable;* mettre à la voile, *to set sail*.
Meuble, s. m. *piece of furniture*.
Meunier, s. m. *miller*.
Meurtre, s. m. *murder*
Meurtrier, s. m. *murderer*.
Meurtrier, ère, adj. *murderous, sanguinary*.
Meute, s. f. *pack of hounds*.
Mi, adj. *half, middle*.
Midi, s. m. *noon; south*.
Mie (abbreviation of amie), s. f. *friend, dear*.
Miel, s. m. *honey*.
Mien, mienne, pron. poss. *mine*.
Mieux, adv. *better, best*.
Mignon, ne, adj. *pretty, delicate, fine*.
Miguelet, s. m. *a soldier of the body-guard of a captain-general, &c.*
Milice, s. f. *war, warfare, soldiery*.
Milieu, s. m. *middle, midst*.
Militaire, adj. & s. *military; military man, soldier*.
Mille, s. m. *mile*.
Mille, num. adj. *thousand*.
Millier, s. m. *thousand*.
Millionnaire, s. m. *a man of great wealth*.
Milord, s. m. *lord*.
Miltiade, s. m. *Miltiades*
Mince, adj. *slender, small*.
Mine, s. f. *look, mien, physiognomy a mine;* faire mine, *to pretend make a show*.
Minéral (pl. minéraux), s. m. *mineral*.
Mineur, e, adj. *less, smaller;* Asie mineure, *Asia Minor*.
Ministère, s. m. *office, administration, ministry*.
Ministre, s. m. *minister*.
Minois, s. m. *pretty face*.
Minuit, s. m. *midnight*.
Miraculeusement, adv. *miraculously*.
Mirandole, s. f. *Mirandola*.
Miroir, s. m. *mirror*.
Mis, e, part. *put, set*.
Misérable, adj. & s. *pitiful being, miserable, paltry*.
Misère, s. f. *misery*.
Miséricorde, s. f. *mercy*.
Mitraille, s. f. *grape-shot, slugs*
Mitre, s. f. *mitre*.
Mode, s. f. *fashion, mode*.
Modèle, s. m. *model*.
Modération, s. f. *moderation*.
Modéré, e, adj. *moderate, sober*.
Modérer, v. a. *to moderate*.
Moderne, adj. & s. *modern, recent*.
Modeste, adj. *modest, reserved*.
Moduler, v. a. *to modulate*.
Mœurs, s. f. pl. *manners*.
Mogol (le grand), s. m. *the great Mogul*.
Moi, pron. pers. *I, me, to me;* à moi, *mine*.
Moindre, adj. *less, least*.
Moine, s. m. *monk*.
Moins, adv. *less;* le moins, *least*, au, *or* du moins, *at least;* à moins, *for less;* à moins que, *unless*.
Mois, s. m. *month*.
Moïse, s. m. *Moses*.
Moisson, s. f. *harvest*.
Moitié, s. f. *half;* de moitié, *by one half*.
Molle, adj. fem. of mou, *soft*.
Mollesse, s. f. *luxury, effeminacy*.
Moment, s. m. *moment, instant*.
Mon, adj. poss. sing. m. *my*.
Monarchie, s. f. *monarchy*.

Monarque, s. m. *monarch.*
Monceau, s. m. *heap.*
Monde, s. m. *world; company, people;* tout le monde, *every body.*
Monnaie, s. f. *coin, money.*
Monotone, adj. *monotonous.*
Monseigneur, s. m. *my lord.*
Monsieur, s. m. *sir, gentleman.*
Monstre, s. m. *monster;* monstre marin, *sea-monster.*
Monstrueux, se, adj. *monstrous.*
Mont, s. m. *mount, hill.*
Montagnard, s. m. *mountaineer, highlander.*
Montagne, s. f. *mountain, hill.*
Monter, v. a. & n. *to ascend, get up, to set up, to mount, to amount.*
Montre, s. f. *watch.*
Montrer, v. a. *to show, to exhibit; to teach.*
se Moquer de, v. r. *to laugh at, to mock; to expose one's self to be laughed at.*
Moral, e, adj. *moral.*
Morale, s. f. *morals, ethics, moral philosophy.*
Morbleu, interj. *zounds! zooks!*
Morceau, s. m. *morsel, bit, piece.*
Mordre, v. a. *to bite.*
Mort, s. f. *death.*
Mort, e, part. *dead.*
Mortalité, s. f. *mortality.*
Mortel, le, adj. *mortal.*
Mortier, s. m. *a kind of cap worn by the old French presidents.*
Mot, s. m. *word.*
Motif, s. m. *motive.*
Mou, molle, adj. *soft.*
Mouche, s. f. *a fly; a patch.*
Mouchoir, s. m. *handkerchief.*
Moue, s. f. *mouth, wry face;* faire le moue, *to pout.*
Moule, s. m. *mould.*
Mouler, v. a. *to mould, cast.*
Moulin, s. m. *mill;* moulin à vent, *windmill.*
Mourant, e, s. m. & f. *dying man* or *woman.*
Mourant, e, part. adj. *dying.*
Mourir, v. n. *to die.*
Mousquet, s. m. *musket.*
Mousqueton, s. m. *blunderbuss.*
Mousse, s. f. *moss.*
Mousseline, s. f. *muslin.*
Moustache, s. f. *mustachio, whiskers; name of a dog.*
Mouton, s. m. *sheep, mutton.*
Mouvant, e, adj. *moving;* sable mouvant, *quicksand.*
Mouvement, s. m. *motion, moving movement.*
Mouvoir, v. a. *to move.*
se Mouvoir, v. r. *to be moved.*
Moyen, s. m. *means, way.*
Moyen, adj. *middle;* le moyen-âge, *the Middle Ages.*
Muet, te, adj. *mute, dumb, silent, speechless.*
Muid, s. m. *a wine-measure of about sixty gallons.*
Mule, s. f. *female mule.*
Mulet, s. m. *mule.*
Muletier, s. m. *mule-driver.*
Multiplicité, s. f. *multitude, multiplicity.*
Multiplier, v. a. *to multiply.*
Muni, e, part. *furnished.*
Munir, v. a. *to provide, supply.*
Mur, s. m. *a wall.*
Mûr, e, adj. *ripe, mellow.*
Muraille, s. f. *wall.*
Mûrir, v. n. *to ripen.*
Murmurer, v. n. *to murmur.*
Museau, s. m. *muzzle, snout.*
Musette, s. f. *bagpipe.*
Musicien, ne, s. m. & f. *musician.*
Musique, s. f. *music.*
Mutuel, le, adj. *mutual.*
Mutuellement, adv. *mutually.*
Myrte, s. m. *myrtle.*
Mystère, s. m. *mystery.*
Mystérieux, se, adj. *mysterious.*
Mythologie, s. f. *mythology.*

N.

Nager, v. n. *to swim.*
Naïf, ve, adj. *genuine, natural.*
Nain, e, s. m. & f. *dwarf.*
Naissance, s. f. *birth.*
Naissant, e, adj. *newly born, naissant.*
Naître, v. n. *to be born, to arise.*
Naïveté, s. f. *ingenuity, ingenuousness.*
Napolitain, adj. & s. *Neapolitan.*
Narcisse, s. m. *narcissus (a flower)*
Narguer, v. a. *to defy, to scorn.*

Narine, s. f. *nostril.*
Narrer, v. a. *to narrate, to tell.*
Natal, e, adj. *natal, native.*
National, e, pl. aux, adj. *national.*
Natte, s. f. *mat.*
Nature, s. f. *nature.*
Naturel, s. m. *temper, disposition.*
Naturel, le, adj. *natural, native.*
Naturellement, adv. *naturally.*
Naufrage, s. m. *shipwreck.*
Naval, e, adj. *naval.*
Navette, s. f. *shuttle.*
Naviguer, v. n. *to navigate, to make sea voyages.*
Navire, s. m. *ship, vessel.*
Ne, n' (with pas *or* point), adv. *no, not;* (before a verb followed by que), *only, nothing, but.*
Né, e, part. *born, endowed.*
Néanmoins, conj. *nevertheless, however.*
Néant, s. m. *nothingness.*
Nécessaire, adj. *necessary.*
Nécessairement, adv. *necessarily.*
Nécessité, s. f. *necessity, want.*
Négliger, v. a. *to neglect.*
Négoce, s. m. *trade, traffic.*
Négociant, s. m. *merchant.*
Négociation, s. f. *negotiation.*
Neige, s. f. *snow.*
Nerf, s. m. *sinew, nerve.*
Néron, s. m. *Nero.*
Nerveux, se, adj. *nervous, sinewy, strong.*
Net, te, adj. *clear, fair;* mettre au net, *to write fair;* tout net, *frankly, fairly.*
Nettement, adv. *plainly.*
Nettoyer, v. a. *to scour, to clean.*
Neuf, num. adj. *nine.*
Neuf, ve, adj. *new, inexperienced.*
Neveu, s. m. *nephew.*
Nez, s. m. *nose.*
Ni, conj. *nor, neither.*
Niaiserie, s. f. *sheepishness, silliness.*
Nicodème, s. m. *Nicodemus.*
Nid, s. m. *nest.*
Nièce, s. f. *niece.*
Nier, v. a. *to deny.*
Nicuport, s. m. *a town of Belgium.*
Nigaud, s. m. *fool, simpleton.*
Ninive, s. f. *Nineveh.*
Nippes, s. f. pl. *clothes, goods.*
Noble, adj. *noble, illustrious.*
Noblement, adv. *nobly.*
Noblesse, s. f. *nobility, nobleness.*
Noces, s. f. pl. *nuptials, marriage.*
Nœud, s. m. *knot, tie.*
Noir, e, adj. *black, dark, sullen, severe.*
Noircir, v. a. *to blacken, to stain.*
Noix, s. f. *nut, knuckle of a leg of veal.*
Nom, s. m. *name.*
Nombre, s. m. *number.*
Nombreux, se, adj. *numerous.*
Nommer, v. a. *to name, to call.*
Non, adv. *no, not.*
Nonchalance, s. f. *carelessness, indifference.*
Nonchalant, e, adj. & s. *careless, sluggard.*
Nonobstant, prep. *notwithstanding.*
Non-seulement, adv. *not only.*
Nord, s. m. *north;* nord-ouest, *northwest.*
Normand, e, adj. & s. *Norman.*
Normandie, s. f. *Normandy.*
Nos, poss. adj. pl. *our.*
Notaire, s. m. *notary.*
Noter, v. a. *to note, observe.*
Notice, s. f. *account.*
Notre, adj. poss. *our.*
Nouer, v. a. *to tie, knit, commence.*
Nourrice, s. f. *nurse.*
Nourrir, v. a. *to nourish, to maintain.*
Nourriture, s. f. *food.*
Nous, pron. pers. *we, us, to us.*
Nouveau, nouvel, le, adj. *new;* de nouveau, *anew, again.*
Nouvelle, s. f. *news, tidings.*
Nouvellement, adv. *newly, lately.*
Novembre, s. m. *November.*
Novice, adj. & s. *inexperienced, novice.*
Noyer, v. a. *to drown.*
Noyer, s. m. *walnut-tree.*
Nu, e, adj. *naked, bare.*
Nuage, s. m. *cloud.*
Nuance, s. f. *color, shade.*
Nuancer, v. a. *to shade, to mix different colors.*
Nue, s. f. *cloud.*
Nuée, s. f. *cloud, swarm.*
Nuire, v. n. *to hurt, to injure.*
Nuit, s. f. *night;* la nuit, *at night.*
Nul, le, s. m. & f. *none, no one.*

Nul, le, adj. *no, none.*
Nullement, adv. *in no wise, not at all.*
Numide, adj. & s. m. *Numidian.*
Nymphe, s. f. *nymph.*

O.

O! interj. *oh!*
Obéir, v. n. *to obey.*
Obéissance, s. f. *obedience, submission.*
Obéissant, e, adj. *obedient, submissive.*
Objet, s. m. *object, article.*
Obligeant, e, adj. *obliging, courteous.*
Obliger, v. a. *to oblige.*
Obscur, e, adj. *dark, obscure.*
Obscurité, s. f. *darkness, obscurity.*
Observatoire, s. m. *observatory.*
Observer, v. a. *to observe, remark.*
Obstination, s. f. *obstinacy, stubbornness.*
Obstiné, e, adj. & s. *obstinate, stubborn; a self-willed person.*
Obstinément, adv. *obstinately.*
s'Obstiner, v. r. *to be stubborn, obstinate.*
Obtenir, v. a. *to obtain, get.*
Occasion, s. f. *occasion, opportunity.*
Occident, s. m. *the west.*
Occupant, s. m. *possessor, occupant.*
Occupation, s. f. *occupation, employment.*
Occuper, v. a. *to busy, to occupy, to employ.*
Octobre, s. m. *October.*
Octogénaire, adj. & s. *octogenary, a person eighty years of age.*
Odeur, s. f. *fragrance, odor.*
Odieux, se, adj. *odious, hateful.*
Odora., s. m. *smell, the smelling.*
Œil, s. m. *the eye.*
Œillet, s. m. *carnation, pink;* pied d'œillet, *pink-root.*
Œuf, s. m. *an egg.*
Œuvre, s. f. *work;* mis en œuvre, *set in operation.*
Offensant, e, adj. *offensive.*
Offense, s. f. *offence.*
Offenser, v. a. *to offend, to hurt.*
s'Offenser, v. r. *to be angry.*
Offensive, adj. *offensive.*
Offert, e, part. *offered.*
Officier, s. m. *officer.*
Officieux, se, adj. *officious, kind friendly.*
Offre, s. f. *offer, proposal.*
Offrir, v. a. *to offer, to present.*
Oie, s. f. *goose.*
Oiseau, s. m. *bird, fowl.*
Oisif, ve, adj. *idle, inactive, quiet.*
Oisiveté, s. f. *idleness, sloth.*
Oison, s. m. *gosling, young goose.*
Olivier, s. m. *olive-tree.*
Olympique, adj. *Olympic*
Ombrage, s. m. *shade; umbrage, jealousy.*
Ombragé, e, adj. *shady, shaded, shadowy.*
Ombre, s. f. *shade, shadow.*
Omelette, s. f. *pancake.*
Omettre, v. a. *to omit, to pass by.*
On, l'on, pron. *one, they, it, we, people, man, men,* &c.; on dit, *they say, it is said;* on apprend, *we hear;* on s'imagine, *people think.*
Once, s. f. *an ounce.*
Oncle, s. m. *uncle.*
Onde, s. f. *a wave, a surge, a billow; the water, the sea, a stream.*
Onéreux, se, adj. *onerous, burdensome.*
Ongle, s. m. *nail (of the finger* or *toe).*
Onguent, s. m. *salve, ointment.*
Onze, num. adj. *eleven.*
Opérateur, s. m. *operator.*
Opération, s. f. *operation, effect.*
Opérer, v. a. *to operate, to work* or *do.*
Opiner, v. n. *to vote, to give judgment.*
Opiniâtre, adj. & s. *obstinate, stubborn.*
Opiniâtrément, adv. *obstinately.*
Opposé, e, adj. *opposed, opposite.*
Opposer, v. a. *to set against, to oppose.*
Oppresser, v. a. *to oppress.*
Oppresseur, s. m. *oppressor.*
Opprimer, v. a. *to oppress.*
Optimiste, s. m. *optimist (one who thinks every thing is for the best)*
Opulent, e, adj. *opulent, wealthy.*
Or, s. m. *gold.*
Or, conj. *but, now.*

Orage, s. m. *storm, tempest.*
Oraison, s. m. *oration, speech, prayer.*
Oranger, s. m. *orange-tree.*
Orateur, s. m. *orator.*
Orcades (les), s. pl. *the Orkney isles.*
Orchestre, s. m. *orchestra.*
Ordinaire, s. m. *allowance of food; custom, manner; post, courier.*
Ordinaire, adj. *ordinary, common;* d'ordinaire, adv. *ordinarily.*
Ordinairement, adv. *generally, usually.*
Ordonnance, s. f. *order, prescription, ordinance.*
Ordonné, e, part. *disposed, arranged, marshalled.*
Ordonner, v. a. *to order.*
Ordre, s. m. *order.*
Ordure, s. f. *filth, excrement.*
Oreille, s. f. *the ear.*
Organique, adj. *organic.*
Organisation, s. f. *organization.*
Orge, s. f. *barley.*
Orgueil, s. m. *pride, haughtiness.*
Orient, s. m. *the east.*
Oriental, e, adj. *oriental, eastern, easterly, east.*
Originaire, adj. *originally issued.*
Original, s. m. *ninny, queer fellow; original.*
Originalité, s. f. *originality.*
Origine, s. f. *origin, beginning.*
Orme, s. m. *elm.*
Orné, e, part. *adorned, ornamented.*
Ornement, s. m. *ornament, beauty.*
Orphée, s. m. *Orpheus.*
Orphelin, e, s. m. & f. *orphan.*
Orteil, s. m. *toe (of the foot).*
Orthographe, s. f. *orthography.*
Ortolan, s. m. *ortolan (a small delicate bird).*
Orviétan, s. m. *counter-poison.*
Os, s. m. *bone.*
Oser, v. a. & n. *to dare, to venture, to presume.*
Osier, s. m. *osier, willow, wicker.*
Ossements, s. m. pl. *bones of dead bodies.*
Oter, v. a. *to take away, to put away, to remove, to obliterate, to put off, to pull off.*
Ou, conj. *or, either, or else;* ou mort ou vif, *either dead or alive.*
Où, adv. *where;* pron. rel. *in which* d'où, *whence;* par où, *which way, where;* d'où vient, *how comes it? why?*
Ouais! interj. *heyday! hoity-toity!*
Oubli, s. m. *oblivion.*
Oublier, v. a. *to forget.*
Oublieux, se, adj. *forgetful, oblivious.*
Ouest, s. m. *west.*
Oui, adv. *yes.*
Ouïr, v. a. *to hear;* ouï dire, *heard.*
Ours, e, s. m. & f. *bear.*
Outarde, s. f. *large bird, bustard, sort of turkey.*
Outil, s. m. *tool, instrument.*
Outillé, e, adj. *furnished with tools.*
Outrage, s. m. *abuse, outrage.*
à Outrance, adv. *to the utmost extremity.*
Outre, en outre, prep. *besides.*
Outremer, adv. *beyond sea.*
Ouvert, e, adj. *opened, open.*
Ouvertement, adv. *openly.*
Ouverture, s. f. *mouth, hole, opening.*
Ouvrage, s. m. *work, business.*
Ouvrier, s. m. *workman, laborer,* jours ouvriers, *working-days.*
Ouvrir, v. a. *to open.*

P.

Pacha, s. m. *Pacha, a Turkish title.*
Pacifique, adj. *peaceful, pacific.*
Paiement, s. m. *payment.*
Paille, s. f. *straw.*
Pain, s. m. *bread, loaf.*
Pair, s. m. *peer, knight.*
Pair, adj. *even, equal, mate;* aller de pair, *to be upon a level.*
Paire, s. f. *pair, couple.*
Pairie, s. f. *peerage.*
Paisible, adj. *peaceable.*
Paisiblement, adv. *peaceably, peacefully.*
Paître, v. a. *to graze, to feed.*
Paix, s. f. *peace.*
Palais, s. m. *palace; palate.*
Pâle, adj. *pale, sallow.*
Pâlir, v. n. *to grow pale.*
Palissade, s. f. *palisade.*
Palpiter, v. n. *to palpitate, pant.*
se Pâmer, v. r. *to faint, to swoon.*
Pan, s. m. *face, side.*

Panache, s. m. *plume, bunch of feathers.*
Panaché, e, adj. *streaked.*
se Panacher, v. r. *to be streaked with colors.*
Panier, s. m. *basket.*
Panique, adj. *vain, chimerical, panic.*
Panneau, s. m. *pane, panel; snare, trap;* donner dans le panneau, *to be trapped, fall into the snare.*
Panser, v. a. *to dress a wound.*
Pantoufle, s. f. *slipper.*
Pape, s. m. *pope.*
Paperasse, s. f. *waste paper.*
Papier, s. m. *paper.*
Papillon, s. m. *butterfly.*
Paquebot, s. m. *packet-boat.*
Paquet, s. m. *packet, bundle.*
Par, prep. *by, per;* par-là, *thereby.*
Parabole, s. f. *parable.*
Paraissant, e, part. *appearing.*
Paraître, v. n. *to appear, to seem.*
Parasol, s. m. *umbrella, parasol.*
Parbleu! interj. *well! bless me! in good faith! zookers!*
Parc, s. m. *park.*
Parce que, conj. *because.*
Parcourir, v. a. *to run over.*
Parcouru, e, part. *travelled.*
Pardi! interj. *a familiar oath.*
Pardonner, v. a. *to pardon, forgive.*
Pareil, le, adj. *equal, similar, like, such.*
Parent, s. m. *relation, kindred;* parents, *parents.*
Parenté, s. f. *kindred, relationship.*
Parer, v. a. *to deck, adorn; to parry, ward off.*
Paresse, s. f. *idleness, laziness.*
Paresseux, se, s. & adj. *idler; lazy, slothful.*
Parfait, e, adj. *perfect.*
Parfaitement, adv. *perfectly, well.*
Parfois, adv. *sometimes.*
Parfum, s. m. *fragrance, sweet odor, perfume.*
Parier, v. a. *to bet, to lay a wager.*
Parisien, ne, adj. & s. *Parisian.*
Parjure, s. m. *perjury.*
Parlement, s. m. *parliament.*
Parler, v. a. & n. *to speak.*
Parme, s. *Parma.*
Parmi, prep. *among.*
Parodier, v. a. *to parody, burlesque.*
Paroisse, s. f. *parish.*
Parole, s. f. *word, speech.*
Parque, s. f. *destiny, one of the fatal sisters.*
Parrain, s. m. *godfather.*
Part, s. f. *part, place, side, share, interest;* faire part de, *to impart;* à part, *aside;* de part et d'autre, *on both sides.*
Partage, s. m. *lot, share, division.*
Partagé, e, part. *divided.*
Partager, v. a. *to share, to divide.*
Parterre, s. m. *bed; parterre* or *flower-garden.*
Parti, s. m. *party, faction.*
Parti, e, part. *gone.*
Participer, v. n. *to participate, have a share in.*
Particularité, s. f. *peculiarity.*
Particulier, s. m. *private man* or *person.*
Particulier, e, adj. *particular, private.*
Particulièrement, adv. *particularly.*
Partie, s. f. *part; parcel, quantity; quarter; party;* je vous prends à partie, *I call upon you.*
Partir, v. n. *to set out, go away, proceed.*
Partisan, s. m. *contractor, partisan.*
Partout, adv. *every where.*
Parure, s. f. *dress, ornament, finery.*
Parvenir, v. n. *to succeed, to reach, to arrive.*
Parvenu, e, part. *attained, arrived, succeeded; handed down.*
Pas, adv. *not;* s. m. *step, pace;* marcher au pas, *to keep step.*
Passable, adj. *tolerable.*
Passablement, adv. *tolerably.*
Passager, ère, adj. *passing, transient.*
Passager, s. m. *passenger;* adj. *transient, full of travellers.*
Passant, part. *passing.*
Passant, s. m. *passenger, traveller.*
Passé (le), s. m. *the past, formerly.*
Passé, e, adj. *past.*
Passer, v. a. & n. *to spend, get out, to pass, to happen.*
se Passer de, v. r. *to dispense with.*
Passe-temps, s. m. *amusement.*

Passion, s. f. *passion, inclination.*
Passionnément, adv. *passionately.*
Patagon, s. m. *Patagonian.*
Pâte, s. f *constitution, temper; dough, paste.*
Paté, s. m. *pie, pasty.*
Patenté, e, adj. *patented, licensed.*
Paternel, le, adj. *paternal, fatherly.*
Patience, s. f. *patience;* adv. *never mind.*
Pâtir, v. n. *to suffer, to be distressed.*
Pâtissier, s. m. *pastry cook.*
Patois, s. m. *provincial dialect.*
Pâtre, s. m. *herdsman.*
Patriarche, s. m. *patriarch.*
Patrie, s. f. *country.*
Patrocle, s. m. *Patroclus.*
Patte, s. f. *paw.*
Pâturage, s. m. *pasturage.*
Paume, s. f. *palm of the hand;* jeu de paume, *tennis.*
Paumière, s. f. *mistress of a tennis court.*
Paupière, s. f. *eyelid.*
Pauvre, adj. *poor;* s. m. *the poor.*
Pauvreté, s. f. *poverty.*
Pavé, s. m. *pavement.*
Pavillon, s. m. *pavilion.*
Payer, v. a. *to pay, to pay off, to pay for.*
Pays, s. m. *country.*
Pays Bas (les), *the Low Countries, the Netherlands.*
Paysan, ne, s. m. & f. *peasant, peasant woman.*
Peau, s. f. *skin.*
Peccadille, s. f. *peccadillo, petty fault.*
Pêche, s. f. *fishing, fishery; peach.*
Péché, s. m. *sin, crime, offence.*
Pécheur, s. m. *sinner.*
Pêcheur, s. m. *fisherman.*
Pédant, s. m. *pedant, coxcomb.*
Pédicure, s. m. *one who cures corns.*
Peignant, part. *describing.*
Peigner, v. a. *to comb.*
Peindre, v. a. *to paint, to draw, to describe.*
Peine, s. f. *pain, pains, trouble, difficulty;* à peine, adv. *hardly, scarcely.*
Peintre, s. m. *painter.*
Peinture, s. f. *painting picture, coloring.*

Pelé, e, adj. & s. *bare, bald; mean fellow.*
Pêle-mêle, adv. *confusedly, promiscuously.*
Pèlerin, s. m. *pilgrim.*
Pèlerinage, s. m. *pilgrimage.*
Pelle, s. f. *shovel.*
Péloponèse, s. m. *Peloponnesus.*
Peloton, s. m. *platoon.*
Pelouse, s. f. *green-sward, grass plot.*
Pénates, s. m. *household gods.*
Penchant, s. m. *brink, aeclivity.*
Pencher, v. n. *to bend down.*
Pendable, adj. *that deserves hanging*
Pendant, prep. *during.*
Pendant que, conj. *whilst, while, as.*
Pendard, s. m. *rogue, knave.*
Pendre, v. a. *to hang.*
Pénétrer, v. a. *to penetrate, pierce.*
Pénible, adj. *painful, hard, difficult.*
Péninsule, s. f. *peninsula.*
Pensé, e adj. *well conceivea.*
Pensée, s. f. *thought; pansy (a flower).*
Penser, v. n. *to think, to believe.*
Penseur, s. m. *thinker.*
Pensif, ve, adj. *pensive, thoughtful.*
Pension, s. f. *allowance, board.*
Pensionnaire, s. m. *pensioner.*
Perçant, e, adj. *piercing.*
Percer, v. a. *to pierce, rend, drench.*
Perche, s. f. *pole, rod, perch.*
Perché, e, part. past, *perched.*
Perdre, v. a. *to ruin, lose;* perdre la tête, *to lose one's wits.*
se Perdre, v. r. *to be lost.*
Perdreau, s. m. *young partridge.*
Perdrix, s. f. *partridge.*
Perdu, e, part. *lost.*
Père, s. m. *father.*
Perfectionner, v. a. *to perfect, improve.*
Perfidie, s. f. *treachery, falsehood.*
Péri, e, adj. *perished, lost.*
Périgordin, adj. *of* or *belonging to Perigord.*
Péril, s. m. *peril, danger, hazard.*
Période, s. m. *period.*
Périodique, adj. *periodical.*
Périodiquement, adv. *periodically.*
Péripétie, s. f. *sudden turn of fortune.*

Périr, v. n. *to perish, to be lost.*
Périssable, adj. *perishable.*
Perle, s. f. *pearl.*
Permettre, v. a. *to permit, to allow.*
Permis, e, part. *permitted, allowed, allowable.*
Permission, s. f. *permission, leave.*
Perpétuel, le, adj. *perpetual.*
Perroquet, s. m. *sort of parrot.*
Perruque, s. f. *wig.*
Perruquier, s. m. *hairdresser.*
Persan, ne, adj. & s. *Persian.*
Perse, s. f. *Persia;* s. m. *Persian.*
Persien, ne, adj. *Persian.*
Persiflage, s. m. *idle talk, nonsense.*
Persifleur, s. m. *joker, jeerer.*
Persister, v. n. *to persist, continue.*
Personnage, s. m. *person, personage.*
Personne, s. f. *person;* pron. *anybody, nobody.*
Personnellement, adv. *personally.*
Personnifier, v. a. *to personify.*
Persuadé, e, part. *convinced.*
Persuader, v. n. *to persuade, convince.*
Perte, s. f. *loss.*
Pesamment, adv. *unwieldy, heavily.*
Pesant, e, adj. *heavy.*
Pesanteur, s. f. *heaviness, weight.*
Peser, v. n. *to weigh.*
Peste, s. f. *plague;* interj. *bless me! I swear! deuce!*
Petit, e, adj. *little, small;* s. *little one.*
Petitesse, s. f. *diminutiveness.*
Pétitionnaire, s. m. & f. *petitioner.*
Petri, e, adj. *full, made up of.*
Peu, adv. *little, few;* peu importe, *it matters little;* peu à peu, *by degrees, gradually;* à peu près, à peu de chose près, *nearly, very nearly;* peu s'en fallut, *it was likely.*
Peuple, s. m. *people, nation; crowd, multitude;* le petit peuple, *the lower classes.*
Peuplé, e, adj. *populous, peopled.*
Peupler, v. n. *to propagate, multiply.*
Peur, s. f. *fear.*
Peut-être, adv. *perhaps.*
Phare, s. m. *lighthouse.*
Pharmacie, s. f. *pharmacy.*
Phénomène, s. m. *phenomenon.*
Philhellène, adj. *philhellenic, friendly to Greece and her literature.*
Philippe, s. m. *Philip.*
Philolas, s. m. *Philolaus.*
Philosophe, s. m. *philosopher.*
Philosophie, s. f. *philosophy.*
Physicien, s. m. *physician.*
Physionomie, s. m. *countenance.*
Physique, adj. *physical.*
Physique, s. f. *natural philosophy.*
Pic, s. m. *peak.*
Picardie, s. f. *Picardy.*
Pie, s. f. *magpie.*
Pièce, s. f. *piece, trick.*
Pied, s. m. *foot;* à pied, *on foot* sur pied, *on one's feet.*
Piédestal, s. m. *pedestal.*
Piémont, s. m. *Piedmont.*
Pierre, s. f. *stone;* s. m. *Peter*
Pierreux, se, adj. *stony.*
Piété, s. f. *piety.*
Pieu, pl. pieux, s. m. *stake.*
Pieux, se, adj. *pious, religious.*
Pigeon, s. m. *pigeon, dove.*
Pigeonneau, s. m. *young pigeon.*
Pile, s. f. *pile.*
Pilé, e, part. *pounded, brayed, beat*
Pilier, s. m. *pillar, column, post.*
Pillage, s. m. *plunder.*
Piller, v. a. *to plunder, pillage.*
Pilote, s. m. *pilot, steersman.*
Pilule, s. f. *pill.*
Pinceau, s. m. *brush, pencil.*
Pincettes, s. f. pl. *tongs.*
Piquant, e, adj. *piquant, biting*
Pique, s. f. *pike.*
Piqué, e, adj. *piqued.*
Piquer, v. a. *to prick, spur;* piquer des deux, *to spur on both sides.*
se Piquer, v. r. *to pique one's self.*
Pire, adj. *worse;* le pire, *the worst.*
Pis, adv. *worse;* s. m. *worst;* bien pis, *much worse.*
Pistole, s. m. *pistole, a coin.*
Pistolet, s. m. *pistol;* tirer un coup de pistolet, *to fire off a pistol.*
Pitance, s. f. *mess, pittance.*
Pitié, s. f. *pity, compassion.*
Pitoyable, adj. *lamentable.*
Pittoresque, adj. *picturesque.*
Place, s. f. *place, seat, square.*
Placer, v. a. *to place, get a place.*
Placet, s. m. *petition.*
Plafond, s. m. *ceiling.*

Plage, s. f. *shore.*
Plaider, v. a. & n. *to plead; to go to law.*
Plaideur, s. m. *litigant.*
Plaie, s. f. *wound, sore, plague.*
Plaignant, part. *lamenting.*
Plaindre, v. a. & n. *to pity, to complain, to be sparing, to grudge.*
se Plaindre, v. r. *to lament, complain.*
Plaine, s. f. *plain, field.*
Plainte, s. f. *complaint; exclamation.*
Plaintif, ve, adj. *plaintive, doleful.*
Plaire, v. n. *to please;* à Dieu ne plaise! *God forbid!*
Plaisamment, adv. *pleasantly, merrily.*
Plaisant, s. m. *joker, wag, jester.*
Plaisant, e, adj. *pleasant, amusing.*
Plaisanter, v. n. *to banter.*
Plaisanterie, s. f. *jest, pleasantry.*
Plaisir, s. m. *pleasure.*
à Plaisir, adv. *carefully, diligently, at ease.*
Planche, s. f. *plank, board; bed, border (of a garden).*
Plancher, s. m. *floor; ceiling.*
Plante, s. f. *plant, vegetable.*
Planter, v. a. *to plant.*
Plat, s. m. *dish, flat side.*
Plat, e, adj. *flat, low, common;* tout plat, *flatly, plainly.*
Plateau, s. m. *an elevated plain.*
Platitude, s. f. *nonsense, dulness.*
Platon, s. m. *Plato.*
Plâtre, s. m. *plaster.*
Plein, e, adj. *full;* en pleine mer, *in open sea.*
Pleinement, adv. *fully, entirely.*
Plessis-les-Tours (le), *a ruined castle near Tours.*
Pleurer, v. n. *to weep, to cry.*
Pleurésie, s. f. *pleurisy.*
Pleurs, s. m. pl. *tears.*
Pleuvoir, v. imp. *to rain.*
Plier, v. a. & n. *to fold, to bend, to conform.*
Plomb, s. m. *lead, bullets, shot.*
Plongé, e, part. *plunged, overwhelmed, bathed.*
Plonger, v. a. *to dip, to plunge.*
Ployer, v. a. *to bend, to fold.*
Pluie, s. f. *rain.*
Plumassier, s. m. *dealer in ostrich feathers.*
Plume, s. f. *feather, pen.*
la Plupart, s. f. *most, the greatest part.*
Pluriel, le, adj. *plural.*
Plus, adv. *more, no more;* le plus, *most, the most;* tout au plus, au plus, *at most;* de plus, *moreover,* de plus en plus, *more and more,* plus de larmes, *no more tears.*
Plusieurs, adj. *several, many.*
Plutôt, adv. *rather, sooner.*
Poche, s. f. *pocket.*
Poêle, s. f. *frying-pan.*
Poêlon, s. m. *saucepan, skillet.*
Poésie, s. f. *poetry, poesy.*
Poète, s. m. *poet.*
Poétique, adj. *poetical.*
Poids, s. m. *weight, burden.*
Poignard, s. m. *dagger, poniard.*
Poignée, s. f. *handful.*
Poignet, s. m. *the wrist.*
Poil, s. m. *hair, fur.*
Poing, s. m. *fist;* coup de poing, *cuff.*
Point, s. m. *point, ruff.*
Point, adv. *no, not;* point du tout, *not at all.*
Pointe, s. f. *point, dawn.*
Pointu, e, adj. *sharp;* chapeau pointu, *sugar-loaf hat.*
Poire, s. f. *pear.*
Pois, s. m. *pea.*
Poisson, s. m. *fish.*
Poitevin, e, adj. & s. *of Poitou.*
Poitrine, s. f. *the breast.*
Poivre, s. m. *pepper.*
Poli, e, adj. *polite, well-bred.*
Police, s. f. *polity, policy, police.*
Policer, v. a. *to govern, to establish a police.*
Polichinelle, s. f. *tool used in foundries.*
Poliment, adv. *politely.*
Polir, v. a. *to polish.*
Politesse, s. f. *politeness.*
Politique, adj. & s. m. *political, politic; politician, policy, conduct.*
Poltron, s. m. *coward, poltroon.*
Polybe, s. m. *Polybius.*
Polyphème, s. m. *Polyphemus, son of Neptune.*
Pommade, s. f. *pomatum.*

Pomme, s. f. *apple;* pomme de terre, *potato.*
Pommier, s. m. *apple-tree.*
Pomone, s. f. *Pomona, goddess of fruits and of autumn.*
Pompée, s. m. *Pompey.*
Pompeux, se, adj. *stately, glorious.*
Pondre, v. a. & n. *to lay* or *sit upon eggs.*
Pont, s. m. *bridge, deck.*
Pontife, s. m. *pontiff, a priest.*
Populace, s. f. *populace, mob.*
Populaire, adj. *popular.*
Popularité, s. f. *popularity.*
Porc, s. m. *hog, pork.*
Port, s. m. *port, harbor; portage, postage; deportment, bearing.*
Portant, part. *carrying;* bien portant, e, *in good health;* à bout portant, *with the muzzle of a gun at the adversary's breast.*
ad Portas [Latin], *at the gates.*
Porte, s. f. *door, gate;* porte à deux battants, *folding-doors.*
Porte-étendard, s. m. *standard-bearer.*
Porte-manteau, s. m. *portmanteau.*
Porte-tabatière, s. m. *snuff box-bearer.*
Portée, s. f. *reach;* à la portée, *within reach;* à portée de pistolet, à portée de trait, *within pistol-shot, within arrow-shot.*
Porter, v. a. *to carry, to bear, to wear.*
se Porter, v. r. (*concerning the state of the health*), *to be, to do;* comment vous portez-vous? *How do you do?*
Porteur, s. m. *bearer, porter.*
Portier, s. m. *porter, door-keeper.*
Portière, s. f. *the door of a coach.*
Portique, s. m. *portico, porch.*
Portrait, s. m. *portrait, picture.*
Posé, e, part. *placed, laid, set.*
Poser, v. a. *to put, place,* or *lay; to lay down, to arrange.*
Positif, ve, adj. *positive, certain.*
Possêder, v. a. *to possess.*
Possesseur, s. m. *possessor, master.*
Possession, s. f. *possession, fruition.*
Possible, adj. & s. m. *possible, best;* je ferai mon possible, *I will do my best.*
Possibilité, s. f. *possibility.*
Poste, s. m. *post, station, employment.*
Poste, s. f. *post-office.*
Posté, e, part. *posted.*
Postérité, s. f. *posterity.*
Postillon, s. m. *postilion.*
Pot, s. m. *pot.*
Potable, adj. *potable, drinkable.*
Potage, s. m. *soup, pottage.*
Potager, s. m. *kitchen-garden.*
Poteau, s. m. *post, stake.*
Potence, s. f. *gallows, gibbet;* gibier de potence, *gallows-bird.*
Potentat, s. m. *potentate.*
Pouce, s. m. *inch; thumb.*
Poudre, s. f. *powder.*
Poudré, e, part. *powdered.*
Poularde, s. f. *pullet.*
Poule, s. f. *hen.*
Poulet, s. m. *chicken, pullet.*
Pouls, s. m. *the pulse.*
Poupée, s. f. *doll, puppet.*
Pour, prep. *for, to, in order to.*
Pourquoi, conj. *why, for what, on what account;* pourquoi cela? *why so?*
Poursuite, s. f. *pursuit.*
Poursuivre, v. a. *to pursue, to continue.*
Pourtant, conj. *however, yet, still.*
Pourvoir, v. a. & n. *to provide.*
Pourvu que, conj. *provided that.*
Pousser, v. a. *to push, to thrust; to urge; to utter;* pousser des cris *to scream, cry out.*
Poussière, s. f. *dust.*
Poussin, s. m. *young chicken.*
Pouvoir, s. m. *power.*
Pouvoir, v. n. *to be able.*
Prairie, s. f. *meadow.*
Praticable, adj. *practicable.*
Praticien, s. m. *practitioner.*
Pratique, s. f. *practice.*
Pratiquer, v. a. *to practise.*
Pré, s. m. *meadow, pasture-ground green field.*
Prébende, s. f. *prebend.*
Précaution, s. f. *precaution, foresight.*
Précédent, e, adj. *former, preceding*
Précéder, v. a. *to precede.*
Précepte, s. m. *precept, maxim.*
Précepteur, s. m. *teacher, tutor.*

Prêcher, v. a. & n. *to preach.*
Prêcheur, s. m. *sorry preacher.*
Précieux, euse, adj. *precious, valuable.*
Précipiter, v. a. *to precipitate.*
Précis, s. m. *substance, summary.*
Précis, e, adj. *precise, exact.*
Précisément, adv. *precisely.*
Précoce, adj. *precocious, forward.*
Prédicateur, s. m. *preacher, teacher.*
Prédire, v. a. *to foretell, predict.*
Préface, s. f. *preface.*
Préféré, e, part. *preferred.*
Préférence, s. f. *preference.*
Préférer, v. a. *to prefer.*
Préfet, s. m. *prefect, overseer.*
Préjudiciable, adj. *prejudicial, detrimental.*
Préjugé, s. m. *prejudice, prepossession.*
se Prélasser, v. r. *to strut, assume the air of a bishop.*
Prélat, s. m. *prelate.*
Premier, ère, adj. *first, former.*
Premièrement, adv. *firstly.*
Prendre, v. a. *to take; to get; to catch hold;* prenez-y garde, *take care.*
se Prendre, v. r. *to be taken, to lay hold.*
s'en Prendre à, v. r. *to lay the blame upon.*
s'y Prendre, v. r. *to set about it.*
Préoccupation, s. f. *idea, anticipation.*
Préoccupé, e, part. *absorbed.*
Préparatif, s. m. *preparation.*
Préparer, v. a. *to prepare.*
Prérogative, s. f. *advantage, privilege.*
Près, prep. *near*, à peu près, *about, nearly;* de près, *near, closely.*
Présager, v. a. *to predict, foretell.*
Prescrire, v. a. *to order, prescribe.*
Présent, s. & adj. *present time, present.*
Présenter, v. a. *to present, to offer.*
Préserver, v. a. *to preserve.*
Président, s. m. *president, chairman, speaker.*
Présomption, s. f. *presumption.*
Présomptueux, se, adj. *presumptuous.*
Presque, adv. *almost.*
Pressant, e, adj. *pressing.*
Presse, s. f. *press-gang; press.*
Pressé, e, part. adj. *in haste, in hurry, pressed, urged.*
Pressentiment, s. m. *surmise, foresight, presentiment, misgiving.*
Presser, v. a. *to hasten, press, urge.*
Prestance, s. f. *noble presence, dignified mien.*
Prestige, s. f. *illusion, delusion.*
Présumer, v. n. *to presume, imagine.*
Prêt, e, adj. *ready.*
Prétendre, v. n. *to pretend, maintain, purpose, intend.*
Prétendu, e, adj. *pretended, intended.*
Prétendue (la), *the future wife.*
Prêter, v. a. *to lend.*
se Prêter, v. r. *to devote one's self to comply.*
Prêtre, s. m. *priest;* le grand-prêtre, *the high-priest.*
Preuve, s. f. *proof.*
Preux, adj. & s. m. *brave, stout.*
s'en Prévaloir, v. r. *to prevail by it.*
Prévenir, v. a. *to prevent, to anticipate; to inform, to warn.*
Prévenu, e, adj. *prejudiced.*
Prévoir, v. a. *to foresee.*
Prévôt, s. m. *marshal, provost.*
Prévoyance, s. f. *forethought, caution.*
Prévoyant, e, adj. *provident, foreseeing, careful.*
Prier, v. a. *to pray, request, desire.*
Prière, s. f. *prayer, request.*
Prime-abord (du), adv. *at first, all at once, suddenly.*
Prince, s. m. *prince.*
Princesse, s. f. *princess.*
Principal, e, adj. *principal, chief,* s. m. *principal thing.*
Principalement, adv. *principally.*
Principes, s. m. *morals, principle.*
Printemps, s. m. *spring.*
Pris, e, part. *taken, seized;* bien pris, *well-shaped.*
Prise, s. f. *hold, scuffle, quarrel, taking;* être aux prises, *to be engaged.*
Priser, v. a. *to prize, value, esteem.*
Prisonnier, s. m. *prisoner.*
Privé, e, adj. *private.*
Priver, v. a. *to deprive.*

Prix, s. m. *price, prize, value, rate;* mettre à prix, *to set a price upon.*
Probablement, adv. *probably.*
Probité, s. f. *probity, integrity.*
Procédé, s. m. *proceeding, way of acting.*
Procéder, v. n. *to proceed, spring, rise.*
Procédure, s. f. *legal proceeding.*
Procès, s. m. *lawsuit.*
Prochain, s. m. *neighbor.*
Prochain, e, adj. *next, near.*
Proche, adj. *near, next.*
Procurer, v. a. *to get, procure.*
Procureur, s. m. *attorney;* procureur-général, *attorney-general.*
Prodigalité, s. f. *extravagance.*
Prodige, s. m. *prodigy.*
Prodigieusement, adv. *prodigiously.*
Prodigieux, se, adj. *prodigious.*
Prodigue, adj. & s. *prodigal.*
Prodiguer, v. a. *to lavish, spend prodigally.*
Production, s. f. *production, work.*
Produire, v. a. *to produce, to bring forward, to introduce.*
Produit, s. m. *produce, product.*
Profaner, v. a. *to profane, to abuse.*
Proférer, v. a. *to utter, to speak.*
Professer, v. a. *to profess, to teach.*
Profession, s. f. *profession, calling.*
Profiter, v. n. *to profit.*
Profond, e, adj. *deep, profound.*
Profondément, adv. *deeply, profoundly.*
Profondeur, s. f. *depth.*
Progéniture, s. f. *progeny, offspring.*
Progrès, s. m. *progress.*
Progressif, ve, adj. *progressive.*
Prohibé, e, adj. *prohibited, forbidden.*
Proie, s. f. *prey.*
Projet, s. m. *project, scheme.*
Prologue, s. m. *prologue.*
Prolonger, v. a. *to prolong, put off.*
Promenade, s. f. *walk, ride, drive.*
Promener, v. a. *to walk, to lead;* envoyer promener, *to send a packing.*
se Promener, v. r. *to walk.*
Promeneur, s. m. *walker, promenader.*
Promesse, s. f. *promise.*
Promettre, v. a. *to promise.*
Promis, e, part. *promised.*
Prompt, e, adj. *prompt, speedy.*
Promptement, adv. *instantly, speedily, quickly.*
Prône, s. m. *homily, preaching, lecture.*
Pronom, s. m. *pronoun.*
Prononcer, v. a. *to pronounce, utter*
Prononciation, s. f. *pronunciation.*
Prophète, s. m. *prophet.*
Propos, s. m. *chat, discourse; purpose;* à propos, *seasonably, proper, on account;* mal à propos, *unseasonably.*
Proposer, v. a. *to propose.*
Proposition (pain de), *shew-bread.*
Propre, adj. *proper, own, fit, neat, clean, spruce, genteel.*
Proprement, adv. *properly, fitly.*
Propreté, s. f. *cleanliness.*
Propriétaire, s. m. *proprietor, owner, master.*
Propriété, s. f. *property, estate.*
Prosaïque, adj. *prosaic, dull.*
Prosateur, s. m. *prose-writer.*
Proscrit, s. m. *outlaw, fugitive.*
Prospérer, v. n. *to prosper.*
Prospérité, s. f. *prosperity, success.*
Protecteur, s. m. *protector.*
Protéger, v. a. *to protect.*
Protester, v. a. *to protest, declare.*
Prototype, s. m. *prototype, original copy.*
Prouver, v. a. *to prove.*
Proverbe, s. m. *proverb.*
Province, s. f. *province, country.*
Provision, s. f. *provision, food; stock, supply; grant.*
Provoqué, e, part. *provoked.*
Provoquer, v. a. *to provoke.*
Prudemment, adv. *prudently.*
Prudent, e, adj. *prudent, wise, discreet.*
Prunelle (de l'œil), s. f. *apple of the eye.*
Prusse, s. f. *Prussia.*
Prussien, ne, adj. & s. *Prussian.*
Psaume, s. m. *psalm.*
Pu, part. of pouvoir, *to be able.*
Public, s. m. *the public.*
Public, publique, adj. *public.*
Publier, v. a. *to proclaim, publish.*
Publiquement, adv. *publicly.*
Puis, adv. *then, afterwards.*
Puiser, v. n. *to draw.*
Puisque, conj. *since.*

Puissamment, adv. *powerfully.*
Puissance, s. f. *power.*
Puissant, e, adj. & s. *powerful.*
Puits, s. m. *pit, well.*
Punch, s. m. *punch.*
Punique, adj. *Punic.*
Punir, v. a. *to punish.*
Punition, s. f. *punishment.*
Pur, e, adj. *pure, unmixed.*
Purement, adv. *purely, entirely.*
Pureté, s. f. *purity, clearness.*
Purger, v. a. *to clear, to purge.*
Pygmée, s. m. *pigmy, dwarf.*
Pyramide, s. f. *pyramid; fruits arranged in form of a pyramid.*
Pythagore, s. m. *Pythagoras.*

Q.

Quai, s. m. *quay, key, wharf.*
Qualité, s. f. *quality, capacity, condition.*
Quand, conj. *though;* quand bien même, *even though, although, if;* adv. *when;* quant à, *as to.*
Quantité, s. f. *quantity.*
Quarantaine, s. f. *about forty.*
Quarante, num. adj. *forty.*
Quart, quartier, s. m. *quarter.*
Quartain, e, adj. *every fourth day.*
Quartaut, s. m. *fourth part of a hogshead.*
Quarteron, s. m. *quarter of a pound,* or *of a hundred.*
Quatorze, num. adj. *fourteen.*
Quatre, num. adj. *four.*
Quatre-vingts, num. adj. *eighty.*
Quatre-vingt-dix, num. adj. *ninety.*
Quatrième, num. adj. *fourth;* s. m. *fourth part, fourth floor.*
Que, pron. *that, which, whom, what.*
Que, qu', conj. *that, but, than; lest; let;* (after a verb preceded by *ne*), *only, nothing, but; how!*
Quel, le, adj. *what, which.*
Quelconque, adj. *whatever, whatsoever.*
Quelque, adj. *some, a few; however, whatever;* quelque part, *somewhere.*
Quelquefois, adv. *sometimes.*
Quelqu'un, pron. *somebody, some one.*
Querelle, s. f. *quarrel, dispute.*
Quereller, v. n. *to quarrel.*
Querelleur, euse, adj. & s. *quarrelsome, brawler.*
Quérir, v. a. *to fetch, to go for.*
Questionner, v. a. *to question, interrogate.*
Quête, s. f. *quest, search.*
Queue, s. f. *tail.*
Qui, pron. rel. *who, whom, that which.*
Qui que, pron. *whoever.*
Quichotte (Don), s. m. *Don Quixotte*
Quiconque, pron. *whoever.*
Quidam, s. m. *a certain person.*
Quinquina, s. m. *quinine, Peruvian bark.*
Quintaux, s. m. (pl. of quintal), *hundred weight.*
Quinze, num. adj. *fifteen.*
Quinzième, num. adj. *fifteenth.*
Quittance, s. f. *receipt, acquittance.*
Quitter, v. a. *to quit, leave.*
Quoi, adj. *what, which;* de quoi, *of what, wherewith;* quoi qu'il en soit, *however it may be.*
Quoique, conj. *though, although.*
Quolibet, s. m. *jest, joke.*

R.

Rabat, s. m. *band.*
Rabattre, v. a. *to abate, deduct.*
Raccommoder, v. a. *to adjust, mend.*
Raccourci, s. m. *abridgment.*
Racheter, v. a. *to redeem.*
Racine, s. f. *root.*
Racler, v. a. *to scrape.*
Raconter, v. a. *to relate.*
Radicalement, adv. *radically.*
Radoter, v. n. *to dote.*
Rafraîchir, v. a. *to refresh.*
Ragoût, s. m. *high-seasoned dish.*
Raide, roide, adj. *stiff;* raide mort, *stone dead.*
se Railler, v. r. *to laugh at.*
Raillerie, s. f. *jeering, jesting.*
Raisin, s. m. *grape.*
Raison, s. f. *reason, judgment;* comme de raison, *as is fitting;* faire raison à quelqu'un, *to pledge one;* avoir raison, *to be in the right.*
Raisonnable, adj. *reasonable;* un peu raisonnable, *of a good size*

Raisonnablement, adv. *rationally, reasonably.*
Raisonnement, s. m. *reasoning, argument.*
Raisonner, v. a. *to discourse, dispute, reason.*
Raisonneur, s. m. *arguer, impertinent prater.*
Rajeunir, v. a. & n. *to grow young again, rejuvenate.*
Rajuster, v. a. *to adjust, set in order.*
Ralentir, v. a. *to retard, slacken.*
Rallumer, v. a. *to relight, rekindle.*
Ramage, s. m. *singing, warbling (of birds).*
Ramasser, v. a. *to pick up, collect.*
Rame, s. f. *oar.*
Ramené, e, part. *brought back.*
Ramener, v. a. *to bring back.*
Ramer, v. n. *to row.*
Rameur, s. m. *rower.*
Ramper, v. n. *to creep, crawl.*
Rançonner, v. a. *to exact from, to extort money from.*
Rancune, s. f. *animosity, grudge.*
Rang, s. m. *rank, row.*
Rangé, e, part. *ranged, pitched.*
Ranger, v. a. *to range, arrange, to rank.*
Ranimer, v. a. *to revive, reanimate.*
Rapide, adj. *swift, rapid.*
Rapidement, adv. *rapidly, fast.*
Rapidité, s. f. *rapidity.*
Rapière, s. f. *rapier.*
Rappeler, v. a. *to call back, recall, remember.*
Rapport, s. m. *relation, affinity; narrative ntelligence, respect, regard.*
Rapporter, v. a. *to bring back;* s'en rapporter, *to refer one's self.*
Rapprocher, v. a. *to draw near again, to bring together.*
Raquette, s. f. *racket.*
Rare, adj. *rare, scarce.*
Rarement, adv. *seldom.*
Rareté, s. f. *rarity.*
Rasé, e, part. *grazed.*
Rasoir, s. m. *razor.*
Rassasier, v. a. *to satisfy, to fill, to satiate.*
Rassembler, v. a. *to assemble, to reassemble, to present.*
Rassurer, v. a. *to reassure, to encourage.*
Rat, s. m. *rat.*
Rate, s. f. *the spleen.*
Râteau, s. m. *rake.*
Ration, s. f. *daily allowance.*
Ratisser, v. a. *to scrape, to rake off.*
Raton, s. m. *young rat.*
se Rattacher, v. r. *to attach one's self, itself.*
Rattraper, v. a. *to catch again.*
Ravager, v. a. *to lay waste, ravage.*
Ravi, e, adj. *ravished, enchanted.*
Ravin, s. m. *hollow, ravine.*
Ravissant, e, adj. *rapacious, voracious; admirable, charming.*
Ravissement, s. m. *transport of joy.*
Ravoir, v. a. *to recover, get again.*
Rayon, s. m. *ray;* rayon de miel *honeycomb.*
Rayonnant, e, adj. *radiant.*
Réal, pl. réaux, s. m. *real, a Spanish coin.*
Réaliser, v. a. *to realize.*
Réalité, s. f. *reality.*
Rebâtir, v. a. *to rebuild.*
Rebattre, v. a. *to beat up, to put in order.*
se Rebattre, v. r. *to repeat one's self, to tell over again.*
Rebelle, adj. & s. *rebellious, rebel.*
au Rebours, adv. *against the grain, the wrong way.*
Rebuté, e, adj. *dispirited, exhausted.*
Récalcitrant, e, adj. *refractory, reluctant.*
Receveur, s. m. *receiver, publican.*
Receveuse, s. f. *wife of a publican, &c.*
Recevoir, v. a. *to receive.*
Réchauffer, v. a. *to heat up again.*
Recherche, s. f. *search, quest, research.*
Recherché, e, part. *courted, sought after.*
Récit, s. m. *story, recital.*
Réclamer, v. a. *to claim, demand.*
Récolte, s. f. *crop, harvest.*
Recommander, v. a. *to recommend.*
Recommencer, v. a. *to begin again*
Récompense, s. f. *reward.*
Récompenser, v. a. *to reward.*
Réconciliation, s. f. *reconciliation*
Réconcilier, v. a. *to reconcile.*

Reconduire, v. a. *to reconduct.*
Reconnaissance, s. f. *gratitude.*
Reconnaissant, e, adj. *grateful, thankful.*
Reconnaître, v. a. *to recognize, discover, acknowledge.*
Reconnu, e, part. *known, acknowledged.*
Recourir, v. n. *to have recourse, to fly for succor.*
Recours, s. m. *recourse.*
Recouvert, e, part. *covered.*
Recouvrement, s. m. *recovery.*
Recouvrer, v. a. *to recover, regain.*
Recrue, s. f. *recruit.*
Rectifier, v. a. *to rectify.*
Reçu, e, part. *received, admitted.*
Recueil, s. m. *collection.*
Recueillement, s. m. *collectedness, self-possession.*
Recueillir, v. a. *to gather, to reap, to receive.*
se Recueillir, v. r. *to recollect one's self.*
Reculer, v. a. *to put off, delay, retreat, draw back.*
à Reculons, adv. *backward.*
Redemander, v. a. *to demand again.*
Redescendre, v. n. *to descend again.*
Redevenir, v. n. *to become again.*
Redingote, s. f. *riding-habit, great-coat.*
Redire, v. a. *to repeat, to say again.*
Redoubler, v. a. *to redouble, increase.*
Redoutaole, adj. *formidable.*
Redoute, s. f. *redoubt.*
Redouté, e, part. *dreaded, feared.*
Redouter, v. a. *to fear, dread.*
Redresser, v. a. *to redress, rectify.*
Réduire, v. a. *to reduce, oblige.*
Réduit, s. m. *place, by-place, nook.*
Réduit, e, part. *reduced.*
Réel, le, adj. *real, true.*
Réellement, adv. *really.*
Refermer, v. a. *to reclose, reshut.*
Réfléchir, v. n. *to reflect.*
Réfléchi, e, adj. *meditated.*
Reflet, s. m. *reflection.*
Réflexion, s. f. *reflection, meditation;* faisant réflexion, *reflecting.*
Refrain, s. m. *burden (of a song).*
Refroidi, e, adj. *cold, stern.*
Refroidir, v. a. *to cool, to chill.*
Réfugier (se), v. r. *to take refuge.*
Refus, s. m. *refusal, repulse.*
Refuser, v. a. *to refuse.*
Réfuter, v. a. *to refute.*
Regagner, v. a. *to regain, recover.*
Régal, s. m. *entertainment, feast.*
Régaler, v. a. *to regale.*
Regard, s. m. *look, attention, consideration.*
Regarder, v. a. *to look at, consider to concern, regard.*
Régime, s. m. *diet, regimen, administration.*
Registre, s. m. *register, list, roll.*
Règle, s. f. *rule.*
Régler, v. a. *to settle, regulate.*
Règne, s. m. *reign.*
Régner, v. a. *to reign.*
Regorger, v. n. *to overflow, run over.*
Regretter, v. a. *to regret.*
Régularité, s. f. *regularity, strictness.*
Régulier, ère, adj. *regular.*
Régulièrement, adv. *regularly.*
Réhabilitation, s. f. *reinstating.*
Reine, s. f. *queen.*
Reins (les), s. pl. *back, loins, rear.*
Réitéré, e, adj. *reiterated.*
Rejet, s. m. *sprout, sprig.*
Rejeter, v. a. *to reject, refuse.*
Rejeton, s. f. *tendril.*
Rejoindre, v. a. *to meet, to join.*
Réjouir, v. a. *to amuse, to gladden, to rejoice.*
Relâche, s. m. *relaxation, cessation, intermission.*
Reléguer, v. a. *to send away, to banish.*
Relevé, e, adj. *raised, lifted up.*
Relever, v. a. *to raise again, repeat.*
se Relever, v. r. *to rise again.*
Religieusement, adv. *religiously.*
Religieux, s. m. *monk.*
Religieux, se, adj. *religious, pious.*
Relique, s. f. *relic,* or *relics*
Relire, v. a. *to read again.*
Reliure, s. f. *binding (of a book).*
Remarquable, adj. *remarkable.*
Remarquablement, adv. *remarkably*
Remarque, s. f. *remark.*
Remarqué, e, part. *discerned.*
Remarquer, v. a. *to note, to observe.*
Rembarquer, v. n. *to re-embark.*

Rembourser, v. a. & n. *to reimburse, to pay again.*
Remède, s. m. *remedy*
Remercier, v. a. *to thank.*
Remercîment, s. m. *thanks.*
se Remettant, part. *replacing himself.*
Remettre, v. a. *to put* or *set again; to put on again; to reassure, to set at ease; to promise, to deliver, to recover.*
se Remettre, v. r. *to recollect, to resume.*
Remiser, v. a. *to put a coach into its house.*
Remonter, v. n. *to get up again, to remount, go back.*
Remontrance, s. f. *advice, counsel.*
Remords, s. m. *remorse.*
Rempart, s. m. *rampart.*
Remplacer, v. a. *to replace, recruit.*
Rempli, e, part. adj. *full, filled.*
Remplir, v. a. *to fill, to fill up.*
Remporté, part. *gained, obtained.*
Remporter, v. a. *to carry, obtain.*
Remprunter, v. a. *to borrow again.*
Remuer, v. a. *to move, to stir.*
Renaissance, s. f. *revival, renewing, revivification.*
Renaître, v. n. *to be born again.*
Renard, s. m. *fox.*
Rencontre, s. f. *meeting, rencounter.*
Rencontrer, v. a. *to meet, to find.*
se Rencontrer, v. r. *to meet, to meet with, to happen, to occur.*
Rendez-vous, s. m. *rendezvous, meeting appointed.*
Rendre, v. a. *to render, restore, give, make, return, go, pay.*
se Rendre, v. r. *to surrender, yield, go.*
Rendu, e, part. *rendered, restored, returned, made, pronounced.*
Renfermé, e, part. *confined.*
Renfermer, v. a. *to shut up, confine, contain.*
Renfler, v. a. *to swell again.*
Renom, s. m. *renown, fame.*
Renommé, e, adj. *renowned.*
Renommée, s. f. *fame.*
Renoncer, v. a. *to renounce.*
Renoncule, s. f. *ranunculus,* or *crowfoot.*
Renouer, v. a. *to tie again.*
Renouvelant, part. *renewing.*
Renouveler, v. a. *to renew.*
Rente, s. f. *income, yearly revenue.*
Rentrer, v. a. *to return, re-enter descend.*
Renverser, v. a. *to overset, overturn overthrow, reverse.*
Renvoyer, v. a. *to dismiss, to send back, to send away.*
Répandre, v. a. *to scatter, spread, shed, spill.*
Répandu, e, part. *spread.*
Reparaître, v. n. *to reappear.*
Réparer, v. a. *to repair.*
Repartir, v. a. *to reply, answer;* v. n. *to set out again.*
Repas, s. m. *repast, meal.*
Repasser, v. a. *to repass, to pass again.*
Repêcher, v. a. *to fish up again.*
se Repentir, v. r. *to repent.*
Répéter, v. a. *to repeat.*
Replacer, v. a. *to place again.*
se Replier, v. r. *to fall back.*
Réplique, s. f. *reply, answer.*
Répliquer, v. a. *to reply, answer.*
Répondre, v. a. *to answer, to reply to respond.*
Réponse, s. f. *answer.*
Reporter, v. a. *to carry back.*
Repos, s. m. *rest, repose, peace.*
Reposer, v. n. *to rest, to lie, to settle; to rely, depend upon.*
Repoussant, p. pres. *pushing back.*
Repousser, v. a. *to repulse, drive back*
Reprenant, part. *resuming.*
Reprendre, v. n. *to resume, to recover; to take back.*
Représentation, s. f. *state.*
Représenter, v. a. *to represent, to draw.*
Réprimander, v. a. *to reprimand.*
Réprimer, v. a. *to repress.*
Repris, e, part. *retaken, resumed replied; took up again.*
Reprise, s. f. *renewing, recapture,* à plusieurs reprises, *several times.*
Reprocher, v. a. *to reproach, upbraid.*
Reproduire, v. a. *to reproduce.*
Reproduit, e part. *reproduced.*
Réprouvé, e, part. *reprobated.*
Républicain, e, adj. & s. *republican*
République, s. f. *republic.*

Réputation, s. f. *repute, reputation.*
Requérir, v. a. *to bring back.*
Requis, e, part. *requisite, required.*
Réserve, s. f. *reservation;* à la réserve de, *except, excepting.*
Réservé, e, part. *reserved, kept.*
Réserver, v. a. *to reserve.*
Résigné, e, part. *resigned.*
Résister, v. a. *to resist, to support.*
Résolu, e, part. *resolved, determined.*
Résonner, v. n. *to resound.*
Résoudre, v. a. *to resolve, to determine.*
Respect, s. m. *respect.*
Respecter, v. a. *to respect.*
Respectueux, se, adj. *respectful.*
Respirer, v. n. *to breathe, respire.*
Resplendir, v. n. *to glitter.*
Responsabilité, s. f. *responsibility.*
Responsable, adj. *responsible.*
Ressembler, v. n. *to resemble, to be like.*
Ressentiment, s. m. *resentment.*
Ressentir, v. a. *to feel.*
Resserrer, v. a. *to bind up.*
Ressort, s. m. *spring, inducement, motive.*
Ressource, s. f. *resource.*
se Ressouvenir, v. r. *to call to mind, to remember.*
Ressusciter, v. a. *to revive, resuscitate.*
Reste, s. m. *remainder, rest; remains;* au reste, *as for the rest.*
Rester, v. n. *to remain, stay.*
Restituer, v. a. *to restore.*
Résultat, s. m. *result.*
Résulter, v. n. *to result.*
Résumer, v. a. *to sum up, resume.*
Rétablir, v. a. *to restore, recover.*
Rétablissement, s. m. *recovery.*
Retard, s. m. *delay.*
Retard (en), adv. *late, tardy.*
Retardement, s. m. *delay, hindrance.*
Retarder, v. a. *to delay.*
Retenir, v. a. *to restrain, to keep.*
Retentir, v. a. *to echo, resound.*
Retirer, v. a. *to draw out, take away, to retire.*
se Retirer, v. r. *to retire, take shelter, withdraw.*
Retomber, v. n. *to fall again.*
Retour, s. m. *return;* de retour, *back again, returned.*
Retourner, v. a. & n. *to return, go back.*
Retracer, v. a. *to retrace, recall.*
se Rétracter, v. r. *to retract.*
Retraite, s. f. *retiring-place, retreat, discharge.*
Retraité, e, adj. *retired.*
Retranchant, part. *retrenching.*
Retrancher, v. a. *to retrench, cut off, omit.*
Rétrécir, v. a. *to cramp, to narrow.*
Retrouver, v. a. *to find again; to find.*
Réunir, v. a. *to assemble; to combine, unite.*
Réussi, e, part. past, *succeeded.*
Réussir, v. n. *to succeed.*
Revanche, s. f. *revenge, return;* en revanche, *in return.*
Rêve, s. m. *dream.*
Réveil, s. m. *awaking.*
Réveiller, v. a. *to awake.*
Révéler, v. a. *to reveal, disclose.*
Revendre, v. a. *to sell again.*
Revenir, v. n. *to return, to recover; to amount to; to suit, to please.*
Revenu, e, part. *returned, recovered.*
Revenu, s. m. *income.*
Rêver, v. n. *to muse, to meditate to dream.*
Révérence, s. f. *reverence, bow.*
Révéré, e, adj. *revered, honored.*
Révérer, v. a. *to respect, to honor, to reverence.*
Rêverie, s. f. *revery, meditation.*
Revers, s. m. *reverse, misfortune.*
Revêtu, e, part. *clothed, dressed.*
Rêveur, s. m. *dreamer, muser.*
Revivre, v. n. *to revive;* faire revivre, *to bring to life again.*
Revoir, v. a. *to see again;* au revoir, *till we meet again.*
Révolter, v. a. *to rebel, revolt.*
Revue, s. f. *review.*
Rhin, s. m. *Rhine.*
Rhodien, s. m. *Rhodian.*
Rhum, s. m. *rum.*
Rhume, s. m. *catarrh, cold.*
Riant, part. pres. *laughing.*
Riant, e, adj. *smiling.*
Riche, adj. & s. *rich, wealthy,* faire le riche, *to pretend to be rich.*
Richement, adv. richly.
Richesse, s. f. *riches, wealth.*

Rideau, s. m. *curtain.*
Rider, v. a. *to wrinkle.*
Ridicule, adj. & s. *ridiculous, ridicule.*
Rien, s. m. *nothing, any thing.*
Rieur, s. m. *laugher, jeerer.*
Rigide, adj. *rigid, rigorous.*
Rigoureux, se, adj. *rigorous, cold.*
Rigueur, s. f. *rigor, severity.*
Rime, s. f. *rhyme.*
Rimer, v. n. *to rhyme.*
Rincer, v. a. *to rinse, to wash.*
Rire, v. n. *to laugh;* s. m. *laughter.*
Risée, s. f. *derision, laughter.*
Risque, s. m. *risk, danger.*
Risquer, v. a. *to risk.*
Rivage, s. m. *bank, shore, beach.*
Rival, e, adj. & s. *rival, competitor.*
Rivalité, s. f. *rivalry.*
Rive, s. f. *bank, shore.*
Rivière, s. f. *river.*
Riz, s. m. *rice.*
Robe, s. f. *gown;* robe de chambre, *morning gown.*
Roboam, s. m. *Rehoboam.*
Robuste, adj. *robust, strong.*
Roc, s. m. *rock.*
Rochet, s. m. *surplice with sleeves.*
Rôder, v. n. *to stroll, to prowl.*
Rogner, v. a. *to cut, to clip.*
Roi, s. m. *king.*
Roitelet, s. m. *wren.*
Rôle, s. m. *part, character.*
Romain, e, adj. & s. *Roman.*
Roman, s. m. *romance, novel.*
Romantique, adj. *romantic.*
Romélie, s. *Romania, a Turkish province.*
Rompre, v. a. *to break.*
Rompu, e, part. *broken.*
Ronce, s. f. *bramble, brier.*
Roncevaux, s. *Roncesvalles, a town in Spain (situate in a valley).*
Rond, e, adj. *circular, round.*
Rondache, s. f. *shield, buckler.*
Ronde, s. f. *round;* à la ronde, *round about.*
Ronger, v. a. *to gnaw.*
Rose, s. f. *rose.*
Roseau, s. m. *reed.*
Rosée, s. f. *dew.*
Rosier, s. m. *rosebush.*
Rossignol, s. m. *nightingale.*
Rossinante, s. m. *Rosinant.*
Rôt, s. m. *roast meat.*
Rôti, s. m. *roast meat.*
Rôtir, v. a. *to roast.*
Roturier, e, adj. *plebeian, ignoble.*
Rouer, v. a. *to break on the wheel*
Rouge, adj. *red.*
Rougeâtre, adj. *reddish.*
Rougir, v. n. *to blush.*
Rouille, s. f. *rust.*
Rouillé, e, adj. *rusty.*
Roulement, s. m. *rolling, trill.*
Rouler, v. a. *to roll.*
Roulis, s. m. *rolling (of a vessel).*
Route, s. f. *way, journey, road;* en route, *on the road.*
Roux, rousse, adj. *red, red-haired.*
Royal, e, pl. royaux, adj. *royal, regal.*
Royaliste, s. m. *royalist.*
Royaume, s. m. *kingdom.*
Ruban, s. m. *ribbon.*
Rubis, s. m. *ruby.*
Ruche, s. f. *hive.*
Rude, adj. *rough, violent, fierce.*
Rudement, adv. *violently.*
Rudiment, s. m. *accidence, rudiments.*
Rue, s. f. *street.*
Rugir, v. n. *to roar like a lion.*
Ruine, s. f. *ruin.*
Ruiné, e, adj. *ruined.*
Ruiner, v. a. *to ruin, to destroy.*
Ruines, s. f. pl. *ruins.*
Ruisseau, s. m. *stream, brook.*
Rumeur, s. f. *uproar, clamor, rumor sound.*
Ruminer, v. n. *to muse, to meditate.*
Rusé, e, adj. *cunning, crafty.*
Russe, adj. & s. *Russian.*
Russie, s. f. *Russia.*
Rustique, adj. *homely, rustic, rural*
Rustre, s. m. & adj. *clown, rustic.*

S.

Sa, adj. poss. f. *his, her, its.*
Sabbat, s. m. *Sabbath.*
Sable, s. m. *sand.*
Sablonneux, se, adj. *sandy.*
Sabot, s. m. *wooden shoe.*
Sabotier, s. m. *one that makes or wears wooden shoes.*
Sabre, s. m. *sabre cimetar, cutlass.*
Sac, s. m. *bag;* sac de nui, *clothes bag.*

Sachant, part. of savoir, *knowing.*
Sacré, e, adj. *sacred, holy.*
Sacrement, s. m. *sacrament.*
Sacrificature, s. f. *priesthood.*
Sacrifier, v. a. *to sacrifice, to make offerings.*
Sacrilége, s. m. *profanation, sacrilege.*
Sacristie, s. m. *sacristy, vestry.*
Sagacité, s. f. *sagacity.*
Sage, adj. & s. *wise, good, sage, philosopher.*
Sagesse, s. f. *wisdom.*
Saignée, s. f. *blood-letting.*
Saigner, v. a. *to bleed, to let blood.*
Saillie, s. f. *sally, flash of wit.*
Sain, e, adj. *wholesome, sound.*
Saint, e, adj. & s. *holy, saint* · Saint des saints, *Holy of holies.*
Saint-Esprit, s. m. *the Holy Ghost.*
Sainteté, s. f. *sanctity, holiness.*
Saint-père (le), *the Pope.*
Saisi, é, part. *caught hold, seized.*
Saisir, v. a. *to seize, to take, to take hold.*
Saison, s. f. *season.*
Salade, s. f. *salad.*
Salaire, s. m. *reward, salary.*
Salamanque, s. *Salamanca.*
Salamine, s. *Salamis.*
Sale, adj. *dirty, filthy, slovenly.*
Salière, s. f. *salt-cellar.*
Salle, s. f. *hall, room;* salle à manger, *dining-room.*
Salomon, s. m. *Solomon.*
Salon, s. m. *drawing-room.*
Saluant, p. pres. *bowing to.*
Saluer, v. a. *to make a bow.*
Salut, s. m. *bow, salutation, welfare, safety.*
Salutaire, adj. *salutary.*
Samedi, s. m. *Saturday.*
Sanctifier, v. a. *to sanctify.*
Sanctuaire, s. m. *sanctuary, study.*
Sang, s. m. *blood.*
Sang-froid, s. m. *coolness.*
Sanglant, e, adj. *bloody.*
Sans, prep. *without.*
Santé, s. f. *health.*
Saper, v. a. *to sap, to subvert.*
Sarmate, adj. & s. *Sarmatian.*
Sarrasin, s. m. *buckwheat; Saracen.*
Sarrau, s. m. *frock.*
Satellites, s. m. pl. *satellites, guards.*
Satiété, s. f. *surfeit, satiety.*
Satire, s. f. *satire.*
Satisfaire, v. a. *to satisfy, gratify.*
Satisfaisant, e, adj. *pleasing, satisfactory.*
Satisfait, e, adj. *satisfied, contented.*
Satyre, s. m. *satyr.*
Saucisse, s. f. *sausage.*
Sauf, ve, adj. *safe.*
Sauf-conduit, s. m. *safe-conduct, pass.*
Saule, s. m. *the willow.*
Saussaie, s. f. *a spot planted with willows, willow-plot.*
Saut, s. m. *leap, jump, skip.*
Sauter, v. n. *to leap, to jump.*
Sauvage, adj. & s. *savage, wild, rustic.*
Sauvé, e, part. *escaped, run away; saved.*
Sauver, v. a. *to save.*
se Sauver, v. r. *to go away, make one's escape, run away, retire.*
Sauveur, s. m. *Saviour.*
Savane, s. f. *savanna.*
Savant, e, adj. & s. *learned, scholar.*
Savantissime, adj. & s. *very learned, very great scholar.*
Savetier, s. m. *cobbler.*
Savoir, v. a. *to know.*
Savoir, s. m. *knowledge, learning.*
Savoir-vivre, s. m. *breeding.*
Savourer, v. a. *to taste, relish, savor.*
Saxatile, adj. *growing among rocks.*
Saxon, ne, adj. & s. *Saxon.*
Scandale, s. m. *scandal, offence.*
Scandaleux, se, adj. *scandalous.*
Scandaliser, v. a. *to scandalize.*
Scélérat, e, adj. & s. *wicked, profligate; rogue, rascal.*
Scène, s. f. *scene, stage.*
Sceptre, s. m. *sceptre.*
Schismatique, s. m. *schismatic, separatist.*
Science, s. f. *science, learning, knowledge.*
Scipion, s. m. *Scipio.*
Scrupule, s. m. *scruple, nicety.*
Sculpter, v. a. *to carve.*
Sculpteur, s. m. *sculptor.*
Sculpture, s. f. *carved work.*
Scythe, adj. & s. *Scythian.*
Se, s', pron. pers. *himself, herself itself, oneself, themselves.*

Séance, s. f. *meeting, sitting.*
Seau, x, s. m. *bucket, pail.*
Sec, sèche, adj. *thin, dry.*
Sécher, v. a. *to dry up.*
Second, e, num. adj. *second.*
Seconder, v. a. *to second, to assist.*
Secoué, e, part. *shaken, tossed.*
Secouer, v. a. *to shake off.*
Secourable, adj. *able or willing to help.*
Secourir, v. a. *to assist.*
Secours, s. m. *help, assistance.*
Secousse, s. f. *shake, jolt.*
Secret, ète, adj. & s. m. *secret;* en secret, *secretly.*
Secrétaire, s. m. *secretary.*
Secrètement, adv. *secretly.*
Sectaire, s. m. *disciple, sectary.*
Seculier, e, adj. & s. *secular, layman.*
Sécurité, s. f. *security.*
Séduire, v. a. *to seduce, to bribe.*
Ségovie, s. f. *Segovia.*
Seigneur, s. m. *lord.*
Seigneurie, s. f. *worship, lordship, seigniory.*
Sein, s. m. *bosom, breast.*
Seize, num. adj. *sixteen.*
Seizième, num. adj. *sixteenth.*
Séjour, s. m. *residence, sojourn, stay.*
Sel, s. m. *salt.*
Selle, s. f. *saddle.*
Sellier, s. m. *saddler, coachmaker.*
Selon, prep. *according to.*
Semaine, s. f. *week;* être en semaine, *to be in one's duty-week.*
Semblable, adj. *like, similar.*
Semblant, s. m. *pretence, show;* faire semblant, *to pretend;* part. *seeming.*
Sembler, v. n. *to seem, to appear.*
Semence, s. f. *seed.*
Semer, v. a. *to sow.*
Semonce, s. f. *invitation.*
Sénat, s. m. *senate.*
Sénateur, s. m. *senator.*
Sénèque, s. m. *Seneca.*
Sens, s. m. *direction, sense, judgment, wit.*
Sensé, e, adj. *sensible, rational.*
Sensible, adj. *sensible, grievous, painful.*
Sensiblement, adv. *sensibly.*
Sentier s. m. *path.*
Sentiment, s. m. *feeling, sense opinion, judgment.*
Sentinelle, s. f. *sentry.*
Sentir, v. a. *to feel; to smell or scent; to be sensible of.*
Seoir, v. n. *to fit, to become.* (See *Sied.*)
Séparé, e, part. *separated.*
Séparer, v. a. *to separate, to divide.*
Sept, num. adj. *seven.*
Septembre, s. m. *September.*
Septentrion, s. m. *the north.*
Septentrional, e, adj. *northern.*
Serein, e, adj. *serene, clear.*
Sérénade, s. f. *serenade.*
Sérénité, s. f. *serenity.*
Serf, s. m. *bondman, slave.*
Serge, s. f. *serge.*
Sergent, s. m. *sergeant.*
Sérieusement, adv. *seriously.*
Sérieux, s. m. *gravity, seriousness.*
Sérieux, se, adj. *serious, important.*
Serment, s. m. *oath.*
Serpolet, s. m. *wild thyme.*
Serre, s. f. *talon, claw.*
Serré, e, part. *compact, close.*
Serrer, v. a. *to press, to close.*
Servante, s. f. *servant-maid.*
Servi, e, part. *served, served up.*
Service, s. m. *service, work; course*
Serviette, s. f. *napkin, towel.*
Servir, v. a. *to serve, help to, use.*
se Servir, v. r. *to make use of.*
Serviteur, s. m. *servant.*
Ses, adj. poss. pl. *his, her, its.*
Seuil, s. m. *threshold (of a door).*
Seul, e, adj. *alone, sole, only, single*
Seulement, adv. *even, solely, only.*
Sévère, adj. *severe.*
Sévérité, s. f. *severity.*
Séville, s. f. *Seville, a city of Spain.*
Sexagénaire, adj. & s. *sexagenary sixty years of age.*
Sexe, s. m. *sex.*
Shako, s. m. *a kind of military cap* à votre shako! *look to your cap*
Si, conj. & adv. *if, so;* si fait, *yes*
Sibérie, s. f. *Siberia.*
Sicile, s. f. *Sicily.*
Siècle, s. m. *century, age.*
Sied (pres. tense of the verb *seoir* not used in the infin.), *to fit well to become.*
Siége, s. m. *siege; seat, chair.*

Siéger, v. n. *to sit.*
Sien, sienne, pron. *his, hers, its.*
Sifflement, s. m. *hissing.*
Siffler, v. n. *to hiss.*
Signalement, s. m. *description of a man.*
Signaler, v. a. *to signalize.*
Signe, s. m. *signal, sign.*
Signer, v. a. *to sign, subscribe.*
Significatif, ve, adj. *significant.*
Signification, s. f. *signification.*
Signifier, v. a. *to signify.*
Silencieux, se, adj. *silent.*
Silésie, s. f. *Silesia.*
Sillon, s. m. *furrow.*
Simple, adj. *simple, plain, single.*
Simplement, adv. *simply, plainly.*
Simplicité, s. f. *simplicity.*
Simulé, e, adj. *feigned, pretended.*
Sincère, adj. *sincere.*
Sincèrement, adv. *sincerely.*
Singe, s. m. *ape, monkey.*
Singulier, ère, adj. *single, singular, peculiar.*
Singulièrement, adv. *peculiarly, singularly.*
Sinon, adv. *except, save, but.*
Sire, s. m. *sir, sire;* also *lord.*
Sirène, s. f. *syren, mermaid.*
Sirop, s. m. *sirup.*
Sitôt, adv. *as soon, so soon.*
Situation, s. f. *state, phase of the mind.*
Situé, e, part. *situated, situate.*
Six, num. adj. *six.*
Sixième, num. adj. *sixth.*
Sobriété, s.f. *sobriety, abstemiousness.*
Social, e, adj. *social.*
Société, s. f. *society, company.*
Socrate, s. m. *Socrates.*
Sœur, s. f. *sister;* belle-sœur, *sister-in-law.*
Soie, s. f. *silk.*
Soierie, s. f. *silk stuffs.*
Soif, s. f. *thirst.*
Soigner, v. a. *to tend, to nurse.*
Soigneux, se, adj. *careful, diligent.*
Soin, s. m. *care, diligence.*
Soir, s. m. *evening, night;* le soir, *in the evening.*
Soirée, s. f. *evening.*
Soit, conj. *either, or; so be it; whether, either.*
Soixantaine, s. f. *about sixty.*
Soixante, num. adj. *sixty*
Soixante-cinq, num. adj. *sixty-five*
Soixante-dix, num. adj. *seventy.*
Sol, s. m. *soil.*
Soldat, s. m. *soldier.*
Solde, s. f. *soldier's pay.*
Soleil, s. m. *sun.*
Solennel, le, adj. *solemn.*
Solennité, s. f. *solemnity.*
Solide, adj. *solid, firm.*
Solidement, adv. *solidly, firmly.*
Solitaire, s. m. *hermit, anchoret solitary.*
Solitaire, adj. *solitary, lonesome.*
Solive, s. f. *rafter, girder.*
Solliciter, v. a. *to urge, to request.*
Solliciteur, s. m. *solicitor.*
Sombre, adj. *melancholy, dull.*
Sombrer, v. n. *to overset, founder.*
Somme, s. f. *sum; sleep, slumber* en somme, *in short.*
Sommeil, s. m. *sleep, sleepiness.*
Sommeiller, v. n. *to slumber.*
Sommet, s. m. *summit, top.*
Somptueux, se, adj. *sumptuous.*
Son, adj. poss. *his, her, its.*
Son, s. m. *sound, ringing; bran.*
Songe, s. m. *dream.*
Songer, v. a. & n. *to think, consider, reflect; to dream.*
Sonner, v. n. *to sound, to ring, to strike.*
Sonnette, s. f. *little bell.*
Sonore, adj. *sonorous, loud.*
Sophisme, s. m. *fallacious argument.*
Sorcier, s. m. *sorcerer.*
Sorcière, s. f. *witch, sorceress.*
Sort, s. m. *fate, condition, lot in life; spell, charm.*
Sorte, s. f. *sort, kind, species, manner;* de sorte que, en sorte que, *so that.*
Sorti, e, part. *gone out, issued.*
Sortie, s. f. *sally, expedition.*
Sortir, v. n. *to go, come,* or *get out.*
Sot, te, adj. & s. *foolish, silly, simpleton, blockhead.*
Sottise, s. f. *piece of folly, silliness*
Sou, s. m. *a penny.*
Souci, s. m. *care, anxiety.*
se Soucier, v. r. *to care for.*
Soucieux, se, adj. *careful.*

Soucoupe, s. f. *saucer.*
Soudain, adv. *on a sudden.*
Soudain, e, adj. *sudden, unexpected.*
Souffert, e, part. *suffered, endured.*
Souffler, v. n. *to pant, to blow;* v. a. *to extinguish, to deprive one of a thing, to chouse him out of it.*
Soufflet, s. m. *box* or *blow on the ear.*
Souffleter, v. a. *to box on the ear.*
Souffleur, s. m. *blower; one in search of the philosopher's stone.*
Souffrance, s. f. *torture, suffering.*
Souffrir, v. a. *to suffer, to endure, to tolerate.*
Soufré, e, adj. *sulphurous.*
Souhait, s. m. *wish;* à souhait, *to my heart's desire.*
Souhaiter, v. a. *to wish, to desire.*
Souiller, v. a. *to dirty, to soil.*
Soûl, e, adj. *full, glutted, surfeited.*
Soulagement, s. m. *ease, relief.*
Soulager, v. a. *to relieve, to comfort.*
Soulier, s. m. *shoe.*
Soumettre, v. a. *to submit, to yield, to subject.*
Soumis, e, adj. *submissive, subject.*
Soumission, s. f. *submission.*
Soupçon, s. m. *suspicion.*
Soupçonner, v. a. *to suspect, fear,* or *distrust.*
Soupe, s. f. *soup.*
Soupente, s. f. *loft, attic.*
Souper, soupé, s. m. *supper.*
Souper, v. n. *to sup.*
Soupir, s. m. *a sigh.*
Soupirant, part. *sighing.*
Soupirer, v. n. *to sigh.*
Souple, adj. *supple, pliant.*
Souquenille, s. f. *a frock for coachmen.*
Source, s. f. *source, spring;* source vive, *boiling spring.*
Sourd, e, adj. *dark, deaf, dull.*
Sourd-muet, s. m. *a deaf and dumb person.*
Souriceau, s. m. *little mouse.*
Sourire, s. m. *a smile.*
Sourire, v. n. *to smile.*
Souris, s. m. *a smile;* s. f. *a mouse.*
Sous, prep. *under.*
Souscrire, v. a. *to subscribe, to consent.*
se Soustraire, v. r. *to escape, to avoid.*
Soutenir, v. a. *to sustain, to maintain.*
Soutenu, e, part. *supported, sustained.*
Souterrain, e, adj. *subterraneous.*
Soutien, s. m. *stay, support.*
Souvenance, s. f. *remembrance* avoir souvenance, *to remember.*
Souvenir, s. m. *memory, remembrance.*
se Souvenir, v. r. *to remember.*
Souvent, adv. *often, frequently.*
Souverain, e, adj. & s. *sovereign.*
Soyeux, se, adj. *silken, soft.*
Spartiate, adj. & s. *Spartan.*
Spécieux, se, adj. *specious, plausible.*
Spécifique, s. m. *specific, remedy.*
Spectacle, s. m. *sight, scene, play.*
Spirituel, le, adj. *sprightly, ingenious.*
Splendeur, s. f. *splendor.*
Squelette, s. m. *skeleton, carcass.*
Statut, s. m. *statute, law.*
Stentor, s. m. *Stentor.*
Stérile, adj. *barren.*
Stérilité, s. f. *sterility.*
Stilet, s. m. *a style, a pointed iron.*
Stoïque, adj. *stoical, immovable.*
Strasbourg, s. *Strasborg.*
Stratagème, s. m. *stratagem.*
Stratégique, adj. *strategic.*
Stupid, e, adj. *stupid.*
Stupidité, s. f. *stupidity, dulness.*
Style, s. m. *style.*
Su, e, part. of savoir, *known.*
Subir, v. a. *to suffer, to submit to to undergo.*
Subit, e, adj. *sudden.*
Subitement, adv. *suddenly.*
Subjuguer, v. a. *to subjugate.*
Sublimité, s. f. *sublimity.*
Submerger, v. a. *to submerge.*
Subordonné, e, part. *subordinate, subordinated.*
Suborneur, s. m. *suborner, briber.*
Subsistance, s. f. *subsistence.*
Subsister, v. n. *to subsist, to exist.*
Substantiel, le, adj. *substantial.*
Substantif, s. m. *substantive, noun*
Substitut, s. m. *substitute.*
Subtil, e, adj. *subtle, keen.*
Succéder, v. n. *to succeed.*
Succès, s. m. *success, good luck.*
Successeur, s. m. *successor.*

Successif, ve, adj. *successive one after another.*
Succession, s. f. *succession, inheritance.*
Successivement, adv. *successively, repeatedly.*
Sucer, v. a. *to suck, to drain one's purse.*
Sucre, s. m. *sugar.*
Sucré, e, adj. *sugared, sweet.*
Sud, s. m. *south.*
Suède, s. f. *Sweden.*
Suédois, e, adj. & s. *Swedish, Swede.*
Sueur, s. f. *perspiration.*
Suffire, v. n. *to suffice, to be sufficient;* suffit, *it suffices, let it suffice, it is enough.*
Suffisant, e, adj. *sufficient.*
Suffoquer, v. n. *to choke, suffocate.*
Suisse, s. f. & adj. *Switzerland, Swiss.*
Suite, s. f. *course, sequel, train, consequence; order, coherency;* par suite, *in consequence;* dans la suite, *afterwards;* tout de suite, *immediately;* de suite, *in succession.*
Suivant, prep. *according to.*
Suivant, e, adj. *following, next.*
Suivante, s. f. *waiting gentlewoman.*
Suivi, e, part. *followed, continued.*
Suivre, v. a. *to follow.*
Sujet, te, adj. & s. *subject, cause, reason.*
Sujétion, s. f. *subjection, dependence.*
Sultane, s. f. *sultaness.*
Superbe, adj. *magnificent, proud.*
Supercherie, s. f. *trick.*
Supérieur, e, adj. *superior, upper.*
Suppléer, v. a. *to supply.*
Suppliant, s. m. *petitioner.*
Supplice, s. m. *punishment, torment.*
Supplier, v. a. *to entreat.*
Supporter, v. n. *to support, to brook.*
Supposer, v. a. *to suppose, to imply, to presuppose.*
Suppôt, s. m. *an imp,* or *agent.*
Se Supprimer, v. r. *to be suppressed.*
Supputer, v. a. *to compute, to reckon up.*
Suprême, adj. *highest, supreme.*
Sur, prep. *upon, on, over, about;* sur-le-champ, *immediately.*
Sur ce que, conj. *as, because.*
Sûr, e, adj. *sure.*
Surabondance, s. f. *excess, superfluity.*
Surcharger, v. a. *to overload.*
Surcroît, s. m. *increase, addition.*
Sûrement, adv. *surely, certainly.*
Sûreté, s. f. *security, safety.*
Surfaire, v. a. *to overcharge.*
Surmonter, v. a. *to surmount, to rise above.*
Surnom, s. m. *surname.*
Surnommé, e, part. *surnamed.*
Surnommer, v. a. *to surname.*
Surnuméraire, adj. *supernumerary.*
Surpasser, v. a. *to surpass, excel.*
Surplus, s. m. *surplus, remainder;* de surplus, *over and above;* au surplus, *furthermore, for the rest.*
Surprenant, e, adj. *surprising.*
Surprendre, v. a. *to overreach, to surprise.*
Surpris, e, part. *surprised, astonished, overtaken.*
Sursaut, s. m. *surprise, start;* en sursaut, *suddenly.*
Surtout, adv. *especially, above all.*
Survenir, v. n. *to happen unexpectedly.*
Suspect, e, adj. *suspicious, mistrusted.*
Suspendre, v. a. *to suspend.*
Suspendu, e, part. *suspended.*
Syllabe, s. f. *syllable.*
Symbole, s. m. *symbol, type.*
Sympathique, adj. *sympathetic.*
Sympathisant, e, adj. *sympathizing.*
Symptôme, s. m. *symptom.*
Syncope, s. f. *syncope, fainting-fit.*
Systema naturæ [Latin], *system of nature.*

T.

Ta, adj. poss. f *thy.*
Tabatière, s. f. *snuff-box.*
Table, s. f. *table.*
Tableau, s. m. *picture, painting.*
Tablier, s. m. *apron.*
Tabouret, s. m. *stool.*
Tache, s. f. *stain.*
Tâche, s. f. *task;* prendre à tâche, *to make it one's business.*
Tâcher, v. n. *to endeavor.*

Tacite, s. m. *Tacitus.*
Taciturne, adj. *silent, reserved.*
Tactique, s. f. *tactics.*
Tage, s. m. *Tagus.*
Taille, s. f. *figure, stature, size.*
Tailler, v. a. *to prune, to cut.*
Tailleur, s. m. *tailor.*
se Taire, v. r. *to be silent.*
Talent, s. m. *talent, acquirement.*
Talon, s. m. *heel.*
Tambour, s. m. *drum, drummer.*
Tamise, s. f. *Thames.*
Tandis, s. m. *paltry house* or *room.*
Tandis que, conj. *while, whilst.*
Tangage, s. m. *pitching (of a vessel).*
Tant, adv. *so much, so many;* tant que, *as long as;* tant soit peu, *ever so little.*
Tante, s. f. *aunt.*
Tantôt, adv. *sometimes; a little while ago; by and by.*
Tapage, s. m. *racket, noise.*
Tapis, s. m. *carpet.*
Tapisser, v. a. *to furnish with tapestry; to hang, to furnish with hangings.*
Tapissier, s. m. *upholsterer.*
Tard, adv. *late.*
Tarder, v. n. *to delay, to tarry.*
Tartare, s. m. *Tartar.*
Tas, s. m. *heap, multitude.*
Tasse, s. m. *Tasso.*
Tasse, s. f. *cup.*
Tâter, v. a. *to feel, to try;* tâter mon esprit, *to try my wit.*
à Tâtons, adv. *groping.*
Taureau, s. m. *bull.*
Taverne, s. f. *tavern.*
Te, t', pron. *thou, thee, thyself.*
Technique, adj. *technical, artificial.*
Teindre, v. a. *to dye, to color.*
Teint, s. m. *complexion.*
Teinturier, s. m. *dyer.*
Tel, telle, adj. *such, like.*
Tellement, adv. *so much, so.*
Témène, s. m. *Temenus.*
Témérité, s. f. *temerity, rashness.*
Témoignage, s. m. *testimony, evidence.*
Témoigner, v. a. *to express, to testify.*
Témoin, s. m. *witness.*
Tempérant, e, adj. *temperate, abstinent.*
Tempête, s. f. *tempest, storm.*
Tempranito (el) [Spanish], *the early riser.*
Temps, s. m. *time weather;* de temps en temps, de temps à autre, *from time to time.*
Ténacité, s. f. *tenacity.*
Tenaille, s. f. *pincers.*
Tenant, part. *holding.*
Tendant, part. *holding out.*
Tendre, adj. *affectionate, tender.*
Tendre, v. a. *to extend, to reach forth;* v. n. *to tend.*
Tendrement, adv. *tenderly.*
Tendresse, s. f. *affection, love, tenderness.*
Tendu, e, part. *stretched.*
Ténèbres, s. f. pl. *darkness; the dark.*
Tenir, v. a. *to keep, to take, to restrain, to represent, to hold;* se tenir pour, *to consider one's self;* m'en tenir, *to decide, to abide by;* se tenir debout, *to stand upright.*
Tentative, s. f. *attempt, trial*
Tente, s. f. *tent.*
Tenter, v. a. *to try, to tempt.*
Terme, s. m. *term, word, end, limit.*
Terminaison, s. f. *termination.*
Terminé, e, part. *ended, settled.*
Terminer, v. a. *to terminate, to end.*
Terrain, s. m. *ground, soil.*
Terrasse, s. f. *terrace.*
Terrassé, e, part. *overthrown.*
Terre, s. f. *earth, land, ground; estate;* par terre, *on the ground* or *floor.*
Terreur, s. f. *terror, fear;* terreur panique, *a panic.*
Terrible, adj. *terrible, dreadful.*
Territoire, s. m. *territory.*
Tertre, s. m. *hill, hillock.*
Testament, s. m. *will, covenant.*
Tête, s. f. *head;* tête-à-tête, *private conversation;* j'en veux faire à ma tête, *I will take my own course;* se jeter la tête la première, *to throw one's self head foremost.*
Texte, s. m. *text.*
Théâtre, s. m. *stage, scene, theatre;* pièce de théâtre, *play, comedy, tragedy.*

Thème, s. m. *subject, theme.*
Thémis, s. f. *Themis, goddess of justice.*
Thémistocle, s. m. *Themistocles.*
Théocratique, adj. *theocratical.*
Théologie, s. f. *theology.*
Théorie, s. f. *theory.*
Thérèse, s. f. *Theresa.*
Thésée, s. m. *Theseus.*
Thym, s. m. *thyme (a plant).*
Tibre, s. m. *Tiber.*
Tiède, adj. *lukewarm, tepid.*
Tien, tienne, pron. *thine.*
Tige, s. f. *trunk, stalk, stem.*
Tigre, s. m. *tiger.*
Timide, adj. *bashful, timid.*
Timidement, adv. *timidly.*
Timidité, s. f. *timidity.*
Tintamarre, s. m. *noise, bustle hurly-burly.*
Tiré, e, part. *taken out, drawn, shot.*
Tirer, v. a. *to get, to draw, to pull, to take out, to shoot;* tirer à balle, *to shoot at a mark;* tirer des armes, *to fence;* tirer un coup, *to fire a shot.*
Tireur, tireur d'armes, s. m. *fencer.*
Tiroir, s. m. *drawer.*
Tissu, e, part. of tistre, *woven.*
Tite-Live, s. m. *Titus Livy.*
Titre, s. m. *title.*
Toi, pron. pers. *thee, thou.*
Toile, s. f. *cloth, linen-cloth, canvass;* toile d'araignée, *cobweb.*
Toilette, s. f. *toilet.*
Toise, s. f. *fathom.*
Toit, s. m. *roof of a house.*
Tombe, s. f. *coffin, tomb.*
Tombeau, s. m. *tomb, grave, monument.*
Tomber, v. n. *to fall, to decline, to rush.*
Ton, s. m. *tone, manners;* du meilleur ton, *well-bred.*
Ton, tu, pl. tes, pron. *thy.*
Tondre, v. a. *to shear, to shave, to graze.*
Tonneau, s. m. *tun, cask.*
Tonnerre, s. m. *thunder.*
Topographique, adj. *topographical.*
Toque, s. f. *a cap.*
Tordre, v. a. *to twist, to wring.*
Tort, s. m. *wrong, injury.*
Tortillage, s. m. *shuffling, evading the use of shifts (in conversation).*
Tortu, e, adj. *crooked, bandy.*
Tôt, adv. *soon, early.*
Total, e, adj. *total.*
Totalité, s. f. *totality, total.*
Touchant, e, adj. *sensible, moving powerful.*
Touché, e, part. *touched, affected.*
Toucher, v. a. *to touch, to concern, to hit; to receive (money).*
Touffe, s. f. *tuft, clump.*
Toujours, adv. *always, continually.*
Tour, s. m. *turn, trick, tour, revolution;* s. f. *tower.*
Tour, s. m. *circumference, circuit;* une demi-lieue de tour, *half a league in circumference.*
Tour à tour, adv. *successively.*
Tour de main, *bold stroke.*
Tourbillon, s. m. *whirlwind.*
Tourelle, s. f. *turret, tower.*
Tourment, s. m. *torment.*
Tourmenter, v. a. *to torment, tease.*
Tourner, v. a. *to turn;* tourner bride, *to turn back.*
Tourterelle, s. f. *turtle, turtle-dove.*
Tousser, v. n. *to cough, to hem.*
Tout (pl. tous), adj. *all, every, every thing.*
Tout, tout-à-fait, adv. *quite;* tout à l'heure, tout de suite, *at once, immediately, not long since.*
Toutefois, adv. *however.*
Trace, s. f. *footstep, track.*
Tracer, v. a. *to trace, to sketch.*
Traducteur, s. m. *translator.*
Traduire, v. a. *to translate.*
Tragédie, s. f. *tragedy.*
Trahir, v. a. *to betray.*
Trahison, s. f. *treachery, treason.*
Train, s. m. *course, way of life.*
Traîner, v. a. *to drag, to trail.*
Trait, s. m. *passage, act, trait, feature, lineament; arrow, bolt.*
Traité, s. m. *treaty; treatise.*
Traitement, s. m. *treatment, usage.*
Traiter, v. a. *to treat; to use, entertain, feed.*
Traiteur, s. m. *tavern-keeper.*
Traître, traîtresse, s. & adj. *traitor, traitress, traitorous.*
Trame, s. m. *woof, course.*

Tranchant, e, adj. *sharp, cutting, peremptory.*
Tranche, s. f. *slice.*
Trancher, v. a. *to cut, separate;* tranchez le mot, *speak the word;* trancher les jours, *to put to death.*
Tranquille, adj. *tranquil, peaceful, quiet.*
Tranquillement, adv. *quietly.*
Tranquillité, s. f. *quiet, tranquillity.*
Transbordement, s. m. *transportation, removal.*
Transcrire, v. a. *to transcribe.*
Transférer, v. a. *to transfer, to remove.*
Transformer, v. a. *to transform.*
Transpiration, s. f. *perspiration.*
Transport, s. m. *transportation, carrying.*
Transporté, e, part. *transported, introduced.*
Transporter, v. a. *to convey, carry, transport.*
Travail (pl. travaux), s. m. *work, labor.*
Travaillé, e, part. *wrought, worked.*
Travailler, v. n. *to work, to labor.*
Travers, s. m. *whim, caprice.*
à Travers, adv. *through;* de travers, *sidewise.*
Traversée, s. f. *passage.*
Traverser, v. a. *to cross, to traverse, pass through, run through.*
Traversin, s. m. *pillow, bolster.*
Trébisonde, s. m. *Trebisond.*
Trébuchant, e, adj. *of full weight.*
Trébucher, v. n. *to stumble, to slip.*
Trèfle, s. m. *trefoil, clover.*
Tremblant, e, adj. *trembling.*
Tremblement, s. m. *trembling.*
Trembler, v. n. *to tremble.*
Trempe, s. f. *temper (of metals).*
Tremper, v. a. *to dip, soak, steep.*
Trente, num. adj. *thirty.*
Trépas, s. m. *death, decease.*
Très, adv. *very.*
Trésor, s. m. *treasure, treasury.*
Trésorier, s. m. *treasurer.*
Tressaillir, v. n. *to start, to leap.*
Trêve, s. f. *truce, cessation of hostilities.*
Tribu, s. f. *tribe, clan.*
Tribulation, s. f. *distress.*
Tribunal (pl. tribunaux), s. m. *tribunal, seat of a judge.*
Tribut, s. m. *tribute.*
Trio, s. m. *trio, music in three parts.*
Triomphal, e, adj. *triumphal.*
Triomphalement, adv. *in triumph.*
Triomphant, e, adj. *triumphant.*
Triomphe, s. m. *triumph.*
Triompher, v. n. *to triumph, exult.*
Tripot, s. m. *gaming-house.*
Tripotage, s. m. *medley.*
Triste, adj. *sad, sorrowful, dull.*
Tristement, adv. *sorrowfully.*
Tristesse, s. f. *sadness.*
Troie, s. m. *Troy.*
Trois, num. adj. *three.*
Troisième, num. adj. *third.*
Tromper, v. a. *to deceive, to beguile.*
se Tromper, v. r. *to be mistaken.*
Trompette, s. f. *trumpet.*
Trompeur, euse, adj. *delusive, false.*
Tronc, s. m. *trunk, stump.*
Trône, s. m. *throne, crown.*
Trop, adv. *too, too much, too well.*
Trop, s. m. *excess, exuberance.*
Trophée, s. f. *trophy;* faire trophée de, *to boast of, to glory in.*
Tropique, s. m. *tropic.*
Troquer, v. a. *to exchange, to swop.*
Trot, s. m. *trot;* au plus grand trot, *at the greatest speed.*
Trotter, v. n. *to trot, to run.*
Trou, s. m. *hole.*
Troublé, e, adj. *troubled, interrupted.*
Troubler, v. a. *to trouble, to turn to disturb.*
se Troubler, v. r. *to be disturbed, disconcerted.*
Trouée, s. f. *opening, gap.*
Troupe, s. f. *troop, band, company.*
Troupeau, s. m. *herd, flock.*
Troussé, e, adj. *neat, elegant.*
Trouvant, part. *finding, thinking, being.*
Trouver, v. a. *to find, to be, to like;* s'en trouver, *to be satisfied.*
Truchement *or* trucheman, s. m. *interpreter.*
Truffe, s. f. *truffle.*
Truite, s. f. *trout.*
Tu, pron. pers. *thou.*

Tuer, v. a. *to kill.*
Tuile, s. f. *tile.*
Tuilerie, s. f. *a tile-kiln.*
Tuileries, s. f. pl. *garden of the Louvre in Paris.*
Tulipe, s. f. *tulip.*
Tulipomanie, s. f. *tulipomania.*
Tumulte, s. m. *tumult, confusion.*
Tumultueux, se, adj. *tumultuous.*
Turbulent, e, adj. *boisterous, noisy.*
Turc, Turque, adj. & s. *Turk, Turkish.*
Tutélaire, adj. *tutelary, protecting.*
Tuteur, s. m. *guardian.*
Tyran, s. m. *usurper, tyrant.*

U.

Ulysse, s. m. *Ulysses.*
Un, une, art. & num. adj. *a, an, one.*
Uni, e, part. *united.*
Uniforme, s. m. & adj. *uniform.*
Uniformité, s. f. *uniformity.*
Union, s. f. *union.*
Unique, adj. *matchless, sole.*
Uniquement, adv. *solely, only.*
Unir, v. a. *to unite.*
Unité, s. f. *unity.*
Univers, s. m. *universe.*
Universel, le, adj. *universal, general.*
Université, s. f. *university.*
Urbanité, s. f. *urbanity, delicacy.*
Usage, s. m. *use, usage, custom;* d'usage, *in use.*
User, v. a. *to wear out, to use.*
en User, v. a. *to deal with.*
Ustensile, s. m. *utensil, household implement.*
Usure, s. f. *usury, illegal interest.*
Utile, adj. *useful, profitable.*
Utilité, s. f. *utility, use.*

V.

Vacance, s. f. *vacation.*
Vacant, e, adj. *vacant.*
Vacarme, s. m. *uproar, hurly-burly.*
Vache, s. f. *cow; mail-bag.*
Vagabond, e, adj. *wandering, vagrant.*
Vague, s. f. *wave.*
Vaguement, adv. *vaguely.*
Vaillance, s. f. *valor, courage.*
Vaillant, e, adj. *valiant, courageous*
Vain, e, adj. *vain, foolish, proud* en vain, *vainly, in vain.*
Vaincre, v. a. *to vanquish, to conquer, to overcome.*
Vaincu, e, part. & s. *conquered.*
Vainement, adv. *in vain.*
Vainqueur, s. m. *conqueror.*
Vaisseau, s. m. *vessel, ship;* vaisseau de guerre, *a man of war.*
Valence, s. f. *Valencia.*
Valet, s. m. *servant, valet.*
Valeur, s. f. *value, worth, valor.*
Valeureux, se, adj. *valiant, brave.*
Valise, s. f. *portmanteau.*
Vallée, s. f. *valley.*
Vallon, s. m. *valley, dale.*
Valoir, v. n. *to be worth;* valoir mieux, *to be better;* l'un vaut l'autre, *they are worthy of each other.*
Vampire, s. m. *vampire, goblin.*
Vandales (les), *the Vandals.*
Vanité, s. f. *vanity.*
Vannerie, s. f. *basket-trade.*
Vanter, v. a. *to praise, extol.*
se Vanter, v. r. *to boast.*
Vapeur, s. f. *vapor, steam.*
Vaquer, v. n. *to attend.*
Varier, v. a. *to vary.*
Variété, s. f. *variety.*
Varron, s. m. *Varro.*
Vase, s. m. *vessel.*
Vassal (pl. vassaux), s. m. *vassal.*
Vaste, adj. *large, vast.*
Vaudois (les), s. m. pl. *followers of Pierre Valdo, of Lyons, devoted to poverty, taking the Scriptures as their only guide, and persecuted as heretics in the fifteenth century.*
Vaurien, s. m. *rogue, rascal.*
Vautour, s. m. *vulture.*
[Vayan Vms. con Dios (a Spanish salutation), *Go with God, Peace be with you.*]
Veau, s. m. *veal, calf.*
Vécu, e, part. of vivre, *lived.*
Végétal, e, adj. *vegetable.*
Végéter, v. n. *to vegetate, to grow.*
Veillant, part. *waking, keeping awake*

Veille, s. f. *the day* or *evening before ;* à la veille, *upon the brink.*
Veille, s. f. *night-watch, waking.*
Veillée, s. f. *evening meeting.*
Veiller, v. a. *to watch.*
Veine, s. f. *vein.*
Velours, s. m. *velvet.*
Velouté, e, adj. *velvety.*
Vendange, s. f. *vintage vintage-time.*
Vendangeur, s. m. *vintager, grape-gatherer.*
Vendée (la), s. f. *a department of France.*
Vendeur, se, s. m. & f. *seller.*
Vendre, v. a. *to sell.*
Vendredi, s. m. *Friday.*
Vendu, e, part. *sold.*
Vénérer, v. a. *to venerate, to honor.*
Venger, v. a. *to avenge, to revenge.*
se Venger, v. r. *to be revenged.*
Vengeur, adj. & s. *avenging, avenger.*
Venir, v. n. *to come;* venir de, *to have just.*
Venise, s. m. *Venice.*
Vénitien, ne, adj. & s. *Venetian.*
Vent, s. m. *wind.*
Vente, s. f. *sale.*
Ventre, s. m. *belly, paunch.*
Venu, s. m. *comer;* s. f. *arrival.*
Venu, e, part. of venir, *come.*
Ver, s. m. *worm.*
Verbe, s. m. *verb.*
Verbiage, s. m. *verbosity, empty talk;* verbiage spécieux, *pomp of words.*
Verdoyant, e, adj. *verdant, green.*
Verge, s. f. *rod.*
Verger, s. m. *orchard.*
Véritable, adj. *true, actual.*
Véritablement, adv. *truly.*
Vérité, s. f. *truth.*
Verjus, s. m. *verjuice.*
Vermeil, le, adj. *vermilion, fine red, ruddy.*
Vermisseau, s. m. *small worm.*
Vernis, s. m. *varnish.*
Vérole (petite), s. f. *small-pox.*
Verre, s. m. *glass.*
Verrerie, s. f. *glass-ware.*
Verrier, s. m. *glass-maker.*
Verrou, s. m. *bolt.*
Vers, s. m. *verse.*
Vers, prep. *towards.*
Versant, part. *shedding.*
Verser, v. a. *to shed, to pour out, to overturn.*
Verset, s. m. *verse, stanza.*
Versification, s. f. *versification.*
Vert, e, adj. & s. m. *green.*
Vertige, s. m. *mania, vertigo.*
Vertu, s. f. *virtue.*
Veste, s. f. *vest, waistcoat.*
Vésuve, s. m. *Vesuvius.*
Vêtement, s. m. *clothing, dress.*
Vétille, s. f. *trifle, punctilio.*
Vêtu, e, part. *clothed, dressed.*
Veuf, adj. *widowed* un homme veuf, *a widower.*
Veuve, s. f. *widow.*
Viande, s. f. *meat, flesh, victuals.*
Vicomte, s. m. *viscount.*
Victime, s. f. *sufferer, victim.*
Victoire, s. f. *victory.*
Victorieux, se, adj. *victorious.*
Vide, adj. & s. m. *empty, emptiness.*
Vider, v. a. *to empty.*
Vie, s. f. *life, livelihood, food;* de ma vie, *in all my life.*
Vieil, s. m. & adj. *old age, old.*
Vieillard, s. m. *old man.*
Vieille, s. f. & adj. sing. *old, old woman.*
Vieillesse, s. f. *old age.*
Vieillir, v. n. *to grow old.*
Vienne, s. f. *Vienna.*
Vieux, vieil, vieille, adj. *old.*
Vif, vive, adj. *alive, lively, boiling, bubbling.*
Vigies, s. f. pl. *rocks always above water (at sea).*
Vigne, s. f. *a vine, vineyard.*
Vigoureusement, adv. *vigorously.*
Vigoureux, se, adj. *vigorous.*
Vigueur, s. f. *vigor, force.*
Vil, e, adj. *vile.*
Vilain, s. m. *villain, rascal.*
Vilain, e, adj. *dirty, filthy, ugly.*
Village, s. m. *village.*
Villageois, s. m. *countryman, clown, villager.*
Ville, s. f. *town, city.*
Vin, s. m. *wine.*
Vinaigrette, s. f. *a sauce with vinegar and pepper.*

Vindicatif, ve, adj. *vindictive.*
Vingt, num. adj. *twenty.*
Vingtaine, s. f. *score, twenty.*
Vingt-cinq, num. adj. *twenty-five.*
Vingt-quatre, num. adj. *twenty-four.*
Violent, e, adj. *violent, hasty.*
Violet, te, adj. *purple, of a violet color.*
Violette, s. f. *violet.*
Violon, s. m. *violin, fiddle, fiddler.*
Virgile, s. m. *Virgil.*
Virgule, s. f. *a comma.*
Vis-à-vis, prep. *opposite.*
Visage, s. m. *face.*
Visiblement, adv. *visibly.*
Visir, s. m. *vizier;* le grand-visir, *the prime minister.*
Visite, s. f. *visit.*
Visiter, v. a. *to visit, inspect, search.*
Vite, adv. *quickly.*
Vitesse, s. f. *quickness, speed.*
Vivace, adj. *vivacious.*
Vivacité, s. f. *vivacity, liveliness.*
Vivant, e, adj. *living.*
Vivement, adv. *briskly, deeply, sensibly, strongly.*
Vivre, v. n. *to live;* qui vive, *who are you for? who goes there?*
Vivre au jour le jour, *to live from hand to mouth.*
Vivres, s. m. pl. *provisions.*
Vocation, s. f. *call, calling, vocation.*
Vœux, s. m. pl. *vows, wishes.*
Vogue, s. f. *vogue, repute.*
Voici, prep. *behold; here is,* or *are.*
Voie, s. f. *way, means;* voie d'eau, *stream of water;* voie de bois, *cart-load of wood.*
Voilà, prep. *behold, see; that is; there are, those are.*
Voile, s. f. *sail;* mettre à la voile, *to set sail.*
Voir, v. a. *to see.*
Voisin, e, s. & adj. *neighbor; near, neighboring.*
Voisinage, s. m. *neighborhood.*
Voiture, s. f. *coach, carriage.*
Voix, s. f. *voice.*
Vol, s. m. *flight; theft, robbery.*
Volable, adj. *that may be stolen.*
Volaille, s. f. *fowl.*
Volant, part. *flying.*
Volé, e, part. *stolen.*
Volée, s. f. *flight, flock; volley* une volée de coups de fusil, *a volley of gun-shot.*
Voler, v. n. & a. *to fly; to steal, to rob.*
Voleur, s. m. *thief;* au voleur! *stop thief!*
Volière, s. f. *aviary, great bird-cage.*
Volontaire, s m. & adj. *volunteer, voluntary.*
Volontairement, adv. *voluntarily.*
Volonté, s. f. *will, wish;* à volonté, *at will.*
Volontiers, adv. *willingly, gladly.*
Voltiger, v. n. *to flutter.*
Volupté, s. f. *pleasure, delight.*
Voluptueusement, adv. *voluptuously, sensually.*
Voluptueux, use, adj. *voluptuous, luxurious, sensual.*
Vos, votre, pron. *your;* le, la vôtre, *yours.*
Voter, v. n. *to vote, to give one's vote.*
Vouer, v. a. *to devote, to consecrate.*
Voulant, part. *wishing, willing.*
Vouloir, s. m. *will, desire, intention.*
Vouloir, v. a. *to be willing, to wish;* vouloir dire, *to mean;* Dieu le veuille! *God grant it!* en vouloir à, *to bear a grudge against, to have a design upon;* si vous en voulez au, *if you bear a grudge against.*
Voulu, e, part. *wished, been willing.*
Vous, pron. pers. *you;* si j'étais que de vous, *if I were you.*
Voûte, s. f. *vault, canopy.*
Voyage, s. m. *voyage, travel, journey.*
Voyager, v. n. *to travel.*
Voyageur, se, s. m. & f. *traveller travelling.*
Voyant, part. of voir *seeing.*
Voyelle, s. f. *vowel.*
Vrai, e, adj. *true.*
Vraiment, adv. *verily, truly.*
Vraisemblable, adj. *likely, probable.*
Vraisemblablement, adv. *probably.*

Vu, e, part. of voir, *seen.*
Vu, vu que, conj. *seeing, considering that.*
Vue, s. f. *sight, view;* à vue, *at sight.*
Vulgaire, adj. & s. m. *vulgar, base; the vulgar, the crowd.*

W.

Westphalie, s. f. *Westphalia.*

X.

Xanthippe, s. m. *Xanthippus, a Spartan leader.*

Y.

Y, adv. *there, thither;* pron. rel. *it, to it, to him, to her, to them, in it, therein.*
Yeux, s. m. pl. of œil, *eyes;* faire les yeux doux, *to look sweetly, to make love;* ouvrir de grands yeux, *to open the eyes wide.*

Z.

Zèle, s. m. *zeal, devotion.*
Zeste, s. m. *a thin piece of orange or lemon peel.*

THE END.

www.ingramcontent.com/pod-product-compliance
Lightning Source LLC
LaVergne TN
LVHW020124110826
845151LV00001B/262

9781425541248